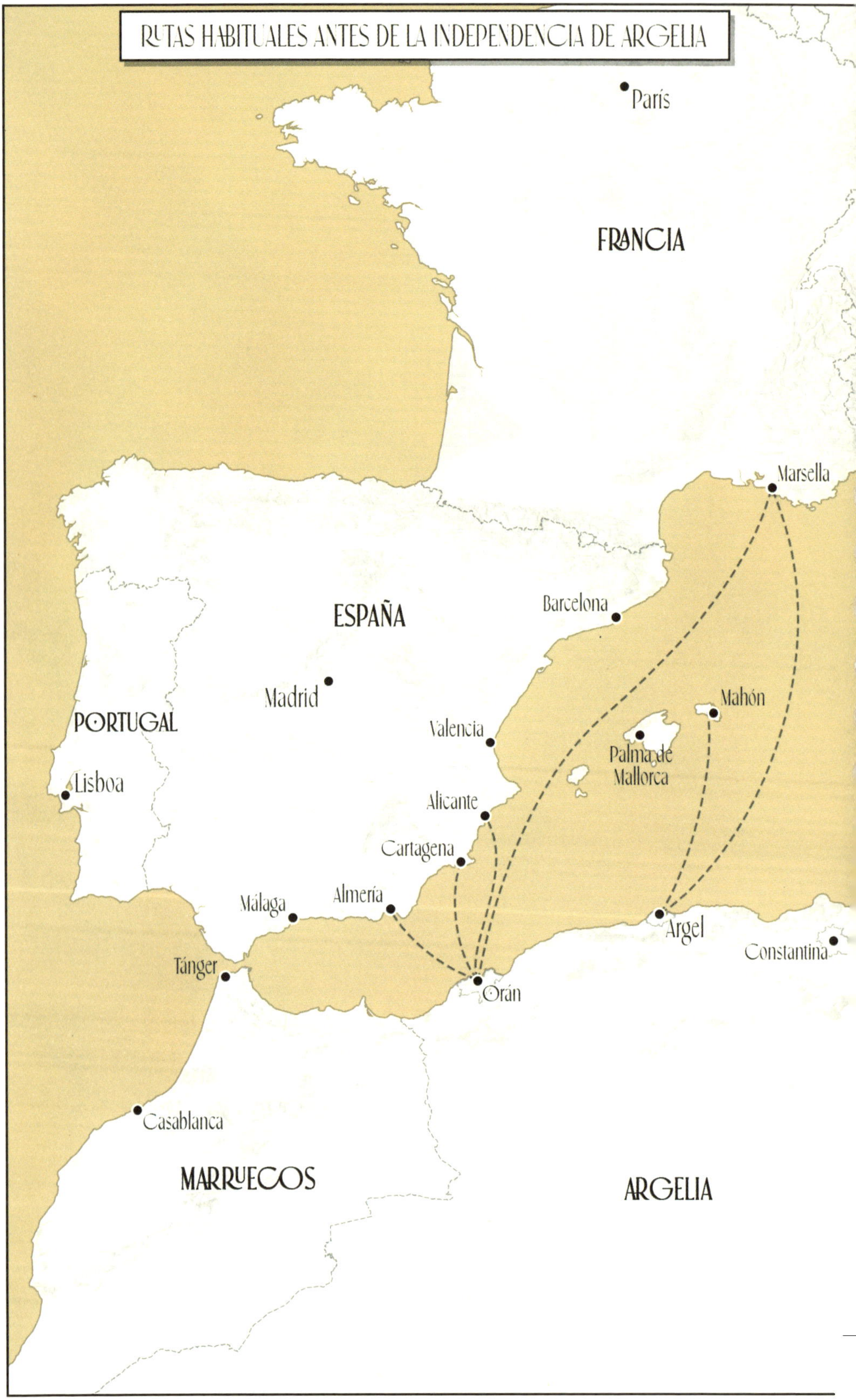
RUTAS HABITUALES ANTES DE LA INDEPENDENCIA DE ARGELIA
París
FRANCIA
Marsella
Barcelona
ESPAÑA
Madrid
PORTUGAL
Lisboa
Valencia
Mahón
Palma de Mallorca
Alicante
Cartagena
Almería
Málaga
Tánger
Orán
Argel
Constantina
Casablanca
MARRUECOS
ARGELIA

A E
& I

# Por si un día volvemos

Autores Españoles e Iberoamericanos

María Dueñas

# Por si un día volvemos

Planeta

Diagonal, 662-664, 08034 Barcelona (España)
www.editorialplaneta.es
www.planetadelibros.com

Diseño de la colección: Compañía
© Cartografía, Àlvar Salom
Iconografía, DAU, Grupo Planeta

Primera edición: marzo de 2025
Depósito legal: B. 3.505-2025
ISBN: 978-84-08-29959-2
Composición: Realización Planeta
Printed in Spain - Impreso en España

PEFC Certificado
Este libro procede de bosques gestionados de forma sostenible
PEFC
PEFC/14-38-00305
www.pefc.es

*A la memoria de Antonia Kerrigan.*
*Por tantos libros y tantas cosas.*

¿Dónde estás España? Por el mundo abierta.

Max Aub, *Diario de Djelfa*, 1944

Orán es una auténtica ciudad europea, comercial, más española que francesa [...]. Nos encontramos con chicas hermosas en las calles con ojos negros, piel de marfil y dientes claros. Cuando hace buen tiempo, parece que podemos ver en el horizonte las costas de España, su tierra natal.

Guy de Maupassant, *Le Gaulois*, 1888

Pero si esta ciudad ya no es árabe, tampoco se puede decir que es francesa. Por todas partes se ven hombres en mangas de camisa, con alpargatas de esparto, polainas desabrochadas, faja negra a la cintura y ancho sombrero de fieltro sobre un pañuelo encarnado, envueltos algunas veces en una manta de color obscuro. Son españoles. Dueños de Orán en dos ocasiones, parece que lo son todavía.

Doctor Bernard, *La Argelia*, 1891

La dulzura de Argel es más bien italiana. El brillo cruel de Orán tiene algo de español.

ALBERT CAMUS,
*Pequeña guía para ciudades sin pasado*, 1954

Orán, un lugar cosmopolita hecho de mercaderes de todas partes [...], era una ciudad que brillaba en un *patchwork* multicolor bajo la calma del sol africano.

YVES SAINT LAURENT, 1983

¡El oranés! ¿Y tú qué sabes? Y, además, ¿de qué oranés hablas? ¿Del español, del árabe, del judío, del francés? En esta ciudad en la que las razas se entrecruzan y se enfrentan, cada una encerrada en su gueto, ¿cómo pretendes esculpir un dios de barro cualquiera?

JEAN SÉNAC, *Bosquejo del padre*, 1989

# PRIMERA PARTE

# CAPÍTULO 1

Cuando nos comimos el pan y el queso, madre se acostó y yo me fui a la parte de atrás, a la marranera ya sin cochinos que ocupé con el Toñico antes de que se muriese. Padre y el hombre se quedaron frente al fuego con la bota de vino que trajo el forastero: de una mano pasaba a otra mano, de una boca a otra boca; los chorros les caían a veces por los mentones mal afeitados.

Yo no tenía cama, ni colchón siquiera, solo un fardo de paja encima del suelo y algún pedazo de paño mugriento para taparme. Tampoco camisón, nadie gastaba ropa para dormir en aquella casa ni en aquel mundo; nos acostábamos con lo que lleváramos puesto durante el día, que era lo mismo que el día anterior y el siguiente porque no poseíamos más que esos trapos. En invierno nos echábamos algo encima, en verano nos quitábamos lo que sobraba y los niños iban desnudos como los animales.

Me quedé dormida con el sabor del queso entre las muelas, dando vueltas a lo que el hombre había contado sobre ese lugar al que él se dirigía cuando paró a pedirnos albergue por una noche; un sitio en el que ya estuvo una vez de joven, según dijo. Para alcanzarlo, antes había que llegar a un puerto y después cruzar el mar. Hacia allá iban las gentes en busca de faena por temporadas, algunos se quedaban para siempre. Argelia se llamaba, y a mí ese nombre se me quedó metido en la cabeza. Argelia.

No lo oí llegar, solo fui consciente de su presencia cuando sentí los dedos gruesos apretándome ahí abajo, como en una caricia bestial mientras la otra mano se me hincaba en la cara y me dejaba sin aire. Como quien lanza al suelo un saco de habas, se me echó encima y me aplastó entera. Logró abrirme las piernas a rodillazo limpio. Yo era incapaz de gritar, no podía moverme. Intenté girar la cabeza para respirar; al no conseguirlo, para no ahogarme le mordí un dedo. Entonces retiró la mano y me soltó un cascaretazo que me partió el labio y me dejó un pitido atroz en el oído.

Ya debía de venir con el pantalón abierto, listo para montarme, porque tardó un instante en entrar y entonces yo sentí como si me hubiera clavado el hierro de la lumbre en lo más hondo. Empezó luego a empujar, a empujar, a empujar mientras me lamía el cuello y me llenaba de babas y gargajeaba cosas que yo no entendía y me raspaba la piel con su barba áspera y sucia. Pesaba como un cochino de los que allí mismo hubo algún día; olía a mugre, a sudor, a vino rancio. Mientras el hombre seguía empujando, a mí me ardía hasta el alma y la boca me sabía a sangre.

Al cabo se debió de vaciar dentro, y entonces se quedó como yo sabía que se quedaban los machos después del alivio. Lo había visto en los perros, que no se reavivaban ni a pedradas. Lo había visto cuando el Francisco me empujó contra la tapia de un corral y se restregó contra mí aquella noche de San Lorenzo, sin abrirse siquiera la bragueta, cuando volvió por primera vez de la guerra de Marruecos. Como cuando los guarros montaban a las guarras o cuando mi padre le decía a mi madre date la vuelta, mujer, y ella obedecía y no protestaba. Flojos, medio idiotas sabía yo que se quedaban los machos, apagados, como lerdos.

Lo mismo le pasó al hombre cuando se sació, hincado dentro de mí todavía aunque ya desinflado, sin menearse.

Aguanté un rato, no sabría decir si fue largo o corto, con los ojos muy abiertos, pensando y sin pensar; solo quería salir de debajo de ese hombre. Cuando el roncar se le hizo seguido, logré sacar una mano y empecé a moverla hacia donde padre dejaba los aperos. La arrastré ansiosa por el suelo de tierra compacta, a tientas, en busca de algo, lo que fuera. Una herramienta, una piedra, un podón, una astilla, lo que fuese. Hasta que palpé un mango de madera. Eso. Eso mismamente. Lo ceñí en un puño, lo aferré, no dejé que la duda me retrasara. Tan solo alcé el brazo por encima de su espalda y, apretando los dientes, le hinqué la hoz con todas mis fuerzas.

Tuve suerte, di en blando. La hoja medio oxidada, la de la siega cuando padre algún año segaba, se le hundió como si entrara en un lebrillo lleno de manteca. Lo oí enseguida soltar un gargajo como de bestia y entre los labios se le asomó la lengua bruta y gorda. Quiso decir algo, pero de su garganta solo salió otro sonido parecido a un rebuzno y luego un chorro de sangre. Aproveché para empujarlo presionando con mi hombro, fuerte, más fuerte, hasta que conseguí escurrirme a un lado.

Continuaba boca abajo, no se movía. De la boca le seguían brotando algo así como flemas, con un ruido que cada vez iba a menos. Sin pararme a comprobar si aún respiraba, le tanteé el cuerpo a oscuras, le hurgué en los bolsillos y saqué lo que llevaba dentro. Al tacto noté papeles plegados, la petaca del tabaco y un puñado de perras, un mechero y un pañuelo arrugado y húmedo. En cuclillas a sus pies, lo extendí sobre el suelo y puse lo demás dentro. Juntando las esquinas, le até dos nudos.

Estaba a punto de irme cuando pensé que más me valdría asegurarme. Así que me agaché, agarré de nuevo la empuñadura de la hoz y la removí sin sacarla de su carne. A un lado, a otro, para dejarlo bien muerto.

Eché a correr en mitad de la madrugada. No giré la cabeza para mirar por última vez mi pobre casa, no volví a ver a nadie. Solo me arrojé a la oscuridad, hacia donde partió padre cuando se fue a las minas y adonde madre se encaminaba en busca de labor antes de quedarse medio ciega. Hacia donde decían que estaba el mar, otra luz, otros vientos. Iba descalza, medio en cueros, con la saya arremangada, el labio partido y el pañuelo del hombre relleno con sus cosas atado a una muñeca. Llevaba un escozor sin nombre en las entrañas y la camisa llena de sangre.

# CAPÍTULO 2

Cuando la noche empezó a hacerse más clara, yo seguía andando sin sentir el frío de noviembre. Cuando la primera luz del sol aclaró el color del cielo, yo seguía andando. No llevaba nada dentro de la cabeza, ningún pensamiento, ninguna culpa, solo el propósito de avanzar más lejos, más lejos, más lejos.

Con la mañana ya en alto, encontré una acequia y me metí hasta el ombligo en el agua verdosa, las faldas alzadas para que no se mojasen. Arranqué unos rastrojos del borde y con ellos me restregué los muslos y mis partes para despegarme de la piel la sangre seca. Me empapé también la cara y el cuello, donde el hombre me chupó con sus babas espesas. Hasta me eché puñados de agua en las orejas, a ver si me sacaba las palabras guarras que me chorreó dentro.

Al echar de nuevo a andar, me vi los pies desollados por las piedras, las uñas negras y reventadas; seguramente me dolían, pero no lo notaba. O a lo mejor sí lo notaba, pero yo misma anulaba ese dolor de forma inconsciente porque debía seguir adelante, y esos pies repletos de cortes y heridas eran lo único que tenía para moverme. Seguí recorriendo caminos y cuestas, cauces secos de arroyo, ramblas con zarzas y matorrales llenos de espinas, cañizos y barrancos polvorientos en los que de vez en cuando surgían pitas chamuscadas por el sol, penachos de palmito, chumberas.

Evité también pasar por delante de cualquier caserío o casa de labranza, esquivé accesos y casuchas desviándome cada vez que intuía un rastro humano. A la menor sospecha, daba un rodeo; si en la distancia veía a un hombre subido a su mula, un labrador destripando la tierra con el azadón o una mujer que tendía la ropa, yo me apartaba.

Me crucé con perros huesudos que me enseñaron los dientes y se me intentaron subir encima mientras ladraban y escupían chorros de saliva como si llevaran a Lucifer dentro; me defendí de ellos con gritos salvajes y con los mandobles de un palo largo que cogí en una pendiente. Seguí caminando atenta a todo con los ojos bien abiertos: el campo pobre y rudo casi sin vegetación, los bichos, el horizonte, un puñado de olivos, algún aljibe o un molino. En todo aquello intentaba concentrar mi atención para no recordar, para no pensar en nada. Adelante, vamos, vamos. En mitad de una rastrojera se me cruzaron unas perdices e intenté ir a por ellas pero fueron más rápidas que yo, y eso que siempre fui ágil para agarrar animales.

Empezaba el sol a bajar cuando vi una huerta y no pude resistir la loca idea de meterme en busca de una mata de lo que fuera. Me estaba acercando cuando vi un bulto levantarse del suelo y oí los gritos y vi los aspavientos del dueño; luego se agachó, agarró unas piedras y comenzó a tirármelas. Me aparté deprisa subiéndome la falda, tropecé, me caí y me despellejé las rodillas. Una piedra me dio en la nuca, pero no me detuvo. A esas alturas, ya nada me paraba.

Al final de un rebaño de cabras encontré a un zagal andrajoso, iba descalzo como yo y no tendría más de ocho o nueve años, quizá la edad de Toñico antes de que se lo llevaran las fiebres, hasta pensé que se parecía a él, con sus andrajos y la cabeza rapada llena de costras. Se asustó al verme, salió corriendo como un conejo, lo paré a voces. Le pregunté si iba bien encaminada y al tercer intento mío, con él ya en la distancia, respondió que no lo sabía pero lo mismo sí porque desde allí, hacia donde yo me dirigía, venía de vez en cuando la carreta que traía el correo. Ahí lo dejé, señalando mi senda con su dedico mugriento.

Era ya la anochecida cuando di con una carretera y de lejos vi los primeros faroles con esa luz extraña que adelanta la cercanía de los pueblos; intuí que estaba llegando y preferí no seguir. Antes de las primeras casas había una construcción grande, una especie de almacén con las paredes de piedra medio tumbadas. Miré a un lado, miré a otro lado, enfrente, a mi espalda. No vi ningún signo de vida y me metí dentro.

Me cobijé en un cuartucho sin puerta, con el techo caído, acurrucada en el suelo de tierra que olía a mierda de humanos y de animales. Sentía un cansancio feroz pero, a pesar de cerrar los ojos con todas mis fuerzas, el sueño se me escapaba. Cuando por fin se me fue calmando la respiración, a mi cabeza volvió en tromba todo lo que había pasado. La lumbre, la cena. El hombre. La dentadura negra que enseñaba al reír, los chorreones de vino cayéndole por el mentón falto de cuchilla barbera, el pecho salido como un palomo, sus ojos lascivos clavados en mi cuerpo. Tendría que haberme adelantado a sus intenciones, no haberme separado de mi madre, haber puesto a mi padre al tanto. Pero no lo hice, ni ellos tampoco se dieron cuenta. O a lo mejor sí; lo mismo sí percibieron las ansias que tenía él de mí y lo dejaron hacer. Igual les ofreció unas perras, o el pan y el cacho de queso que compartió con nosotros, o la vaga promesa de cualquier espejismo a cambio de un rato conmigo, sin que ellos protestaran, como si no se enterasen.

Sus jadeos, su fuerza, mi dolor, mi asco: todo eso, tumbada en la oscuridad, me había vuelto con saña a la memoria. Mis dedos rápidos cuando recorrieron el suelo en busca de cualquier cosa que me sirviera para sacármelo de encima, mi mano al clavar la hoz en su espalda. Pero, extrañamente, no me arrepentía. Sentía que había hecho lo que tenía que hacer, lo que nadie habría hecho por mí si lo hubiese dejado vivo. Jamás hasta entonces había pronunciado mi boca la palabra justicia, pero tenía la sensación de que era algo parecido a eso.

Me despertaron las campanas de una iglesia llamando a la primera misa del día. Abrí los ojos espantada y me enderecé de un salto. Por el hueco del cuartucho donde quizá un día remoto hubo una puerta, entraba ahora la luz de un sol aún bajo; me sirvió para confirmar que el lugar era inmundo y que tres gatos me contemplaban desde una esquina. Sentada en el suelo, con la espalda apoyada contra la pared, desaté el nudo del pañuelo amarrado a mi muñeca y después deshice los dos nudos que ataban sus cuatro picos. Lo extendí para revisar qué llevaba dentro: mi único patrimonio.

Conté los billetes costrosos y las monedas, grandes y chicas. Desplegué los documentos arrugados, las dos hojas con las que el hombre fanfarroneó junto a la lumbre, las que agitó proclamando que con ellas embarcaría hacia Argelia para hacer buenos dineros.

Cédula de identidad a nombre de Cecilio Belmonte Torres, leí con esfuerzo en la primera hoja.

La segunda era un pasaje Cartagena-Orán en el vapor Ville de Paris. Fecha de partida, 9 de noviembre de 1927.

## CAPÍTULO 3

Una niña desayunaba un bollo dulce mirando atontada al suelo; se lo arranqué de entre los dedos mientras su madre pagaba a un hortelano por un manojo de zanahorias. Para cuando la criatura salió de su estupor y se echó a llorar, yo ya había volado. A un muchacho que tiraba de unas cántaras de leche le tendí las manos juntas en forma de cuenco, por si me daba un poco. Lo único que recibí fue el amago de soltarme un guantazo.

—Al puerto, ¿por dónde voy al puerto? Al puerto, ¿dónde está el puerto?

Todos me señalaban en la misma dirección, como hacia abajo. Aunque las prisas me quemaban, antes de continuar paré en una fuente para echarme agua en los pies; estaban negros, abotargados y con las uñas quebradas, masacrados por las piedras de los caminos que me habían rajado la carne y se me habían clavado bien dentro. Dolían, vive Dios si dolían. Pero yo me negaba a que el dolor me impidiera seguir adelante.

Las mujeres que esperaban para llenar sus cántaros me gritaron que me fuera de allí, que no les ensuciase los caños. O, por lo menos, que aguardara mi turno. Les debí de parecer una desquiciada con mis andrajos y mis urgencias. Cómo iba a saber yo que para acercarse al agua había que esperar un turno, llevar un orden; en el barranco del que yo venía esas palabras, orden, turno, no las conocía nadie. Una vieja, encorvada hasta casi rozarse el pecho con la nariz, me agarró del codo y me sacó del enjambre de mujeres. Me arrastró a su mísera casa a la vuelta de la esquina, musitó espera, niña, y al momento salió con unas viejas alpargatas de esparto, una camisa que un día remoto fue blanca y una especie de capote de lienzo basto, deslucido y remendado docenas de veces.

—De mi marido era, que en gloria esté —dijo—. Por San Cosme y San Damián se lo llevó una tosferina.

Me cambié en su misma puerta, unos hombres que pasaban me silbaron y escupieron alguna barbaridad y yo les devolví otra. Era el segundo par de alpargatas que usaba en mi vida y no me importó que fueran la herencia de un desconocido al que unas malas toses habían enviado al cielo. Me quedaban grandes pero me amarré bien amarradas las cintas a los tobillos y las agradecí más que si hubieran sido unos zapatos forrados de seda.

La población, según oí, se llamaba San Antón y desde ella seguí las indicaciones de la anciana y enfilé una alameda larga como una culebra. Un tranvía me asustó con sus ruidos y campanazos; de un salto me eché a un lado para que no me arrollara. También se movía por allí otra gente, muchachos con gorra haciendo repartos en bicicletas y chatarreros con sus carretillas, vendedores ambulantes, mujeres de lutos eternos que sobre sus espaldas parecían cargar la pena de todos los muertos del universo.

Vi también algunos hombres de uniforme y me puse alerta. Imaginé que su trabajo era velar por la decencia pública, y como yo no era decente porque aún llevaba la siembra de un hombre en mis entrañas y su sangre metida entre las uñas, intenté no cruzarme con ellos. Así que, en vez de caminar por la ancha zona central, soleada y bulliciosa, me eché hacia un lateral bajo la sombra de los eucaliptos, al margen, yo sola.

Y así me adentré en la ciudad, y todo se me antojó tan raro, tan raro... Cómo iba yo a imaginar que, a poco más de un día de camino a pie desde El Puntarrón, iba a encontrarme con semejantes prodigios. Carros tirados por bestias más altos que yo que parecían querer aplastarme a poco que me despistara, y hasta carros que andaban solos, sin mulos o caballos que los arrastrasen, cerrados, oscuros y con bocinas y gente dentro. Comercios que vendían tejidos de colores que mis ojos jamás habían visto, quioscos, boticas repletas de frascos y unturas, cafés con grandes toldos en la entrada.

Me quedé pasmada frente al cristal de un comercio: tras él se veían colgando ristras de chorizos y hermosos jamones; fui incapaz de moverme hasta que un mozo salió, me dio un empujón en el hombro y dijo: largo. Me detuve luego ante otro con pirámides de mantecados como aquellos que probamos una vez, cuando la hermana del cura vino a vernos para convencer a madre de encerrarnos en la Casa de Misericordia prometiéndole que nos darían un batón para taparnos las vergüenzas y comeríamos sopa floja con fideos todos los días de la semana.

—¿El puerto? —repetí y repetí, intentando no volver a atontarme con nuevas maravillas—. ¿Voy bien para el puerto?

Unos señalaban hacia adelante y otros ni siquiera se dignaban a mirarme; tan astrosa como iba, lo mismo se pensaron que iba a robarles o a contagiarles la tiña. Hasta que por pura intuición, o porque allí se veía la luz más clara, mi destino me salió al frente. Nadie me había hablado nunca de lo grande que era el mar y hasta entonces yo no conocía más agua que la de las cántaras, las acequias y la lluvia escasa que nos caía muy de vez en cuando.

Me quedé embobada frente a los barcos grandes y chicos, con la boca abierta como andaba siempre Eustaquio el Pelao, el vecino de El Puntarrón que nació idiota el pobrecito. Empecé luego a preguntar entre el montón de hombres que por allí había. Me pasaron de uno a otro, hasta llegar al tipo con gorra de paño oscuro, buen bigote y un cartapacio bajo el brazo.

—Quiero ir a Orán.

—Y yo quiero un pollo frito para la cena de esta noche.

—Traigo papeles.

Soltó un rebufo por la nariz.

—A ver —exigió a la vez que extendía la palma de una mano llena de surcos negros.

Le entregué los documentos arrugados del hombre y se los acercó a la cara: parecía como si quisiera olerlos, pero solo era corto de vista.

—Aquí pone Cecilio. Cecilio Belmonte, nombre de varón.

—Se equivocaría mi padre...

Para que no siguiera preguntando, me adelanté:

—Y el barco de Orán, ¿cuál de estos es?

—Atracará esta noche, viene con retraso. Zarpará por la mañana; estate aquí temprano.

Aquella espera no me hizo gracia. Igual me podrían estar buscando y, cuanto más tardase en embarcar, más fácil sería dar conmigo. Pero no dije ni pío, solo le di la espalda con la intención de encontrar un sitio donde esconderme mientras llegaba el momento de subir al barco. Había dado ya unos pasos cuando oí de nuevo al del bigotón:

—¡Eh, muchacha!

Me di la vuelta.

—¿Llevas el sello del consulado?

Por el estupor de mi rostro, supo que no sabía de qué me hablaba.

—En el Consulado de Francia, allí tienen que ponerte un sello.

Igual también entrevió que yo no tenía la menor idea de lo que eso era.

—Un sello —repitió.

Hizo un gesto: con el puño cerrado de una mano, dio un golpe contundente sobre la palma abierta de la otra.

—Anda y corre a que te lo estampen; sin él, no embarcas.

Volví a preguntar a quien tuve por delante y volví a sentir la misma actitud hacia mí: desprecio, rechazo. Pero hubo también dos o tres pobres diablos a quienes debí de dar lástima y me dijeron por acá, por allá, y así hasta que me planté delante de un imponente edificio.

No era la única con el mismo apuro, en la puerta esperaban unos cuantos infelices con caras de miedo y desconcierto similares a la mía, con fatigas hondas y hambres de años clavadas hasta bien dentro. Venían de sabe Dios dónde y llevaban con ellos sus paupérrimos hatos, hijos en ristra, una sartén, un capazo, un abuelo sordo, una abuela sin dientes.

Ahí fue donde pregunté por alguien que supiera escribir. Solo un padre de familia alzó la mano.

—Algo —dijo—, no mucho.

Le pedí que cambiara Cecilio por Cecilia en mis papeles.

—Te lo hago por dos reales. No es por negarte el favor, muchacha, pero con eso compro leche para mi criatura, a ver si me aguanta el viaje.

De haber sabido que la manera de escribir del hombre era tan mala como la mía, me habría ahorrado el dinero.

Hubo suerte y tardamos poco en entrar, y por fin entendí lo que era poner un sello; en el cambio de una letra a otra letra, ni se fijaron. Un oficinista repulido y extranjero, desde el otro lado de un mostrador, me devolvió los papeles. Jamás había visto unos dedos tan largos y unas uñas tan limpias.

—Merci, mademoiselle.

Mi cara le dijo que no lo había entendido.

—Es francés; significa gracias, señorita —aclaró con gesto de hartazgo.

—¿Francés dice usted?

Yo no sabía lo que era eso, en mis oídos jamás había entrado semejante palabra.

—Francés de la Francia —dijo la mujer que aguardaba a mi espalda—. ¿Tú qué te crees que se habla en Argelia, muchacha? El francés de los franchutes, por muchos moros y por muchos españoles que haya en esa tierra.

## CAPÍTULO 4

La travesía resultó liviana, el mar estaba como un plato. La hice entera sentada sobre las tablas de la cubierta, encajonada entre bultos y aperos, rodeada por los llantos de las criaturas, los miedos de las viejas y las voces incansables de unos y otros, altas, rápidas, eufóricas quizá por los nervios ante el porvenir aleatorio que nos aguardaba. Los pasajeros franceses de buen pasar, esos que embarcaron bien vestidos y aseados en Marsella, descansaban en sus camarotes o tomaban licores y refrescos en los salones. Al margen, muy al margen de ellos, la cubierta estaba llena de españoles harapientos recogidos en la costa del sureste, primero en Alicante y luego en Cartagena.

Cada uno cargaba con sus propias estrecheces y la lengua de sus pueblos, unos el valenciano, otros el castellano, y con sus palabras y sus acentos formaban corros y nadie paraba de hablar y cada cual aportaba un parecer, una versión, un temor, un anhelo. Alguno advertía que para la siega del cereal aún faltaban meses, otro que era mejor ir directo a la poda de invierno en las viñas cercanas a Río Salado que de temporero a las huertas de naranjos en Saint-Denis-du-Sig, el Sig bereber, el Sigle alicantino, el Siglo para el resto; se lo había contado uno de Elche que llevaba por allí ya un tiempo. Alguno insistía en que pagaban más sacando hierro en las minas de Béni Saf que abriendo las líneas del ferrocarril con el pico y la pala diez horas al día, seis días a la semana; se lo había dicho uno de Lorca que volvió el verano pasado. Nadie tenía sueños de grandeza, todos ansiaban lo elemental: ganar las perras necesarias para poder vivir medio dignamente.

Hasta las mujeres metían baza en las conversaciones, porque ellas también iban a trabajar, lo mismo que muchos de sus hijos desde que cumplían los siete o los ocho años. En los campos y en pequeñas fábricas, en el servicio doméstico de las familias francesas pudientes, como lavanderas y costureras de ropas ajenas. Como prostitutas algunas, si no había más remedio, en competencia con las árabes, las italianas y las maltesas, para saciar los apetitos de los militares o los marineros; andaba mucho varón solo por esas tierras. Una contó que sus primas estaban contratadas donde las salazones del pescado en Mazalquivir; a otra le oí que unas vecinas de Santa Pola llevaban años en un sitio donde hacían ramos de flores.

Hubo quien habló de la recogida del algodón y hubo quien recordó la matanza sangrienta de décadas atrás en los atochales de Saïda, cuando centenares de españoles faenaban como braceros en el esparto; a destajo, de sol a sol, a lo bestia. Eso fue lo único en que casi todos se pusieron de acuerdo: en lo que habían oído sobre la aspereza extrema de aquellas plantaciones, uno de los grandes negocios del Oranesado. La mayoría tenía un caso o un sucedido que compartir; se comentaba que ya había poco esparto porque lo habían esquilmado a fuerza de apretar y apretar para multiplicar la fibra con la que se hacía la pulpa de papel y mandarla a los ingleses durante la Gran Guerra.

Pero aún quedaba labor y, por eso mismo, aún quedaban también agentes desaprensivos en representación de las grandes compañías, y en aquella cubierta del vapor abarrotada unos y otros advertían al resto que mejor era alejarse de esos hombres que pululaban por los muelles dispuestos a reclutar a españoles incautos y analfabetos recién bajados de los barcos, y aconsejaban estar alerta para no caer en sus trampas porque prometían buenas condiciones y al cabo nada era como adelantaban. El esparto, lo último: eso repetían las voces en valenciano, en castellano. El peor, el más penoso de los trabajos, por el calor asfixiante de aquellas llanuras sin agua y la dureza compartida con los peones árabes, por los abusos a los que los unos y los otros eran sometidos en esos espartales dejados de la mano de Dios, tan resecos, tan lejos.

De boca de mis compañeros escuché también que algunos tenían la intención de asentarse en tierra africana de forma permanente; deslomarse para prosperar y naturalizarse como franceses lo antes posible, como ya habían hecho desde la mitad del siglo pasado tantos otros compatriotas, parientes, paisanos. Otros, en cambio, acudían como simples temporeros por unos meses; golondrinas dijeron que los llamaban, por eso del ir y venir desde una costa a la de enfrente.

Y así, sin parar de escuchar cientos de historias, llegué a Orán como parte de aquella caterva de infelices, pobres como las ratas, primitivos, iletrados, medio indocumentados, medio famélicos, algunos clandestinos y otros reincidentes, involuntariamente propensos a ser carne de abuso en cualquier rincón del soleado mapa de la muy francesa Argelia, casi siempre escasa de mano de obra para sus faenas más brutas. Otra oleada de desechos de la misère espagnole, como después aprendí que repetían en su lengua.

Estábamos entrando en el puerto, nos habíamos ya puesto en pie sobre la cubierta y mirábamos todos en la misma dirección, al fin sumidos en un silencio entre acobardado y respetuoso, con los rostros hacia los muelles y hacia la ciudad, hacia un enorme pico con un fuerte en lo alto y hacia los acantilados. Entre la turba a punto de desembarcar había seguro más de uno que dejaba a sus espaldas cuentas vergonzantes, como aquel tipo de mirada oscura que se agazapó entre dos rollos de soga y solo fumó y fumó sin hablar con nadie, o quizá aquella mujer de pechos caídos, pañolón oscuro y ojos huidizos y tristes que no volvió la mirada atrás en ningún momento. Como yo misma y el recuerdo del hombre al que dejé muerto en El Puntarrón dos días antes.

El puerto de Orán resultó mucho más ajetreado que el de Cartagena, con sus montones de barquitos de pescadores por un lado, y sus grandes cargueros y transbordadores por otra zona; con veleros, balandras, faluchos y vaporcillos meciéndose al sol, envueltos en broncos gritos de hombre en varias lenguas, bocinazos y sirenas.

Antes de permitirnos bajar a tierra, sin embargo, unos cuantos empleados empezaron a pasear por la cubierta, abriéndose paso entre nosotros mientras hacían sonar con estrépito sus silbatos y soltaban avisos a voces. Eran hombres serios, vestidos de uniforme gris, con gorras idénticas caladas hasta media frente. Hablaban en francés y nadie los entendía; intentaban hablar en español con acento penoso y casi nadie los entendía tampoco. Hasta que alguien captó los mensajes y se corrió la voz. Que vayamos al Consulado de España nada más pisar tierra porque hay que inscribirse. Que no podemos salir de Orán sin pasar por el consulado. Que son órdenes de las autoridades francesas.

Pero una cosa era lo que aquellos empleados intimidantes advertían y otra lo que muchos teníamos en la cabeza. Y en línea con eso, algunos obedecieron y se encaminaron a cumplir con sus obligaciones como ciudadanos extranjeros en territorio de la République française, mientras otros optamos por adentrarnos en el nuevo país sin dar cuenta ni a Dios ni al diablo.

—¿No te vienes, niña?

El grito me lo lanzó una mujer que viajaba con su madre y dos hijos en busca de un marido que se suponía que trabajaba en unos campos cerca de Sidi Bel Abbès; no sabían nada de él desde hacía casi un año. Durante la travesía, estuvimos sentadas cerca y me ofreció un pedazo de su pedazo de pan; eso era lo único que yo llevaba en el estómago.

No le contesté ni que sí ni que no.

Únicamente agité el brazo a modo de adiós y emprendí mi camino.

## CAPÍTULO 5

Arriba y abajo, por cuestas, escaleras y tramos empinados cuyos nombres aprendería más adelante. Arriba y abajo, abajo y arriba desde el puerto y los bulliciosos barrios bajos a las anchas avenidas de las zonas europeas; de la promenade de Létang, que casi tocaba el mar, hasta la gran explanada de la plaza de Armas. Sin rumbo ni orientación, recorrí calles y boulevards y pasé frente a estatuas de hombres ilustres e iglesias con campanarios, frente a mezquitas y mercados callejeros, inmuebles elegantes donde habitaba la gente de bien y patios ruidosos donde se hacinaban los vecinos con menos suerte. Por todas partes vi ondear una bandera de tres colores, le drapeau bleu, blanc, rouge, la bandera azul, blanca y roja que marcaba la autoridad francesa sobre Argelia desde hacía casi cien años.

En un puesto callejero de pescado me agaché rauda para coger un par de sardinas que habían resbalado desde un mostrador al suelo. Las saqué de un charco y las apreté en el puño; cuando el pescadero me gritó algo que no entendí, salí corriendo. Un par de esquinas más adelante paré, me senté en el escalón de una casa cerrada, les arranqué las tripas y me las comí crudas; apenas dejé las raspas, engullí hasta las cabezas. Quise después afanar unos higos de la carreta de un árabe con chilaba y capucha; pensé que no se daría cuenta en medio del bullicio de vendedores y compradores, pero me soltó un manotazo antes de que llegara a rozarlos con las puntas de los dedos.

Con las alpargatas del viejo de San Antón al que se llevó la tosferina, arrastrando mi mugre y mi hambre, recorrí Orán entero sin saber qué hacer ni adónde ir, sin hablar con nadie ni tener clara la dimensión del desatino que suponía mi huida. Hasta que en algún momento de mi frenético deambular, cuando empezaban a fallarme las fuerzas y notaba en mi sesera algo así como una bruma, me saltó a la vista otra bandera distinta, de solo dos colores, el rojo y el amarillo, los mismos que vi ondear en el puerto de Cartagena y que reconocí únicamente por ese motivo, porque yo de banderas entendía poco. Intuí que me encontraba delante del sitio al que me había negado a ir al bajar del barco, para que nadie pudiera cotejar lo falso de mi identidad en la cédula. Ahí estaba el Consulado de España, donde quizá algo podrían saber acerca de Cecilio Belmonte, el muerto de cuyo nombre yo me había apropiado.

Estaba a punto de apartarme, con el susto metido en los huesos, cuando oí una voz familiar desde lo alto de un carretón con tiro de dos caballos parado junto a la puerta.

—¡Eh, muchacha! ¡Al final has venido!

Era la mujer del barco, la de los dos hijos, la abuela y el marido que dejó de dar señales. Volvió a gritarme:

—¡Entra a arreglar tus papeles, que lo mismo todavía hay tiempo!

Antes de que pudiera reaccionar, intervino el arriero del carretón, con boina calada y voz seca.

—Nos vamos, mujer, déjese de saludos y de monsergas.

—¡Aguarde usted un momento, hombre de Dios! —protestó ella.

—Nos queda un buen trecho hasta Sidi Bel Abbès; aquí no esperan ni mis muertos.

De entre las gentes que ya estaban subidas saltó un enjambre de voces enfrentadas: unas jaleaban al arriero para que se pusiera en marcha y otras le pedían que esperara unos instantes para ver qué hacían conmigo. Debí de provocarles compasión con mi patética estampa, con mis greñas, mi flojera y mi descomunal desconcierto, y así siguieron unos instantes, peleando entre ellos a voces mientras yo, en lo ancho de la calle, permanecía aturdida y en silencio. Hasta que un hombre joven que iba de pie en la parte trasera se inclinó y alargó el brazo hacia mí.

—Arriba, morena, que a este cabestro no hay quien lo pare.

Aún no sé por qué razón, le agarré la mano, subí al carretón y me fui con ellos.

## CAPÍTULO 6

Fuimos soltando cuerpos a lo largo del trayecto, junto a pequeños poblados, encrucijadas y senderos que anticipaban fincas de labor. Eran hombres en su mayoría, aunque de tanto en tanto también descendía alguna mujer, incluso alguna familia; se dirigían al encuentro de alguien conocido, o en busca de un contrato medio apalabrado, o tal vez simplemente pretendían seguir el rastro nebuloso de la incertidumbre. Descendían de un salto y después, desde lo alto del carro, les lanzábamos sus parcas posesiones, lo mismo un canasto que un rebujo de mantas o un hato con ropa o herramientas. Luego los despedíamos:

—Vayan ustedes con Dios.

Raro era quien no se quedaba con un poso de ansiedad en el rostro, como si se sintieran un poco huérfanos tras abandonar a esos zarrapastrosos compañeros de viaje con los que llevaban horas desde Orán dando tumbos; como si el amontonamiento dentro del carro y el polvo reseco de los caminos hubiera tejido entre nosotros una especie de rara hermandad.

Vayan ustedes con Dios, volvíamos a repetir cada dos por tres. Vayan ustedes con Dios. Hasta que, con el carretón medio vacío y la noche cerrada, llegamos a Sidi Bel Abbès. Atravesamos el pueblo, grande y plano, dormido entero. Los cascos de los caballos repicaban sobre los adoquines y la luna parecía moverse por encima de nosotros, sobre el carro abierto. Quedábamos ya pocos; en silencio, sin fuerzas para seguir hablando, recorrimos avenidas, glorietas y plazas con cuarteles militares y barracones, trechos de residencias distinguidas con verja de hierro forjado y jardines entre las sombras, y tramos de casas menos decorosas con tejados de teja de barro y desconchones.

—Abajo todo Cristo.

Así nos avisó el arriero del final del viaje, en un español áspero que poco tenía que ver con el francés que según decían se hablaba por allí. A algunos de los viajeros los estaban esperando y otros tenían claro hacia dónde dirigirse. En cuestión de minutos, mientras sacábamos a los niños dormidos del carro, solo quedamos yo misma, la familia que me dio pan y la medianoche.

La madre de las criaturas se llamaba Encarna; Encarna Molina, vecina de El Esparragal, un sitio que yo no sabía por dónde quedaba, y del que ella tampoco me dio explicaciones. No era ni guapa ni fea, tenía los ojos grandes y la palabra rápida, vestía ropa gastada pero digna y estaba siempre atenta, como si ansiara enterarse de todo: los nombres, los sitios, qué era qué, para qué, por qué y cómo. Aparentaba más edad, pero no había cumplido aún los treinta.

—¡Vamos, mujeres! Allez, allez, que es para hoy.

El tipo nos metía prisa y, con los zagales, la abuela y los bultos escasos ya en el suelo, Encarna y yo nos miramos, preguntándonos sin palabras qué era lo siguiente. Quizá porque estaba acostumbrado a gente como nosotras, exhaustas y perdidas, el carretero se nos adelantó.

—Si no tenéis adónde ir, os podéis quedar aquí y salís cortando por la mañana temprano.

Era arisco el arriero, pero el hecho de trasegar para acá y para allá con tantos infelices quizá le había despertado un poso de humanidad cuando veía a la gente al límite.

—Hay agua en las cántaras del fondo, y en aquel cajón de madera lo mismo encontráis unos peros para los críos.

Acabamos tumbadas en el suelo de tierra dentro de aquella especie de almacén, molidas, sucias, hambrientas pero tranquilas al fin. Los niños cayeron al pozo del sueño los primeros, la anciana se santiguó tres veces y musitó sus oraciones antes de echarse a dormir.

—Con Dios me acuesto, con Dios me levanto, con la Virgen María y el Espíritu Santo.

Así las acabó y Encarna, en réplica, masculló entre dientes algo que no entendí. Seguramente la vieja tampoco, porque en cuestión de segundos estaba roncando. Antes de que nosotras también cayéramos rendidas, le pregunté:

—Y cuando encuentre a su marido, ¿qué va a hacer usted, Encarna?

Se despabiló un poco, giró su cuerpo hacia mí.

—Para empezar, deja de hablarme de usted. Y para seguir te digo que no sé si está vivo o muerto; eso es lo que vengo a averiguar. Y una vez que me entere, decidiré si me vuelvo a mi pueblo o si me quedo.

—Pero para eso no te hacía falta traer a los zagales.

Se les oía respirar fuerte, con sus huesitos sobre el suelo duro y la boca abierta; las tolvaneras del camino les debían de haber taponado los agujeros de la nariz.

—Ni a tu madre tampoco —añadí.

Mientras nosotras hablábamos con voces quedas, los ronquidos de la mujer sonaban tan rítmicos como si estuviera tumbada sobre un buen colchón de lana.

—Esa perra no es mi madre; es mi suegra, la madre de él.

—¿Y por qué viene contigo?

—Porque la muy asquerosa se negaba a prestarme el dinero para el pasaje y a quedarse con mis hijos si no me la traía. ¿Y tú?

—Yo, ¿qué?

—¿Tú por qué has venido, tan moza y tan sola?

—Para trabajar —respondí.

—¿De qué?

—No lo sé todavía. Lo mismo para servir.

Soltó una carcajada sorda.

—¿Para servir en una casa? ¿Tú? Pero ¿cómo van a contratarte a ti los franceses tan finos de por aquí, alma de cántaro? La otra vez que volvió mi Antonio al pueblo nos contaba que comen con mantel de hilo todos los días, beben vino en copas labradas y para cada cama tienen dos o tres juegos de sábanas.

—A lo mejor puedo aprender...

—No te hagas ilusiones, criatura. Y no te lo tomes a mal, pero ¿tú te has visto? Eres una salvaje, parece que has salido de una caverna. Mira que nosotros somos gente humilde, pero lo tuyo... Lo tuyo no tiene nombre, niña. Pero ¿tú dónde te has criado?

Podría haberle mencionado El Puntarrón, nuestras penurias, mi madre medio ciega con las manos descarnadas y mi padre siempre tan flojo escupiendo sangre entre toses; podría haberle descrito nuestro chamizo inmundo, los caldos de agua con sal y hierbas como único alimento en los días de invierno, los pollos que se nos fueron muriendo y los hermanos que desde chicos quedaron enterrados porque nacieron tronchados o por las diarreas o las fiebres, y uno detrás de otro sus cuerpecicos fueron a parar debajo de las piedras, a la sombra de la higuera. Quizá así aquella mujer habría entendido por qué yo era como era, poco más que un animal flaco e ignorante. Pero no le conté eso, porque me salió otra cosa distinta.

—He matado a un hombre. Se me metió dentro y le hinqué una hoz en la espalda.

Oí el ruido de sus ropas al removerse, Encarna se estaba incorporando.

—Voy a darte un consejo —dijo entre dientes, con tono sombrío—. Un consejo que te vas a guardar bien guardado en la mollera, por la cuenta que te trae. —Se contuvo unos instantes, como si estuviese eligiendo las palabras—. Esto que acabas de decirme no lo repitas nunca. —Acercó una mano, me clavó las uñas en el hombro y la sacudió con fuerza—. ¿Lo has entendido? —preguntó firme, sin soltarme—. Te lo guardas para cuando tengas que rendir cuentas a Dios o al diablo, pero trágatelo y no lo repitas jamás. A nadie. Y al sitio de donde vienes, acuérdate bien de lo que te digo, no vuelvas nunca. Nunca. Nunca.

# CAPÍTULO 7

Encarna ajustó un precio con el hombre del carro a la mañana siguiente.

—¿Para el chantier de Solana van? ¿Donde los frutales? Eso cae por la ruta de Tessala, allí llegamos en hora y media. Por el viaje de los cinco serán...

Lo interrumpió antes de que él redondeara la cantidad.

—Cinco no; cuatro. La abuela, los hijos y yo. Cuatro somos.

Con esa suma tan simple supe que nuestros caminos iban a separarse: en la búsqueda de aquel marido que llevaba más de un año sin dar señales de vida, yo no entraba.

El arriero también fue consciente de que me quedaba atrás.

—¿Y tú para dónde vas, muchacha?

Me encogí de hombros.

—Adonde me salga algún empleo.

—¿Sabes hacer algo?

Repetí el mismo gesto.

—Lo que haga falta.

—Lo que haga falta, monsieur —me corrigió—. Eso es lo primero que tienes que aprender, a hablar con educación.

No sabía qué quería decirme, pero asentí.

—La semana pasada me llevé a quince o veinte familias a los chantiers del esparto, a trabajar con los árabes para l'Alfa, la compañía francesa. Lo mismo todavía les falta gente.

Tendría que haberme mordido la lengua y mostrarme dispuesta a aceptar cualquier cosa. Pero no lo hice.

—En el barco, los hombres avisaron de que en las fincas de esparto quedaba ya poca faena y que la vida era mala.

—¡Mira tú la señorita, poniendo pegas! ¡Con la estampa de pordiosera que gasta! Como si fuera una mademoiselle recién llegada de París o de Lyon, y no viniera de la miserable España.

El hombre soltó una carcajada bronca; Encarna lo miró con el morro revirado y luego intervino a mi favor.

—Lo mismo sabe usted de algo por aquí cerca. A la chica no le faltan arrestos y en cuanto consiga arrancarse la roña del cuerpo, se peine esa mata asquerosa que lleva en la cabeza y se desbrave aunque sea un poco, lo mismo hasta parece una trabajadora decente.

El hombre me miró de arriba abajo, sin convencimiento.

—No sé yo... —musitó dudoso—. ¿Tienes en orden tus papeles?

No respondí.

—Tu cédula —insistió—. No llegaste a sellarla ayer, ¿verdad? No te apuntaron en el registro.

Despacio, solo con la cabeza, reconocí que no. Él soltó un refunfuño.

—Otra que se queda con menos papeles que un burro robado. Mira que las navieras tienen orden de no dejar embarcar a nadie sin el permiso, y mira que avisan después de que hay que pasar por el consulado para registrarse, que luego vienen los problemas.

Encarna volvió a salir en mi rescate.

—Si es que no le dio tiempo a la criatura, con las prisas que usted traía.

—Menos mal que has venido para acá, para Bel Abbès.

De haber enfilado hacia Aïn-Témouchent, o más para abajo, para Tlemcen o cualquier otro sitio de l'Oranie, no habrías podido arreglarlo. Pero aquí sí, menos mal. Aquí hay otro cónsul de los nuestros.

Tragué saliva.

—¿Otro Consulado de España, dice usted?

—Más pequeño que el de Orán, con poco personal, pero abierto. Españoles por aquí hay montones, y cuando no salta un desacuerdo surge un pleito o una trifulca.

Uno de los hijos de Encarna empezó en ese momento a llorar sabía Dios por qué motivo, lo mismo por hambre. El hermano lo intentó acallar a base de collejas, acabaron enzarzados y ahí encontré yo una salida para escurrirme. No tenía intención de cumplir con los formalismos de los que hablaba el hombre; no iba a enseñar mi cédula de identidad falsa ni a un cónsul ni a nadie. A saber si alguien iba a conocer a Cecilio Belmonte de cuando estuvo la primera vez por esas tierras.

—A ver si se le ocurre a usted lo que sea —insistí.

Se rascó la cabeza mientras Encarna seguía intentando apaciguar la pelea infantil y mientras su suegra protestaba en paralelo, increpando a la madre y a los hijos. Si es que no tienen temor de Dios, decía agria la vieja. Esto es lo que pasa por no meterles el respeto al padre; en cuanto dé con mi hijo, se lo cuento.

—A lo mejor en las huertas de tabaco, que ahora por noviembre empiezan la segunda cosecha —dijo tras la pensada.

Me quedé mirándolo con los ojos muy abiertos. No sabía de qué me hablaba; del tabaco yo solo conocía la picadura que liaba mi padre cuando sus ganas de fumar superaban a la necesidad de dar de comer a sus hijos.

—Sube al carro, anda; te dejamos de camino —dijo al fin—. Y hagan parar de una puñetera vez a esos dos mierdecillas o les meto un guantazo que les abro la cabeza.

## CAPÍTULO 8

El dueño de aquella ferma al principio no quiso aceptarme. Ferma, esa palabra la aprendí del arriero: así era como los españoles llamaban a lo que en francés era une ferme, una finca, granja o huerta donde había cultivos en los que se precisaban temporeros.

—Para esta cosecha ya tengo suficientes.

Se llamaba monsieur Hernandez, era ancho de tronco y corto de estatura, llevaba las mangas arremangadas y las perneras del pantalón remetidas por las cañas de unas viejas botas de cuero manchadas de tierra. Lo mismo hablaba francés que árabe o un español defectuoso con fuerte acento, según a quién dirigiera los gritos. A pesar de su negativa, no me moví del sitio; me quedé en la explanada mirando hacia el plantío, viendo cómo trabajaban los árabes con sus ropajes anchos y sueltos, y los que no eran árabes, hombres de pantalón y camisa andrajosa en su mayoría, con algunas mujeres entre ellos. Los primeros se cubrían las cabezas con turbantes de tela sucia, el resto con sombreros de paja deshilachados, para que el sol africano no les abrasara las entendederas. Me fijé en sus movimientos mientras avanzaban por las hileras de matas verdes, cómo se agachaban o se giraban o estiraban los brazos. Quería asegurarme de que yo iba a ser capaz de hacer lo mismo.

—Déjeme usted un día de prueba —le propuse—. Si no respondo lo mismo que un buen bracero, mañana mismo me echa.

Tras dudar unos instantes, voceó una orden a Hicham, un capataz argelino; igual le di lástima, o igual calculó que con dos brazos adicionales le saldrían mejor las cuentas. El empleado árabe se acercó, alto y erguido como un caballero dentro de una chilaba astrosa, cargado con un gran canasto. Sin apenas palabras, con sus manos de dedos huesudos me mostró cómo se arrancaban las hojas de la planta del tabaco: primero las de abajo, las más chicas, luego las del medio y al final las de lo alto, tan grandes que algunas llegaban a ocupar dos palmos. Me enseñó también cómo se ponían capa por capa en el interior del cesto, extendidas unas sobre otras, con cuidado hasta llenarlo sin rozar los bordes. No necesité más; en breve conseguí trabajar rápida como el resto, más incluso quc algunos. Eso sí, por ser mujer, tal como me aclaró Hernandez desde el principio, me pagaría menos. Así estaba estipulado y, si no me interesaba, ya podía ir enfilando el portón que me sacaría otra vez a la carretera.

Nos despertaba una sirena a la amanecida, nos poníamos en fila y el paciente Hicham nos llenaba a cada uno un recipiente de hojalata con leche espesa de cabra y nos repartía un trozo de pan caliente hecho en la madrugada; jamás en mi vida había yo probado manjares semejantes, por humildes que fueran. A mediodía sonaba otra sirena y se repetía la operación, aunque esta vez en lugar de leche nos daban agua, y al cacho de pan le sumaban un puñado de aceitunas o de higos. Por la tarde, tras dejar colgados los sombreros en unos ganchos de la pared, solía haber un guiso caliente, y volvía a ser Hicham quien servía con un cucharón en los mismos cacharros de hoja de lata. Desparramados sin orden, devorábamos nuestra ración en silencio, sentados en un bordillo o en un poyete de arcilla o en el mismo suelo pedregoso, sin apenas cruzar palabra antes de caer exhaustos. Se decía que monsieur Hernandez cenaba todas las noches poulet braisé, pollo braseado en la casa de la finca, con su familia. Hicham, en el cobertizo de tablones de madera en que vivía, igual no cenaba nada, a juzgar por la estrechura de su esqueleto.

Si alguien se quería lavar, en la parte trasera había un pozo con polea y un cubo. Para hacer de vientre, un poco más allá, cerca del muro, te encontrabas dos letrinas. Cuando apretaban las ganas de orinar no parábamos la faena; aquello lo hacíamos ahí mismo, donde pillaran las prisas.

Los europeos dormíamos repartidos por un barracón y los árabes solían quedarse fuera, envueltos en sus albornoces bajo las estrellas. La primera noche me acurruqué en una esquina y caí rendida, tapada por el capote que me dio la viuda de San Antón. La segunda noche noté entre sueños que alguien me acariciaba la pierna y me lo quité de encima a patadas, sin distinguir quién era entre las tinieblas. A partir de la tercera me instalé a orilla de un matrimonio que nunca dijo de dónde venía, por si acaso tenía que pedirles amparo; él era grande y velludo, ella silenciosa como una salamandra. Ningún hombre con ganas de carne volvió a acercarse.

Nos deslomábamos, trabajábamos de sol a sol en aquella petite ferme dedicada al cultivo del tabaco, la modesta propiedad de Gérard Hernandez, le patron, que era francés a pesar de su apellido porque su familia llevaba en Argelia tres generaciones, y que era severo, malhumorado y gritón, pero buen trabajador él mismo y medianamente honrado con su gente. El sábado, de nuevo en fila, abría la llave de una pequeña caja de caudales que Hicham sostenía entre las dos manos, sacaba unos fajos de billetes y nos pagaba. No tenía yo conciencia todavía de la parquedad de esos sueldos, pero así era la norma, o la costumbre, y nadie protestaba. Y tampoco aquella ferma tenía aspecto de generar riquezas millonarias.

—¿Eso son duros o pesetas? —pregunté durante el primer cobro, en un susurro, a la mujer que iba delante de mí en la cadena.

—Francos, muchacha, francos franceses. En esta tierra no circulan las pesetas.

Desconocía si aquellos billetes arrugados podrían servirme de poco o de mucho; si serían suficientes para comprar un pedazo de jabón o una camisa sin agujeros o una manta para no dormir muerta de frío por el relente de las noches. Carecía de conocimiento sobre el valor del dinero en general y mucho menos acerca de los pagos franceses. Jamás en mi vida había recibido nada, únicamente lo que me llevé de los bolsillos del hombre cuando me fui de El Puntarrón; una cantidad que, según acababa de saber, en aquel mundo de poco iba a servirme.

Hasta que terminamos con la recolección de la hoja y la mayor parte de los compañeros no tuvieron más remedio que irse. Sin sueños ni aspiraciones, sin más horizonte que seguir trabajando como animales en otras campañas, en otros champs de tabac o en las cosechas de la patata, la vid, los naranjos o el cereal según el calendario, musulmanes y cristianos se esparcieron de nuevo por los caminos, con sus guadañas o sus azadas y sus miserias al hombro, rumbo a otras huertas, a otras petites fermes como la de monsieur Hernandez y tantos otros modestos colonos o quizá en busca de una oportunidad de temporada en las haciendas de algún gros propriétaire, algún gran propietario francés de aquellos que habían sumado enormes lotes de tierra a su patrimonio gracias, según oí decir, a las prebendas de la Administración francesa.

Pero yo tuve suerte, y conseguí que le patron me dejara quedarme para las labores del secadero, donde hacía falta más maña que fuerza bruta. Las semanas siguientes las pasé faenando en un chamizo con techumbre de madera abierto a los cuatro vientos, orientado de levante a poniente para evitar el sol de las horas más crudas. De entrada, nos dedicamos a clasificar las hojas de tabaco recogidas de las matas: primero las esparcíamos sobre un mostrador central, luego las distribuíamos por tamaño y calidad para ensartarlas a continuación en largos alambres, a fin de que las hojas se marchitaran colgadas boca abajo, frente con frente o espalda con espalda para evitar la podredumbre; también eso lo aprendí rápido. Los alambres eran finalmente tensados y clavados de una punta a otra del chamizo, por encima de nuestras cabezas, hasta formar una especie de extenso techo vegetal, con las hojas listas para que el aire las secara y les cambiara el color: del verde al amarillo, del amarillo al pardo, del pardo al marrón intenso.

## CAPÍTULO 9

Me fui adaptando a la ferma, a las exigencias cambiantes de las labores y a las rutinas de aquella vida bruta, carente de distracciones o de horizontes. Las únicas novedades eran que me lavaba con el agua del pozo trasero los sábados por la tarde, solía peinarme una vez a la semana con el peine de madera que me prestaba una de las mujeres, y alguna noche de domingo Hicham hacía una fogata en la explanada y nos contaba la historia de sus gentes antes de que llegaran los franceses o nos cantaba una vieja canción árabe con voz melancólica, y algún compatriota de los míos quizá se sumaba y entonaba un fandango lastimero o el estribillo de una parranda y los demás le seguíamos haciendo pitos con los dedos bajo las estrellas. Más de una vez me pidieron que cantara yo algo de mi tierra, pero no supe qué. La música era otra de las delicadezas que jamás entró en mi familia.

Y hubo más cambios en aquellos días; sostenidos, eso sí, no súbitos. El principal de ellos fue mi convencimiento de que el hecho de comer tres veces cada jornada, por repetitivas y frugales que fueran las raciones, me estaba cambiando el cuerpo. No compartí aquello con nadie; ni tenía confianza, ni a ninguna de las otras mujeres les importaban esas cosas que me ocurrían a mí, la más sola y la más joven. En cualquier caso, por lo general hablaba poco porque a mí me hablaban poco, porque éramos tan solo diez o doce los empleados que restábamos después de la cosecha, cada uno hijo de su madre y de su padre, y menos aún serían los que acabaran quedando al término del curado del tabaco, y quizá por eso, por un ansia oculta de no ser lanzados al vacío de los caminos, cada cual se protegía y se deslomaba de la mañana a la noche en una especie de competitividad muda, intentando cumplir lo mejor posible para no ponernos al borde del abismo.

Cuando las hojas estuvieron secas comenzó el desgajo, el deshoje, y tras él metimos el tabaco desmigado en barricas y cajones de madera, para que se lo llevaran hasta Orán, a la fábrica que compraba a monsieur Hernandez todas las cosechas. A finales de una de aquellas semanas estaba previsto que vinieran a recoger el primer cargamento. Supe que había llegado el momento cuando oí cascos de caballo y ruedas de carro aproximándose a la explanada; después la voz de un hombre que saludaba al patrón. Platicaron un rato, se acercaron luego juntos hacia el exterior del secadero, donde lo teníamos ya todo listo para el transporte.

Por allí dentro andaba yo, acalorada por la faena y el mediodía, con el escote de la camisa abierto, las mangas subidas y la mata de pelo atada a la nuca con un cordel mientras terminaba de barrer los restos de las hojas y nervaduras que habían quedado por el suelo después del empaque. Ajena a los dos varones y sus acuerdos, seguía manejando la escoba con brío para finalizar cuanto antes y poder ir en busca de un chorro de agua; tenía una sed tremenda y hambres caninas, aunque para el almuerzo aún faltaba rato.

—A ti nunca te había visto antes por aquí, no te conozco de otras campañas.

Andaría el desconocido entre los treinta y los cuarenta,

llevaba bigote, gorra con buena visera y unas manchas de sudor en los sobacos que le bajaban hasta la correa. Monsieur Hernandez no estaba ahora a su lado; sin que yo me diera cuenta, debía de haber vuelto a la casa en busca de facturas, recibos o cualquier otro avío necesario para el transporte al que íbamos a dar salida.

Seguí barriendo sin responderle, él se arrimó más, alargó una mano y con su envés me sobó un brazo desnudo, abajo y arriba, arriba y abajo, despacio.

—¿Por qué no te vienes conmigo ahí atrás y me tocas un poquito, nena?

Fingí no oírlo, no sentirlo; seguí a lo mío. Él miró a un lado y a otro con rapidez zorruna, para asegurarse de que no había nadie en las inmediaciones. Dejó entonces de rozarme, se echó la mano a sus partes.

—Tanto traqueteo me calienta siempre, ¿quieres verlo, nena? El camino desde Orán es largo y a uno le da por imaginarse muchas cosas.

Permanecí callada, aferrada al palo de la escoba, conteniendo las ganas de atizarle con ella; pero no, no lo hice, no fuera a quedarme sin trabajo. Él siguió con sus guarradas, sin retirar tampoco su mano del bulto de la bragueta.

—La carne de hembra sudada me pone loco. Paso por aquí cerca casi todas las semanas; cuando tú quieras me esperas y, si me dejas, te doy unos cuantos francos. Mira, toca aquí abajo, nena, verás cómo me has puesto...

—Laisse la fille tranquille.

Fue la voz de Hicham la que surgió a nuestra espalda. Deje a la chica tranquila, había dicho en francés. Por si al hombre no le quedaba clara la orden, para apartarlo de mi lado le dio un empujón que lo hizo chocar contra uno de los postes.

—¡A mí tú no me tocas, moro!

El vozarrón insolente del tipo hizo volver la cabeza a

las mujeres que andaban en el otro extremo del chamizo, trajinando con sus escobones y sus trapos; lo suficientemente lejos de nosotros para no ver lo que acababa de ocurrir y lo suficientemente próximas como para acudir de inmediato. Los hombres, entretanto, andaban rastrillando en el semillero.

—Nadie tiene que defender a esta guarra, que ha venido a ofrecerme dinero a cambio de que me la lleve lejos, ¿te enteras?

El tipo tenía que alzar la cabeza para llegarle al capataz árabe a la barbilla; se desgañitaba mientras Hicham soportaba sus embustes y su rabia en silencio.

Las mujeres llegaron hasta nosotros y monsieur Hernandez apareció al minuto, con la zancada rápida y una cartera de cuero debajo del brazo. A partir de ahí, se embarullaron las voces: la del hombre, la de Hicham, la mía, las de las compañeras que no habían visto nada pero lo intuyeron todo. Para deshacer la algarabía, Hernandez ordenó al capataz que bajara al semillero y avisara a los hombres para que empezasen a cargar; al hombre lo sacó a la explanada y, volviéndose hacia mí se limitó a mascullar:

—Hablaremos luego.

Ese luego fue cuando el carro ya enfilaba la salida de la ferma con destino a la fábrica de Orán, con la carga de nuestro trabajo a rastras. Regresó entonces el patrón al secadero, donde yo seguía barriendo sobre barrido porque en realidad allí ya no había nada que hacer; únicamente insistía para contener los temores mientras aguardaba mi sentencia.

—Mañana te quiero fuera.

Me defendí a gritos, intenté explicar lo que de verdad había ocurrido, protesté, insulté al hombre que acababa de irse.

—Me da lo mismo. Este Muñoz tiene la lengua muy

larga, y yo no quiero problemas con la maison Bastos. De ellos vivimos así que, entre Bastos y tú, prefiero seguir con Bastos.

No tenía la menor idea de qué o quién era Bastos, ni osé preguntarlo. Solo me quedó claro que aquel iba a ser mi último día en la ferma Hernandez. Cuando el patrón se alejó con pasos prestos hacia su vivienda, las demás mujeres frenaron las tareas y me rodearon.

—Al menos, si te la llega a endiñar, no habría podido dejarte cargando con una criatura tan fea como su jeta —dijo una.

Las otras soltaron una carcajada colectiva, con una mezcla de compasión y sarcasmo. Yo las debí de mirar alelada, sin entender la broma.

—Pero, criatura, ¿es que no te has dado cuenta todavía de que estás preñada hasta las orejas?

# CAPÍTULO 10

El lavadero estaba a las afueras de Sidi Bel Abbès: allá fui a parar siguiendo las indicaciones de Hicham. Se me acercó cuando estaba saliendo de la ferma, nadie había acudido a despedirme. Una menos, debieron de pensar mis compañeros. Tanta gloria lleve como hueco deja.

—Cecilia —oí a mi espalda.

Ahí estaba Hicham, con su largo esqueleto, su chilaba raída y un paquete envuelto en un trapo. Me lo tendió, dentro había un pan caliente.

—Le lavoir.

Puse cara de no entender.

—Le lavoir —repitió. Luego hizo un movimiento con los puños cerrados, separados, moviéndolos rítmicos hacia atrás y hacia adelante, como si lavara ropa. Entonces intuí que mencionaba un lavadero.

—Le lavoir à Sidi Bel Abbès. Vas-y.

Con la palma en vertical, movió sus dedos largos en dirección al camino. Que fuera al lavadero de Sidi Bel Abbès, parecía decirme.

Atrás quedó la ferma de Hernandez, con el patrón agobiado por si el tal Muñoz lo metía en algún problema en Orán, por mi culpa, para la venta de su tabaco. Y atrás quedaron mis compañeros dispuestos a olvidarse de mí según me alejara, y el bueno de Hicham, el único que intentó ayudarme a reencauzar los pasos.

Tardé medio día en volver a Bel Abbès, caminando bajo el sol con mis viejas alpargatas por un flanco de la carretera. Y a la vez iba pensando. Pensando. Pensando en cómo podría ser eso, que llevase dentro una criatura del hombre que me forzó y al que yo dejé muerto, sin saber cómo digerirlo y sin comprender cómo no me había dado cuenta. La menstruación para mí era algo que iba y venía, nunca la tuve regular, a veces se escaqueaba durante meses y luego aparecía una mañana cualquiera, igual porque yo era así de rara o tal vez porque la mala nutrición me había trastocado el cuerpo hasta ese extremo. Y cuando mi cintura se empezó a ensanchar y mis pechos se pusieron más grandes y más duros, supuse que sería por el simple hecho de meterme comida en el cuerpo tres veces al día. Y cuando quizá debí preguntarme a mí misma si aquello no sería señal de otra cosa, estaba tan reventada después de trabajar desde el amanecer hasta la anochecida que mi pobre cabeza se quedaba sin energía para pensar, y lo único que yo quería era volver al suelo del barracón, acurrucarme como un gato y dejar que el sueño me llevase.

Me fui cruzando con argelinos que pastoreaban rebaños esmirriados y con europeos de zancada más presta que la mía. A los laterales vi más campos fértiles y alguna casa buena, y más fermas con sus trabajadores tronchados entre las matas. Vi también pequeños poblachos árabes o lotes de tierra baldía y reseca. A ratos, levantando densas nubes de polvo, pasaban carretas tiradas por mulas, automóviles modernos y vehículos militares cargados de soldados que me soltaron groserías; no contesté a ninguna, ni siquiera volví el rostro, tan solo seguí caminando hacia adelante, con mi ropa pobre y sucia, con un atado de pelo oscuro cayéndome por la espalda, el alma turbada y la barriga creciente.

Encontré el lavadero casi de la madrugada, tras recorrer Sidi Bel Abbès de punta a punta según las instrucciones que me dieron por las calles y las plazas. Le lavoir? Le lavoir?, repetí a las gentes buscando orientación. Allez tout droit, por acá, por allí siga caminando. Hasta que más allá de donde nos dejó el carretero la primera noche, más allá de los cuarteles de la Legión Extranjera, di con el sitio.

A esa hora no había nadie, solo pilones de piedra vacíos y bancadas desnudas; en los alambres de tender no colgaba ni un hilo. Lo único que encontré fueron charcos de agua que todavía no se habían secado; en ellos bebían unos perros flacos de los que me libré a pedradas, siempre tuve el tino certero. Cuando conseguí que se fueran, me ovillé en una esquina a esperar la mañana. Ya no me quedaba pan, pero ahí seguía mi desconcierto.

Me despertaron las voces; aún estaba abriendo el alba. Las primeras mujeres miraron hacia mi rincón, pero no dijeron ni bonjour, ni buenos días nos dé Dios, ni salam aleikum, ni nada. Eran en su mayoría hembras con poco lustre, llevaban sayas oscuras y pañolones que les cubrían el pelo. Apoyados en las caderas o en lo alto de las cabezas cargaban con grandes canastos de mimbre llenos de ropa. En cuanto se pusieron a hablar entre ellas, supe que muchas eran de mi misma tierra o de por allí cerca. En el reloj del campanario de una iglesia próxima sonaron las siete y, en ese preciso momento, empezó a salir el agua de los chorros; seguramente alguien con autoridad la cortaba por la noche para que aquello no se llenase de holgazanes, desahuciados o animales con sed. O de seres dejados de la mano de Dios, como yo misma.

Sin parar de hablar unas con otras, cada cual ocupó un lugar, como si ya los tuvieran repartidos. Me las quedé mirando, las había más jóvenes, menos jóvenes, maduras y hasta viejas; las había lozanas y las había castigadas hasta los tuétanos. Aun así, todas coincidían en algo: ninguna lavaba su propia ropa ni la de sus familias. Todas eran simples trabajadoras, empleadas de negocios o casas francesas medianas y buenas; de una maison única en exclusiva o de varias en sucesión, según la suerte.

Pasé un buen rato observándolas desde mi esquina, sin atreverme a dirigirles la palabra. Contemplar aquel bullicio era una especie de vistoso espectáculo: por cómo hablaban, por lo que gritaban o a ratos cantaban, por los sonidos que hacían y sus movimientos. Compartían pareceres y carcajadas, se quejaban de los caprichos absurdos y de las extravagancias de sus patronas; en ocasiones se metían unas con otras, a veces en broma, a veces en serio, con pullas de las que se defendían con insultos broncos y maldiciones. Todo ello sobre el fondo sonoro de los chorros al caer, el ruido de la ropa mojada al ser frotada contra la piedra de las pilas.

Cuando en el campanario sonaron las doce del mediodía, la actividad frenó de golpe. Las mujeres se secaron las manos; las tenían rojas e hinchadas, deformadas algunas, casi siempre agrietadas por la lejía y la sosa. Sin parar de hablar, se acercaron entonces a las bancadas y sacaron sus tarteras de estaño con la comida dentro.

Entonces fue cuando no logré contenerme, me levanté y me acerqué a ellas.

—Por caridad, mujeres...

Ahí me planté, enfrente, con mi hambre y mi desamparo, mendigando que me diesen lo que tuvieran a bien:

una cucharada de sus guisos, unas palabras de aliento, un poco de trabajo.

Un cuarto de hora más tarde, ocupé la última de las pilas, metí las manos bajo los chorros de agua fría y empecé a restregar la mugre de un canastón de ropa.

# CAPÍTULO 11

Ninguna de las lavanderas pudo acogerme; todas vivían entre estrecheces y familias numerosas, en sus humildes casas no había hueco para una extraña. Así que, aparte de trabajo, lo único que me proporcionaron fueron indicaciones: intenta por aquí, pregunta por allá, mira a ver si por ahí... Acabé en un lugar ocupado por paupérrimas familias musulmanas, una cochambre de patio de vecinos más allá del faubourg Marceau, del barrio de los judíos y de la plaza de toros, cruzado el oued Mekerra y cercano a los campos de maniobras. Era propiedad de un viejo español, despojo de la guerra de Cuba; él mismo vivía en un chambao junto a la entrada, para controlar el tránsito. En un principio me pareció que aquel tullido estaba más cerca del reino de los muertos que del de los vivos, pero me equivoqué con él, como con tantas cosas. A pesar de su decrepitud, de su muñón a media pierna, sus ojos nublados y un eterno pestazo a aguardiente y orina, el tipo tenía una astucia de zorro y se enteraba de todo lo que por allí se movía, dentro del patio y en los alrededores. Vaya si se enteraba. Se llamaba Eladio y los compatriotas españoles lo llamaban el Culebra, pero en aquel mísero rincón de los arrabales de Sidi Bel Abbès se le conocía simplemente por el rumí. Después supe que ese no era solo el nombre que le daban en árabe al casero borrachuzo; también a mí. Para los argelinos, rumíes éramos todos los cristianos.

En uno de los cuchitriles que se abrían a aquel patio lleno de basuras y escombros encontré algo parecido a un techo, por el que semana tras semana pagaba al Culebra la mitad de mi sueldo. De vez en cuando, alguna de mis compañeras de trabajo me preguntaba dónde me había asentado, y yo solía responder con las mismas explicaciones difusas que usé para orientarme, por aquí, por allí; nunca reconocí la ruindad del sitio, al final de un terraplén detrás de unos corrales de bestias, al otro lado de las vías del tren. Jamás les confesé la miseria de aquel pobre agujero de suelo terroso, techumbre a pedazos y paredes llenas de grietas, sin más luz ni ventilación que el hueco tapado por unos tablones sacados de algún derribo que funcionaban malamente como puerta. Aquel fue mi refugio mientras mi vientre crecía y mientras en los lavaderos me dejaba las manos y los riñones.

Al ser la última en unirme al tropel de mujeres, mi labor consistía en restregar lo más penoso: la grasa de las camisas de unos mecánicos, las servilletas de una brasserie donde se servían guisos con salsas recias, los mandiles sanguinolentos de un carnicero del marché cubierto de la rue Lord Byron. Lavar porquería, por resumir: ese era mi trabajo. Pero me pagaban. O quizá sería mejor decir que los amos de esos negocios pagaban a la Caporala, la mandamás entre las lavanderas, y ella me pagaba a mí lo que me correspondía. Si al pasar de una mano a otra mano aquella mole de carne humana arramblaba con algunos francos míos para su vino y su tabaco, yo no lo sabía. Ni osaba preguntarle, no fuera a mandarme otra vez a los caminos.

—Tú fíate de mí y no te faltará faena —solía decirme.

Me acariciaba entonces los dedos, un hombro, el cuello. Algunas de las compañeras, a espaldas de ella, comentaban que a la Caporala le gustaban las mujeres, aunque otras repetían que le apasionaban los hombres y andaba cada noche detrás de los legionarios por las cantinas. De hecho, desde la tormentosa relación que mantuvo con un caporal de la Légion étrangère se quedó con ese mote por el que respondía sin molestarse. Y las había también que pensaban que aquella hembra imponente hacía lo mismo a pelo que a lana: alguien contó que alguien le había contado que el caporal y ella, en sus tiempos de gloria, solían fornicar como conejos y se agarraban unas cogorzas monumentales, se peleaban luego como dos salvajes y al cabo de la gresca, para reconciliarse, se iban juntos a darse una alegría adonde las putas de La Rose Rouge, a un costado de los barracones.

—¿De quién te vas tú a fiar si no es de mí? —insistía.

Para que no me quedase duda, me colocaba a los pies otro canastón de ropa costrosa para que la lavara. Y yo me fiaba de ella porque no podía hacer otra cosa, y al final de la semana la Caporala alargaba su brazo rollizo y velludo, me sobaba un poco y me metía en el escote un puñado de billetes. Y yo no protestaba ni por sus caricias, que me daban lo mismo, ni por los francos que me esquilmaba, que sí me importaban más porque tenía que comprar leche para dos, pan para dos, habichuelas para dos, porque por dos me decían las otras mujeres que tenía que comer, para mí y para que creciera la semilla que me dejó dentro el hombre. Aun así, todo el alimento que me entraba por la boca parecía dirigirse a una barriga que cada día se hacía más redonda y más tersa, mientras mi cuerpo seguía tan flaco como siempre.

A diferencia de la cháchara constante de las lavanderas, con mis vecinas argelinas del patio apenas me entendía: ni ellas hablaban mi lengua ni yo la suya. Y, además, apenas nos veíamos. Yo me iba al amanecer y solía llegar cuando ellas ya estaban recogidas en sus huecos después de haber trajinado el día entero entre el espacio común y sus casuchas, bregando con sus míseros utensilios, vigilando a los hijos para que no se les desmadraran por donde las bestias y el matadero, sin salir apenas del patio porque ellas no eran de allí sino de más al interior, de la Cabilia, procedentes de poblachos que abandonaron sin quererlo porque así lo decidió el marido o porque de allí los echó alguna ley despótica de los franceses o un fuego que arrasó lo poco que tenían, o cualquier otra zancadilla de esas que la perra vida suele poner por delante a los infelices.

De los devenires de aquellas vecinas me ponía al tanto Eladio el Culebra cuando yo llegaba reventada por las noches; solía hacerlo con la boca llena mientras remataba su cena con las manos o daba lengüetazos al plato de hojalata. Hoy la Safia no ha salido, seguro que anda mala, igual está podrida de los bajos, decía venenoso. O el niño de la Hennu tiene calentura, seguro que la espicha antes de una semana. O el Yedder se ha torcido y le ha soltado a su mujer una tunda de estacazos que le ha partido lo menos cuatro costillas; no sé yo la razón, pero bien merecidos se los tendría la muy zorra.

Yo apenas le hacía caso; intentaba pasar de largo para meterme en mi conejera lo antes posible, sin más fuerza que la justa para calentarme un caldo con más agua que sustancia en el hornillo de carbón y en el cazo desportillado que él mismo me alquilaba, ansiosa por apagar el farol de aceite que él mismo me había vendido, deseando echarme a dormir en la estera por la que también pagaba religiosamente mi cuota.

—A precio especial para ti, princesa mía, por ser de la patria —me dijo al instalarme.

Y me guiñó uno de sus ojos turbios, cubiertos perennemente por una especie de moco. Mentira podrida: a aquel mezquino le importaba un pimiento la patria propia y la ajena. Pero sus ganas de mí no cejaban.

—Más barato te saldría el avituallamiento si me dieras calor por las noches, morena —me repetía cada vez que le entregaba los francos del alquiler—. A mí no me importa que ya estés preñada, al revés. Meterla ahí en caliente debe de tener su gracia...

Como yo lo ignoraba, él seguía con sus usuras y me arrancaba sin compasión la mayor parte de mis ganancias un mes tras otro, hasta que la panza se me hizo enorme, y yo cada día más flaca, y ya solo podía andar con las piernas entreabiertas y los pies mirando para los portales. Todavía la tienes alta, me decían las lavanderas cuando a diario me palpaban la barriga con sus manos destrozadas. Todavía tiene que bajar, te faltan por lo menos dos o tres semanas.

Pero les fallaron los cálculos y yo lo supe una madrugada de pleno verano, acostada en mi esterilla una noche de calor intenso, dentro de mi agujero por el que no corría ni un soplo de aire. Me despertó un dolor punzante en los bajos de la espalda, recuerdo el terror en medio de la oscuridad; debí de gritar como una posesa porque terminaron acudiendo mis vecinas y por allí se pusieron a trajinar diciendo cosas que yo no entendía, y la cabeza se me iba y volvía luego y se volvía a ir, y el dolor subía y bajaba y el calor era infinito, y una empezó a hurgarme por ahí abajo mientras otra me agarraba con su mano tatuada, me limpiaba el sudor y, a la luz de un candil, me cantaba algo dulce en su lengua rara.

Pasó la noche, llegó la mañana y se fundió con la tarde, después se fue deshaciendo la luz y llegó otra vez la noche. Y mientras tanto, sin tener noción del tiempo, yo me moría de dolor y me dormía y me despertaba y gritaba hasta partirme la garganta. Mi único alivio era saber que alguna de mis vecinas siempre estaba allí, pasándome un trapo por la frente y el cuello para secarme el sudor, acercándome un paño húmedo a los labios. En ningún momento me dejaron sola. Siempre, arrodillada en el suelo de tierra, tuve a alguna de aquellas mujeres a mi lado.

Con la primera luz del día siguiente salió al mundo la criatura. De culo, medio asfixiada. Flaca, fea, morada, chillona, con una masa de pelo pegajoso y oscuro en la cabeza. Le cortaron el cordón, me la pusieron encima y yo no supe qué hacer; las mujeres me obligaron a ofrecerle un pecho. Ahí quedó enganchada, chupando calostro sin yo entender lo que debería sentir por ella. Era la hija de un abusón, pero también era mía, aunque en aquellos momentos pensé que ojalá no hubiese nacido.

## CAPÍTULO 12

A los dos días volví al lavadero con cuatro paños metidos entre las piernas para que no me chorreara la sangre, y con la niña amarrada al frontal de mi cuerpo, envuelta en un pedazo de tela que me prestó una de las vecinas del patio. La caminata fue penosa; cada dos por tres, en mitad de la calle, tuve que parar y apoyarme contra las paredes a esperar a que se me pasaran los entuertos y a recuperar las fuerzas para seguir adelante. Las compañeras, al verme aparecer, se echaron las manos a la cabeza. Me obligaron a sentarme en el poyete de piedra, a tumbarme incluso. Sin hacer caso a mis protestas, deshicieron los nudos de tela y sacaron a la criatura; lloraba como un gato, con chillidos punzantes y tristes. Mientras se la pasaban de una a otra y la acunaban balanceándose, algunas abrieron precipitadas las tarteras de sus almuerzos y me obligaron a comer pellizcos de pan con queso, huevos duros y cachos de salchichón; otra se dio una carrera hasta el café de la esquina de la plaza para comprar una cerveza que me forzaron a beber hasta no dejar ni gota; decían que ayudaba a subir la leche.

Cuando sonaron las siete y el agua empezó a brotar de los caños, me empeñé en unirme a ellas, pero no me dejaron ocupar mi sitio frente a las pilas.

—Hoy descansas —ordenó la Caporala—. Ya te diré yo cuándo empiezas.

Me pasé la mañana en el poyete, con la niña a mi lado metida en un canasto entre la ropa o colgada a ratos de alguno de mis pechos; quizá fue la cerveza o quizá la naturaleza que a veces lanza una rara bendición en medio de las miserias, pero a lo largo de las horas fui notando cómo estos se me hinchaban y se me llenaban plenos, bien pertrechados para dar de mamar a esa hija aún sin nombre.

La cuestión surgió a mediodía, cuando las mujeres pararon la faena para el almuerzo.

—¿Cómo va a llamarse?

La pregunta vino de una de las más viejas, mientras el resto atacaba sus humildes viandas y me tendían algunos trozos generosos. Masticando, me encogí de hombros. Había salido de mí como quien se libra de unas lombrices y prefería que así siguiera, cercana por obligación pero lejana en el sentimiento. Sin pensar en ella como un ser humano. Sin que el afecto brotara.

—Ponle un nombre francés —propuso alguien.

Las demás asintieron a coro, con las bocas llenas. Todo era más fácil con un nombre francés en la Argelia francesa; no digamos con un apellido. Prueba evidente era que aquellas mujeres se llamaban Paca Rosales, Ramona García, Esperanza López, Indalecia Gómez, Obdulia Rivera, y así hasta dos docenas de identidades españolas bien rotundas, y no había más que fijarse en sus cuerpos baqueteados y en sus manos despellejadas y llenas de sabañones para comprobar lo rácana que había sido la fortuna con ellas. En un alboroto espontáneo, a voz en grito empezaron a lanzar propuestas. Ponle Agnès, como la charcutera del marché couvert. Blanche, como la del comercio de máquinas de coser. Antoinette, como la sombrerera del boulevard de la République. Pauline, como la prostituta que encontraron descuartizada hacía unas semanas.

—O Marie —tanteó alguna—. Solo Marie, como la Virgen.

Antes de que yo pudiera decir sí o no, la Caporala soltó tres palmadas sonoras y un zapatazo en el suelo para hacerlas callar. Luego apuntó a la que acababa de hablar con su dedo deforme, castigado por la artrosis.

—Ahí está. No se hable más. Marie va a ser esta niña, como la Virgen Santísima.

Para ratificar su decisión irrebatible, se santiguó, se besó sonora el pulgar cruzado con el índice y lanzó el gesto al cielo. Sin dejarme intervenir, ordenó el siguiente paso.

—Esta tarde hablo yo con el père Jérémie, y la cristianamos mañana mismo.

La confirmación de su plan llegó, en efecto, a la mañana siguiente.

—El cura nos espera hoy a las seis —anunció la Caporala—. El muy verraco pretendía que esperáramos al domingo por la mañana después de la misa, pero le dije que ni hablar. Que tenía que ser hoy mismo, al final de la tarde, cuando terminemos la faena.

Una de las más sensatas murmuró:

—Tampoco hay tanta prisa, mujer...

—¡Cómo que no hay prisa! —bramó la otra con su voz de trueno—. ¿No habéis visto el cuerpo de rata que tiene la criaturita? ¿Y esa cara tan fea, que en vez de una recién nacida parece una vieja del asilo? Más vale que le echen cuanto antes el agua bendita por si se tuerce la cosa, para que suba al cielo bien derecha y no se quede en el limbo.

Aquellos disparates deberían haberme sacado de mi apatía, pero me entraron por un oído y me salieron por otro. Lo mismo me daba bautizarla que no bautizarla; no tenía ningún interés en que siguiera viva, igual me daba que se muriera en medio de uno de sus llantos cansinos.

Hasta por la cabeza se me pasó alguna vez lo que vi hacer a mi madre en El Puntarrón cuando acababa de echar por ahí abajo a su quinto o sexto hijo: al rato de parirlo puso a la criatura de cara contra el jergón y, con la mano bien abierta, le apretó fuerte el cráneo para que no respirase. Venía malo, musitó cuando se dio cuenta de que yo había entrado sigilosa en la casucha y había sido testigo de lo que hacía; lo mismo llevaba el terror en el gesto. Malo, tronchadito, dijo pasándose la mano por debajo de la nariz para limpiarse las lágrimas y los mocos; así no sufre. Al poco lo enterramos liado en un trapo debajo de la higuera, como a los otros.

Un nuevo grito de la Caporala me sacó de mis recuerdos.

—¡Petra! ¿No tienes hoy para lavar algún primor de la maison del juez Faure? Trae para acá, que elijamos.

Esa tarde el trabajo acabó un rato antes. Allí mismo, sobre el poyete, envolvieron a mi hija con el vestido lleno de encajes de Valenciennes de alguna petite fille française que seguramente era el triple de grande que ella. A mí también se empeñaron en acicalarme sobre la marcha, a ver si aliviaban mi aspecto salvaje. Peinaron mis greñas en una trenza que me liaron en un rodete sobre la nuca, sujeto con horquillas medio oxidadas que unas y otras se arrancaron de sus propias cabezas. Me ofrecieron también ropa ajena: ponte esta saya de madame Liabert, a ver si te cabe; esta camisa, este corpiño: todo eran prendas de las que les habían encomendado para lavar, propiedad de otros cuerpos mucho más dignos que el mío. En cuanto saliese de la iglesia las devolvería, nadie iba a echarlas de menos durante ese rato.

Cargando con sus canastas a las caderas o encima de las cabezas, me arrastraron hasta la parroquia de Saint-Vincent Martyr con la niña en brazos. Entre europeos vestidos con ropas claras y árabes envueltos en chilabas y albornoces, caminamos por lo ancho de las calles céntricas de Sidi Bel Abbès, esas que yo jamás pisaba en mi ruta hasta mi patio arrabalero. Recorrimos la avenue Kléber y la rue Prudon, pasamos por delante de la place Carnot con su teatro y su templete de hierro forjado donde, según me contaron, los domingos tocaba la banda de música de la Legión Extranjera. A nuestro paso se volvieron un buen número de cabezas; algunas saludaron con gesto medianamente cortés y otras nos lanzaron miradas de desdén y desprecio. Ahí van las pobres lavanderas españolas, siempre tan escandalosas, pensarían. Ahí van en pelotón, berreando, como las borregas.

El anciano cura francés nos esperaba en el interior de la iglesia junto a la pila bautismal, con su casulla sobre el tronco encorvado, su libro granate entre las manos y cara de verse obligado por las circunstancias; a saber con qué argucias lo había enredado la Caporala para convencerlo y celebrar esa ceremonia fuera de las horas de sus liturgias.

Jamás en mi vida había yo entrado en un templo semejante; en realidad, jamás había entrado en ningún lugar sagrado más allá de la ruinosa ermita cercana a El Puntarrón, la de San Lorenzo, llena de desconchones y con las tejas medio caídas. Pero allí estaba yo ahora, caminando por el pasillo central de la iglesia entre los bancos de madera oscura, acercándome hacia el altar con mis alpargatas costrosas, una ropa que no era mía y la criatura en brazos. Y así quedó bautizada Marie, con su cuerpo de medio pollo y su cara de lagarto, desgañitándose en los brazos de una Caporala que ejerció como madrina mientras el viejo père Jérémie le echaba por la cabeza el agua bendita y musitaba sus latines. Exorcizo te, immunde spiritus, in nomine Patris et Filii et Spiritus Sancti.

Concluyó en cinco minutos y nos pastoreó hasta la puerta, más que por cortesía sacerdotal, para asegurarse de que de verdad nos marchábamos sin causar mayor jaleo en el interior del templo. Respetuosas, las lavanderas reservaron sus irreverencias hasta el momento de salir a la calle pero, en cuanto atravesamos las puertas y bajamos los escalones, estallaron el vocerío, las palmas, los parabienes para la nueva cristiana, con todas las mujeres arremolinadas en torno a mí y a la niña mientras el père Jérémie intentaba sin resultado que nos largáramos.

Fue en ese momento, en medio del jolgorio, cuando un automóvil se detuvo frente a la iglesia. Se abrió una puerta trasera y descendió un hombre, el conductor quedó dentro. Un hombre relativamente joven, de buena planta, que vestía con distinción europea aunque traía el porte un tanto deslavazado a esa hora del fin de la tarde: la chaqueta arrugada, el pelo algo revuelto, los zapatos y los bajos del pantalón cubiertos de polvo. Claramente, no venía de leer *Le Progrès de Bel Abbès* en un tranquilo café, sino de una larga jornada de trabajo.

—Allez, allez... —insistió agobiado el père Jérémie, empujando sin recato las espaldas del mujerío. Pero las lavanderas no estaban por la labor de obedecerlo, y el cura no tuvo más remedio que abrirse paso entre la bulla para acudir hasta el recién llegado.

Él, sin embargo, no se dio cuenta de que se le acercaba el sacerdote: tenía su atención fija en otro punto. En medio de los gritos y las albricias jaraneras, frente a la fachada de Saint-Vincent, aquel elegante señor me miraba a mí como si el buen Dios hubiese atendido sus plegarias.

## CAPÍTULO 13

Con Marie bautizada, mis tetas repletas de leche y los coágulos de sangre aún resbalándome entre los muslos, a la mañana siguiente volví a ocupar mi sitio en el lavadero. A mi espalda, sobre el poyete de piedra, la niña dormía en un canasto y a mi alrededor se mantenía el quehacer imparable de todas las jornadas: el sonido del agua fría al manar de los caños, el ruido que hacían las mujeres al frotar la ropa mojada, el cacareo de unas y otras mezclando imparables lo mismo lamentos y coplas que chascarrillos o crónicas de tétricos sucesos; cuanto más sanguinarios y retorcidos, más les gustaban.

Así se suponía que seguiríamos hasta las doce, la hora de la parada para el almuerzo; nadie anticipó que algo iba a romper la rutina cotidiana a eso de las diez y media. La mujer que ocupaba el extremo más cercano a la calle fue la primera que lo vio venir y lanzó el aviso a gritos.

—¿Alguna se dejó algo ayer en la iglesia? Porque por ahí viene el père Jérémie, aunque lo mismo quiere que le confesemos si pecamos anoche.

Para enfatizar sus palabras hizo un gesto soez, sacudiendo enérgica un brazo con el puño prieto. Todas recibieron la chanza con una carcajada. Todas menos yo, que mantuve los labios apretados. Estaba exhausta, apenas había dormido; la niña se había pasado la noche llorando, me dolía hasta el alma.

—Bonjour, mes filles —saludó el cura al llegar a nuestro recinto abierto.

—Bonjour, père Jérémie —respondieron a coro las mujeres.

Yo de nuevo permanecí callada.

La curiosidad les hizo detener la faena y enderezar los cuerpos, a la espera de enterarse de para qué demonios se había desplazado el cura hasta nuestro rincón de las afueras. Unas aprovecharon la pausa para llevarse las manos a los riñones, otras arquearon las espaldas hacia atrás para desentumecer las vértebras o se retiraron los mechones de pelo que se les habían escapado de los pañolones y les habían caído sobre las caras sudadas. Desde mi extremo, el opuesto, miré hacia el poyete para ver cómo seguía la criatura.

Sin más palabras, el cura empezó a recorrer las filas de mujeres con ojos atentos, como si buscara a alguien. La Caporala, con su descaro de siempre, le lanzó un berrido.

—Vous cherchez quelqu'un, mon père? ¿A quién busca, padre? ¿Quiere una novia? Mire que esto está lleno de hembras sabrosas...

Volvió a sonar una risotada general mientras todas permanecían atentas a la siguiente reacción de la mujerona; era deslenguada y procaz, pero también astuta, y desde el primer momento tuvo claro que esa visita del cura no se debía a un simple paseo intrascendente. Así que, secándose las manos enrojecidas en la tela de su enorme mandilón, se separó de la pila y se dirigió hacia él, a que le contara qué razón le traía a ese lavadero al que nadie medianamente digno acudía nunca.

Para platicar se salieron de la techumbre que tapaba las pilas de lavar y se alejaron hacia los tendederos; resultaba chocante verlos caminar parejos con sus tamaños dispares, ella tan corpulenta, él encorvado y enjuto. A esa distancia no podíamos oírlos, pero sí observar que era el sacerdote quien hablaba mayormente, mientras ella asentía con la triple papada de su barbilla.

Tardaron poco en volver; cuando llegaron ambos al extremo opuesto al mío, el grito bronco de la Caporala se me clavó en los tímpanos:

—¡Cecilia! ¡Sal para afuera ahora mismo!

Los ojos de las demás no se despegaron de mí mientras yo sacaba las manos del agua, echaba un ojo a la niña dormida y obedecía la orden. Llegué hasta ellos secándome con el delantal, igual que había hecho la Caporala, igual que hacíamos todas; allí nadie usaba paños secos o toallas. El padre entreabrió la boca dispuesto a hablarme, pero ella lo frenó con un manotazo sobre la manga de la sotana.

—Déjeme usted a mí, mon père, que esta moza de francés no sabe todavía ni papa.

Y continuó:

—Has tenido más suerte que un quebrado, muchacha. Te ha salido un trabajo en casa del nuevo ingeniero des chemins de fer.

Fruncí el entrecejo, no entendía.

—Un ingeniero de las vías nuevas, las del ferrocarril a Mascara —aclaró—. Ha llegado hace unos meses de la France y ayer fue a pedirle ayuda al padre porque su mujer acaba de parir y, como debe de ser bien floja, no es capaz de dar de mamar al recién nacido.

Me miró entonces el escote, con mis pechos hinchados debajo de la blusa y grandes círculos de tela humedecida encima de los pezones, por donde desde hacía rato se me iba escapando la leche. Marie llevaba dormida cuatro o cinco horas tras una noche insomne, y yo sentía aquello a punto de reventar.

—Mire usted, padre, qué hermosura de ubres...

Para ratificarlo, alargó hacia mí una de sus manos brutales, la plantó abierta sobre mi teta izquierda y apretó con fuerza. Al pobre cura le subió un sofoco al rostro y arrancó a toser; casi se ahoga.

—Ça suffit —murmuró.

Es suficiente, eso dijo, ruborizado hasta las orejas. La Caporala soltó una carcajada, yo me mantuve seria.

—Venga, nena, agarra a la Marie y vamos para allá; viven en el faubourg Thiers, el barrio de los ricos. Yo te acompaño para que te enteres bien enterada de las condiciones porque, con esa cara de susto que tienes, si vas tú sola te engañan seguro. Y luego, ya sabes: de lo que te paguen, apartas para mí un diezmo, como agradecimiento por mis servicios.

Concluida su piadosa función, el sacerdote, azorado todavía, se quitó de en medio raudo como un conejo mientras yo recogía a la niña y me despedía de las mujeres. Las dejé gritando a mi espalda:

—¡Ama de cría, eso sí que es una bicoca!

—¡En una buena casa francesa, eso sí que es suerte!

—¡La Marie ha llegado con un pan debajo del brazo!

—¡Que te vaya bien, Cecilia, y acuérdate de nosotras!

## CAPÍTULO 14

Llegamos a aquel quartier distinguido tras un rato de caminata por calles y boulevards; Sidi Bel Abbès era una ciudad no demasiado grande, plana como un plato y bastante nueva en su mayor parte, levantada en torno a la sepultura de un morabito musulmán, según me contó alguna de las mujeres. La Caporala preguntó a los transeúntes en un par de esquinas hasta dar con Villa Jasmin en la rue Palat, una hermosa construcción de dos pisos con jardín delantero envuelto en una reja de hierro fundido; entre los barrotes asomaban las buganvillas y los jazmines. Nunca en mi pobre vida había soñado con poner un pie en un sitio como ese.

Nada tenía que ver esa zona europea de villas y hôtels particuliers, châteaux y châtelets con el barrio alto, el viejo barrio de las Palmeras o los alrededores de la popular calle del Sol, donde residían mis compañeras con sus proles: cogollos españoles repletos de humildes casas encaladas en las que se hablaba a gritos y se bebía agua en botijo, se colgaban macetas con geranios en las ventanas y se guardaban lutos rigurosos por los muertos. Aunque no todos los de origen español vivían con estrecheces, ojo, me avisó la Caporala a lo largo del camino. Algunos habían progresado y, como prueba, con su índice lleno de sabañones, mientras apretábamos el paso me fue señalando unos cuantos negocios. Hasta un palacete se había levantado un compatriota que se hizo rico con el esparto, el Château Vilumbrales.

Si poco se parecía aquel distinguido barrio de Thiers a los enclaves de los trabajadores españoles, mucho menos recordaba a los arrabales donde las míseras familias argelinas llegadas de los campos y la Cabilia convivían amontonadas en patios ruinosos junto a algunos cristianos de la peor ralea, rumíes caídos en desgracia por el alcohol, los abusos, la enfermedad o lo que fuese. Como mi casero el Culebra. Como yo misma.

Una vez en nuestro destino, atravesamos la verja de la villa y recorrimos el breve sendero hasta la fachada. La Caporala pulsó con saña el timbre de la puerta principal. Tardó poco en abrir una señora madura vestida de negro hasta los tobillos, peinada con un moño canoso y tirante. Nos miró de arriba abajo sin disimular su desprecio; debimos de parecerle un trío rastrero, la mujerona bronca y desaliñada que era la Caporala, yo con mi cuerpo huesudo y mis andrajos, y Marie envuelta en esas telas sin lustre que me cruzaban por delante en diagonal y se anudaban a mi espalda. Tras su examen descarado no nos dejó pasar, evidentemente. Se limitó a indicarnos en francés por dónde rodear el jardín hasta la puerta de servicio, a la espalda de la residencia.

—Para mí que esta urraca no es la abuela, sino la gouvernante —me aclaró la Caporala mientras recorríamos el lateral de la vivienda—. La gobernanta, la que corta el bacalao. No será parte de la familia, pero ándate con ojo porque seguro que tiene más mando que un oficial del primer regimiento.

Al llegar a la trasera de la casa volvió a abrir y por fin nos dio acceso a aquel mundo. Frente a los fogones de la cocina, otra mujer trajinaba con pequeñas cacerolas de estaño; la gouvernante le musitó unas palabras junto al oído y le tendió unos billetes que se sacó de un bolsillo de la falda. La cocinera, sin apenas mirarnos, apagó los fuegos, se echó una toca gris sobre los hombros, agarró un cesto de paja y salió por la misma puerta por la que nosotras acabábamos de entrar, andando rápido con sus piernas cortas. La excusa era, seguramente, que fuese a comprar algo; yo intuí que lo único que la otra quería era quitársela de en medio.

Una vez que nos quedamos solas, lo primero que hizo la francesa fue obligarme a descolgar a la niña de mi cuerpo; al hacerlo, la desperté o la incomodé y empezó a llorar como un animalillo rabioso. Quise acunarla, intentar calmarla, pero la Caporala me la arrancó de los brazos para que yo me centrara en lo que tenía que centrarme. Ante el llanto infantil, madame Brun —así dijo llamarse— frunció los labios en un breve gesto de disgusto. Sin dignarse ni a mirar a la criatura, sin preguntar si era niño o niña, cuánto tiempo tenía o cómo se llamaba, me indicó con un gesto que me abriera la camisa.

A pesar de los bruscos meneos de la Caporala, Marie no paró de berrear cuando mostré a la francesa mis pechos hinchados y mis pezones grandes y oscuros como nunca antes los había tenido, morados como ciruelas.

—C'est correct —musitó.

La Caporala, meciendo aún a la niña, me miraba extasiada con la boca medio abierta debajo del bigote sudoroso.

Madame Brun nos hizo sentar luego en un pequeño comedor pegado a la cocina, un pedazo de paraíso empapelado con flores; olía a guiso caliente, a gloria bendita. Trajo una palangana de loza llena de agua y la dejó sobre la mesa; al lado plantó unos paños limpios, una pastilla de jabón y una toalla de un blanco tan blanco como yo solo había visto cuando las vecinas de algún caserío cercano a El Puntarrón, por primavera, enjalbegaban con cal viva las tapias de las casuchas y los corrales.

—Lavez-vous —ordenó.

La Caporala tradujo de inmediato.

—Que te laves.

Mientras por el escote, los sobacos y los pechos me chorreaba el agua tibia mezclada con la espuma y el olor a lavanda del jabón; mientras me secaba con una toalla mullida e impoluta, por primera vez en mi vida entendí algunas palabras que hasta entonces nunca había usado porque jamás había experimentado esas sensaciones. Suavidad. Ternura. Delicadeza. Pero mi pequeño placer duró poco; en un par de minutos madame Brun estaba de vuelta. Entre los brazos traía un bulto envuelto en puntillas.

—Le petit Édouard.

Antes de entregármelo, lanzó una mirada a la mesa llena de salpicones. Los paños y la toalla ahora estaban arrugados, sucios, esparcidos por la superficie, manchados con la mugre parda arrancada de mi piel. Los recogió con gesto de asco, sacó otros limpios de un cajón, me los tendió.

—Les mamelons. Lavez-les encore une fois. Sans savon.

La Caporala tradujo y yo obedecí: volví a lavarme los pezones, aunque ahora sin jabón, para no dejar su sabor y su rastro. Cuando acabé, me tendió al niño.

Era chiquito, rosado, con una leve pelusa rubia cubriéndole el cráneo y envuelto en una cantidad agobiante de tejidos, tan distinto a mi niña morena y medio desnuda. Acerqué a mi pecho su boca diminuta, pero no la abrió. Insistí mientras Marie seguía llorando con rabia; tendría hambre seguro. Al tercer intento, el pequeño Édouard por fin se me agarró al pezón y arrancó a mamar, primero despacio, timorato; luego con ansia casi canina.

Y mientras aquella criatura ajena se empezaba a alimentar con la misma leche que mi hija me reclamaba, madame Brun y la Caporala resolvieron cuestiones de salario y obligaciones, cuestiones prácticas que la lavandera marimandona me explicaría luego.

—Vivirá en la casa —anunció la gouvernante—. Dormirá en la habitación con el bebé y comerá la misma comida que la familia. Tendrá libre la tarde del domingo.

La Caporala dio por bueno el trato; tremendo negocio, debió de pensar. Ahora resulta que la pavica recién llegada va a cobrar casi el doble de lo que ganamos las veteranas que llevamos media vida deslomándonos en los lavaderos. Sin pasar frío ni calor, sin echarse a las calles antes de salir el sol y recogerse de atardecida, sin reventarse las asaduras ni sufrir las grietas de la lejía ni ser pasto del reuma y las bronquitis. Menuda potra, hermana.

Madame Brun interrumpió el fluir de pensamientos que yo intuía.

—Une dernière chose, c'est important.

La miramos, a la espera de que nos aclarase qué cosa importante era esa.

—L'enfant —anunció señalando a Marie con un levísimo movimiento del mentón, seco, despectivo.

No necesité que la Caporala tradujese sus palabras; el gesto de la vieja zorra era elocuente.

—La niña no se queda. A la criatura hay que llevársela.

# CAPÍTULO 15

Un montón de sentimientos contradictorios se me revolvieron dentro. Alegría era uno, por haber encontrado un trabajo donde ganaría el triple. Inquietud, por no saber cómo acabaría resultando ese cambio. Y una mezcla de desasosiego y pena al saber que tenía que dejar sola a Marie, la hija a la que, casi contra mi voluntad, empezaba a querer con un amor posesivo y extraño.

La Caporala, a pesar de mi insistencia, se negó a quedarse con ella; intuí que le cortaría su libertad para andar por las noches de tugurio en tugurio con los militares más chuscos de la Legión Extranjera. Después se marchó de la casa alegando unas falsas prisas repentinas; desde la puerta me recordó que, a la semana siguiente, volvería en busca de su diezmo.

Por gestos, con la niña en brazos, hice entender a madame Brun que tenía que volver a salir para organizarme. Entre el resto de las lavanderas tampoco hallé a ninguna dispuesta: cómo iban a echarse esa responsabilidad encima, me dijeron, si se pasaban el día entero bregando fuera de sus hogares. Bastante enredo tenían con los maridos y los hijos, algunas sumaban a su cargo nietos que ya se llamaban Jean-Paul, Madeleine o Marcel, parientes del pueblo, padres ajados o suegras; demasiadas bocas que alimentar como para cargar encima con una criatura ajena. Ante aquellos comprensibles rechazos, con la niña amarrada de nuevo al cuerpo, volví al patio del Culebra en busca de una solución a la desesperada.

Lo encontré como siempre delante de la puerta de su chambao sentado en una ruinosa silla de enea, encorvado hacia el suelo para revolver la comida dentro de un perol de estaño al calor de una hornilla. A su alrededor, su burda muleta de madera, trastos, restos, montones de botellas de aguardiente vacías, porquerías difíciles de identificar, excrementos de animales y mondaduras de fruta medio podridas. Seguramente rondarían las ratas por allí cerca.

—Necesito que me traduzca, Eladio. A las vecinas, tengo que pedirles una cosa.

—¿Cuála cosa? —preguntó áspero mientras sacaba un poco de aquel mejunje con una cuchara de palo. Tenía un aspecto vomitivo.

—Que alguien cuide a mi hija mientras yo trabajo. Me ha salido una colocación nueva.

Alzó la cabeza del perol y me observó con sus ojos turbios, cubiertos por esa especie de eterno moco amarillo.

—¿Y de qué vas a trabajar tú, con esa pinta de muerta de hambre que tienes?

Dudé, no quería oír otra de sus procacidades. Pero se lo acabé diciendo.

—De ama de cría. Para el hijo de unos franceses.

Desde el esternón le brotó una risotada y detrás de ella vinieron unas flemas que escupió ladeando la cabeza. Parte de las miasmas cayeron encima de su comida; le dio lo mismo.

—Pues vaya mierda de madre estás tú hecha, que le racaneas la leche a tu propia hija para vendérsela a unos ricachos.

A fin de enfatizar sus palabras, lanzó un manotazo a su muñón purulento; las moscas verdes que tenía encima volaron en manada y se volvieron a posar al poco. Me dieron ganas de agarrar alguno de los trastos del suelo, estampárselo en la cabeza y salir corriendo; no habría podido alcanzarme, con esa media pierna que le faltaba.

—Le puedo pagar por hacerme ese favor —añadí—. Cuando cobre, la semana que viene.

Aquello lo amansó; cualquier cosa por echarse al bolsillo unos miserables céntimos. Le expliqué entonces lo que quería que les dijera: que estaba dispuesta a pagar a la mujer que se quedase con la niña, que intentaría sacarme leche a diario para que la siguieran alimentando con una botella, pero tendría que ser la mujer quien viniera a recogerla a la villa de los franceses.

Por la cara obscena que se le puso, supe que mis palabras lo habían excitado. Me volvieron las ganas de abrirle la mollera, o de clavarle algo bien hondo como hice con el otro hombre, el padre de mi hija. Pero una vez más, apreté las muelas.

—¿Puede usted llamarlas y decírselo ahora mismo?

—Si quieres te saco yo mismo la leche; puedo darte unos chupetones bien sabrosos en esas tetas tan hermosas que se te han puesto.

Para demostrármelo, me enseñó su lengua empapada en baba verdosa y espesa, y empezó a moverla con brío entre los labios, haciendo un sonido nauseabundo. Pensar en aquella boca sorbiendo de mi pecho me produjo una arcada que me tuve que tragar como malamente pude, para seguir negociando.

—Por Dios se lo pido, Eladio —insistí apretando a Marie contra mi cuerpo, a fin de protegerla de aquel cerdo—. ¿Puede usted avisar a las mujeres?

Lanzó la cuchara de palo dentro del perol y usó la misma mano para agarrar del suelo terroso la campana que utilizaba para sus avisos: una recia campana de hierro fundido, negra y notoria. A saber de dónde la habría sacado.

En apenas unos instantes se acercaron tres de las vecinas; las otras dos tendrían seguro razones contundentes para no acudir, porque todas sabían que con los avisos del rumí no había broma. Igual no se encontraban en el patio, o igual estaban enfermas o maltrechas por los últimos estacazos del marido, o debilitadas hasta el extremo por la falta de alimento o se habían vuelto a su aldea en la Cabilia, incapaces de seguir en ese lugar inmundo.

Aceptó Sufia, la más joven de todas, también la más silenciosa; en los ratos que estuvo a mi lado durante el parto fue la única que no cantó ni apenas dijo nada. Pero tenía tres hijos pequeños, uno más malo que la tos, otro medio tontito y el último aún mamando, aunque ya tenía sus buenos dientes. Y tenía también un marido que desaparecía del patio cada dos por tres para irse a trabajar a las canteras, según decía, o a la recogida de los melocotones o de la uva, y al cabo de las semanas volvía con una brecha en la cabeza o los ojos morados o un brazo partido, sin explicaciones ni un mísero franco, sucio y harapiento. Mi ayuda económica, por paupérrima que fuese, le venía a Sufia como agua caída del cielo.

Marcharme sin Marie me produjo una gran desolación, una sensación de vacío sobrecogedora. Me iba a trabajar, a prosperar a fin de poder mantenerla. Mi objetivo era que, cuando yo dejase de alimentar al niño francés, con lo que hubiera juntado de mis pagas semanales pudiéramos nosotras abandonar el patio inmundo del Culebra, al que dejé esa tarde despidiéndome con sus lengüetadas procaces. Al caminar ahora liviana por las calles, sin su peso encima, sentí como si el cerdo de mi casero me hubiera arrancado un pedazo de mí misma con su boca asquerosa.

## CAPÍTULO 16

Me acostumbré pronto a la maison de los Favager, aunque al principio todo fueron confusiones y errores. Llegué sin saber nada, sin entender nada, como un extraño pájaro agarrado del aire libre y metido a la fuerza en una jaula. Una jaula hermosa con multitud de comodidades que yo desconocía y por eso, al principio, me pasaba el día dándome topetazos contra los barrotes, sin comprender no solo la lengua de aquellos seres, sino tampoco las rutinas más elementales de su convivencia.

Yo carecía de hábitos de higiene, ignoraba lo que era el civismo o la cortesía, las formas mínimas, las maneras. Hasta entonces siempre había comido sin hora ni orden, con las manos, o sorbiendo de los cacharros, o arrancando bocados o pellizcos a lo que tocara; jamás me habían servido un primer plato, un segundo plato y un postre sentada frente a una mesa como ahora, con cubiertos y mantel y servilleta. Estaba acostumbrada a dormir vestida con mi ropa mugrienta, me lavaba y me peinaba malamente solo de tanto en tanto, no sabía para qué servía una esponja, cómo usar un retrete o una estufa, qué demonios era una escobilla de dientes.

Alarmada ante lo brutal y primitivo de mi conducta, madame Brun emprendió una enérgica campaña para arrancarme mi burdo plumaje y ponerme a tono con la familia a la que servía: la del ingeniero Jean-Luc Favager —el hombre que había bajado del auto frente a la iglesia— y su frágil esposa Constance, a la que yo estaba obligada a llamar tan solo madame, jamás por su nombre. En cualquier caso, el riesgo de equivocarme era escaso: apenas la veía porque se pasaba el día encerrada en su dormitorio con las cortinas echadas, hundida en una especie de melancolía, la suma de un embarazo y un parto dificultosos, más la odiosa obligación conyugal que la forzó a seguir a su marido hasta la árida Argelia dejando atrás su Toulouse natal, el confort de su mundo, sus entretenimientos burgueses, el arropo de los suyos.

A su habitación le llevaba la gouvernante algún rato suelto al niño y allí le servía sus comidas en una bandeja. Allí escuchaba ella su música, bordaba labores de petit point tan complejas como inútiles y leía las novelas y revistas que le llegaban desde la métropole; la prensa local con las noticias y los anuncios de aquellas polvorientas tierras africanas no le interesaban lo más mínimo.

Ante la falta de ánimo de la joven señora y ante la constante ausencia del esposo durante sus largas jornadas en las obras de los chemins de fer de l'Ouest Algérien, la gobernanta, eternamente agria y eternamente vestida de negro, me obligó a adaptarme a base de órdenes, regaños y morros torcidos. Así no es. Así no se come, no se anda, no se habla, repetía hasta el agotamiento. Así no se hace. Tuvo razón la Caporala en su pronóstico: ella era la reina y señora de la intendencia, la que organizaba el día a día y llevaba tieso como una vela al servicio doméstico que componíamos una sigilosa sirvienta árabe, la madura cocinera —que también era de origen español, aunque apenas hablaba y se marchaba a diario después del almuerzo—, un viejo jardinero de nombre Farid y yo misma a cargo del lavado de la ropa y la alimentación del pequeño príncipe. Los otros tres empleados no vivían en la casa, yo era la única. Aun así, jamás me trató la Brun con un mínimo de calidez; para ella nunca fui más que un surtidor de leche que debía mantener en perfecto estado para que nunca fallara el abastecimiento.

Y mientras le petit Édouard mamaba y mamaba y se robustecía cada vez más lustroso, yo me sacaba leche a escondidas con un aparato que la gouvernante me entregó por si algo me sobraba, para que no se me congestionase algún grumo, no fuera la vaca humana a cortar el chorro alimenticio del heredero. El invento consistía en una boca de vidrio grueso pegada a una pera de goma, y acabó siendo mi mejor aliado: con él yo me succionaba a escondidas previamente a cada toma, para guardarle un poco a Marie antes de que el voraz hambrón se lo tragara todo. Apenas le duraba el hartazgo cuatro o cinco horas, de noche o de día, mañana, tarde o madrugada. Tan pronto como empezaba a recuperarme, el Eduardito me reclamaba otra vez con su llanto exigente, para engullir de nuevo.

A escondidas también, vertía luego esa leche que me birlaba a mí misma en uno de los dos tarros de cristal que robé del fondo de un armario de la cocina y que escondía bajo los largos ropajes de la cuna, a la espera de que Sufia acudiese a recogerlo. Aprovechando que madame Brun se encerraba todas las tardes a rezar el santo rosario a Notre-Dame de Lourdes, con el tarro metido entre los pliegues del batón abotonado que me obligaba a usar como uniforme, yo salía a la esquina de la rue Palat y tanto el tarro lleno como el vacío pasaban de una mano a otra mano, rulando entre la distinguida Villa Jasmin y el patio cochambroso al que yo tan solo volvía los domingos.

Allí me reencontraba cada siete días con una Marie flaquita y cetrina que se iba convirtiendo en una niña a la que me costaba reconocer, cada día más distante de mí y de mi mundo. Apenas respondía a mis arrumacos, rechazaba mi pecho y prefería la botella; en cambio, sonreía a su madre postiza y a sus postizos hermanos, aquellos niños quebrantados y canijos por la escasez a los que yo intentaba llevar siempre algo que afanaba a espaldas de la gobernanta: unas galletas de mantequilla, un pedazo de jabón, un puñado de avellanas. Lejos de disfrutarlos, esos encuentros dominicales eran para mí una fuente de amargura. Siempre, invariablemente, volvía de anochecida a la villa de los Favager hundida en la desazón y la culpa. La culpa. La maldita culpa.

Así pasaron las semanas hasta cumplir un mes, otro mes, varios meses. Algunos días fallé yo, cuando madame Brun se saltaba sus rutinas por alguna razón y me obligaba a ayudarla con cualquier imprevisto doméstico. Y en algunas ocasiones falló Sufia, sospeché que por exigencias del marido pendenciero que siempre salía a trabajar y nunca trabajaba. Jamás supe si esos días Marie tomaba leche de cabra o del pecho de aquella mujer silenciosa de ojos como almendras que, aun sin poder entendernos con palabras, se había convertido en mi cómplice y en la madre sustituta de mi hija, lo más cercano a una amiga.

A medida que transcurría el tiempo, fui también aprendiendo más cosas del mundo civilizado. A leer la hora que marcaban los relojes y a mondar las manzanas que se recibían en cajones desde Orán, adonde llegaban en barco desde el Val de Garonne, porque en Argelia se cultivaban las naranjas, las clementinas y los melones, pero apenas esas frutas rojas y tersas, y madame las echaba de menos, y su marido se las hacía traer cada dos semanas. Me acostumbré también a pisar las mullidas alfombras de lana bajo los pies, a asearme al despertar y a cepillarme el pelo por las noches, a no abalanzarme como una bestia ansiosa sobre la comida. A hacer mi cama estirando las sábanas por los extremos para no dejar ni una arruga; aquella quizá fue mi mayor satisfacción, empezar a dormir sobre un colchón, aunque fuese estrecho y duro, no en un jergón de paja o en el mismo suelo.

A fuerza de oírlas constantemente, fui también absorbiendo palabras y expresiones del francés: los nombres de los alimentos, los enseres y los muebles —la pomme de terre, la fourchette, l'armoire—, las órdenes que me escupía la Brun y los saludos que, por las noches, al volver de su trabajo donde el ferrocarril, me dedicaba con educación monsieur Favager cuando se acercaba a acariciar la mejilla de su hijo mientras yo lo sostenía. A pesar de su parquedad, él era el único que me trataba con un mínimo de humanidad en aquella casa.

Hasta esa tarde en que llegaron las lluvias finales del otoño, después de varios días con vientos desquiciados. Regresó él más tarde que de costumbre, seguramente por dejar organizadas las faenas en las vías en previsión de las aguas torrenciales que acabarían cayendo. Lo oí cuando entró, sereno como solía: no era hombre ruidoso ni de muchas palabras, quizá por su propio temperamento o quizá porque no tenía con quién hablar en aquel hogar mortecino, ni con la antipática de la Brun ni con su mustia esposa.

Yo estaba en el cuarto que compartía con el niño, dándole de mamar como casi siempre; de espaldas a la ventana, con una pequeña lámpara encendida sobre la cómoda a un costado, en la misma butaca de mimbre en la que me sentaba para esa idéntica función cinco o seis veces al día. Había sido una jornada intensa, la gouvernante andaba con los nervios de punta porque el ventarrón arrancó una rama de un árbol del jardín y esta, al caer, rompió un cristal del comedor en la planta baja. Se dedicó entonces a repartir órdenes rabiosas a la sirvienta Ouafa y a Farid el jardinero: cortad, apartad, cambiad, moved... Al no entenderla ellos, perdió los papeles y acabó gritándoles, empujándolos, insultándolos en su lengua: imbéciles, malditos retrasados, vous êtes des ânes, pedazo de burros. A mí me tocó recoger los estropicios, mientras los empleados árabes se quitaban de en medio acobardados, y madame Brun dejaba dispuesta la cena para el señor en un extremo de la mesa del comedor y se retiraba a su habitación con una de esas tremendas jaquecas que sufría de vez en cuando y la dejaban medio lerda.

Una vez que se apaciguó el desorden doméstico, cuando en el exterior apenas quedaba luz y en la casa ya solo se oía el azotar del viento desde fuera, el sueño me arrastró sin darme cuenta, con el niño aún enganchado a mi pecho. Sin que yo lo notase, en algún momento se despegó de mí y, repleto, se quedó dormido en mi regazo. No fui consciente del tiempo que pasó, solo me sacó del sueño la lluvia furiosa al golpear contra los cristales. Y al abrir los ojos, vi su figura entre las sombras: monsieur Favager me contemplaba desde el quicio de la puerta. Tampoco supe cuánto tiempo llevaba él allí, concentrado en mi pecho desnudo, en mi rostro limpio y mi trenza morena sobre un hombro, mientras estallaba la tormenta. Nos miramos en silencio, iluminados por la luz floja que atravesaba la pantalla de pergamino. La lluvia densa seguía cayendo.

Entró entonces y cerró la puerta tras de sí sin hacer ruido. Con cuidado, en silencio, despegó a su hijo de mí, lo metió en la cuna. Yo no me moví, no supe cómo reaccionar, me faltaron las fuerzas. Acercó una mano a mi rostro y me acarició despacio. Con la misma lentitud la bajó a lo largo del cuello, lo envolvió entero. Volvió a subirla, acercó sus dedos a mi boca, me recorrió los labios. Y me dejé hacer, porque nunca nadie me había acariciado así, o porque él era el señor de la maison y yo su empleada, o porque mi piel y mi alma quizá necesitaban, simplemente, el roce de un humano.

# CAPÍTULO 17

Me despertaron las sacudidas de madame Brun, con sus dedos huesudos clavados en mi hombro como ganchos de carnicero. Putain de salope, putain de salope, mascullaba colérica. Maldita puta, repetía inclinada a dos palmos de mí, mientras me llenaba la cara de salivazos. Me incorporé de un salto; oí entonces el llanto del niño fuera de la habitación, los sollozos de madame Favager en el pasillo, las palabras incomprensibles de su marido intentando calmarla. La lluvia seguía cayendo violenta y yo, hundida en un raro sopor, no había sido consciente de nada; quedarme dormida junto a aquel hombre me generó la tramposa impresión de sentirme segura.

No sabía si seguíamos en mitad de la noche o ya había amanecido, la casa estaba sumida en una extraña penumbra. Todo en realidad era extraño: las voces perturbadas en ese lugar en el que nunca nadie subía el tono, el niño separado de mí y en brazos de su madre. Y la gobernanta, que no dejaba de insultarme mientras yo intentaba tapar mi cuerpo desnudo con el cobertor de la cama: salope, guarra, puta. Solo se frenó cuando monsieur Favager la llamó desde fuera. Él no se atrevió a entrar, mucho menos a exculparme. Ni siquiera asomó la cabeza.

Cerraron la puerta y allí me dejaron, confusa, aturdida, sin saber qué hacer, incapaz de calibrar la dimensión de lo sucedido. Encontré mi ropa en el suelo, a los pies de la cuna vacía de Édouard; me puse el batón de todos los días, el que su propio padre me había quitado mientras recorría mi piel. Me lo abotoné sobre el cuerpo desnudo. Descalza, me asomé a la ventana. Comprobé entonces que estaba amaneciendo, pero la lluvia densa como los chorros del lavadero me impedía ver en la distancia: apenas se distinguían los contornos de las residencias cercanas, ni siquiera las buganvillas pegadas a la verja del jardín. Todo quedaba oculto bajo una brutal cortina de agua.

Fue entonces cuando el pánico se me agarró a las tripas. Marie, musité. Y me vino a la mente su cuerpecillo en el patio del Culebra al final del terraplén, su cara de niña triste en el mísero agujero donde la había dejado con Sufia y sus hijos, ese rincón precario levantado con paredes de tierra amontonada y un simple techo de tablones, sin salvaguardia ni amparo ante la lluvia monstruosa que caía y ese viento de locos que doblaba las palmeras y arrancaba los tejados. Marie, Marie, Marie, repetí mientras buscaba mis zapatos negros y duros como ataúdes, los que sustituyeron a mis alpargatas cuando la gouvernante las tiró a la basura sin avisarme. Marie, Marie, seguía balbuceando cuando salí al pasillo con el ánimo acobardado y el pelo revuelto.

Al fondo, la puerta del dormitorio de los señores estaba cerrada. No se oían voces; no sabía si dentro se encontraba sola madame Favager o también el niño, que momentáneamente se había callado. Desconocía dónde estaban, cómo se sentían, y no podía importarme menos.

Madame Brun subía en ese momento la escalera. Llevaba en las manos una bandeja con una tetera, taza y plato; el juego de Limoges que usaba por las mañanas para la señora.

—Entre dans la chambre!

No hice caso a su orden de volver a la habitación, por supuesto. Ella se había detenido a mitad del tramo, cuatro o cinco escalones antes de llegar al piso superior en el que yo estaba. Cuando vio que no obedecía, la sangre se le empezó a acumular en el rostro. Las piezas de loza chocaron entre sí, tintineando.

—Entre dans la chambre immédiatement!

—Me tengo que ir —dije en mi lengua— a buscar a mi hija.

Igual no me oyó. O igual sí me oyó, pero no me entendió. O igual me oyó, me entendió y, aun así, siguió plantada en el centro del escalón, sin moverse.

—Apártese.

Le hablé con brusquedad, sin pizca de cortesía. Sin ese s'il vous plaît, ese por favor que ella misma me había enseñado a usar para pedir las cosas con educación.

—Quítese de en medio —insistí bajando los primeros escalones, hasta quedar frente a su silueta oscura.

Tampoco se movió: ahí seguía, emperrada en bloquearme mientras aguantaba a duras penas la furia y el resentimiento por haber metido a une femme effrontée, a una descarada como yo, en la casa de aquella digna familia.

La solución vino rápida, tan pronto como lancé un manotazo a la bandeja; un golpe sin contemplaciones, seco y limpio. La porcelana saltó por los aires, la taza chocó contra el barandal y se hizo pedazos; el plato rodó escaleras abajo; detrás fueron la cucharilla y el colador mientras la Brun perdía el equilibrio y emitía un chillido terrorífico, quizá porque se quemó con el agua hirviente al reventar la tetera o simplemente por el puro susto. Por mí, como si se partía el cráneo; lo único que quería era irme. Ahí quedó aullando mientras yo le saltaba por encima, despatarrada en los escalones con la falda negra a la altura de los muslos; una obscenidad impropia de su rancio decoro.

Superada la gobernanta, solo me quedaba llegar a la puerta, abrirla y largarme, pero al alcanzar la entrada de la planta principal encontré un segundo obstáculo. Sus gritos habían alertado a monsieur Favager y le habían hecho salir de su bureau. En ese despacho pasaba él las noches a menudo, apartado de su mujer, acostado en un diván en el que apenas le cabían sus largas piernas; no sabría yo decir si se encerraba allí para no perturbar el descanso de madame cuando él se quedaba trabajando entre los planos y los cálculos de las vías, o porque su matrimonio marchaba camino del despeñadero y se sentía más a gusto solo que con ella. Aquella madrugada, sin embargo, había sido distinta: la pasó en mi cama, encima de mí, debajo de mí, dentro de mí, pegado a mí sin que yo lo rechazase. Saber cómo se habían enterado de eso su esposa y la Brun no me generaba la menor curiosidad. Era él quien debería haberse protegido y haberme protegido. Por dejadez o desidia o despiste, no lo hizo. Y ahora pretendían que yo pagara las consecuencias.

—Tu ne peux pas sortir d'ici.

No puedes salir de aquí, me advirtió. Poco tenía que ver el tono de su voz con el que había usado al murmurarme al oído esa misma madrugada un montón de palabras en francés, tan apasionadas como incomprensibles. Lo que apenas unas horas antes fue dulzura y deseo se había convertido en el timbre autoritario que seguramente usaba con los peones árabes y los obreros españoles que se deslomaban a diario a sus órdenes y a las de sus capataces, desbrozando y alisando los terrenos pedregosos bajo el sol africano para poder instalar los flamantes raíles de sus chemins de fer, pequeña gloria de los ferrocarriles franceses.

—C'est dangereux.

Es peligroso, eso me advirtió, pero me negué a hacerle caso; bien poco me importaban sus cautelas. Además, seguro que no era mi seguridad física lo que le preocupaba, sino la constancia de que con mi marcha desaparecería también la fuente de alimento de su hijo. En cualquier caso, yo no tenía duda: entre aquel niño ajeno y Marie, me debía a mi niña y por eso tenía que irme, para sacarla de su agujero. Con esa única idea clavada en el pensamiento, intenté apartarlo. Pero no lo logré: me lo impedía su cuerpo, más ancho y más alto que el mío, más firme, más fuerte. El mismo cuerpo que me había abrazado durante la noche mientras besaba mis ojos, mi cuello, mi boca y se me metía hasta lo más hondo.

Como no tenía palabras en su idioma para convencerlo, lo empujé, le di patadas y le aporreé el pecho gritando en mi propia lengua, con insultos y maldiciones que saqué de la memoria. Pero no hubo manera; seguí sin conseguirlo a pesar de estar solo a unos pasos de la puerta, en la entrada de paredes enteladas, junto al gran perchero donde él colgaba su sombrero al volver del trabajo y su mujer los parasoles que usaba en sus escasas salidas.

Hacia ese portemanteau, como llamaban ellos en francés al mueble, dirigí un brazo que logré sacar de las apreturas con que me tenía inmovilizada. A ciegas, sin que él lo viese, con un mero tanteo agarré rápida algo que resultó ser un paraguas de la Brun; lo alcé entonces para golpearle la nuca, pero no pudo ser: le previno el aullido de la gobernanta desde la escalera.

—Attention, monsieur!

Contra lo que ella pretendía, aquel grito fue mi salvación. Mientras él, desconcertado, intentaba descifrar a qué se refería esa alerta, yo, movida por una osadía generada por el miedo, aproveché su brevísimo descuido y le encajé un rodillazo en la entrepierna que lo dejó sin aliento, lívido de pronto, con la boca abierta como un pez medio muerto. Sin pretenderlo, sus brazos se aflojaron hasta soltarme; luego, despacio, se dobló sobre sí mismo llevándose las manos hacia sus partes, ahogando un alarido monstruoso.

Cuando pudo sacarlo de la garganta, yo iba ya por la mitad del camino que cruzaba el jardín con el paraguas cerrado en la mano, corriendo bajo el agua hacia la verja.

# CAPÍTULO 18

Nunca encontré a Marie. Ni a Sufia y sus hijos, ni a las otras vecinas. Tampoco al Culebra. Las lluvias torrenciales arramblaron el patio; le volcaron encima el terraplén entero, y las covachas y las miserias quedaron sepultadas bajo una gigantesca acumulación de tierra. Aun así, rebusqué, rebusqué, rebusqué, subida a aquel cerro con las rodillas hundidas en el barro, escarbando durante tres días seguidos hasta perder las uñas y la esperanza. Lo seguí intentando hasta que asomó una cuadrilla de basureros, o empleados municipales para las catástrofes, o lo que fuesen aquellos hombres que calzaban botas hasta las rodillas y llevaban enormes rastrillos en las manos. Les chillé, les intenté explicar entre gritos incoherentes que ahí estaba mi hija, les pedí que me ayudaran. No sigas, muchacha, me dijo el que parecía ir a la cabeza, un francés con los ojos enrojecidos por los detritos y el agotamiento. Les cayó todo encima, de aquí no pudo salir nadie, quedaron todos abajo.

En la breve historia de la segunda ciudad de la provincia de Orán, aquello quedó marcado como un episodio trágico que se llevó vidas por delante, movió suelos, se metió hasta el fondo en las casas a pie de calle y anegó las cosechas más cercanas. Aun así, Sidi Bel Abbès recuperó la normalidad bajo el cielo azul intenso del norte de África:

los colonos y los jornaleros de los alrededores retomaron sus faenas en los campos, volvieron a abrirse los mercados, las gentes de la ciudad reemprendieron su movimiento cotidiano y los negocios, las escuelas y las oficinas volvieron a funcionar con la normalidad de siempre. Prosperó, en definitiva, el ánimo colectivo de seguir adelante.

A lo largo de esos días dormí donde caí, comí lo poco que encontré y, sin tener a nadie a quien amamantar, en paralelo a mi desolación fui perdiendo la leche. Y la imagen de Marie, a la que creí que nunca iba a querer y al cabo quise tanto, se me quedó clavada dentro junto con un sentimiento de culpa tan hondo que me sentí como si me ahogara, y el cuerpo se me descompuso y pensé que yo también iba a morirme. Atrás, muy atrás, como en otra vida, había quedado el confort de Villa Jasmin, los copiosos almuerzos con recetas francesas y la tersura de las sábanas, el olor del jabón de Provenza, el brillo de los muebles. No los eché de menos ni por un instante.

Solo estaba segura de que nada me ataba ya a ese lugar, así que para irme esperé a la mañana del domingo. Antes de que dieran las diez llegué a la parroquia de Saint-Vincent, donde meses antes la habíamos bautizado. Recordar aquel día, el arrebato jaranero de las lavanderas con la niña diminuta en mis brazos, tal vez debería haberme provocado alguna emoción, algunas lágrimas. Pero no acudió ninguna, las dejé todas mientras escarbaba en el barro. Ahora tenía otro objetivo, mejor no distraerme.

Con mi aspecto más cochambroso que nunca, me aposté en el lado opuesto, cerca del imponente Hôtel de Ville; a un costado del quiosco de la música. Lo que pretendía era asegurarme de que ellos acudían en bloque a cumplir con la misa dominical, a rogar por las infelices víctimas de aquella fatalidad y tal vez, sobre todo él, a arrepentirse de sus pecados. Ser infiel a la esposa por encamarse con el ama de cría atentaba, sin duda, contra el sexto mandamiento.

La gente empezó a llegar por ambos flancos del boulevard. Primero aislados los más piadosos. Después el resto de los feligreses: familias enteras, parejas y grupos de amigas, mujeres solas, niños vestidos como pequeños viejos. Todos iban ataviados con sus ropas y sombreros de domingo, gente de bien, citoyens de la République française en tierra de musulmanes, con el paso firme y la superioridad material y moral que su nacionalidad les otorgaba. Hasta que los vi acercarse, madame y monsieur Favager agarrados mansamente del brazo, serios ambos, él con un traje oscuro sin el polvo de les chemins de fer en los bajos del pantalón y ella rubia, quebradiza, con un vestido del color de las flores mustias, pálida y ojerosa bajo el ala corta de un sombrero que le tapaba hasta las cejas. Tres pasos por detrás, la Brun con su eterno luto empujaba la grandiosa poussette con Édouard dentro. No iba tan tiesa como solía, me dio la impresión de que andaba medio coja.

Debería haberme preguntado quién alimentaba ahora a aquel zampón ansioso que se tragó la leche de mi hija, pero tampoco lo hice. Los asuntos de esa gente ya no eran cosa mía; únicamente quería comprobar que llegaban, entraban, se santiguaban como buenos cristianos y se sentaban en su banco. Una vez que tuve constancia de todo ello, cuando las notas estruendosas del órgano llenaron la iglesia y el père Jérémie apareció en el altar con su casulla dorada y su estola de día grande, me quité de en medio.

De vuelta en Villa Jasmin, descorrí el cerrojo de la verja y rodeé la villa hasta la parte trasera, como me enseñaron a hacer desde el principio. Con una piedra rompí el cristal de la ventana de la cocina; metí luego el brazo y abrí desde dentro, empujé una de las hojas y salté al interior. Tenía claro lo que precisaba y no perdí ni un instante, a pesar de los cortes que me hice al entrar y a pesar de que las tripas me crujían por el hambre. Conteniendo las ganas de meterme medio gâteau a puñados en la boca, subí de tres en tres los escalones por los que unos días antes había rodado la Brun, hasta llegar al cuarto que yo compartí con el niño.

Lo primero que debía recuperar eran mis papeles: falsos y odiosos porque en realidad pertenecían al abusón del padre de Marie, pero no tenía otros y era obvio que los acabaría necesitando. Los saqué del primer cajón de la commode y, con ellos en una mano, abrí el segundo, donde la gobernanta me había ordenado que guardara la ropa interior que ella misma me dio al llegar a la maison; prendas recias y gastadas de color ceniciento que en algún momento seguramente cubrieron sus propias vergüenzas. Debajo de la pila de mis bragas de vieja, escondía yo el dinero que ahorraba semana a semana, tras pagar a la buena de Sufia y de vez en cuando, si por allí asomaba, a la Caporala.

Pero mis dedos, por más que tanteé, solo tocaron la madera desnuda del fondo; de los billetes no había ni rastro. Saqué entonces precipitada el cajón entero y lo volqué sobre la alfombra. Nada tampoco, más allá de esas prendas, sostenes espantosos y unos cuantos pañuelos. La gobernanta, supuse, había puesto mis francos a su recaudo por si acaso se me ocurría volver en su busca: con codicia vengativa, decidió arrebatarme lo que iba ahorrando para que algún día pudiéramos encarar mi hija y yo juntas un presente algo más digno que el de los lavaderos y el patio del Culebra. Solo que ahora esa criatura ya no estaba entre los vivos, y yo tenía que velar por su memoria y por mí misma.

Una corriente de angustia me recorrió el cuerpo; la rabia me subió desde la boca del estómago hasta las raíces del pelo y, casi sin ser consciente de lo que hacía, la emprendí con todo lo que tenía cerca. De una patada volqué la cuna del maldito Édouard, estampé luego la lámpara contra la pared, tiré de las cortinas para arrancarlas. Hasta que fui consciente de que nada arreglaba con eso y, respirando a bocanadas, intenté calmarme. No, aquello no me llevaba a ningún sitio. Más me valía ser práctica. Y hábil. Y rápida, para sacar cuanto antes algún beneficio que compensara el desquite rencoroso de la gobernanta.

La solución la hallé en el dormitorio matrimonial, que prácticamente solo usaba la señora. Los mismos dedos que no encontraron el dinero dieron ahora con otras opciones, sin duda más valiosas. Lo primero que hice fue bajar una maleta de un altillo del armario; la lancé abierta sobre la cama y la empecé a llenar a puñados con lo que me topé alrededor: volqué el joyero que madame tenía sobre el secrétaire, metí ropa que arranqué de las perchas, zapatos sueltos, botes de lociones y de perfume del tocador, los retratos familiares que custodiaban su sueño y sus penas desde la mesilla de noche. Debería haber sido consciente del dolor que iba a causar a aquella débil mujer al hacerla responsable vicaria de la vileza de su empleada y de la cobardía de su esposo, pero ese pensamiento ni siquiera se me cruzó por la cabeza. Solo quería irme de allí con algo, lo que fuese, para resarcirme de su injusticia, retribuir mi trabajo y abrirme camino hacia Dios sabía dónde.

Cinco minutos más tarde, mientras ellos rezaban misericordiosos en Saint-Vincent por las almas de los fallecidos, yo abandoné Villa Jasmin con una maleta repleta y un portazo.

# CAPÍTULO 19

—Largo.

Con esa orden, el carretero me hizo saber que habíamos llegado al fin del viaje. Era ya de noche y estábamos frente a los grandes portones de madera de una fábrica; quise preguntarle qué podía hacer, adónde podía ir en esa ciudad extraña, pero él ya estaba a lo suyo, de espaldas, saludando a un vigilante y tendiendo la mano hacia el cigarro que este le ofrecía.

Era el mismo hombre por cuya culpa me echaron un año atrás de la ferma de tabaco: el que pretendió guarrear conmigo y después me acusó de ser yo la incitadora. Seguía siendo el cerdo de entonces, igual de sudoroso y arisco, pero yo necesitaba llegar a Orán como fuese, y sabía que él hacía el trayecto de forma cotidiana, y no se me ocurrió más solución que ir en su busca.

Tras dejar Villa Jasmin, caminé durante horas con la maleta a rastras hasta llegar al cruce de caminos por el que en su día abandoné la plantación de monsieur Hernandez. Allí, a un costado de la carretera, me senté bajo un olivo y esperé una tarde, una noche y media mañana hasta que lo vi acercarse. Yo seguía llevando el batón abotonado con el que salí de la maison bajo la lluvia para ir en busca de Marie, mugriento tras días de inútil rastreo entre barro, porquería y aguas sucias. Tenía atado el pelo con un pedazo de cordel que encontré en la calle. El tipo no me reconoció, ni siquiera le interesé para volver a manosearme.

—No tengo dinero para pagarle, pero a cambio puede quedarse con esto. Es de seda pura.

Le ofrecí uno de los pañuelos de madame Favager: una hermosa pieza estampada con dibujos chinescos que en otro tiempo seguramente adornó su delicada garganta, antes de que sus ilusiones de esposa y madre saltasen por los aires en la cruda Argelia.

Lo agarró con una mano renegra y puso gesto de fastidio.

—Con esto solo te llevo hasta la mitad de la ruta. ¿Qué más tienes?

Le ofrecí otro similar, lo juntó con el anterior en un gurruño compacto y se los echó al bolsillo del pantalón.

—Necesito algo más por el transporte del equipaje.

Con el mentón mal afeitado, señaló la maleta de madame Favager.

—Muy elegante parece; demasiado para una pordiosera como tú. A saber de dónde la sacaste.

Dos pañuelos de seda más un alfiler de oro con tres perlas fue lo que me costó el trayecto hasta Orán, encogida, dando tumbos en la trasera de un carretón cargado hasta los bordes con cajones y cestos de hoja de tabaco. En Sidi Bel Abbès dejaba la memoria de Marie, a las mujeres de los lavaderos y a una joven familia francesa hecha trizas por la fragilidad de ella, los arrebatos carnales de él y la inquina de una empleada que supuraba amargura. Nada que me atase, en definitiva. Cuanto antes me quitara de en medio, mejor para todos.

Hasta que fuimos entrando en Orán, primero a través de caminos con casas y huertas esparcidas, después recorriendo vías urbanas que me dejaron con la boca entreabierta. Una vez que me dio el hombre la orden de bajarme del carro, obedecí de un salto sin soltar la maleta. No tenía adónde ir, ni siquiera sabía dónde estaba. Pero olía a mar, y la noche era clara, y a mis piernas flacas y sucias les quedaban las fuerzas justas para encontrar algún sitio donde cobijarme.

Me hallaba, sin saberlo, encima del mismo puerto al que llegué cuando hui de El Puntarrón y crucé el Mediterráneo: en el espléndido puerto de Orán por el que pasaron bereberes, corsarios, otomanos y españoles hasta que se asentaron los franceses. A la espalda de una gran construcción, a unos cientos de pasos de La Marina y La Escalera, los barrios de la gente del mar desde hacía siglos. Hacia allá me dirigí, sin ser consciente de adónde iba, de nuevo con la maleta a rastras moviéndome por calles estrechas que subían y bajaban enredadas entre sí bajo la luz amarillenta de unos pobres faroles. En ellas, a un lado y a otro, vi casas, tabernas y cafetines, negocios sin lustre y gentes de raleas distintas, todo humilde, deslucido, bastante sucio. El pulso, sin embargo, bullía ruidoso: voces, gritos, ruido de cacharros y olor a pescado frito, toses, lloros de niños, cantes desentonados que salían desde detrás de algunas puertas tapadas con cortinas, hombres con tatuajes que discutían sobre faenas y aconteceres, ajustaban deudas o jugaban a la baraja mientras bebían anís, y blasfemaban cuando perdían y se encendían cuando ganaban, o se rascaban el pecho velludo o uno de los sobacos mientras pensaban concentrados en la siguiente jugada. Había salas de billar, modestos restaurantes, parrillas callejeras que asaban sardinas y sesos llenando el aire de olor y humo, pequeños comercios y talleres, unos cerrados, otros abiertos y alumbrados con lámparas de kérosène; había animales y niños, más cristianos que moros, aguadores, pordioseros, vendedores ambulantes de cascaruja, garrapiñadas y aquella masa a la que luego supe que llamaban calentica.

Recorrí calles, subí y bajé cuestas y escaleras, volví a salir a los mismos sitios desde lugares distintos y acabé sentada en un peldaño a la entrada de una alpargatería con la persiana bajada a esas horas, apoyada contra aquella maldita maleta que ahora me arrepentía de llevar conmigo, por su peso y porque me recordaba lo mezquina que fui con su dueña. Agotada, me abracé las rodillas y hundí la cabeza. Hasta que me despertó un golpe en la pierna.

—¿Por qué andas tan mustia tú, nena? ¿Te ha dejado plantada un marinero?

Alcé la cabeza y en la penumbra distinguí a una mujer que acababa de darme una patada. Seguía siendo de noche, pero el ambiente de la calle era otro, más silencioso, más frío y más oscuro; seguramente me había quedado dormida unas cuantas horas y estábamos ya en plena madrugada. Aturdida, no fui capaz de responderle. No tenía respuesta, ni energía para sacar la voz del cuerpo.

—Yo en tu lugar me quitaría de en medio —añadió la desconocida—. En un rato va a cerrar el Gallo de Oro, los hombres saldrán mamados hasta las cejas y lo mismo a alguno se le cruza darte un meneo. Estás hecha un asquito, pero hay algunos a los que, a estas horas, cualquier cacho de carne les sirve.

Era morena, española sin duda, con el pelo largo y oscuro desparramado hasta media espalda y un colmillo de oro; entre las sombras no distinguí el color de su vestido, pero sí un gran escote y más apreturas de las que marcaba la decencia. Era, evidentemente, una prostituta de las muchas que noche a noche, como después sabría, negociaban con sus cuerpos en aquellos arrabales portuarios.

Seguí sin moverme, confusa, con la cabeza embotada todavía. A su espalda aparecieron otras tres o cuatro mujeres con paso aburrido; debía de haber poco trabajo. Ante mi quietud, ella volvió a darme una patada en la espinilla con la punta del zapato, ahora más fuerte.

—Venga, tú, arriba. Lárgate de aquí, anda.

Quise obedecer, en el fondo sabía que debía hacerlo. Pero no logré mover ni un dedo, tan solo me salieron de la boca unas cuantas palabras:

—No sé adónde ir. No conozco a nadie.

—Vaya por Dios, otra huerfanita que nos manda la puta madre patria —dijo con ironía—. Has tenido suerte, bonita; hoy está floja la noche.

Giró entonces el cuello, alzó la cabeza hacia la fachada que tenía a la espalda y soltó un grito:

—¡Gregoria!

Se oyó el ruido metálico de la contraventana de un balcón al abrirse desde un segundo piso, pero a la tal Gregoria no le dio tiempo a responder porque la otra, desde abajo, le lanzó antes un mandato.

—¡Mete a esta muchacha en el cuarto de la Charo y mañana arreglamos cuentas!

## CAPÍTULO 20

Al día siguiente, en efecto, arreglamos cuentas en aquella habitación llena de ropa ajena y humedades donde pasé el resto de la noche, en una modesta vivienda repleta de desconchones que servía como pensión de mujeres y, a ratos, como prostíbulo. Con el sol de mediodía en lo alto del barrio de La Marina, de la ciudad de Orán y del mar entero, alrededor de la maleta de madame Favager se arracimaron las mujeres. Entusiasmadas como si hubieran llegado los Reyes Magos, sacaban y alababan a grito limpio las posesiones con las que arramblé en Villa Jasmin a cambio del dinero que me afanó la gobernanta.

—Para mí este peine con mango de plata; lo mismo luego se lo llevo al Mustafa a que me lo desmonte y me hago con él tres pulseras.

—Este broche me lo quedo yo, y el domingo me lo coloco para irme con el Clément, que ha prometido llevarme a un baile.

—Mira, mira, mira, perfume de Lorenzy-Palanca, del que compran las madames en el boulevard Seguin.

—Esta nuisette de seda para mí. Y si no me entra, la revendo.

Sin parar de soltar exclamaciones entusiastas, fueron eligiendo y me pagaron a cambio lo que les dio la gana; yo no tenía ni idea de si lo que recibía por aquellos cambalaches eran cantidades razonables o si abusaban de mi ignorancia.

Al final me dejaron únicamente con algo de ropa para cambiarme y el par de retratos de unos dignos señores; supuse que serían los padres que se quedaron añorando a su hija en Toulouse, cuando el yerno ingeniero se la llevó a la costa africana y le reventó todos sus sueños.

—Pero tú no serás una ladrona de las sinvergüenzas, ¿verdad, nena? —me preguntó la que me había dado la noche previa las patadas, con su botín bien apretado contra el pecho. A la luz del día comprobé que era fea y caballuna, con los hombros caídos, ojeras abultadas y una chilaba sobre un cuerpo que dejó de ser terso hacía lo menos dos décadas.

—No, señora —respondí—. Yo solo me llevé lo que pensé que me correspondía.

—Eso está muy bien —sentenció seria. Y para enfatizarlo, movió arriba y abajo su gran mandíbula. Las demás asintieron, abrazadas a sus nuevas posesiones igual que ella—. En el mundo tiene que haber justicia. Y no me llames señora: el cura de mi pueblo me bautizó María Margarita, pero con Margot me sirve. Lo de señora lo dejas para la gabacha a la que le has levantado el equipo, que debe de estar que se tira de los pelos.

Soltó entonces una carcajada grosera que puso a la vista unas encías moradas y el colmillo de oro; las demás la corearon. Ninguna era ni medianamente joven ni medianamente hermosa; los años y las penalidades les habían pasado a todas por encima y les habían dejado plantadas a fuego sus huellas.

—Y para que veas que somos agradecidas por los buenos precios que nos has hecho, la Grego te va a dejar que te quedes una semana en este cuarto, hasta que encuentres un sitio.

Gregoria quiso protestar, por supuesto. El hogar de caridad que regentaban las Trinitarias, según supe con el paso de los días, se encontraba más arriba, cerca de la plaza de la Perla; aquella vivienda del viejo barrio español no era más que una casa de huéspedes o de puterío, según la ocasión, donde toda hija de vecina pagaba su cuota. Pero Margot zanjó el asunto y la otra no tuvo más remedio que callarse.

—Cuando vuelva la Charo de Relizane, yo se lo explico.

Compasivas como eran a pesar de su rudeza, me invitaron a almorzar con ellas en la cocina: boquerones fritos, una ensalada de pimientos asados y un porrón de vino turbio que pasó de mano en mano mientras hablaban con la boca llena, mientras el aceite rojizo de los pimientos les corría barbilla abajo y ellas se lo limpiaban con el dorso de la mano. Sin que yo se lo pidiese, se dedicaron a orientar mi futuro a su manera.

—A lo nuestro te puedes dedicar si quieres, siempre que no te pongas por esta zona; en la place Emerat, donde la Posada Española, comienza el límite. Nosotras y otras veinte o treinta tenemos por aquí nuestra clientela; competencia no queremos, y cuando alguna listilla se mete donde no debe, mandamos que le den una tunda de palos para que se le quiten las tentaciones. Muchas de las nuevas suelen empezar abajo, cerca de los muelles, por detrás del de la Aduana; luego van subiendo. Si quieres te decimos dónde puedes colocarte y esta misma noche te estrenas.

Ajenas a mí por unos momentos, se dedicaron después a recordar las desventuras de algunas de sus compañeras de otros tiempos: la italiana a la que encontraron con los ojos sacados en el quai Charlemagne, la andaluza a la que se llevaron entre cinco malteses a uno de los viejos túneles del Château Neuf, la francesita que acabó descoyuntada cuando la empujaron por un barranco en el Caminico de la Muerte. Mientras abrían con un cuchillo medio oxidado el melón del postre, repartían las tajadas y les pegaban tremendos mordiscos, siguieron instruyéndome con su hablar descarnado y pasaron a ofrecerme un catálogo escasamente apetitoso de las preferencias de sus clientes: los que acababan llorando al recordar a las novias o a las madres y los que solo se excitaban cuando zurraban a la infeliz de turno, los que se les meaban encima, los que se empeñaban en compartirlas con tiernos niños árabes y los que traían la tranca infectada por la gonorrea.

—¿Y se les ocurre algún otro trabajo? —me atreví a preguntar cuando ya todas habían lanzado las mondas del melón al centro de la mesa.

Se encogieron de hombros mientras encendían sus cigarros, como solían hacer los hombres. Tú verás dónde te metes, venían a decir; como si las demás opciones fueran peores que las que acababan de ofrecerme.

—Lo mismo limpiando letrinas —propuso la Rubia, sin demasiado empeño.

Margot y la Mora también ofrecieron alternativas, mientras Gregoria se levantaba de la mesa y empezaba a recoger los platos.

—O en el marché Bastrana, para barrer la mierda del suelo cuando se marchan los hortelanos.

—O en alguna fábrica de tabacos.

No pregunté más; con esa última idea en mente dejé la casa. Antes, me permitieron asearme en el bidón que ellas mismas usaban, en un recodo del fondo del pasillo que hacía las veces de cuarto de baño. Por unos instantes eché de menos la amplia salle de bain de Villa Jasmin, con su bañera de esmalte blanco sobre cuatro patas bruñidas y sus grifos de agua caliente. Para quitarme de encima la añoranza de aquellas comodidades a las que nunca volvería, hundí la cabeza en el bidón, hasta el fondo.

Con la melena húmeda sobre la espalda, ataviada con uno de los pocos vestidos de madame Favager que las manos voraces de las putas me dejaron, regresé a las calles que había recorrido durante la noche: calles que a veces discurrían rectas y medianamente amplias, y otras a menudo estrechas y a menudo empinadas, cruzándose sin orden. Los nombres de casi todas los llegué a aprender con el paso del tiempo: la rue d'Orléans, la de Charles Quint y la d'Arsenal, la calle Barcelona, la rue Ximénès.

El ambiente volvía a ser gritón y alborotado, más todavía a esas horas de luz violenta en que los pequeños negocios trajinaban con sus quehaceres y las tiendas de comestibles tenían a la vista cajones de verdura, pilas de naranjas y clementinas, sacos de legumbres. En la cercanía, en constante movimiento, me crucé con muchachillos musulmanes que hacían repartos con cestones repletos sobre sus pequeñas cabezas afeitadas a navaja, con madres de familia que regateaban a brazo partido con los comerciantes del vecindario. A mi paso vi también zapateros, carboneros, cordeleros, aguadores árabes con sus pellejos a la espalda, marineros de piel quemada que fumaban bajo los toldos de los cafés y gatos atentos a ver qué pillaban. Más adelante alguien me contaría que aquel barrio, tan sucio y desmadejado como desbordante de vida, lo fundaron los españoles cinco siglos atrás, como primer asentamiento civil en la ciudad y, con el paso del tiempo, como albergue de generaciones y generaciones de trasterrados como yo, llegados del otro lado del mar sin avíos ni más planes que la simple supervivencia.

Al final de la tarde bajé por la rampa del Capitaine Valès y acabé topándome con el mismo edificio donde la noche anterior me dejó el carretero. A esa hora, con la última luz del día, vi pintadas en negro sobre el muro exterior las seis letras gigantescas en mayúscula que, por la ausencia de luz, no fui capaz de distinguir por la noche. Una B, una A, una S, una T, una O y al final otra S. BASTOS, ponía.

Seguía contemplándolas cuando me sobresaltó el estruendo de una sirena. A continuación se abrieron los dos grandes portones de madera y en breve comenzó a salir un reguero imparable de gente: hombres primero y, a los pocos minutos, montones de mujeres que caminaban con el paso presto. Hasta mañana, oí gritar a unas. À demain, oí responder a otras. Hasta mañana, à demain, à demain, hasta mañana... Así se fueron desperdigando en distintas direcciones y allí me quedé, a un costado de la fachada, hasta que salieron las últimas y entre dos hombres con las mangas de las camisas arremangadas empezaron a cerrar los portones de nuevo. Entonces me acerqué, les pregunté en mi lengua y parecieron entenderme.

—Vuelve mañana y habla con los de personal; hoy ya se han ido.

—Y tráete tus papeles, porque en eso aquí son bien serios. Sin papeles, en la maison Bastos no entras.

Terminaron de cerrar mientras yo emprendía el regreso con un nudo en el estómago. Otra vez volvería a ser oficialmente Cecilia Belmonte, dispuesta a dar un nuevo salto al vacío bajo la identidad de un muerto.

# CAPÍTULO 21

Empecé liando pitillos de los corrientes; por cada mil cobraba un franco, y en torno a los tres mil fue mi media diaria durante los primeros meses. Alcancé después los cuatro mil al día y con el tiempo llegué a rondar los cinco mil. Esa era la clave del trabajo de las cigarreras: la rapidez, la destreza que se compensaba con dinero contante por poco que fuese; una zanahoria que todas perseguíamos como conejos, lo mismo las jóvenes lozanas que las viejas de moños canosos, las casi niñas o las matronas, las gordas, las flacas, las altas, las bajas, las contrahechas, porque de todo había en esa casa.

Dentro de grandes salas contiguas, sentadas frente a mesas de madera sin barniz, novecientas y pico mujeres nos pasábamos los días repitiendo el mismo quehacer entre voces que mezclaban el español popular con el valenciano y un francés a menudo deficiente, revuelto todo en un runrún que nunca paraba y a ratos se convertía en un vocerío estrepitoso que ensordecía los oídos y embotaba las cabezas. Hasta las compañeras hebreas, las italianas y las maltesas, a fuerza de oírnos, eran capaces de sumarse a la algarabía. No había mujeres árabes entre nosotras, tampoco francesas, aunque sí eran franceses muchos de los hombres que trabajaban en la administración y el completo de los vigilantes, antiguos brigadiers desoficiados tras el fin de la

Gran Guerra que se resarcían de su falta de mando intentando sin fruto imponer un orden cuartelero sobre aquel batallón de mujeres. Loisy, Lagarde, Durant, Lambert, Moreau, Gramusset: teníamos que dirigirnos siempre a ellos con el monsieur por delante. Las esposas de algunos de ellos nos hacían controles aleatorios al salir, toqueteándonos entre las faldas para confirmar que no birlábamos ni un mal cigarro.

Así pasaba la vida en la maison Bastos, la boyante empresa que nació casi un siglo atrás cuando el patriarca don Manuel, malagueño llegado de niño a la entonces recién nacida Argelia colonial, arrancó un minúsculo negocio tabaquero en la rue de la Mezquita Vieja y, con el paso de las décadas, se acabó convirtiendo en el primer proveedor del ejército francés en el norte de África, la primera marca de consumo entre la población local y el primer exportador a gran escala.

Aquella deslumbrante expansión, sin embargo, contrastaba con la crudeza de puertas adentro. La ventilación era escasa, siempre flotaba en el ambiente un polvillo del tabaco que nos dejaba la garganta seca y se nos metía en los ojos y nos los ponía brillantes; así los teníamos todas por aquel maldito polvo, no porque la naturaleza hubiera sido espléndida con nosotras. Tan negros los ojos como las manos, las uñas, la piel casi entera; quitarnos esa roña requería después largos ratos de jabón y estropajo.

Las horas, los días, las semanas, los meses se iban encadenando mientras trajinábamos a toda velocidad. Algunas cigarreras veteranas, medio ciegas y casi sordas tras décadas de faena machacona, dejaban sus puestos solo para morirse; algunas jóvenes ilusas soñaban con que las retirara un mozo de buen pasar, y la mayoría sobrevivíamos sin más anhelos ni aspiraciones que cobrar al final de la semana y cruzar los dedos para que las modernidades de la mecánica no acabasen con nuestros puestos de trabajo.

Al segundo año me cambiaron de sitio: abandoné las salas de las manufacturas baratas y pasé a la de categorías superiores, donde se liaban cigarrillos con boquilla de cartón, picado de calidad y hebra fina. Al tercero me mudaron a los talleres en los que se torcían los cigarros puros en sus variantes: las brevas, panetelas, conchas, regalías.

Después de cada jornada, sola casi siempre, emprendía el camino de regreso hasta el rincón donde vivía casi desde que me contrataron: un cuarto medianamente digno en casa de la medianamente digna señora Magdalena, en La Escalera, el barrio pegado a La Marina, donde pasé mi primera semana, un poco más arriba de la vivienda de las putas, cerca de la iglesia de San Luis, que antes fue catedral francesa y antes de ese antes fue la capilla de un viejo convento de los españoles.

Lo que ganaba en la maison Bastos me permitía pagar ese techo y colgar tres vestidos de percal barato en sus perchas de alambre; como único lujo, me dejaba arrastrar algún domingo por unas cuantas compañeras para tomar un agualimón de Morant en la rue de la Bastille, o ir a escuchar a la banda de música a la place d'Armes, que también se llamaba place du Maréchal-Foch, donde los soldados y los obreros endomingados nos hacían siempre algún requiebro. Los lunes de Pascua, junto a otros miles de españoles o descendientes, subíamos en romería hasta el monte de Santa Cruz para comer la mona; las noches de San Juan íbamos a ver a los muchachos saltar las hogueras en la plaza de la República, y los 14 de julio veíamos el grandioso desfile militar desde una de las aceras de la rue d'Alsace-Lorraine mientras agitábamos banderitas azules, blancas y rojas.

A ese acopio de pequeñas rutinas se sumó en los últimos meses una ilusión nueva, la primera en mucho tiempo, quizá la única en mi vida entera. Esa ilusión tenía nombre de muchacho: se llamaba Rafael y era un vecino moreno y tímido, albañil, granadino de origen, casi recién llegado. Solo habíamos cruzado miradas y saludos, apenas palabras. Pero por la forma de clavar los ojos en mí que él tenía, yo sabía que le gustaba. Y a mí él lo mismo, mucho, Rafael me gustaba mucho, mucho aunque lo disimulara, a la espera de que él se atreviese a proponerme algo: una tarde de cine, un paseo, cualquier gesto de aquellos que los hombres jóvenes y dignos solían hacer a las muchachas.

Sopesando aquellos componentes, no sabría yo decir si lo mío era o no era una buena vida: dependía de con qué la comparase. Si echaba la vista atrás y recordaba las miserias de El Puntarrón, la dureza de la ferma de Hernandez, los lavaderos de Sidi Bel Abbès y la tristeza que me dejó clavada la pérdida de Marie, diría que sí, que conmigo la fortuna había sido generosa. Si en cambio ponía en un platillo de la balanza mi inmensa soledad y mis diez horas diarias de labor machacona seis días a la semana así lloviera a cántaros o apretara el siroco, y en el otro platillo colocaba a las francesas que veía por los boulevards del centro, con sus risas despreocupadas, sus gafas de sol y sus compras envueltas en papel de seda, entonces igual diría que lo mío no era más que una forma de subsistir embrutecedora e insignificante.

De todas maneras, casi nunca me planteaba esos pensamientos. Bastante tenía con que los días se sucediesen uno detrás de otro y con bregar con los recuerdos que de vez en cuando me enseñaban los colmillos. Y sobre esa conformidad flotaba yo hasta que, al mudarme al taller de los puros, me sentaron en la última fila de mesas al lado de la mujer que, sin saberlo aún, habría de torcerme el destino.

Se llamaba Catherine y era callada, seria, angulosa, con los treinta bien cumplidos y unos extraños ojos en dos colores; rápida en el laboreo, peinada con un pequeño chignon apretado al final de la nuca, una especie de castaña de la que jamás se le escapaba ni un pelo. Se sentaba siempre con la columna bien recta y durante las primeras semanas, a pesar de que trabajábamos codo con codo, apenas me dirigió la palabra.

—No te lo tomes a mal, muchacha, no es contra ti —me gritó a modo de anuncio una de las obreras con más retranca—. Es que la Catherine vino de Argel, de la capital, ¿sabes tú? Y lo mismo le parece que las de Orán no estamos a su altura.

Argel contra Orán, Orán contra Argel: la eterna rivalidad entre las dos principales ciudades de Argelia era una fuente constante de chanzas, y por eso el resto coreó aquellas palabras con unas risas y la aludida encogió levemente un hombro con un gesto que no significaba nada. Indiferencia, si acaso. Pero no le faltaba razón al aviso: era evidente que aquella Catherine nunca participaba en la cháchara colectiva de las demás mujeres. Si le preguntaban, contestaba a veces en francés y a veces en español con fuerte acento; si no le preguntaban, seguía a lo suyo y jamás se unía a los comadreos, a las bromas contra los vigilantes o a las coplillas que a menudo se entonaban para hacer más llevadera la monotonía. Comía apartada en un rincón y tampoco daba los bonjours y los buenos días a gritos, ni voceaba los au revoirs y los adioses como las otras. Entraba sola y se marchaba sola, nunca en racimo como el resto.

Por eso precisamente, por ese desapego suyo, me sorprendió encontrármela al anochecer de un viernes de finales de marzo. Seguía con la ropa de faena y su capazo del almuerzo vacío entre las manos; estaba apoyada contra una pared en la esquina de una travesía sin portales ni comercios por la que yo pasaba a diario para acortar, por la espalda de la plaza de la Perla, junto a una barbería. En un principio supuse que ese encuentro era una simple casualidad; quizá tenía por allí amistades o algún pariente o algún otro empleo; no sería la única de las cigarreras que doblaba labor para arañar unos cuantos francos.

Antes de preguntarle, ella misma me sacó de mi error.

—Vengo a buscarte, no quiero que las de la fábrica lo sepan.

Me habló en español con un acento que mezclaba el francés y el mahonés, porque ella descendía de menorquines, de los montones que habían emigrado a Argel y no al Oranesado al ser la travesía en barco hacia esa parte oriental de Argelia más corta desde su isla; de esto estaba yo al tanto, alguna de las compañeras lo soltó en algún momento.

—¿Hay algún sitio donde podamos hablar tranquilas?

En la vecina rue d'Orléans se ubicaba el Grand Café du Luxembourg, cuyos propietarios, a pesar del nombre del negocio, eran un alicantino y una italiana con fama de cocinera prodigiosa. El local estaba abarrotado siempre, con sus billares, su griterío, sus mesas de mármol y un humo denso; todos los días pasaba yo por delante de la fachada. De haber sido nosotras dos hombres, habríamos ido allí seguro, a compartir un anisette rodeadas por otro buen montón de varones. Como éramos dos mujeres, le propuse ir a mi cuarto.

No tuve que guiarla. Para mi sorpresa, sabía de sobra dónde estaba mi casa.

—Te he seguido un par de tardes al salir de la fábrica —dijo—. Por asegurarme.

# CAPÍTULO 22

La señora Magdalena miró a Catherine de arriba abajo: en todo el tiempo que yo llevaba bajo su techo, era la primera vez que entraba con compañía.

—Trabaja conmigo en Bastos —le aclaré, serena en apariencia, como si aquella visita fuera algo natural y no desconcertante.

Mi patrona no preguntó más y volvió a lo suyo: a darle las papillas y a limpiarle las babas y los meados a su Angelito, el hijo que se le quedó inútil en la guerra en Europa, cuando en las orillas del Somme la metralla alemana le lamió la cabeza. Se lo devolvieron imposibilitado pero entero: un guapo hombre de trapo que para nada servía, desmadejado para siempre entre un sillón y un camastro, desprovisto del nervio de aquel chaval que a los diecisiete años estrenó el uniforme del ejército francés sin anticipar lo siniestro que sería su porvenir. En el cuidado de ese infeliz volcaba la señora Magdalena su tiempo, su energía y los francos que yo le pagaba.

Me encerré con Catherine en mi habitación, tan triste y austera como las otras cuatro que allí se alquilaban a gente de paso. Solo que el resto, hombres casi siempre, se acababa marchando pronto bien porque se emparejaban, o llegaban los suyos, o preferían mudarse a una zona más moderna, o encontraban una vivienda más cercana a sus trabajos. Yo era la única duradera, y el hecho de no tener por allí ni amigos ni vecinos de confianza me era indiferente. Mejor, diría. Después de la bullanga de la maison Bastos, agradecía el sosiego solitario de mi habitación. Para mi desconcierto, de esto también parecía Catherine estar al tanto.

—Sé que no tienes familia. Ni padres, ni hijos, ni hermanos; ni amigas siquiera más allá de las muchachas de la fábrica. Tampoco un novio formal, solo el albañil que pena por tus huesos, pero todavía no se ha atrevido a dar el paso.

Ella se había sentado en la única silla y yo enfrente, en la cama, al borde del colchón de algas, bajo el crucifijo de latón que la patrona colgó hacía décadas, antes de que el buen Dios desoyera sus oraciones y permitiese que la guerra canalla dejara a su Angelito sin luces.

Me miraba Catherine con esos extraños ojos suyos, uno oscuro y otro claro. A pesar de que cerré la puerta, hablaba en voz baja.

—El dinero parece que tampoco te sobra.

Cómo negarlo, ante la evidencia de aquella pobre estancia. Una cama, una mesa de noche y la silla que ella ocupaba. Un mueble con tres cajones, un orinal y la lámpara de petróleo que acababa de encender. Ni armario tenía; la ropa la colgaba en unos ganchos detrás de la puerta. Pero en vez de darle explicaciones, preferí atajar por lo sano.

—¿Y tú qué es lo que quieres? ¿Hacerte amiga mía, para que esté menos sola? ¿Convertirte en mi madre? ¿Ofrecerme otro trabajo?

—Ganar treinta veces más de lo que ahora te llevas a la semana, pero en una única noche. Eso es lo que te propongo, si me ayudas.

Un aullido de Angelito traspasó las paredes. Los soltaba a menudo, punzante y feroz: igual para pedir algo que su madre no entendía, o porque a su mente tullida le venía un raro fogonazo de memoria, o como protesta inconsciente por la inmensa putada que la vida le había hecho. Cuando él se calló, ella siguió adelante.

—La maison Bastos ha comprado las liquidaciones de una fábrica que quebró en Argel, la de la viuda de Bertomeu. Han cerrado los talleres y los almacenes, y acá en Orán van a quedarse con las marcas y las existencias. Crème d'Herbe, Camelia, ¿te suenan?

Dije no con la cabeza. Jamás había oído nombrar esos tabacos. Y seguía sin saber adónde pretendía llevarme.

—Se van a traer todas las manufacturas la semana que viene, tan pronto como el lunes firmen los contratos. Desde Argel, directas a la fábrica. Desde distintos almacenes, en camionetas. ¿Sabes lo que eso significa?

Volví a negar con el mismo gesto.

—Quiere decir que nadie está seguro de las cantidades que se van a recibir, porque salen de sitios diferentes. Así que, si desaparece una parte de los cargamentos, nadie va a darse cuenta.

Camionetas, almacenes, desapariciones, cargamentos. Qué tendría yo que ver con eso, una simple operaria como era. Iba a preguntarle, pero ella alzó una mano. Paciencia, espera, pretendía decirme. Cerré la boca.

—Una vez que lleguen, van a dejarlo todo en el patio de nuestra fábrica durante la noche, para empezar a hacer inventario a la mañana siguiente.

El gran patio de cargas y descargas de la maison Bastos; hasta ahora, eso era lo único que me sonaba cercano. A él se abrían los grandes portones traseros por los que entraban y salían los camiones y los carros. Allí también, bajo la parte techada, aguardaban a menudo enormes pilas de paquetes voluminosos y cajones precintados; paquetes y cajones que contenían miles de cajetillas de cigarrillos y de cajas de puros, listos para ser transportados a sus destinos por todos los rincones de la Argelia francesa o a saber por qué sitios del mundo.

—Ahí es donde nos vamos a mover nosotras —anunció.

Y ahí fue cuando yo me puse en pie, harta de escuchar insensateces.

—Es mejor que te vayas, Catherine.

—Déjame terminar.

—No, no sigas. —Señalé la puerta—. Vete.

—Écoute-moi —insistió—. Escúchame.

—No, no voy a escucharte. Veo por dónde vas, y no quiero saber nada. No quiero problemas. No quiero líos. No quiero ensuciarme las manos.

Bastante asquerosas las tengo ya, podría haberle dicho. Con ellas maté a un hombre, empujé escaleras abajo a una mujer de edad, robé en una casa honesta y no fui capaz de sacar a mi hija del barro. Pero me guardé mis miserias y esperé a que obedeciese: solo quería que me dejara en paz y no me propusiera complicar mi existencia de nuevo.

Ella también se levantó de la silla, pero no hizo amago de marcharse, sino que se me plantó enfrente. Éramos más o menos de la misma estatura, aunque me sacaba al menos diez años. Las dos escasas de carnes, reventadas por el trabajo, mal vestidas, mal calzadas, mal encaradas frente a la mezquindad de nuestro presente. Dos pobres mujeres en una pobre casa de un pobre barrio, en una patria que no era la nuestra, alumbradas por una luz temblona mientras, unos cuartos más allá, el desgraciado de Angelito soltaba otro de sus gritos espeluznantes.

—¿Qué tienes que perder, Cecilia? Si es que de verdad te llamas Cecilia porque, por más que he intentado averiguar, nadie sabe de dónde sales.

Su pregunta se me quedó resonando dentro de la cabeza. ¿Qué tienes que perder?, había dicho. ¿Qué tenía yo que perder, verdaderamente? ¿Un trabajo como cigarrera a destajo con el que ganaba una miseria y del que me echarían el día menos pensado, ahora que empezaban a llegar las máquinas? ¿Un techo compartido con una mujer doliente y un hijo al que la guerra había dejado con menos sesera que los pollos que correteaban por el patio? ¿Un fluir de los días sin pena ni gloria, sin un pasado que añorar ni un porvenir que vislumbrar con una mínima esperanza?

Catherine dio un paso más hacia mí, desafiante con sus ojos de dos colores, uno brillante y el otro medio muerto.

—¿Por qué no intentarlo?

# CAPÍTULO 23

Al día siguiente, sábado, volví a entrar en la fábrica con la atención afilada. Fui directa a mi sitio, solté al aire un bonjour, buen día, y me senté junto a mi vecina sin cruzar palabra con ella, como si la tarde anterior nunca hubiera existido, como si ella no me hubiese propuesto participar en un delito y yo no hubiese aceptado sumarme.

Mientras torcíamos los cigarros uno detrás de otro al ritmo veloz y uniforme de todas las jornadas, me abstraje de las charlas incesantes de mis compañeras, seguí las instrucciones de Catherine y me esforcé por escuchar las voces de los guardianes.

Compartían esos hombres un patrón similar: bigotudos, estirados y maduros, excedentes añosos de los cuarteles y alejados desde hacía lustros de los campos de batalla de la lejana Europa. Con lo que les pagaban en la maison Bastos, aquellos antiguos brigadiers compensaban sus pensiones por haber servido con mayor o menor entrega a la patria. En realidad, poco tenían que hacer más allá de intentar meternos miedo a las mujeres para que nos comportásemos con rectitud y no robáramos, así que se dedicaban solo a pasear cansinos por las instalaciones con las manos a la espalda, vigilando que nada se saliera de madre. Y cuando se hartaban, cada dos o tres horas, se reunían en una esquina a nuestras espaldas para comentar las grandes noticias que llegaban con retraso desde la metrópoli y las pequeñas noticias de lo que sucedía en Orán y en la fábrica. Entre estas últimas, tal como me había revelado Catherine, la más novedosa era la compra de las nuevas marcas de una tabaquera en quiebra, y de unos enormes excedentes de tabacos que llegarían desde Argel próximamente.

Esa misma mañana, mientras ambas fingíamos mantener la atención concentrada en lo nuestro, oímos a los guardianes mencionar la fecha: el jueves siguiente, acababan de informarles. Y esa misma tarde tras salir de la fábrica, mientras las cigarreras casadas preparaban las cenas para sus familias y las solteras se aseaban, se ponían vestidos limpios, se pintaban los labios y salían a las plazas y los boulevards yo me volví a reunir con Catherine. Su propuesta fue vernos junto a uno de los quioscos de la promenade de Létang. Acudí sin saber que la elección de ese sitio tenía un propósito: contemplar desde su altura la rada del puerto.

No recorrimos la hermosa costanera arriba y abajo, como hacía todo el mundo; tampoco tomamos un refresco o un cucurucho de altramuces o cacahuetes tostados, como hacían las parejas de novios, las familias con niños y los grupos de amigos que nos rodeaban en aquel atardecer aparentemente plácido del final del invierno. Lo que por allí se movía nos interesaba a las dos bien poco, así que nos acodamos sobre un murete frente a los muelles, de espaldas a los paseantes, bajo uno de los muchos pinos piñoneros que bordeaban el paseo. Catherine hablaba, yo absorbía sus palabras.

—La noche del jueves al viernes, tú y yo nos vamos a quedar dentro de la fábrica.

Intuyó que yo iba a decir algo y alzó la palma de la mano para obligarme a callar.

—Cuando empiecen a salir las compañeras, nosotras nos meteremos en el botiquín, junto a los retretes. Está en un lateral del patio, ya sabes dónde, y la puerta se queda abierta por las noches. La semana pasada me clavé en la palma de la mano una astilla bien honda, ¿te acuerdas? Fingí que no podía sacármela sola, y allí se encargó la mujer de Moreau, que es la que hace las veces de enfermera. En realidad, me la hinqué yo misma, aposta, para poder ver luego el sitio por dentro. Y una vez que lo conseguí, decidí que podría servirnos.

Los pasos previstos por Catherine parecían razonables, organizados con minuciosidad, pero yo aún no estaba segura de si aquella idea era una sagaz solución para sacarnos de nuestras miserias o un disparate soberano que nos llevaría al despeñadero. De todas formas, la dejé continuar hasta que la noche acabó de caer y la gente de bien comenzó a desvanecerse. El quiosco cercano echó los cierres y aquella cornisa volcada sobre el puerto quedó silenciosa, oscura, con nuestra única presencia bajo los pinos y, alrededor, algunos hombres solos, resbaladizos, sospechosos de nada o de todo.

A medida que la escuchaba, en mi cabeza fui ordenando los momentos del proceso: cuando las operarias hubieran salido y los porteros cerraran los accesos del personal y solo quedaran abiertos los portones traseros que daban al patio, nosotras nos mantendríamos escondidas en el botiquín, un cuarto que solíamos evitar todas como si fuera el infierno; preferíamos ocultar a los vigilantes los percances, los cortes, los pequeños accidentes, y solventarlos entre las operarias a nuestra manera.

Una vez allí, aunque no íbamos a verlos, a través de un ventanuco próximo al techo sí podríamos oír cómo llegaban los furgones uno tras otro y cómo los recibían los vigilantes. Esperaríamos entonces hasta que toda la mercancía estuviese descargada en el patio; hasta que los transportistas y los mozos se marcharan, los vigilantes volvieran a cerrar los portones desde dentro, se desearan bonne nuit y salieran camino de sus casas. Ellos usaban una puerta lateral, no la nuestra, la de las obreras, sino la de los empleados de su nivel y los encargados de la administración, la que quedaba junto a la zona de despachos y oficinas que nosotras jamás pisábamos. Para entonces sería ya de madrugada.

—A partir de ahí —aseguró Catherine— todo irá rápido.

Tenía concertado un pequeño furgón con dos conocidos que esperarían en la distancia y se acercarían cuando los últimos vigilantes se marchasen. Nosotras entonces solo tendríamos que salir de nuestro escondrijo, descorrer desde dentro los cerrojos y abrir de nuevo los portones para permitirles entrar, decidir qué cajas podían llevarse entre los cientos y cientos y cientos que los otros habrían dejado, y esperar, tal vez ayudar, a que las cargaran, salieran y desapareciesen con ellas entre las sombras.

—Y entonces tú y yo volveremos a echar los cierres por dentro, regresaremos al botiquín y allí nos quedaremos el resto de la noche, hasta que entren las compañeras a la mañana siguiente. De lo que falte en el patio, nadie va a darse cuenta.

—¿Y luego?

—Luego, cuando a primera hora suene la sirena, nos mezclamos con el resto y empezamos a trabajar como un día cualquiera.

—¿Y qué van a hacer tus hombres con las cajas de tabaco?

—Llevarlas por la corniche, por la ruta hacia Mazalquivir. Hasta allí.

Estiró un brazo y señaló con el índice un sitio impreciso hacia el poniente, hacia la masa rocosa que apenas se distinguía en la oscuridad, sobre la que los viejos españoles construyeron el fuerte de La Mona que los franceses llamaban ahora Lamoune.

—¿Y después?

—Las bajarán por las rocas de los Baños de la Reina, por donde el balneario de Montecristo, para que no los vean los vigilantes del puerto. Y cuando lleguen al mar, las subirán a unos faluchos.

—¿Qué es eso?

—Una especie de barcas pequeñas.

—¿Y adónde las llevan?

—¿A ti qué más te da? —protestó con impaciencia, harta de tantas preguntas.

Tenía razón, igual me daba. Con que cumpliera el compromiso de entregarme la parte del dinero que me correspondía, era suficiente. Aun así, seguí insistiendo.

—Prefiero saberlo.

Aspiró por la nariz la humedad que subía del mar, como si necesitara llenarse los pulmones de aguante antes de seguir hablando.

—En alta mar las pasan a otro barco, que luego llega a la costa española, donde lo esperan otros hombres que están ya sobre aviso.

Nos quedamos en silencio. El aire removía las ramas de los pinos, y el frío de la noche temprana se nos comenzó a meter en los huesos. Sin hablar aún, volví la mirada hacia esa mujer a la que apenas conocía, hacia sus ojos raros y su perfil limpio, huesudo, con la barbilla alta y el temple firme, el contorno iluminado por la luz escasa de un farol amarillento. No sabía quién era, desconocía todo de su vida excepto que me estaba arrastrando hacia algo que no era honrado ni de lejos.

—Es lo que la gente llama contrabando, ¿verdad, Catherine?

Primero asintió sin palabras. Luego musitó:

—Exactamente.

—¿Y tú por qué entiendes de eso?

Siguió contemplando las luces de los muelles. O tal vez era el mar lo que observaba, el Mediterráneo oscuro, brillante, como aceitoso bajo las estrellas. O tal vez su extraña mirada se dirigía más lejos aún, hacia su isla balear y hacia lo que allí dejó cuando el destino la empujó a emigrar hasta la costa africana.

—Porque me dediqué a ello durante un tiempo. En Argel, lejos.

—¿Y por qué cuentas ahora conmigo?

—Porque entre dos la cosa es más fácil.

—¿Y por qué me has elegido a mí y no a alguna de las otras?

—Porque tú tienes la lengua menos larga que el resto.

# CAPÍTULO 24

La mañana del domingo fue una tortura, sin nada que hacer más que darle vueltas a la cabeza. Harta, angustiada, después de comer arroz con pollo en la mesa de la cocina, dejé a la señora Magdalena cortándole el pelo a su Angelito y me eché a la calle, a ver si se me aireaban las entendederas.

Nada iba a salir bien, surgiría cualquier tropiezo, algo se acabaría torciendo como cuando pillaron a Obdulia la catalana intentando sacar cuatro cajas de brevas atadas a los muslos debajo de la ropa, o cuando cogieron a Francisca la manchega con dos hatajos de puros en los sobacos y uno más metido entre los pechos. Solo que ahora nuestra osadía era mucho mayor, mucho más temeraria y escandalosa. Ahora pretendíamos llevarnos los tabacos no por docenas, sino por miles.

Acabaríamos frente a la gendarmerie, nos juzgarían por ladronas, nos encerrarían en la prisión que había por el final del plateau Saint-Michel, entre el cementerio cristiano y el israelita; a las compañeras de los talleres les fascinaba recordar cada dos por tres que allí iban a parar las mujeres descarriadas, que no tenían piedad, las sin remedio. Las envenenadoras con matarratas, las de los robos de anillos de oro a los amantes de una noche y aquellas que hundían en cal viva las cabezas de criaturas propias o extrañas, las que se subían a los tranvías para birlar carteras a los viajeros. Cómo no preguntarme si quizá nosotras, pronto, no terminaríamos entre ellas.

En todo eso iba yo pensando mientras caminaba sin rumbo como un perro callejero: de la place Kléber a la de la Poste y luego a la catedral nueva; del Palais de Justice al monumento a los soldados muertos que levantaron frente al mar al final del boulevard Loubet, esa calle tan distinguida que siempre me dejaba con la boca medio abierta, sin cansarme de mirar sus dos filas de palmeras y sus preciosas fachadas de cinco pisos llenas de balcones con balaustradas y cornisas. A medida que mis piernas avanzaban, además de los miedos me acosaban mis propias preguntas: ¿qué necesidad hay? ¿por qué no dejar las cosas como están? ¿para qué necesitas tú todo ese dinero?

Para nada inmediato, eso era verdad. Lo que ganaba en Bastos me daba para subsistir por mí misma, comer caliente y comprarme algo de ropa una vez al año; lograba sobrevivir sin morirme de hambre al menos. Pero a nada más podía aspirar siendo cigarrera, y yo sabía que había otras maneras de estar en el mundo. Lo aprendí con los Favager en Sidi Bel Abbès, en los meses en que desatendí a mi propia hija para engordar a un niño ajeno.

En esa casa no solo me enseñaron a asearme a conciencia y a usar los cubiertos; gracias a ellos supe también de las diferencias tan atroces que existían entre los unos y los otros, entre los que nacen acariciados por la luz de la fortuna y aquellos para los que todo son tinieblas. Y, a partir de eso, entendí también que los capitales que tienes sirven no solo para comprar alfombras, porcelanas, filetes de buena carne y estufas en el invierno, sino también para que no abusen de ti y nadie pise a tus hijos. Y por si algún día traía al mundo a otras criaturas que nunca sustituirían a Marie, pero quizá sí aliviarían mi pesar por haberla perdido, prefería tener el bolsillo lleno antes que vacío. Para que nadie me tratara otra vez como a una vaca con cuerpo de mujer y nadie volviera a usarme como un par de simples ubres sin esencia humana, al servicio de cualquier zampón con el que no compartía ni sangre ni afecto.

Seguramente fue esa memoria de Marie, que aún me escocía, lo que me llevó a decir sí a Catherine. Y ya no iba a dar un paso atrás, aunque los temores no se me despegaban de la piel mientras seguía deambulando por las calles de Orán entre europeos vestidos de domingo y árabes con chilabas, cruzándome con gentes de buen porte que entraban y salían de los cines, las pâtisseries, los salones de té y los portales de esbeltos edificios, y entre argelinos ajenos a ese esplendor francés que llevaban a niños descalzos agarrados de la mano, cargaban a la espalda haces de leña o vendían por las esquinas pedazos de aquella masa barata que desde siglos atrás ellos mismos llamaban calentica, herencia de remotos militares españoles hecha con harina de garbanzo.

Caía la tarde cuando regresé al barrio y en una de sus esquinas me topé con Rafael, el albañil que, como dijo Catherine, bebía por mí los vientos. Estaba con uno de sus primos y entre los dos andaban trajinando con el carromato en el que a diario trasladaban ladrillos, escombros o herramientas cuando iban y venían de las obras.

—Aquí llega Cecilia, siempre tan sola —dijo el muchacho que no era él, clavándole un codo en el costado.

Era flaco, no muy alto, de pelo negro peinado con raya a un lado. Trabajador, muy trabajador, metido a diario dentro de un mono azul lleno de lamparones de yeso. Vivía unas calles más abajo de la mía, a la espalda de la rue de l'Arsenal con cuatro o cinco primos, albañiles como él, parecidos entre ellos. A la hora a la que yo iba o volvía de la fábrica me los cruzaba a menudo; en el barrio de La Escalera se les conocía por el apellido, los Guerrero.

A veces los contrataban en alguna obra cercana y yo los veía faenar en las alturas, subidos a los andamios como equilibristas de circo con una despreocupación que daba miedo, cubiertos por sombreros de paja para protegerse del solazo o con un sucio pañuelo rematado con cuatro nudos para que el sudor no les resbalara por la frente.

—¡Cecilia, guapa, a ver si le haces caso a Rafael! —me voceaban a menudo los primos al verme pasar, más en broma que en serio.

Lo mismo hacían con otras muchachas que por allí andaban; los piropos a grito limpio eran el pan nuestro de cada día, aunque aquellas lindezas, más que para buscar de verdad una novia, les servían para entretenerse y apartar de sus mentes por un rato la idea de que en cualquier tris podían dar un traspié, caer desde las alturas y reventarse la crisma contra el suelo.

Algunas de las chicas a las que requebraban respondían con frescura y desvergüenza, otras fingían molestarse. Y yo, simplemente, hacía como que los ignoraba y seguía avanzando con la mirada al frente. Me gustaba Rafael, me atraía su rostro moreno y su cuerpo fibroso, el temple sereno con que aguantaba las bromas de sus primos, su silencio cuando los otros me lanzaban zalamerías y él tan solo sonreía medio turbado mientras yo seguía mi camino y la cuadrilla volvía a sus haciendas.

Esa tarde, sin embargo, fue distinto. Sostenía un trapo en la mano, seguramente andaba repasando las ruedas o el eje del carro. Tan pronto me vio, se lo tendió al otro, se frotó las palmas en los muslos y dio un par de pasos al frente.

—¿Puedes esperar un minuto, Cecilia?

Asentí, me paré, me quedé mirándolo. Ahí estaba el hombre joven cuya existencia me bailaba en la cabeza desde hacía más de un mes, aunque guardara eso para mí, sin compartirlo con nadie.

—El sábado que viene hay un baile en el casino Bastrana.

Más allá de las galanterías guasonas de sus familiares, él jamás me había dirigido la palabra cara a cara. Tampoco lo había tenido nunca tan cerca, sin el mono o la camiseta churretosa de los días de trabajo. Iba peinado al agua, vestido con una camisa blanca que necesitaba un buen planchado, pero estaba limpia y hacía destacar su piel tostada. Tenía el pelo espeso y las cejas anchas; eso ya lo sabía yo, de verlo de lejos otras veces. Lo que nunca había llegado a percibir hasta ese momento era lo firme y sincero que parecía su aprecio.

—Van a ir mis primos con algunas muchachas de La Marina. Y yo había pensado que a lo mejor...

Ahí se frenó un instante, apurado: tan resuelto para trepar a los andamios y, de pronto, cohibido ante mi cercanía.

—... que a lo mejor tú querrías venir conmigo.

Me habría encantado decirte sí, Rafael; iré contigo. A bailar, aunque yo no supiera bailar, a sentirlo cerca, dejar que me estrechara al son de una orquesta, notar su cuerpo pegado a mi cuerpo, rozar su piel pegada a mi piel y sentirme querida por un hombre al que yo intuía bueno, digno, decente. Pero cómo iba yo a saber dónde estarían mis huesos el sábado siguiente, después de nuestro insensato plan para robar el tabaco. Lo mismo en un calabozo que comprándome un vestido caro y un sombrero con flores de seda en las arcadas de la rue d'Arzew, adonde acudían las madames francesas.

Incapaz de aceptar, contuve las ganas de decirle claro que sí, Rafael, iré contigo al casino y al fin del mundo si quieres. De mi boca solo salieron dos palabras:

—Ya veremos.

## CAPÍTULO 25

En ninguna ocasión vi a Catherine nerviosa a lo largo de los días siguientes. Al contrario: continuó trabajando a su ritmo, aparentemente tranquila, liando sus puros con la rapidez y la pulcritud habituales. A mí, en cambio, la inquietud me descolocaba.

—Ya está bien de nervios —me ordenó con un susurro tajante cuando se me cayó por cuarta o quinta vez la cuchilla al suelo.

Tampoco hizo nada para que nos volviéramos a ver: ni me esperó otra vez en una calle vacía para darme un penúltimo aviso ni volvió a citarme en la promenade frente al puerto, ni siquiera se despidió de mí cuando sonó la sirena al final de la jornada y cada cual emprendió el regreso a su casa. Tan solo el miércoles, en un momento de la tarde en que las compañeras se unieron en una carcajada colectiva por alguna chanza espontánea, ella musitó algo sin frenar su labor.

—Mañana tráete algo de comer, por si te entra hambre de madrugada.

Antes de que yo asintiera, añadió:

—Y algo para echarte por encima, por el relente.

La víspera de aquel día que iba a cambiar de nuevo el rumbo de mi vida, me senté a cenar sola en la cocina mientras la señora Magdalena preparaba a su Angelito para meterlo en la cama. Cada vez le costaba más esfuerzo manejarlo: a él se le iba atrofiando el cuerpo y a ella los años y los esfuerzos le baldaban la espalda. Yo a menudo me ofrecía para echarle una mano, pero se negaba. Su hijo era cosa suya, decía, y yo sospechaba que sobre su conciencia pesaba la culpa de haber permitido que el muchacho, sin ser francés, luchara junto a los franceses en esa maldita guerra. Y por Dios que ambos estaban pagando bien pagadas las consecuencias.

Mientras lo desnudaba en su cuarto, lo lavaba con el agua jabonosa de una palangana, le ponía un burdo camisón de lienzo que igual fue de su abuela y le metía entre las piernas una toalla doblada para que le chupase la orina durante el sueño, yo mataba el tiempo frente a un plato de boquerones rebozados, fríos desde hacía rato. Únicamente me acompañaba la imagen de la Virgen que la patrona tenía encima del aparador con una mariposa encendida a sus pies: una muestra tan devota como ilusa de fervor religioso, para que la madre de Dios velara por el penoso ser humano en que se había convertido su pobre hijo.

Seguía sola en la cocina, sentada de espaldas a la ventana cuando oí un pequeño ruido al chocar algo contra el cristal. No hice caso. Oí luego otro ruido más alto y tampoco me giré; sería un gato, un bicho, un higo al caer de la higuera. Hasta que un repiqueteo de nudillos me hizo volver la cabeza hacia atrás. Y entre las sombras, percibí una silueta.

Me levanté con tanta brusquedad que estuve a punto de volcar la silla. En tres zancadas, me asomé al patio.

—Sal, venga, rápido.

Era Catherine, hablaba en susurros acelerados; en su cara noté un gesto que no le conocía. Tan pronto me tuvo cerca, me agarró de un brazo y tiró de mí hacia el portillo de detrás del tendedero. De allí me sacó a la calle, me obligó a andar a su paso veloz, costado con costado para alejarnos. Todavía había gente por allí, hombres sobre todo, trabajadores de regreso a casa o de camino a algún café donde les esperaba una partida y un par de anisetes. Como ella no hablaba, yo tampoco.

Hasta que llegamos a una esquina de la place Isabelle, al final del barrio, tan remota y pegada a la pendiente del monte que no tenía ni farolas. Recordé que allí también encendían los vecinos una inmensa hoguera en la Noche de San Juan y lanzaban al aire petardos que atronaban los oídos; a diferencia de esas celebraciones bullangueras que marcaban el principio del verano, ese miércoles de finales del invierno la plaza estaba sombría y desierta.

Harta de su extraño comportamiento, no me contuve.

—¿Vas a decirme de una santa vez qué es lo que pasa?

Miró a un lado y miró a otro con sus ojos raros. Por allí no había ni un alma, solo se veían luces flojas detrás de las ventanas de algunas viviendas; todas por esa zona eran humildes, de planta baja.

—Nos hemos quedado sin el transporte que tenía apalabrado. El dueño del furgón se ha metido en un lío con un gendarme y dice que no se arriesga.

—¿Y no puedes buscar otro?

Soltó un rebufo, pensaba seguramente que yo era medio imbécil por no entender la envergadura del problema.

—Tiene que ser une personne de confiance. Alguien de confianza, de mucha confianza.

Mezclaba más que nunca el francés con el español: estaba sin duda nerviosa. Muy nerviosa.

—¿Y no tienes a nadie más?

—Todos mis contactos para estas cosas quedaron en Argel. Aquí conozco a muy poca gente. Por eso necesito que tú pienses en alguien.

Se me escapó un bufido. ¿En quién iba a pensar yo? Yo,

que únicamente conocía de vista a los vecinos de mi calle y a las muchachas de la fábrica. Yo, que vivía en una pensión barata con una madre amargada y su hijo convertido en un espantajo. ¿En quién iba yo a pensar si mi mundo era diminuto?

Pero en ese pequeño universo había alguien más, y su recuerdo asomó de pronto. Con la camisa blanca sin planchar y el pelo domesticado por ser domingo, Rafael Guerrero y su invitación al casino Bastrana me saltaron al pensamiento.

—A lo mejor...

Le conté la idea, me clavó los dedos en el brazo y dijo:

—Allez. Vamos.

Por el breve camino hacia la rue d'Arsenal, me atreví a preguntarle:

—¿Qué te pasó en Argel, Catherine? ¿Por qué te marchaste para venir a Orán, si aquí no tienes a nadie?

Sin dejar de andar rauda, volvió el rostro hacia mí, como calculando si debía o no sincerarse. Al fin y al cabo no éramos amigas, ni siquiera compañeras con apego. Solo nos unía el delito que teníamos a la vista y el ansia compartida por abandonar la fábrica y emprender, cada cual por su lado, un camino más luminoso.

—Hice algo que no debía —dijo tras unos segundos.

Se calló, y yo creí que no iba a aclarar más. Pero siguió adelante.

—Me dejé arrastrar por un hombre y engañé a mi marido, hasta que nos encontró en la cama. Contra él no pudo hacer nada porque era nuestro patrón; para él trabajábamos ambos.

—¿Y contra ti?

—Contra mí fue sin piedad. Sans pitié. Me echó de mi casa, me quitó a mis hijos. Y me dejó casi ciega de un ojo.

Así que era eso: ahí estaba la razón de su mirar desparejo. A causa de la violencia de un hombre humillado, con el ojo oscuro lo veía todo y con el claro apenas veía nada. Y ahí estaba también la razón de su frialdad y ese poso de constante melancolía.

—¿Y el patrón no pudo ayudarte?

Soltó otro bufido, mezclando amargura con sarcasmo.

—¿Has oído hablar alguna vez de Joan March?

Asentí. Cómo no. Tenía otra fábrica de tabacos en Orán, competencia de Bastos. Nuestras compañeras, en su parloteo desbordado, lo nombraban a menudo. Don Juan lo llamaban ellas, no Joan, con un tono entre el respeto y la admiración, como si fuese una especie de leyenda. El rico mallorquín que, viniendo de criar cerdos, poseía ahora grandes negocios, barcos y fincas, manejaba voluntades a su antojo y, según las tabaqueras a las que tanto gustaba lo truculento, hasta se decía que había mandado asesinar al amante de su propia esposa. El que burlaba con descarada osadía a las autoridades españolas y francesas, lo mismo en la mar que en tierra. Recordé que algunas cigarreras lo llamaban el emperador del tabaco; otras, el gran pirata del Mediterráneo.

Habíamos enfilado la rue d'Arsenal, estábamos ya cerca de donde vivían los primos Guerrero. Catherine soltó entonces su última frase:

—El hombre del que te hablo, otro mallorquín, era como su mano derecha; el que hacía de mediador entre él y nosotros. Si no hay dinero por medio, ese tipo de gente no ayuda ni a su sombra.

## CAPÍTULO 26

La vivienda de los albañiles quedaba en un estrecho pasaje sin cubrir en el que se sucedían las puertas a izquierda y derecha. Puertas de escasa altura, burdas, deslucidas, que daban paso a casas de techos bajos en las que los habitantes convivían amontonados y por las que pagarían un alquiler económico. En el suelo, a ambos laterales, se veían tiestos y latas de conserva con geranios plantados por las vecinas; en un ensanchamiento había una bomba de agua que usarían todos los habitantes del patio. Por el aire quedaban restos del olor de las cenas terminadas, olor a ajo, guiso, aceite de oliva, pescado barato.

Preguntamos por los Guerrero a un hombre que salía en bicicleta, señaló al fondo con el mentón rasposo.

—Al final, la casa de los pájaros.

No tenía pérdida, era la penúltima y en su fachada, con clavos insertados en la cal de la pared, encontramos colgadas varias jaulas de palo y alambre, cada una con tres o cuatro pájaros dentro. Fue Catherine la que llamó con los nudillos, mientras yo me arrepentía de mi decisión y frenaba las ganas de salir corriendo.

Abrió uno de los primos, no fui capaz de ponerle nombre. La pequeña habitación que se dejaba ver, la que hacía de entrada, salón, comedor y quizá también dormitorio, estaba medio en penumbra y silenciosa. Probablemente algunos de los albañiles ya dormían y otros quizá andaban a punto de acostarse; lo natural, teniendo en cuenta que se levantaban antes de las seis de la mañana para trabajar casi del tirón diez o doce horas. Por suerte para nosotras, Rafael era de los últimos que quedaban despiertos.

Llevaba el pelo húmedo. Aunque lo habitual en ese barrio y ese tiempo era lavarse a conciencia una única vez al final de la semana, se veía que él se había aseado por encima al volver del trabajo. Entre las manos traía un rollo de alambre y unas tenazas; debía de estar haciendo una jaula.

—¿El carro? ¿De madrugada? ¿Sin que nadie se entere? —preguntó sin dar crédito.

Catherine se las había arreglado para sacarlo de la casa y del patio colectivo, para evitar que alguien nos oyera en medio de esa estrechez. A fin de hacerle nuestra petición, nos lo habíamos llevado a la trasera del Hospital Militar, donde había talleres, puestos y tiendas cerradas; apenas vivía gente por allí.

—Podrás ganarte unos buenos francos —dijo ella, con una seguridad que yo intuía falsa, aunque en su boca sonaba apabullante.

La ciudad de Orán no paraba de crecer, y a los albañiles raramente les faltaba trabajo. La Argelia francesa había cumplido cien años, nadie cuestionaba su legitimidad y su futuro. Seguían funcionando imparables las instituciones oficiales, crecían las infraestructuras, se levantaban nuevos edificios públicos y privados, y para eso siempre necesitaban mano de obra: las manos morenas, agrietadas y resecas de españoles y árabes, de italianos o malteses que a diario aportaban su sudor, su deslome, sus madrugones, su sacrificio para avanzar en la expansión urbana de una ciudad portuaria y comercial que superaba las doscientas mil almas; dos tercios de población europea, un tercio argelina.

Componían esos trabajadores una carne de cañón flaca y proletaria, a menudo medio analfabeta, siempre dispuesta a encadenar un trabajo con otro sin protestar ni exigir, subidos a las estructuras de hermosos edificios que remataban con fachadas art déco y espléndidas torres que cada día ganaban más altura. Con sus brazos fibrosos como sarmientos, los albañiles de Orán levantaban oficinas, escuelas, pabellones, estadios y montones de bloques de viviendas. Hacia esas construcciones salían cada amanecer los primos Guerrero y miles de hombres de hechuras y alcances similares, hombres que se apellidaban Morales, Ruiz, García, Tejedor, Heredia, a veces Bianco o Zanetti. Para sumarse a ellos como peones imprescindibles, desde Les Planteurs, el Village Nègre, Lamur y otros quartiers de la periferia bajaban a diario los Saidi, Taleb, Bensalem, Hassani.

Era un trabajo duro y agotador pero honrado, al que se dedicaban aquellos sin más horizonte que ganar un jornal con el que mantener a sus hijos, si eran casados, y tener algo que ofrecer a sus futuras mujeres, si eran solteros. Como eso lo sabía de sobra Catherine, apretó al chico donde creyó que más podría ablandarlo:

—Y con esto, a Cecilia le harás un buen favor. Y tendrás algo con lo que plantearte formar una familia.

Casi me mordí la lengua para no ponerle sobre aviso, para no decirle: no hagas caso, Rafael. Vuélvete a tu casa, no nos escuches. Vete, largo de aquí, no te metas. Vuélvete a tus primos, a los ladrillos, al cemento y a la paleta. Esto no es para ti, tú eres un muchacho honesto, y nosotras no. Nosotras solo somos un par de desvergonzadas, dos malas madres que no fueron capaces de velar por sus hijos; una asesina ladrona y una golfa que se encamaba con su patrón a espaldas del marido. Dos canallas a punto de meterse otra vez en la boca del lobo.

Sin que de mi boca salieran esos avisos, Rafael aceptó de inmediato. Y, contra lo que yo pensé en un principio, frente a mis cautelas y mis precauciones, me atravesó de pronto una rara sensación de seguridad, una especie de desahogo, la intuición de que quizá a su lado todo sería más fácil, menos tremebundo. Catherine le dio entonces instrucciones mientras él asentía y las organizaba dentro de su cabeza; como era listo, lo entendió a la primera.

—A mis primos les diré tan solo que me llevo el carro en plena noche para haceros un favor con una mudanza.

# CAPÍTULO 27

En la maison Bastos sonó la sirena del fin del día y las compañeras se pusieron en pie de golpe, se echaron rápidas sobre los hombros las chaquetas, los abrigos y mantones, y empezaron a apelotonarse ansiosas por salir. Otro día cumplido, uno menos.

—On y va —musitó Catherine—. Vamos.

Por si no la había oído, me clavó un codo en los riñones. Nos metimos una detrás de la otra en el enjambre igual que hacíamos a diario. A mitad del corredor, volvió a darme un codazo y a repetir entre dientes:

—Vamos.

Se escurrió con tiento hacia un pasillo lateral y allá fui yo tras ella mientras las demás, apelotonadas en su algarabía, seguían avanzando en línea recta con rumbo a la salida. En medio minuto estábamos en el patio; en unos segundos nos metimos dentro del botiquín y cerramos la puerta. Nadie nos echó en falta.

La estancia era larga, estrecha, con una de las paredes cubierta por baldas sobre las que me pareció distinguir cajas, rollos de algodón, paquetes grandes y chicos que no sabría decir qué cosas contenían. En realidad, como botiquín apenas tenía uso, así que se había convertido en una especie de pequeño almacén de inutilidades. La luz escasa y los ruidos entraban por un hueco sin cristal a la altura del techo, más que una ventana era un respiradero. Sobre nuestras cabezas colgaba un cable con una bombilla; no osamos encenderla.

Permanecimos un rato en pie sin soltar ni una palabra, una pegada a la otra con las espaldas contra la pared y los oídos atentos, hasta que el vocerío femenino del exterior se fue apagando; hasta que sonaron lejanos los últimos à demain, au revoir, con Dios, hasta mañana. A partir de ahí, se desvanecieron las mujeres. Con los hombres, en cambio, fue distinto.

Hubo primero un breve rato de silencio, seguramente los vigilantes estaban fumando un penúltimo cigarro en alguna otra parte. Pero enseguida comenzó el movimiento, y oímos por allí a los árabes que entraban a barrer las instalaciones. Nunca los veíamos, pero sabíamos de su trabajo porque al final de cada jornada el suelo quedaba cubierto por una capa de restos de tabaco y porquería y, al volver al día siguiente, lo encontrábamos siempre limpio.

A las voces en árabe tardaron poco en sumarse otras en francés, los gritos ásperos de los vigilantes que parecían haber recuperado de pronto sus galones militares de baja calaña. Allez, on y va. Venga, venga. Bouge, imbécile. Muévete, melón. Dépêche-toi, bon à rien. Date prisa, inútil. A cada poco gritaban a los trabajadores, los regañaban, en algún momento incluso me pareció que les daban en el cuerpo con algo, igual era una vara o un periódico doblado, para que fuesen más deprisa.

Conocíamos tanto a esos guardianes que era fácil distinguir de quién provenían los exabruptos. Del antipático Loisy, con sus ojos saltones, su calva brillante y su mala baba. Del sigiloso Durant, que siempre se nos acercaba más de la cuenta y nos manoseaba con penoso disimulo, o el cachazudo Moreau, que soltaba palmas al aire cada dos por tres, palmas blandas y perezosas para advertir de su presencia. Del bruto Gramusset, que un día llegó a liarse a patada limpia con una de las muchachas porque sospechaba que se había metido un hato de puros en la cinturilla de la falda. A algunos otros, en cambio, no los oí soltar desprecios esa noche; a lo mejor no estaban por allí o eran más comedidos y menos arrogantes con los subalternos.

Un rato largo después, en nuestra nariz quedaba el olor a lejía, pero ya no se oía nada; intuimos que la limpieza había concluido y volvió el silencio. Ya no entraba luz del exterior, la noche había caído del todo, nos cubrió un sosiego que se nos hizo eterno. No teníamos ni idea de dónde estaban los vigilantes, igual jugando una partida de dominó, o tal vez habían ido a sus casas a cenar para volver más tarde, o lo mismo andaban echando una cabezada en ese cuarto común donde tenían unas cuantas butacas, periódicos y revistas; donde las paredes estaban burdamente decoradas con las estampas de mujeres medio desnudas con las que la maison Bastos hacía publicidad de sus tabacos.

Ante la ausencia de ruidos, nuestros cuerpos se fueron relajando, las espaldas resbalaron pared abajo y terminamos sentadas en el suelo, envueltas en la oscuridad sin saber cuánto iba a durar la espera. Tal como Catherine predijo, me acabó entrando hambre y de mi pañuelo atado saqué un pedazo de pan y otro de salchichón. Le tendí los pobres manjares, por si quería echarles un mordisco; ella negó con la cabeza.

—Catherine... —dije al terminar, mientras me sacudía las migas de la blusa.

—Chut.

—Catherine, no nos oye nadie —susurré. El hecho de haberme llenado la barriga me había despejado.

—Da igual. Mejor mantenernos calladas.

Obedecí unos minutos, no muchos.

—Catherine —insistí.

Contestó con un murmullo rasposo:

—¿Qué quieres?

—Cuéntame algo.

—¿Algo de qué?

—De lo que quieras. De tu vida de antes. Del contrabando. De lo que te pasó con tu patrón y tu marido.

Para mi extrañeza, no se negó. Quizá también sospechó que la espera se haría más soportable si la llenábamos con algo: palabras, memorias, pensamientos. Y así, en esa mezcla habitual de francés con mahonés y castellano que usaba conmigo, en medio de la penumbra me resumió lo más magro de su existencia. En realidad, que yo la escuchase era lo de menos. Me dio la sensación de que todo se lo contaba a sí misma.

# CAPÍTULO 28

Desde su aldea menorquina, según me dijo, emigró hasta Argelia con su familia numerosa en un pesquero; era aún una criatura y el tiempo le borró los primeros recuerdos, aunque le quedó la lengua y algunas costumbres, los sabores que seguían saliendo de la cocina de sus mayores y sus vecinos una vez instalados en la orilla africana; el patuet que hablaban entre los suyos y todo lo que se mantuvo a lo largo de los años en el hogar de Kouba, el pueblo cercano a Argel, la capital, en el que ellos se asentaron como tantos otros llegados desde las Baleares a lo largo de casi un siglo. Asistió allí a la escuela francesa, aprendió la ortografía y los números, dónde nacían y morían la Seine, la Loire, la Garonne. Se fue afrancesando, en definitiva, y le gustaría haber seguido así. Pero la necesidad arañaba a la familia, y el padre, agricultor en una pequeña viña, tomó otras decisiones.

A los trece dejó l'école y empezó a trabajar limpiando botellas en una fábrica de vidrio; al poco de estar empleada conoció a Miquel Pons, un mallorquín de alma marinera. El noviazgo se afianzó sin prisa, hasta que se acabaron casando en la iglesia de Kouba y ella se mudó con él cerca del mar, cerca del puerto. Y allí, sin vuelta atrás, averiguó que su marido no se dedicaba únicamente a su empleo en una casa consignataria de fletes para la exportación, sino que compartía ese digno oficio con el contrabando de tabaco a las órdenes de los hombres de Joan March, Juan March, mallorquín como él mismo, pero mucho más poderoso. Tanto que tenía una red de encargados para velar en la ciudad por sus negocios, con Agustí Costa entre ellos.

Seguíamos Catherine y yo sentadas en el suelo de cemento del botiquín, ella hablando en susurros, yo atenta. Mencionó entonces cosas que no logré entender, pero dejé que siguiera sin interrumpirla: balandras de alta mar, faluchos de cabotaje, transbordos y desembarcos, sanciones económicas, licencias, redadas, alijos. En cierta forma, vino a decirme, ella también se empleó bajo cuerda en el negocio del tráfico clandestino de tabaco entre Argelia, las islas y el levante, y gracias a ello, por esos días empezó a entrarles dinero en relativa abundancia, se mudaron a una casa luminosa, nacieron los hijos, ambos varones. Consiguieron, en definitiva, el sueño de todos los desheredados que recalaban en tierra argelina: una vida razonablemente buena.

—Incluso una sirvienta contratamos —dijo—, para que me ayudase.

Hasta que Miquel, el marido, tuvo la ingenua ocurrencia de mencionar delante de Agustí Costa, su patrón directo, que su mujer hacía un arròs brut de saltar las lágrimas, un guiso popular cuya receta pasaba de madres a hijas y, en el caso de Catherine, de suegra a nuera. Cómo iba a imaginar que aquel comentario tan insignificante les troncharía el porvenir. Para los restos.

—Y entonces el patrón dijo que quería probarlo, que hacía tiempo que no comía un buen arroz, que tenía antojo. Cuando mi marido me lo contó al volver esa noche, yo le grité que eso era un disparate, cómo íbamos a meter a don Agustí en nuestra casa, qué íbamos a hacer con ese hombre sentado a nuestra mesa.

Pero al día siguiente lo tenían allí, frente a una cazuela de barro repleta de arroz en un caldo oscuro con fuerte olor a especias, llenándose con su aroma la pituitaria y el alma. Andaría entre los cuarenta y cinco y los cincuenta; no era ni de lejos atractivo, pero entre aquella gente emanaba poder y mando. Y no solo se comió el guiso de Catherine hasta dejar el plato brillante, sino que también acabó devorándola con los ojos.

A los tres meses el patrón volvió a pedir a Miquel Pons que su mujer le preparara arròs brut. Pero esta vez, a su espalda, maniobró para que otros de sus hombres, a medio almuerzo, lo sacaran de la casa con alguna excusa que el infeliz no sospechó: un problema en el muelle, un imprevisto con una carga, cualquier cosa. Y entretanto, Costa terminó su arroz, se fumó un grueso puro y, cuando Catherine iba a retirar de encima de la mesa la cazuela con los restos, la agarró con una mano por la muñeca, le apretó con la otra el culo y ordenó:

—Emmène-moi au lit. Llévame a la cama.

—¿Y tú obedeciste?

La sorpresa me hizo alzar la voz sin darme cuenta, ella me dio un manotazo y rechistó para que la bajara.

—¿Tú querías acostarte con él? —insistí.

Ahora, inconsciente, fue ella la que alzó el tono.

—¿Cómo iba a querer? ¿Estás loca? Pero no pude negarme. De él vivíamos, nadie era capaz de decir no al patrón. A nada. Nunca.

Así fue como Agustí Costa se metió dentro de la hermosa Catherine, en su propia casa, entre sus propias sábanas, y después se marchó sin dejar rastro. A partir de ese día, el combinado de arroz con coyunda se repitió unas cuantas veces y Miquel nunca sospechó nada, cegado por el honor que suponía que don Agustí disfrutara de lo que él modestamente podía ofrecerle, desconocedor de su boyante cornamenta. Hasta que la cosa se torció en el quinto almuerzo.

—Para mí que alguien le dio el aviso.

El ritual fue el mismo: arroz y puro en el comedor, desfogue carnal en el dormitorio. Solo que esta vez el marido regresó a la casa cuando ellos estaban en pleno refriegue. Por lo que pudo deducir Catherine después, él subió la escalera despacio, pegó la oreja a la puerta. Al confirmar lo que estaba pasando, hasta la última gota de sangre le subió al rostro, y tuvo que morderse su propio brazo para no gritar, y tuvo que subir a la azotea y emprenderla a patadas contra las paredes para no hacer lo mismo con la puerta del cuarto y sorprender al patrón en cueros hincado en su propia mujer, soltándole guarrerías al oído mientras su cerebro no dejaba de enredar con componendas, tratos, contratos, cuentas.

Antes de que ella siguiera, yo me anticipé.

—Y cuando él se fue, tu marido te... te...

—Me dio una paliza que casi me mata. Después me encerró en un cuarto a oscuras y, de madrugada, cuando las calles quedaron vacías, me agarró de los pelos, me arrastró por la casa y, de un empujón, me lanzó afuera. Y dijo que si se me ocurría volver, a los que mataría sería a mis hijos.

Iba a preguntarle dónde estaban ellos, pero se me anticipó.

—Ese fue mi único alivio: los niños estaban con mis suegros pasando unos días y no se enteraron de nada, aún eran muy pequeños. Desde entonces, no he vuelto a verlos. Por eso me vine a Orán; para que se me frenara la tentación de ir en su busca, preferí poner distancia. Y por eso ahora he decidido que necesito dinero. Para tener algo que ofrecerles por si, con el tiempo, cuando crezcan, se enteran de que sigo viva y los recupero.

Por Dios que era triste la historia; ahora entendía la introversión de Catherine, su retraimiento, esa forma suya de estar en medio de la multitud como si no estuviera.

—¿Y no pensaste en acudir a él para pedirle...? —Me refería al hombre que la empujó a la desgracia.

—¿Para pedirle qué?

Me encogí de hombros.

—No sé. Que hablase por ti, que te echara una mano.

Entre dientes masculló algo que no entendí, usaba seguramente la lengua de su isla.

—¿Nunca lo volviste a ver? —pregunté entonces.

En la oscuridad, entreví el movimiento negativo de su cabeza.

—Hace poco, en un banco de la place Kléber, encontré un par de hojas sueltas de un periódico español atrasado. Leí, tal cual, que habían metido a don Juan March en una cárcel de Madrid, y después se había fugado, aunque no escapando por un agujero o una ventana como suelen hacer los presos. Salió por la puerta, con el abrigo encima de los hombros, el sombrero puesto y su puro en la boca; allí lo esperaba un chófer con un Rolls Royce, para llevárselo lejos. En ese viaje, Agustí Costa iba con ellos.

## CAPÍTULO 29

De pronto, oímos voces. Vinieron luego carreras y avisos; se encendieron luces, llegó el ruido que hacían los grandes cerrojos de los portones al descorrerse.

—Ya están aquí —dijo Catherine con tono ahogado.

Se acabaron las confidencias, teníamos que centrarnos en el presente. Ella se puso en pie, yo la imité de un salto. Noté cómo se tensaba, hasta le cambió el ritmo de la respiración y empezó a absorber y a echar el aire por la nariz deprisa, ruidosa. A mí el estómago se me puso boca abajo.

—¿Tú crees que...?

—Chut.

Me apreté los labios con los dientes y así los mantuve el resto del tiempo. Oímos el sonido de las ruedas sobre los adoquines del patio al entrar los transportes, oímos cómo los vigilantes saludaban a los hombres que venían de Argel, cómo daban órdenes —por acá, por allá, así, con cuidado—; cómo unos y otros iban descargando las mercancías obedeciendo las instrucciones. Trabajaron un buen rato, nos llegaron runrunes del esfuerzo y del ajetreo, alguna broma, algún improperio y alguna maldición cuando algo viró el sentido o estuvo a punto de despanzurrarse contra el suelo.

Y allí seguimos nosotras, encerradas y mudas hasta que los sonidos se fueron relajando. Escuchamos despedidas y las ruedas de los transportes repiquetearon de nuevo hasta desvanecerse en la distancia, volvieron a correr los cerrojos y ya solo se oyeron frases escasas, algún mechero al encenderse, confirmaciones y asentimiento: todo listo, todo en orden, buen trabajo, mañana bajarán los de la oficina para hacer el inventario. Llegaron finalmente las últimas despedidas, el cruce de bonne nuit, bonne nuit, y el apagado de las luces. Después, el silencio.

A lo largo de la quietud prolongada que llegó a continuación, contuve unas ganas inmensas de preguntar ¿cuándo salimos, salimos ya, cuánto falta? La prudencia de mi compañera fue la que marcó los tiempos.

—¿Estás lista? —susurró al fin.

Con la cabeza dije sí. En realidad, mentía; no, no lo estaba, nadie en sus cabales estaría nunca preparado para meterse en el desatino que Catherine había ideado y en el que yo la había seguido por mi propia voluntad. Pero ya no había opción de echarse atrás: amanecería pronto, teníamos a Rafael con el carro a la espera, debíamos darnos prisa.

Ella, siempre tan minuciosa, se pasó las palmas de las manos por el pelo, el torso y la falda, como si le hiciera falta mostrarse presentable antes de soltar un mandoble al negocio que le daba de comer. Yo tan solo apreté fuerte la cinta que me ataba la melena, para que no me incordiase. Me llené los pulmones de aire, lo solté con fuerza.

—Vamos allá.

Entreabrimos la puerta solo lo justo para escurrirnos afuera, volvimos a cerrarla con cuidado extremo, intentando que los goznes no chirriasen. Cautelosas, avanzamos hacia el centro del patio; menos mal que el esparto de nuestras alpargatas no hacía ruido al pisar. Una vez allí, entre las sombras, percibimos primero los contornos, seguidamente la magnitud en detalle. En la zona techada vimos montones, montones de cajas pegadas unas a otras, grandes cajas unas encima de otras hasta alcanzar en ocasiones los tres o cuatro metros de altura. En la zona sin techar, bajo las estrellas, se acumulaban pilas de cajones de madera. Catherine no se había equivocado: entre aquel cúmulo de carga, difícilmente habrían tenido tiempo para hacer un recuento en condiciones.

Dimos vueltas alrededor de las pilas, las rozamos con las yemas de los dedos. En algún momento, de un bolsillo, ella sacó una caja de fósforos. Rasgó varios a la vez, los acercó. Société Veuve Bertomeu et Cie, leímos. Pasó la palma de una mano por encima de las letras, como si las acariciase.

—C'est parfait —musitó—. Perfecto.

—¿Abrimos los portones?

—Abramos.

Los cerrojos interiores eran dos, pesados, de hierro fundido, enormes. Yo me encargué del de arriba, Catherine del de abajo.

—Despacio —avisó—. Que no suene.

Me sobraba la advertencia, ya estaba en ello. Muy poco a poco, fuimos deslizando las gruesas barras metálicas hasta que quedaron sueltas. Empujamos después uno de los portones, el de la derecha. Tan pronto estuvo abierto, vimos la silueta de Rafael junto al carro. Tuve que taparme la boca para que no se me escapara un grito jubiloso; me moría de ganas de abrazarlo.

Trabajamos ágiles, sin hablar apenas. Catherine seguía encendiendo cerillas de vez en cuando, para distinguir y elegir qué era lo que más interesaba; eso a lo que se podría, seguramente, sacar más beneficio.

—Celle-là. Esta. Esa. Aquella.

Y así seguimos, seguimos, hasta casi llenar ese mismo carro en el que los albañiles a diario cargaban espuertas, capazos, ladrillos, sacos de yeso. Y habríamos seguido con más si no fuera porque yo, al fondo del corredor abierto que llevaba a los talleres, noté algo.

Catherine y Rafael estaban levantando un cajón, cada uno por un extremo.

—Silencio —dije. Mi aviso sonó como un cuchillo, señalé hacia el interior con un brazo—. Hay una luz. Se está moviendo.

A ella dirigimos nuestros tres pares de ojos: tenía razón, era una luz vacilante. Un quinqué, un farol de carburo o una linterna de aceite que avanzaba hacia nuestra dirección. Y que, necesariamente, venía en la mano de alguien.

—Viens, il faut partir —ordenó Catherine, con la voz como un latigazo—. Hay que irse.

Me quedé paralizada. ¿Adónde quería que fuésemos? El plan era volver al botiquín cuando todo acabase, no contábamos con que hubiera nadie dentro. Pero nos equivocamos, evidentemente.

—¡Al carro, vamos, al carro!

Bajaron al suelo el cajón que sostenían y salimos a la carrera, con un sigilo precipitado y la angustia agarrada a las tripas. Apenas nos detuvimos a cerrar los portones del todo, los dejamos medio abiertos. Una vez fuera, sin detener las zancadas, giré el cuello y volví a mirar hacia el fondo. La luz se seguía meciendo dentro del corredor, ahora más cerca.

—¡Vamos, vamos, vamos!

Ya estábamos en la explanada del exterior, y ahora era Rafael quien metía prisa. Arriba, arriba. De un salto, Catherine y yo subimos por la parte trasera del carro, donde estaba la carga, mientras él saltaba raudo al pescante. En unos segundos, los cascos del burro empezaron a sonar sobre los adoquines.

Íbamos acurrucadas entre las cajas que acabábamos de robar, nos alejábamos dando tumbos. Yo llevaba la garganta seca, el miedo me había puesto la piel de gallina. Metí el rostro entre las rodillas, buscando una especie de falso cobijo. No quería mirar, prefería no mirar, me aterrorizaba mirar. Pero, al final, volví a hacerlo.

Ahí seguía la luz cuando saqué la cabeza de entre las piernas.

# CAPÍTULO 30

La noche era serena y fría, aunque ya sin el helor del puro invierno; hermosa, si hubiéramos tenido ánimo para apreciarla. Pero no fue el caso. Lo mismo nos daba el mar inmenso, las luces tenues de la ciudad a nuestra espalda o el perfil imponente del monte Murdjadjo; lo único que queríamos era deshacernos de aquel cargamento, deprisa, cuanto antes.

Sin cruzar ni una palabra, bajamos dando tumbos por la rampa del puerto; al pasar por la Gare Maritime, Catherine y yo nos acurrucamos más aún entre los cajones con un propósito doble: para que la humedad gélida no se nos metiera en los huesos y por si acaso a algún guardia insomne se le ocurría darnos el alto. Sin enderezarnos, sacando solo la frente y los ojos, vimos el quai de Senegal lleno de buques enormes y el muelle viejo lleno de barcos chiquitos; apenas se mecían, todos parecían dormidos. Al final, en la pêcherie, encontramos a unos cuantos pescadores silenciosos sacando las redes con sus capturas de las barcas. Ni siquiera nos miraron.

Tardamos poco en dejar atrás los muelles; pudimos entonces estirar los cuerpos y respirar con un mínimo sosiego. Iniciamos entonces el recorrido por la corniche hasta llegar al sitio que mi compañera había concertado con los hombres que se encargarían del cargamento, una zona de acantilados rocosos cerca del fuerte de La Mona, nada más pasar los Baños de la Reina.

Al oír el trote del burro y los ruidos que hacían las ruedas del carretón, de la oscuridad salieron las siluetas oscuras de dos tipos; Catherine ordenó a Rafael que se detuviese. Una vez que los tuvimos enfrente, bajamos los tres del carro. Se les veía mal encarados y mal afeitados, con las boinas encasquetadas hasta las cejas y chaquetas con el cuello subido, cada uno con su cigarro entre los dientes. Ni nos saludaron ni los saludamos. Sin abrir la boca, empezaron a vaciar el carro con una rapidez pasmosa y el sigilo que requieren las cosas turbias.

No hubo más: ni palabras de acuerdo, ni choque de manos, ni una última advertencia por parte de Catherine. Nada. Supuse que estaría todo hablado y cerrado, que así se movían las cosas en ese negocio.

En cuanto el carro quedó vacío y la mercancía en el suelo, se echaron un par de cajones al hombro y comenzaron a descender por el acantilado con una destreza asombrosa, veloces como liebres por la pendiente abrupta y sombría; tendrían que bajar y subir un buen montón de veces hasta terminar con todo el cargamento. De haberme asomado con luz, habría visto que abajo, en el agua, los esperaba un tercer tipo en una barcaza.

A diferencia del silencio acobardado del viaje de ida, de regreso al barrio fuimos hablando sin tregua: maldiciendo la calamidad de ese alguien inesperado dentro de la fábrica, y aliviados por habernos podido largar a tiempo, con el carro prácticamente lleno y sin que nos viesen.

—Si hubiéramos podido quedarnos dentro con los cerrojos apestillados —dijo Catherine—, nunca habrían sospechado que alguien se llevó una parte. Ahora sabrán que sí, que alguien enredó por allí y lo mismo les robó algo, pero ni sabrán cuánto fue ni tampoco que lo hicimos nosotros.

—¿Estás segura?

En vez de responderme, dio una orden.

—Déjame ahí, Rafael. En la esquina.

Empezaba a amanecer y habíamos llegado a la plaza de la Perla, el viejo corazón del viejo Orán, la que fue plaza de armas de los españoles durante casi tres siglos. A esa plazuela irregular se volcaba la mezquita de Sidi el Houari y un buen número de calles y cuestas. Durante el día era un sitio repleto de vida pero, a esta hora temprana, cuando el sol aún no había acabado de salir, solo vimos a unos cuantos hombres europeos que bostezaban rumbo a sus trabajos, alguna mujer que desde el interior de su casa abría las contraventanas y media docena de árabes que salían de la carbonería con sacos a la espalda o sobre la cabeza. El panadero se asomó a la puerta de su boulangerie, el dueño del café de La Perle empezó a levantar la persiana con un chirrido metálico.

Catherine señaló hacia las escaleras que subían a la iglesia de Saint-Louis, al lado del minarete. Rafael le preguntó si no prefería que la llevara a su casa.

—No hace falta, es aquí cerca.

Jamás supe dónde vivía, nunca me lo dijo.

Se bajó de un salto y desde el suelo nos lanzó las últimas instrucciones, mirando a izquierda y derecha para confirmar que nadie la oía.

—Cada cual debe seguir hoy con lo suyo, tranquilamente.

Aunque la orden estaba clara, quise asegurarme.

—¿Vamos entonces a trabajar, como siempre?

—Eso es. Comme toujours. Como siempre.

Después nos aclaró:

—Esta noche no ha existido. No nos hemos visto, no

hemos estado juntos en Bastos, no sabemos nada. D'accord?

—D'accord —musitamos nosotros.

En realidad, ni Rafael ni yo estábamos seguros de nada, pero no era momento de mostrar los restos del miedo que aún llevábamos dentro.

—Cuando me llegue el dinero, os aviso y arreglamos cuentas. D'accord?

—D'accord —repetimos.

Lo último que vi de ella fue su espalda entrando en el túnel que subía hacia la iglesia, dirigiéndose hacia algún lugar que yo ignoraba.

Mi casa estaba también cerca, pero yo sí dejé que Rafael me llevase.

—No te quedes atrás, siéntate aquí conmigo —propuso.

Juntos en el pescante del carro vacío, pegados brazo con brazo, recorrimos el resto del trayecto, un trecho corto durante el que apenas hablamos y durante el que ambos pensamos, confiados e ilusos, que aquel sería el principio de nuestra historia.

Comenzaba el movimiento mañanero: llegaban los cabreros con la leche, los vendedores madrugadores de miel y de agua dulce, los muchachos que salían en bicicleta hacia sus ocupaciones. Nos cruzamos con el afilador que pronto empezaría a lanzar sus gritos en cuatro lenguas, con el viejo loco al que llamaban El Apóstol, del que se decía que mató a su mujer en su pueblo valenciano con un trabuco naranjero.

Solo al final, a escasos metros de mi pensión, Rafael se atrevió a preguntar:

—¿Vendrás conmigo entonces al casino Bastrana?

Mi risa resonó en el silencio temprano.

—¿No habrás sido capaz de meterte en este lío del tabaco solo por eso?

Hizo parar al burro, cesó el traqueteo; habíamos llegado. Volvió la cara hacia mí, con sus ojos negros cargados de sueño por el trasnoche.

—¿A ti qué te parece?

No contesté, y tampoco me moví mientras él se acercaba y me dejaba un beso en la boca, un beso salado y pleno. Seguí sin contestarle mientras bajaba, solo cuando pisé el suelo le repetí lo mismo que días atrás: ya hablaremos. Cómo iba a imaginar que pasarían años antes de que volviéramos a vernos.

La casa estaba oscura aún, silenciosa y fría horas después de que se apagasen los últimos rescoldos del brasero. Madre e hijo dormían. Aunque faltaba poco para la hora a la que yo solía levantarme a diario, decidí meterme en la cama vestida todavía, sin lavarme siquiera las manos, que llevaba ennegrecidas para no hacer ruido y despertarlos. Me quedé dormida pensando en que luego me asearía, con el sabor del beso de Rafael en los labios y las últimas palabras de Catherine en el pensamiento: comme toujours, como siempre.

Qué ingenuos fuimos los tres, qué incautos, qué imbéciles. Nada fue como siempre, ni mucho menos. Y lo supe en cuanto una voz de hombre, un rato después, me sacó del sueño.

—Bonjour, mademoiselle.

Se llamaba Lagarde y tenía, como casi todos los demás, un bigote espeso. Entre los tirantes le asomaba la barriga y la frente se le prolongaba en una calvicie que él intentaba disimular peinándose hacia adelante.

Era uno de los guardianes de la maison Bastos, la señora Magdalena le había permitido entrar acobardada; cómo negarle el paso a un francés con autoridad, siendo ella una pobre analfabeta española, una humilde viuda que vivía de alquiler con un hijo sin seso a su cargo. En camisón todavía, con su moño canoso deshecho y una gruesa toca de lana sobre los hombros, un paso por detrás de Lagarde, la patrona me miraba con ojos llenos de espanto.

Estaban ambos a los pies de mi cama, y él sostenía en la mano un paño a cuadros blancos y azules que reconocí al instante porque era mío: el paño en el que envolví el día anterior el pan y el salchichón para mi cena. El mismo paño que, sin ser consciente, me dejé en el suelo del botiquín mientras burlábamos su vigilancia.

# CAPÍTULO 31

La boda fue rápida, un domingo de lluvia mansa en la iglesia de Gambetta antes de misa de nueve. Si le hubieran permitido elegir habríamos ido a la ceremonia los dos solos, pero el párroco le dejó bien claro que harían falta padrinos. Acudieron a la fuerza su hermana y su cuñado desde Saint-Denis-du-Sig, desayunaron después con nosotros mientras hablaban en murmullos sobre la mala salud del padre.

En cuanto terminaron los cafés y los croissants, se levantaron para volverse a su pueblo; entre ambos llevaban un negocio de charcutería y carnicería sin empleados que abría los siete días de la semana, así que, hora que ellos no despachaban detrás del mostrador, hora que no hacían caja. Al despedirse, me regalaron un paquete de salchichas ahumadas y me estrecharon la mano.

—Félicitations —dijeron serios, e inclinaron las cabezas.

Como si hubiera algo por lo que yo tuviera que alegrarme aquella mañana.

Tras un mes de extraña convivencia, así fue como me convertí en madame Lagarde. La falsa Cecilia Belmonte acababa de dar su consentimiento ante Dios y los hombres para convertirse en Cecilia Lagarde, esposa de Jacques Lagarde por obligación, por la coacción del hombre que a partir de entonces pasaría de guardián a marido. No me quedó otra alternativa: de haberme negado, habría hecho frente a una acusación suya ante el director de la maison Bastos, que se transformaría en una denuncia a la gendarmerie, que a su vez, en una cadena siniestra, me habría llevado a un calabozo, después frente a un juez y por último a la cárcel.

—Además, es evidente que no estabas sola, así que tendrás que revelar quiénes han sido tus cómplices. A no ser... A no ser que me dejes ayudarte.

Así me lo planteó la mañana siguiente al robo del tabaco, cuando echó a la señora Magdalena de mi cuarto para hablar conmigo a solas. Y aunque usó unas frases en francés que me sonaron menos abruptas y aunque en su tono había cierto apocamiento, el mensaje estuvo claro: si aceptas quedarte conmigo, no te denuncio. Porque era él únicamente, el vigilante Lagarde, quien sabía lo que había ocurrido esa noche. Él fue quien avanzó con un farol por la galería de la fábrica, el guardián imprevisto de aquella madrugada con el que ni Catherine ni Rafael ni yo contábamos. Él fue quien encontró los portones medio abiertos; desde el primer momento supo que alguien que pertenecía a la casa, desde dentro, los había abierto para arrancar a la mercancía de Argel una buena tajada.

Movido por esa sospecha, Lagarde inspeccionó con minuciosidad zorruna las instalaciones cercanas al patio, los lavabos, las letrinas, el almacén de papelería, el cuarto de las escobas. Hasta que en el suelo del botiquín dio con un pañolón de los que llevábamos muchas de las operarias para envolver los almuerzos; uno de esos paños de algodón grande, a cuadros de colores, en cuyo centro solíamos colocar lo que fuésemos a comer ese día, media baguette con longaniza, un plato tapado con otro plato y dentro el guiso de patatas que había sobrado de la cena, tres mandarinas. Después se unían las puntas con dos nudos y listo. Otras compañeras usaban tarteras de estaño, otras salían a comer a sus casas, otras no traían nada. Yo desde el principio opté por el paño, por el hato, lo más simple; tenía dos iguales, a cuadros blancos y azules a fin de alternarlos según se ensuciaban. Para identificarlos entre el resto, la buena de mi patrona me había hecho el favor de bordarlos en las esquinas con un apellido y una inicial: el Belmonte de mis papeles y la C de Cecilia.

Con ese nombre en hilo rojo me busqué la ruina por mi descuido al no recoger el paño del suelo. En mi descargo podría poner unas cuantas excusas: que estábamos a oscuras en el botiquín, que desde que esa noche di fin al pan y al salchichón hasta el momento en que salimos pasaron varias horas, que Catherine y yo teníamos previsto volver más tarde y entonces podría haberme percatado de mi despiste y haberlo recogido. Pero esas justificaciones solo valían para mí misma, para exculparme malamente frente a mi conciencia. A Lagarde le importaban un pimiento, así que me las ahorré y opté por no defenderme.

Mi nombre bordado en el paño llevó al vigilante al gran libro que mantenían en las oficinas de Bastos, donde se anotaban los datos del personal con las direcciones que dábamos al ser contratadas; de las posteriores mudanzas estábamos también obligadas a informar constantemente. Como no me había movido de la casa de huéspedes, me encontró a la primera.

—Yo puedo salvarte, si me dejas.

Todavía estábamos dentro de mi mísero cuarto; él frente a mí con los brazos cruzados, yo sentada en el borde de la cama con los pies descalzos sobre las baldosas.

No reaccionaba, él insistió.

—¿Entiendes?

Alcé la vista y lo miré a los ojos, redondos, verdosos,

acuosos, casi sin pestañas. Nada en él era atractivo, ni su cuerpo compacto y barrigón, ni su rostro de mofletes caídos, ni su pelo ralo. En la fábrica tampoco destacaba por su temple: solo era uno más entre los vigilantes, anodino, sin prestancia, de los que a las operarias no nos daban miedo, ni respeto casi. Podría haber desaparecido cualquier día y ninguna habríamos notado su ausencia.

—Oui, monsieur.

Con la garganta seca acepté el trato, incapaz de distinguir si me estaba salvando del infierno o me estaba poniendo yo misma una soga al cuello; sin anticipar qué querría de mí aquel hombre, quizá convertirme en una simple criada o en mano de obra para Dios sabía qué, o un mero cuerpo para prestarle por las noches los mismos servicios que daban a los marineros las prostitutas que me acogieron a mi llegada. En ese momento, ni él me lo aclaró ni yo me atreví a preguntarle. Simplemente, desde mi cama deshecha, vestida con la ropa sucia del día anterior, con el pelo revuelto y la cabeza embotada, con aquel oui, monsieur, yo misma accedí a quedar bajo la voluntad de un hombre del que desconocía hasta el nombre de pila.

A su cara chata y venosa asomó una tímida sonrisa que quizá pretendía ser amable, pero a mí me pareció macabra.

—Allez, ramasse tes affaires. Recoge tus cosas. Nos vamos.

Para salir de la casa había que cruzar la cocina, y allí estaba mi patrona, dando a su Angelito el pan sopado en leche del desayuno. El infeliz, como si intuyese que me iba para siempre, soltó uno de sus gritos espeluznantes y la papilla que le llenaba la boca se le desbordó por el mentón y le bajó hasta la servilleta que llevaba atada al cuello.

—Espere —pedí a Lagarde.

Me acerqué al chico, le di un beso en la frente y le susurré al oído adiós, bonico. A la señora Magdalena le dejé unos billetes encima del hule que cubría la mesa, el pago de la semana entrante. Ella no lograba disimular el susto que se le había metido en el cuerpo al recibir a ese desconocido en su casa; noté que quería decir algo, pero no se atrevió. La agarré por el brazo y le apreté las mollas, para tranquilizarla.

—Todo va a ir bien —musité—. Seguro.

Le mentí; cómo iba a saber yo adónde iba a llevarme semejante desvarío. Solo estaba convencida de una cosa: no estaba dispuesta a que Catherine y Rafael pagasen por mi error. Y si me quedaba, y me investigaban, se acabaría sabiendo que ellos actuaron conmigo. En cambio, si obedecía a Lagarde, nada iba a moverse. Él nunca confesaría en la maison que esa noche hubo un robo y ellos podrían seguir con su vida. La rabia se acababa con el perro muerto. Y en ese caso, yo era el perro.

Lagarde dijo que él mismo se encargaría de mi baja en Bastos; luego me llevó a su casa, una vivienda modesta en un bloque modesto en un barrio que yo no conocía. Hacia el este, hacia donde Orán se expandía, cerca de la Cueva del Agua, lejos de La Escalera y La Marina, de la fábrica de tabaco, del puerto viejo y de las calles donde vivían mis compañeras. Después me enteraría de que se trataba del quartier de Saint-Pierre, cerca de l'avenue Tripoli y del marché Michelet, al que empecé a ir dos veces por semana, los martes y los viernes; los días que Lagarde decidió que podía salir sola del apartamento para gastar con tiento el escaso dinero que me daba.

Entendí rápido su intención: lo que él quería era una simple mujer para todo, una hembra complaciente y hacendosa. Alguien que lo acompañara en su soledad de solterón, le mantuviese en orden la casa y el cuerpo, y lo cuidase cuando le apretaban los ataques de ciática. Como para buscar por sí mismo a esa compañera le faltaba arrojo, al descubrir que yo andaba detrás de la fechoría de aquella noche se topó con una oportunidad imprevista que agarró al vuelo.

Comenzamos una extraña convivencia, yo sin sentir por él afecto alguno y él desplegando hacia mí una actitud desconcertante: a veces me trataba como a una mera criada y a veces me miraba con arrobo, extasiado, como si yo fuera un ángel que se le había colado por el balcón abierto.

¿Hice algo por salir de aquello, pude haberme escapado? Yo misma me lo pregunté cientos de veces, y yo misma me respondí con otras preguntas distintas. ¿Adónde iba a ir si él tenía bajo llave mis papeles de identidad, mis míseros ahorros y la certeza de que había cometido un delito del que, en cualquier momento, podría acusarme? ¿Otra vez a los campos del interior, a deslomarme en otra ferma de cultivo? ¿Otra vez a un patio miserable como el del Culebra, o a pudrirme los riñones y las manos en otros lavaderos?

Al menos tenía un techo, unas tareas llevaderas —lavar, planchar, guisar, barrer, fregar— y un hombre que, a pesar de ser para mí una especie de carcelero, no molestaba demasiado. Él dormía en el único dormitorio y en la única cama. Yo, en un jergón en el espacio que hacía de entrada, comedor y sala. Me levantaba a diario la primera, le calentaba la leche del desayuno, le preparaba la ropa y el almuerzo que se llevaba al trabajo, y lo despedía en la puerta con un au revoir, monsieur, passez une bonne journée. Al volver por la tarde era prácticamente lo mismo, pero a la inversa.

Dos o tres meses después, sin embargo, las cosas se movieron hacia otras direcciones. Él dejó la maison Bastos, lo contrataron en otra fábrica como vigilante de nuevo; yo supuse que prefirió cambiar de trabajo para poner distancia entre lo que antes fuimos y nuestro accidental presente. Decidió asimismo que, para estar más cerca de su nuevo empleo, íbamos a mudarnos de casa: a Gambetta, más al este todavía, al otro extremo de la ciudad, más lejos aún de los barrios bajos al pie del monte de Santa Cruz y de las grandes plazas y boulevards del centro. Y como última ocurrencia un lunes por la noche, mientras yo fregaba los platos, se plantó a mi lado y anunció:

—El domingo nos casamos.

Sin soltar el estropajo, dije sí moviendo la barbilla. Después, seguí fregando.

A ese domingo habíamos llegado y ahí estábamos los dos bajo el paraguas desportillado que mi flamante marido sostenía, después de contraer matrimonio y de desayunar con la pareja de charcuteros, despidiéndolos en la puerta de un café cercano a la iglesia mientras yo me preguntaba qué diablos iba a ser de mí en ese nuevo tramo de mi vida de señora casada sin quererlo.

## CAPÍTULO 32

En el quartier de Gambetta transcurrieron los años siguientes; años que después se me quedaron difusos, casi borrados, en los que me mantuve al margen del mundo en una casa fea revestida de cemento gris, con un estrecho terreno lateral en el que había una única palmera y que yo convertí en una mezcla de triste jardín y huerto de tomates. Quedaba al final del barrio, en una calle polvorienta que se iba volviendo urbana aunque poco antes había sido zona de chumberas, corrales, chambaos y molinos. Un sitio cercano a una vieja batería militar y a las falaises, los acantilados. Según soplara el viento, unas veces olía a mar y otras veces a estiércol y boñigas de cabra.

Allí convivimos Lagarde y yo como lo que éramos, un matrimonio desequilibrado y, a su vez, simple y corriente. Desde el principio de la época colonial, en Argelia abundaban las uniones de franceses de pura raza con mujeres españolas, raramente con árabes. De hecho, más de una vez oí a algunas compatriotas ansiar esas bodas para convertirse de ese modo en francesas de primera categoría.

Français à deux sous —franceses a dos céntimos— o français à cinquante pour cent —franceses al cincuenta por ciento—: así llamaban algunos con cierto desprecio a los que ellos consideraban ciudadanos advenedizos al haber conseguido su nacionalidad francesa por el simple hecho de nacer o residir en Argelia, sin llevar sangre ni herencia de la metrópoli: los López, Serrano, Merino o Robles descompensados frente a los Durant, Lambert o Thomas, aunque en todo el Oranesado los primeros superasen a los segundos en número de población, obedeciesen las mismas leyes y hablasen la misma lengua. Escargots, caracoles solían llamar también a los españoles en los días de emigración desbordada, por aquello de llegar con el colchón, la sartén y los pucheros a rastras, las miserias, los niños flacos, la abuela vestida de negro con el pañuelo en la cabeza; la humilde casa a cuestas. Pero fuimos necesarios, y lo seguíamos siendo, para poblar y poner en uso el inmenso territorio del norte de Argelia y para mantener activa la economía colonial como comerciantes, obreros, agricultores, empleados diligentes o meros subalternos; para echar hijos al mundo a fin de que los musulmanes no superaran a los cristianos y para luchar en tiempos de guerra, para morir incluso por el honor de la nueva patria.

Que se dirigieran a mí como madame Lagarde, de todas formas, me daba lo mismo. Y tampoco eran demasiados quienes lo hacían, porque apenas me relacionaba con nadie: no trabajaba, no tenía amigos y los vecinos eran dispersos y escasos. La verja que rodeaba la casa únicamente la traspasaban Omar, el chico que traía el carbón, y madame Behar, la propietaria judía distinguida y añosa que acudía bajo un parasol en busca de los billetes del alquiler todos los meses. A menudo también, si me veían trasegando por el lateral, se acercaban algunas mujeres árabes envueltas en sus jaiques, pero se quedaban fuera. De los canastos prodigiosos que llevaban a la cabeza sacaban huevos, miel o panes, y yo casi siempre les compraba algo. Si a mí me sobraban tomates del huerto, les insistía para que se los llevasen.

Y así pasaba los días, sola, inmensamente sola, cumpliendo con mis cansinas tareas domésticas y acercándome al ajetreo del barrio para lo indispensable; a Lagarde no le agradaba que me entretuviese por las calles. Hasta que, en una de esas salidas, una mañana de verano, las cosas se alteraron.

No había ningún gran mercado cerca, así que solía hacer las compras cotidianas en negocios acá y allá: en cualquier épicerie, en la boulangerie de Rivera, en la carnicería del gordo Sellés, siempre con su delantal impoluto, o en los puestos de fruta y verdura que montaban los árabes en plena calle, vistosos y coloridos con sus pilas de naranjas y sus sandías abiertas por la mitad, con los montones de lechugas, pimientos reventones y alcachofas que bajaban en carros desde las huertas. Y un par de días a la semana solía ir a la pescadería de la señora Ramona, una andaluza con cuerpo de botijo que atendía a todas sus clientas con un dime qué te pongo, guapa. Luego saltaba al francés sin un respiro por medio —como hacía tanta gente, yo misma incluso, había quien llamaba a aquello hablar en oranico—. O seguía con el parloteo arrebatado de su tierra, según a quien despachara. No había distingos de clase o lengua en los comercios de Gambetta, todo el mundo compraba en los mismos sitios.

A su negocio cercano en la place Changarnier acudía yo en busca de los lenguados que a Lagarde le gustaban y que le servía dos noches por semana tras pasarlos por harina y freírlos en aceite de oliva hirviendo. Después, cuando él terminaba el postre y el café y se sentaba en su butaca a leer *L'Écho d'Oran*, yo cenaba en la cocina. Y después de recoger, fregar y secar la loza y barrer el suelo, si era sábado, me metía en su cama, me alzaba el camisón, me abría de piernas y miraba al techo mientras él se esforzaba sudoroso por rematar algo que a veces conseguía y a menudo se le escapaba. El resto de las noches, él roncaba en el supuesto cuarto de matrimonio y yo prefería quedarme en el estrecho diván de la sala. Acostada de lado, con la cabeza sobre un duro cojín de rulo que me servía de almohada, con los ojos abiertos en la oscuridad, a través de la ventana contemplaba la silueta de la palmera del jardín contra el cielo, y su belleza simple y esbelta me daba una pequeña alegría y, para consolarme ingenuamente, sentía que no todo había sido desolador en el día que terminaba.

Aquella mañana de julio era calurosa y húmeda, como todas a lo largo de esos meses. Al llegar a la pescadería, sin embargo, encontré una estampa distinta a la de siempre. La dueña, cuya lengua y cuyo cuerpo jamás paraban quietos, estaba plantada inmóvil detrás del mostrador con los labios apretados y sus brazos blanquecinos y rotundos cruzados sobre el mandil, encima del buche. Frente a ella, al otro lado del despliegue de salmonetes, jureles y calamares, a pesar de que la clientela era numerosa, nadie hablaba.

—Bonjour —saludé en voz alta como siempre, por inercia, sin pararme a descifrar aquel raro silencio.

Al oírme, se volvieron tres cabezas y me chistaron para que me callase. Solo entonces me di cuenta de que la falta de voces se debía a que todos estaban pendientes de algo. De la radio. De un aparato de radio que la señora Ramona había colocado encima de un burdo cajón de madera vuelto boca abajo. Así fue como me enteré de que en España había empezado la guerra.

A partir de ese día, el barrio se alteró. Las conversaciones sobre la guerra comenzaron a llenar los talleres y comercios de los españoles, que en Gambetta eran mayoría. Se oían entre las mujeres cuando salían en bata y chancletas a por el pan, en los corrillos que formaban los viejos con boina en las plazas a la sombra de los eucaliptos y en las tertulias nocturnas que montaban los vecinos sacando al fresco las sillas de enea. La guerra, la maldita guerra que, según decían, había partido el país en dos y lo estaba desangrando. Yo llevaba para entonces un buen puñado de años en Argelia sin saber de mi familia, desconocía si estaban vivos o muertos, si por El Puntarrón andarían pegando tiros o si habían movilizado a alguien a quien yo conociera. Qué iba a saber yo, inmersa como vivía en el abandono, ni de los míos ni de España ni de nadie ni de nada.

Para que me aclararan las cosas, en algún momento se me ocurrió que quizá podría volver a mi viejo barrio. Habría sido fácil, solo tenía que coger un tranvía, hacer luego un par de transbordos y bajarme en la place Kléber o en la de la République; desde allí, caminar hasta los alrededores de la fábrica para intentar hablar con las muchachas, o ir en busca de la señora Magdalena, o parar a algún conocido en una esquina cualquiera y pedirle que me explicase lo que yo no entendía. A menudo recordaba con añoranza el tiempo que viví allí; mis compañeras y sus comadreos, los paseos de los domingos por los boulevards, los requiebros de los muchachos y las películas sin voz en el abarrotado cine Le Familia, la plus ancienne salle de cinéma d'Afrique, como decía la gente. A pesar de la tentación, nunca me atreví a regresar; Lagarde me tenía prohibido alejarme.

Y entre toda esa gente que abandoné sin explicaciones, en quien más pensaba era en Catherine y Rafael, mis compañeros de aquella temeraria aventura que a ellos seguramente les generó beneficios y a mí me truncó el futuro. ¿Cómo les iría la vida? ¿Cómo se tomaron mi desaparición? ¿Intentaron dar conmigo? ¿Seguirían trabajando ella en Bastos y él en los andamios, o habrían dado sus vidas alguna voltereta como la mía? Y además de ellos, cuando la melancolía se me agarraba con furia, recordaba también los tiempos de Sidi Bel Abbès, y al niño al que amamanté y a la pequeña Marie con su cuerpecico flaco como una liebre sin pellejo. Y encerrada en esa fea casa mía que era como una cárcel con la puerta abierta, pero al fin y al cabo como una cárcel, maldecía a Lagarde por no haber sido capaz, al menos, de hacerme un hijo.

Descartado mi regreso al ayer, como seguía sin tener a nadie de confianza a quien acudir para enterarme de lo que ocurría al otro lado del mar, intenté solucionar mi desconocimiento por mis propios medios. Y así, una mañana de septiembre en la que el calor por fin empezaba a dar una tregua, cuando Lagarde salió temprano para su trabajo, yo hice la casa volada pero, en vez de recoger el periódico que él leyó la noche anterior y usarlo como siempre hacía para cubrir el interior del cubo de la basura, me senté a la mesa de la cocina y lo desplegué encima, desbaratado, manoseado y lleno de arrugas. Ilusa de mí, pretendía leer en francés por mí misma.

Para mi frustración, tras repetir lo mismo unas cuantas mañanas seguidas, ni siquiera fui capaz de desentrañar el sentido de los titulares. Conocía algunas palabras escritas desde los tiempos de Bastos y era capaz de hablar un francés quizá deficiente, pero aun así rápido y fluido. Sin embargo, pese a mi esfuerzo, pese a apretar las letras impresas con la punta del dedo hasta que la yema del índice se me quedaba negra por la tinta, pese a clavarles la uña a las vocales y las consonantes hasta rajar el papel, de mi boca solo salieron ristras de sonidos que no significaban nada.

Al cuarto o quinto día, harta de perder el tiempo, mandé a *L'Écho d'Oran* a su destino: a forrar el cubo debajo de la pila, con las hojas colocadas para recibir cáscaras de huevo, pieles de patata y tripas de animales. Luego agarré mi cesto de esparto y, como todos los martes y todos los viernes, me dirigí en busca de los malditos lenguados para la cena de mi marido, incapaz de anticipar que en la pescadería de la señora Ramona, en el mismo sitio donde se me habían abierto los ojos a lo que sucedía en mi patria, iba a encontrar una agarradera para aliviar mi ignorancia.

# CAPÍTULO 33

—Veintitrés francs, guapa.

Mientras sacaba los billetes para pagarle, oí a la pescadera saludar a una clienta que acababa de entrar.

—Bonjour, madame Le Clerc. Qué bueno poder verla por aquí un viernes.

La aludida respondió parca, entre dientes; no debía de agradarle el parloteo insustancial con los vulgares tenderos españoles del barrio. Pero la pescadera, fiel a su verborrea, no desistió.

—No me irá a decir usted, madame, que dejar de madrugar todos los días no es un premio.

Al tenderle el dinero por encima de una caja de almejas, miré a la clienta de reojo. Era alta, madura, flaquísima y algo encorvada, con gafas de montura de oro y el pelo gris en un moño. A pesar de los calores brutales, las mangas de la blusa le llegaban al puño; los brazos al aire en público debían de ser para ella una falta de decoro innecesaria, algo propio de los salvajes pueblos del sur de Europa.

—Aquí le tengo preparado su pedido; si prefiere que se lo sigamos llevando a su maison, yo le mando a mi Jean-Paul de un brinco.

La señora Ramona le hablaba en su habitual mejunje de lenguas; seguramente a la tal madame Le Clerc, por dentro, le estaban repateando los demonios por ese francés zarrapastroso.

—Aunque ahora ya, jubilada de l'école, podrá usted vivir tranquillement. Très tranquillement. Ande que no habrá acabado harta de enseñar los números y las letras...

Recogí las monedas que la pescadera me devolvió, las guardé en el monedero a la vez que ella me despedía.

—¡À bientôt, guapa!

Cumplidas las compras, debería haberme vuelto a mi casa: ya llevaba los lenguados, las zanahorias, las chalotas y un pedazo de espalda de cordero para el ragoût del día siguiente. Pero no lo hice, preferí quedarme fuera, bajo el toldo de rayas, esperando.

—Excusez-moi de vous déranger, madame. Perdone que la moleste.

Ella salía contando su cambio, al oírme dio un respingo.

—¿Puedo preguntarle algo, madame?

Me escuchó. Me miró. Se negó. Y yo, bajando los ojos, solo fui capaz de musitar:

—Merci beaucoup. Y disculpe.

Me di la vuelta con mi capazo en la mano. Ya no era una muerta de hambre y hacía tiempo que no llevaba alpargatas, ahora usaba los zapatos feos y amorfos que me compraba Lagarde, tenía dos pares. Pero me sentí igual que aquella vez, recién desembarcada en Orán, cuando intenté robar algo de un puesto callejero y el vendedor me soltó un manotazo.

Las ganas de aprender a leer se me fueron desmigando a lo largo de los días siguientes. Ese sábado por la noche Lagarde, en su afán por cumplir semanalmente con los deberes del matrimonio, se me subió en lo alto y me aplastó las costillas empujando con gruñidos de verraco hasta quedar sin resuello; la suerte le salió al paso y consiguió aliviarse. Si yo hubiera creído en Dios o en la Virgen o en alguien de por ahí arriba, habría rezado para pedirle que lo que me dejó dentro fuese la semilla de una criatura. Pero qué va: una vez más, la coyunda fue en balde.

El domingo llovió, se abrieron los cielos como solía ocurrir en Orán al final de cada verano. El agua cayó con ganas y el aire arrancó del huerto las vallas de cañas secas y las tomateras sujetas con alambres. El lunes salió el sol y me dediqué a enderezar lo caído y arreglar los destrozos. Al día siguiente volví a la pescadería, en busca de los odiosos lenguados de los martes.

Entré y esperé mi turno, pedí, guardé el paquete en el canasto, pagué la cuenta, recibí el cambio. Estaba a punto de marcharme cuando me detuvo el grito de la señora Ramona.

—¡Espera, guapa!

Pensé que iba a darme un manojo de perejil, como hacía a veces. Pero no. No era eso.

—Madame Le Clerc ha dejado un recado para ti.

Me la quedé mirando con unos ojos tan abiertos como los de la palometa que ella andaba desescamando.

—Que te pases por su casa, eso dijo. En la place Fontanelle, la que tiene un ficus en la puerta, al lado del estanco.

A zancada limpia, llegué en cinco minutos. Me abrió, me invitó a entrar y, por un instante, creí haber vuelto a la villa de los Favager en Sidi Bel Abbès, al ver cortinas y cuadros en las paredes, lámparas con pantallas, flores, alguna alfombra. Solo que aquí todo era más pequeño y comprimido, más gastado, menos lustroso. No sabía yo entonces que el sueldo de una maestra pagada por el Estado francés era bastante más reducido que el del ingeniero jefe de una próspera compañía de ferrocarriles. Y por eso, a pesar de haberse traído ambos sus muebles y enseres desde la metrópoli, la diferencia de clase y de economía era obvia. Aun así, la sala de madame Le Clerc me pareció de un lujo apabullante: la apreciación instintiva de alguien como yo, que venía de El Puntarrón, del patio del Culebra, de una mísera pensión en La Escalera y de una casa plomiza al final del barrio sin timbre ni luz eléctrica.

—Asseyez-vous, s'il vous plaît.

Con su mano de dedos largos hizo un elegante gesto, indicándome el lugar donde debía sentarme: una butaca junto a una estantería llena de libros colocados en una línea perfecta. El asiento tenía los muelles sueltos y la tapicería de los reposabrazos se veía rozada por el uso, pero a mí me pareció el trono de una reina.

Ahí me quedé, apoyada en el borde, con las rodillas juntas, la espalda recta y, a los pies, pegado a mis zapatones, el burdo cesto de esparto con los lenguados envueltos en papel de periódico. Tensa y cohibida, a la espera mientras ella se acomodaba en otra butaca pareja.

—Je voudrais commencer par des simples questions...

Tragué saliva.

—Oui, madame. Pregunte usted lo que quiera.

Mi origen y las profundidades de mi ignorancia, el porqué de mi atraso, los vaivenes de mi vida, la razón de mi interés presente: a todo eso fui contestando con una sinceridad desnuda que en algún momento la hizo murmurar mon Dieu o quedarse con la boca medio abierta.

Sabía que yo estaba casada, se lo debió de anticipar la pescadera. Y con relación a eso, dejó para lo último la pregunta más preocupante.

—Et finalement, votre mari...

No la dejé terminar.

—Mi marido no sabe nada. Y prefiero que siga sin saberlo.

## CAPÍTULO 34

Era severa madame Le Clerc. Severa, rígida, implacable. En alguna ocasión me llevé un capón por equivocarme con un verbo o un acento. Los soltaba certera, dando fuerte con los nudillos; seguramente había repartido centenares de ellos en las cabezas de sus alumnos durante los casi cincuenta años que ejerció como maestra. Pero también era afanosa, concienzuda y, gracias a esa tenacidad suya, comencé a abrirme camino en las entrañas de la lengua francesa.

Para mi alivio, al preguntar cuánto debía pagarle, me propuso un trato.

—Yo le enseño, y usted me ayuda con la casa.

Antes, cuando ella trabajaba en l'école, una mujer acudía a diario para echarle una mano. Ahora, jubilada, se había quedado sola. O se le fue aquella sirvienta, o a lo peor la despidió porque con su pensión no le daba para tanto; yo no pregunté y ella tampoco me dio explicaciones. Me limité a aceptar e iniciamos una rutina en la que ninguna perdía nada excepto tiempo y las dos ganábamos algo que a ambas nos interesaba.

Todos los martes y viernes, los días del pescado, iba a su casa. Rauda, daba un repaso a los suelos y pasaba el polvo, ese polvo que subía desde las tierras del sur y que en Orán se colaba por todas partes. Según hiciera falta, le lavaba algo de ropa o le planchaba, a veces incluso le guisaba cualquier cosa; comía como un pajarito, verduras y pescado casi siempre, poca carne. Al terminar mi tarea, nos sentábamos a la mesa del comedor, en ángulo, y durante una hora exacta se volcaba en instruirme. Utilizaba los mismos libros que había usado con los niños más pequeños en su escuela, llenos de dibujos simples y letras grandes. En Navidad me sorprendió con una caja de lápices envuelta en papel de seda y yo le di las gracias intentando disimular mi emoción: era la primera vez en mi vida que alguien me hacía un regalo.

En cambio, jamás me ofrecía café o té o un simple vaso de agua: lo nuestro era trabajo, no visitas de cortesía, eso lo teníamos ambas bien claro. Y así, gracias a aquella mujer formidable a pesar de su delgadez y su encorvamiento, poco a poco empecé a entender lo que querían decir esas largas ristras de letras que antes eran para mí incomprensibles misterios, y aprendí igualmente a encadenar las palabras para expresar las ideas que salían de mi cabeza. Y cada día, con cada avance, era como si se produjera un pequeño milagro.

Después, en mi casa, practicaba yo sola: cuando conseguía un pedazo de papel limpio en el revés de un anuncio, de un recibo o un envoltorio, escribía en él con los lápices flamantes que yo mantenía escondidos entre el asiento y el respaldo del diván en el que dormía, para que Lagarde nunca los viese. Cuando me faltaba papel, usaba el dedo mojado en agua para dibujar las letras encima de la mesa. Y seguía peleándome a diario con *L'Écho d'Oran*, y poco a poco fui logrando mis pequeñas victorias.

Gracias a las exigencias de la maestra, fui asimismo aprendiendo otras cosas que no precisan caligrafía pero, aun así, intuí que quizá también eran importantes. El rigor. La tenacidad. La voluntad de ir a mejor, la alegría arrebatada que generaba ser consciente del progreso, la exigencia a una misma y el reconfortante orgullo de hacer bien lo necesario. Para alguien como yo, acostumbrada al trabajo bruto, aquellos descubrimientos fueron como una luz que ya nunca dejó de alumbrarme.

Llevábamos más de un año con nuestro intercambio de tareas cuando uno de los martes no aparecí en su casa. Lagarde había llegado la noche anterior con un paquete bajo el brazo; de él sacó un vestido negro, feo y amorfo, que podría haberle servido a cualquier matrona del barrio.

—Póntelo mañana, ha muerto mi padre. Iremos a enterrarlo a Saint-Denis, saldremos pronto, no te entretengas.

Nos levantamos casi de madrugada y lo obedecí sin preguntar de dónde había sacado aquella prenda, jamás le preguntaba nada. Habría quedado algo mejor con un cinturón que marcara alguna mínima forma en mi cuerpo y no me hiciera parecer un saco colgado de una percha. Pero ni me molesté en añadírselo: bien poco me importaba mi estampa ante el hijo vivo y el padre muerto.

Salí con él encima mientras Lagarde desayunaba, me miró de arriba abajo.

—Péinate como una señora; pareces une bonne, une servante —farfulló—, una criada, con esos pelos.

Contuve las ganas de preguntarle si no era aquella mi función en su vida; por mucho que él me considerara su mujer, yo jamás tuve ese sentimiento. Pese a que ante la ley y la Iglesia fuese su legítima esposa, para mí eso no era más que una cáscara que ocultaba la patética verdad de mi función, un mero instrumento a su servicio.

Pero no le hice frente. Para qué. Lo único que daba un mínimo sentido a mi vida lo obtenía a sus espaldas, en casa de madame Le Clerc. De él y lo suyo, todo me producía desgana únicamente: nada me interesaba ni me perturbaba ni me conmovía. Todo lo relativo a Lagarde me sobraba.

Aun así, volví a obedecerlo sin rechistar y dediqué unos minutos a peinarme con un sobrio recogido en la nuca del que no tardaron en escapar unos cuantos mechones; tan descuidada iba siempre que me faltaba práctica. Y ya puesta, me até ese cinturón que antes había descartado, para adecentarme del todo. Recordé entonces la barra de labios que me compré cuando aún trabajaba en Bastos, una tarde que paseaba con las compañeras por la rue d'Arzew. Cuando Lagarde me arrancó de la casa de la señora Magdalena, aquella barra del color de las cerezas quedó en el fondo del cajón de la mesita de noche. Atrás, como tantas cosas.

Me eché un último vistazo en el espejo torcido del dormitorio. Ahí estaba yo, con mi cuerpo flaco, mi vientre infecundo y mis zapatos espantosos, con mi cara triste y mi pelo salvaje domado en un moño imprevisto, vestida de luto para dar el último adiós a un hombre al que no conocía. Como siempre que veía mi reflejo, se me subió a la boca una sensación amarga.

Fuimos en tren, era la primera vez que yo montaba en semejante prodigio. No tardamos demasiado en llegar a Saint-Denis-du-Sig, el pueblo al que los viejos emigrantes españoles llamaban el Siglo, y en cuya proximidad estaban las tierras del padre. Un padre de cuyo cuerpo iba ahora a despedirse mi marido, aunque jamás lo visitó en los años que llevábamos juntos, cuando el viejo aún seguía con vida y quizá habría agradecido la cercanía del hijo.

En la estación nos esperaba el cuñado charcutero, más ajado y más sombrío que el día en que acudió a Orán para ejercer como padrino en nuestra boda; desde aquella mañana de lluvia no había vuelto a verlo. Llevaba, igual que Lagarde, corbata negra y un brazalete de luto en la manga. No hubo condolencias, mucho menos abrazos o saludos afectuosos. Tan solo nos condujo a una especie de taxi y salimos en dirección contraria al pueblo, hacia los campos, muertos de calor, callados casi todo el trayecto, vestidos como cuervos, medio asfixiados en aquel vehículo de ventanillas cerradas en el que no entraba una gota de aire. Al cabo de un rato accedimos a lo que entonces supe que era la propiedad de la familia, la ferma Lagarde.

Tras cruzar un portón abierto, avanzamos a lo largo de un sendero flanqueado por piedras pintadas de blanco. A los lados solo se veían campos requemados por el sol, sin sombra de cosechas o de verdor, con la excepción de algún olivo solitario. Igual alguna vez aquella finca fue medianamente próspera: eran miles los colonos que habían luchado contra las adversidades de un suelo áspero y pedregoso, y habían logrado desbrozar los baldíos, aprovechar el agua escasa de los oueds y convertir los secarrales en campos fértiles. Los ayudaron desde un principio las oleadas de emigrantes españoles, acostumbrados al laboreo de las tierras igualmente ingratas del sureste de la península, y se sirvieron también de la mano de obra barata de los árabes locales, acuciados por el hambre. Entre unos y otros, propietarios hacendados, jornaleros y peones, con esfuerzo colectivo, con su sudor y su empuje, desafiaron las sequías, las quiebras, los esporádicos ataques sanguinarios de los locales, las plagas y epidemias. Así, década tras década, consiguieron sacar adelante millones de hectáreas fecundas por todas aquellas llanuras y colinas antes ingratas de una tierra que por tiempos y por partes fue bereber, romana, bizantina, árabe, española, otomana y ahora llevaba un siglo convertida en l'Algérie française, la Argelia francesa.

En la ferma Lagarde, no obstante, había poco de eso. Bajo el sol abrasador de aquel día, por ningún sitio percibí el resultado de esos titánicos esfuerzos de los hombres contra las adversidades. Allí no había huertas, naranjales, campos de trigo o viñedos a la espera de la cercana vendimia. A nuestro alrededor únicamente se veía desesperanza.

# CAPÍTULO 35

Al bajar del coche nos esperaba un árabe entrado en años, con la piel oscura curtida como el cuero viejo. Al igual que tantos otros, iba tocado con un turbante y vestido de cuello para abajo con ropa de faena, esa mezcla tan frecuente entre los ropajes tradicionales de los argelinos y los atuendos prácticos de los franceses. Supuse que sería un trabajador de la casa, quizá el guardés de confianza. Serio, al ver a Lagarde se llevó la mano derecha al corazón e inclinó la cabeza respetuoso; era su forma de expresar condolencias. Por respuesta, mi marido apenas le hizo caso. Solo asintió levemente y echó a andar hacia el interior, sin dirigirle ni una palabra.

Desde fuera, la vivienda me recordó a la del patrón Hernandez en la ferma de tabaco. Solo que en aquella jamás entré; era un territorio vedado para los trabajadores. Ahora, en cambio, me adentraba en la oscuridad de una casa que tal vez en el pasado fue un hogar grato, aunque en ese momento apestaba a orina, medicamentos y decadencia.

Apenas entraba la luz del exterior, todas las ventanas tenían los postigos cerrados. El que primero avanzaba era el cuñado, después iba yo y por último Lagarde, a pesar de encontrarse en la que fue su propia casa. A un lado de la entrada intuí un comedor; al otro, una pequeña sala; todo sin lustre, medio destartalado. Unos pasos más adelante estaba el dormitorio, con la puerta abierta.

Habían colocado al difunto encima de la cama vestido de arriba abajo, hasta botas llevaba puestas, un par de botas de piel, gastadas, bien recias. Dentro de la habitación sonaba la voz de la hermana charcutera, arrodillada a un lado, desgranando oraciones por el eterno descanso del alma de su padre. Al vernos aparecer, interrumpió su salmodia y alzó la vista con gesto medio avergonzado.

—No hemos encontrado otros zapatos —musitó.

Acto seguido bajó la barbilla al pecho y siguió rezando.

Lagarde no se inmutó, el calzado del muerto pareció darle lo mismo. Seguíamos parados en el umbral cuando noté un apretón de su mano en mi hombro: me obligaba a moverme, a entrar en el cuarto. Después vino un susurro.

—Rapproche-toi de lui.

Contuve el asco con esfuerzo. Que me acercara, había dicho. Que mostrase respeto hacia el cadáver hinchado y nauseabundo de un hombre al que, en los años que llevábamos juntos, él jamás había hecho el más mínimo caso. Por si la orden no me había quedado clara, volvió a empujarme.

No tuve más remedio que obedecer. Con pasos lentos, sabiendo que me observaban, me aproximé hasta la altura de la cabecera. A pesar de que estábamos casi en penumbra, por las rendijas de las contraventanas entraban finos rayos del sol potente de fuera, suficiente para dejar ver claramente el rostro del muerto y su bigotón canoso, con las manchas amarillentas que dejan el tabaco y el tiempo. Le habían metido bolas de algodón en los agujeros de la nariz y le habían atado una cinta de tela alrededor de la cabeza, de la barbilla a la coronilla, para que no se le abriese la boca. Tiesa como el palo de una escoba, incapaz de volcarme hacia él, seguí mirando su cara ancha y su pelo encanecido, grasoso y abundante. En nada se parecía a ese hijo que en aquel momento volvía a dirigirse a mí en un susurro agrio:

—Embrasse-le sur le front.

Que le besara la frente, dijo. A duras penas contuve una arcada pero, consciente de que no tenía escapatoria, incliné el torso hacia él, despacio; me asustaba la idea de caerme encima del cuerpo. Al arrimarme más todavía, un mechón suelto de pelo se me escapó de detrás de la oreja y le tapó un ojo; temí que de pronto él levantara una de las manos que tenía cruzadas sobre el vientre para quitárselo. Con la respiración contenida a fin de no oler su tufo, acabé de inclinarme y le rocé la piel con los labios, haciendo ruido para que a nadie le quedara duda de que había cumplido la orden. Al levantarme intenté que no se me notaran las náuseas y fingí un abatimiento que en realidad no era más que puro asco.

Ahí los dejé, con sus rezos y sus extrañezas. Sin saber adónde me dirigía, mientras me limpiaba la boca con la manga del vestido, avancé por el pasillo hasta dar al fondo con la cocina, grande y destartalada, con su hogar ennegrecido por el hollín y una recia mesa de madera en el centro. La rodeaban varias sillas, me senté en una. No me interesaban ni el dueño de esa casa y esa ferma, ni por qué razón llamándose Sébastien Lagarde estaba en esa tierra africana, ni por qué causa apenas tuvo relación con su hijo en los últimos tiempos. No me interesaba nada de esa familia, solo quería irme.

Encima de la mesa había un plato con higos medio mustios; unas cuantas moscas gordas y lentas los sobrevolaban con un runrún incesante. Había también un par de botellas de vino vacías y varios frascos de cristal con sustancias que serían seguramente medicinas, paños de algodón, media torta de pan árabe, un juego de llaves casi oxidadas. Y un papel. Una cuartilla de papel doblada por la mitad. En mi afán de los últimos tiempos por intentar leer todo lo que se me cruzaba ante los ojos, no fui capaz de contener la tentación y alargué la mano. Instantes después, cuando oí pasos a mi espalda, la doblé otra vez precipitada y la volví a dejar encima de la mesa.

Era la charcutera, debía de haber terminado ya sus rezos. Ni siquiera sabía su nombre; madame Girard, por el marido, eso era todo lo que recordaba. No se parecía a su hermano, pero sí quizá un poco al difunto: corpulenta como él, tenía la cara también ancha y el pelo liso y encanecido. Soltó un suspiro hondo y se desplomó en la silla de enfrente.

—El furgón fúnebre llegará en breve.

—¿Para qué? —pregunté.

Me miró como si yo fuese imbécil.

—Para qué va a ser —murmuró—. Para llevarlo primero a la iglesia, a Notre-Dame du Bon Remède. Y, después, al cementerio.

Igual debería haberme mordido la lengua, pero no lo hice.

—Él no quería.

—¿Quién?

—Su padre.

Volvió a mirarme como quien observa a un ser extraño.

—Disculpe, no la entiendo.

—Su padre, lo dejó escrito.

—¿Qué es lo que dejó escrito? —preguntó desconcertada—. ¿Dónde?

Señalé con el índice.

—Ahí. Quiere que lo entierren aquí en la ferma, debajo del olivo grande. Al otro lado de donde sepultaron hace años al caballo.

Frunció el entrecejo, y con ese gesto de extrañeza se le juntaron las cejas y se pareció aún más al muerto. Permaneció unos instantes mirando el papel, después extendió la mano hacia él, una mano de dedos gordos como las salchichas que despachaba en su negocio. Me fijé en que la alianza de matrimonio le apretaba el anular, habría sido imposible sacársela sin cortar o bien el oro o bien el dedo.

Pero la mano no avanzó, no llegó a levantar la cuartilla de su sitio. Cambió de idea, se puso en pie y, sin volver a hablarme ni a mirarme, salió de la cocina y regresó al dormitorio. En menos de un minuto estaba de vuelta, con los dos hombres a su espalda. Entonces sí agarró el papel con las últimas voluntades del patriarca y se lo tendió a su hermano a la vez que decía:

—Tu mujer es la primera que ha visto lo que dejó escrito. Lo del caballo y lo del olivo.

Lagarde agarró la hoja de papel, la abrió, la leyó mientras la pareja aguardaba. Al terminar, en vez de dirigirse a los charcuteros para confirmarles que yo tenía razón y ese era el deseo del difunto, alzó la cuartilla hacia mí. Hacia mí únicamente, como si la hermana y el cuñado no existieran.

—¿Tú has leído esto? ¿Tú sola? ¿Tú misma?

La voz le sonó seca, vi que la nuez se le movía en la garganta.

—Oui.

—Cuando te conocí, no sabías leer.

Fui yo entonces la que tragó saliva.

—He aprendido.

Hubo unos segundos de silencio, tan siniestro, tan fúnebre como el ambiente de la casa.

Después vino el guantazo.

## CAPÍTULO 36

Asistí al entierro con el labio partido, con la sangre formando un coágulo en la comisura como si se me hubiera quedado pegada una de las moscardas de los higos. Llevaba además el moño medio deshecho: al girar la cabeza por efecto del bofetón, me volaron las horquillas. Él, avergonzado, no se atrevió a ordenarme de nuevo que me peinase. Y yo no me molesté en hacerlo.

Al final quebrantaron los deseos del difunto y lo llevaron a la iglesia del pueblo y después al cementerio cristiano de las afueras; solo acompañaron a la familia el cura y media docena de conocidos, todos hombres, todos viejos. Bajo un sol criminal, oí palabras de pésame, oraciones y letanías por la resurrección de los muertos y la infinita misericordia del Altísimo, pero yo no abrí la boca. Cuando lo bajaron al hoyo y el sacerdote acabó el responso, la hermana se puso a mi lado.

—Sortons —dijo—. Vamos saliendo.

Los hombres se quedaron contemplando cómo caían sobre el ataúd las paletadas de tierra seca. Nosotras, con paso lento, nos dirigimos hacia la cancela del camposanto.

—Perdónelo —dijo—. Está conmocionado.

—¿Quién?

—¿Quién va a ser? Votre mari. Su marido.

Aunque legalmente fuésemos familia, me hablaba de

usted igual que madame Le Clerc; así debía de ser la cortesía de los franceses a la que yo no estaba acostumbrada. De todas formas, al margen de su buena o mala educación, lo que me contase acerca de las emociones de Lagarde me importaba bien poco.

—Nunca se llevaron bien, nunca se entendieron.

Lo único que yo quería era volver a Gambetta. Llenar el cubo con agua fría y echármelo por encima de la cabeza; arrancarme el polvazo, el sudor, el olor a muerto, el asco.

—Desde pequeño intentó inculcarle la responsabilidad de encargarse de las tierras de la familia; somos la cuarta generación de unos alsacianos que vinieron a Argelia en el siglo pasado.

Seguí sin replicarle; por mí, como si sus palabras se dirigían a las tumbas y los mausoleos. A los bichos que corrían por el suelo amarillento. A las chicharras que cantaban enloquecidas desde los cipreses.

—Nuestro bisabuelo, como tantos otros, llegó joven a esta tierra sin nada más que sus manos y la ambición de salir adelante. Con esfuerzo, sobrevivió a las desgracias y los contratiempos. Nuestro padre era heredero de ese legado: el del sacrificio, la dedicación sin decaer al trabajo para que lo levantado por sus mayores siguiera perviviendo. Pero Jacques no quiso seguirlo.

Me había distraído mirando una pequeña lápida de mármol blanco rematada por un ángel de piedra. Claudine Rideau. Muerta a los dos años. En brazos del Señor para siempre, leí sin voz, moviendo solo los labios. Qué suerte tuvo la niña Claudine, pensé, cuando la enterraron en esa sepultura tan hermosa. No como mi Marie, que acabó en el fondo de un terraplén. O como mis hermanos pequeños en El Puntarrón, liados en trapos, hundidos en un agujero debajo de la higuera.

Consciente de que no la había escuchado, la hermana resumió lo que acababa de contarme:

—Jacques, su esposo. Digo que nunca tuvo interés en la finca. Siempre fue un niño raro.

Ahí quedó en silencio unos instantes, bregando con los recuerdos.

—Supongo —murmuró— que no debe de resultar fácil ser la sombra de un bruto como Sébastien Lagarde.

Bajo el sol achicharrante, yo podría haberle preguntado si su padre también lo golpeaba de niño como él acababa de hacer conmigo: como si fuese su posesión, simplemente por tomar una decisión propia sin su consentimiento. Igual sí, y lo único que mi marido hacía era repetir un comportamiento aprendido. Igual no, y la fiereza le surgió por su propio instinto. Aunque a mí, en realidad, lo mismo me daba una cosa que otra; tenía claro que esta había sido la primera vez pero probablemente no la última. Y para contender con eso, convendría que me fuese preparando.

La muerte del padre y lo que sucedió alrededor de ella marcó, en definitiva, un antes y un después en el penoso matrimonio que manteníamos. Y en vez de acercarnos, como a veces ocurría con las desgracias, lo que pasó fue que el tajo que nos separaba se hizo aún más profundo.

De vuelta en Orán, por primera vez en años Lagarde decidió tomarse unos días libres. O eso intuí yo porque, sin darme ninguna explicación, a partir de la mañana siguiente no fue a trabajar y se quedó en la casa. Acostumbrada como yo estaba a su ausencia liberadora, tenerlo allí el día entero fue como si me echaran encima una losa de las que habíamos visto en el cementerio: una grande y pesada como las de los viejos colonos prósperos de Saint-Denis-du-Sig, no una delicada como la de la niña Claudine, a la que velaba un angelito. La mía era opresiva. Angustiosa.

Si yo enredaba en el huerto con las plantas y los tomates, y alzaba de pronto la cabeza, lo veía observándome a través de la ventana de la cocina. Si salía a hacer las compras cotidianas, al regresar me lo encontraba en la calle, mirando hacia la dirección por la que yo volvía, esperándome con las piernas abiertas y las manos sostenidas en las caderas. Cuando cocinaba, a mi espalda notaba su presencia. Entre sueños, alguna noche me pareció notar que se me acercaba sigiloso. Si en algún momento pensó que con esa forma de estar presente enderezaba algún doblez en nuestra convivencia, el efecto fue el contrario: solo logró incrementar mi frustración y mi hartazgo.

Para no tensar las cosas, yo tampoco regresé esos días a casa de la maestra, aunque le dejé un aviso en la pescadería. Jamás en mi vida había salido de mi boca la expresión affaires familiales, asuntos familiares; eran unas palabras demasiado campanudas para mí y, además, nunca consideré a Lagarde como mi familia. Pero esta vez me fueron útiles para que madame Le Clerc supiera que, si no asistía a nuestros encuentros, era por razones involuntarias.

En eso iba pensando mientras caminaba de vuelta buscando las sombras de los ficus y las palmeras, con el pescado de todos los santos martes y viernes dentro del cesto de esparto. Al contrario de los últimos días, él no me esperaba fuera; ingenua, pensé que quizá se le había pasado el arrebato. Mientras me creyó sometida no le preocupé pero, al enterarse de que había aprendido a leer, esa certeza suya de control y dominio empezó a tambalearse. Con el paso de los días, tal vez lo había asumido finalmente y había decidido que mi modesta osadía no entrañaba peligro.

Nada más entrar, con solo ver su gesto me di cuenta de mi error. No, no había asumido nada. Al contrario. Su desconfianza persistía, lo corroía por dentro; tanto que, durante mi ausencia, mientras yo compraba el pescado, él se dedicó a rebuscar por la casa, tenaz como una rata hambrienta. Y así dio con los lápices que madame Le Clerc me regaló meses atrás, pequeñitos ya a fuerza de afilarles la punta con un cuchillo. Tan escondidos los tenía que casi tuvo que destripar el costroso diván para encontrarlos.

Eran doce, metidos en su caja metálica. La misma que él me estampó contra el lado izquierdo de mi cara y con la que me rajó el pómulo, en un corte que se extendió hasta la oreja.

## CAPÍTULO 37

Tenía que irme. No sabía cómo ni adónde, pero tenía que irme de allí. Con esa idea en la cabeza me acosté y me levanté los días siguientes. Por suerte, Lagarde regresó al trabajo y eso al menos me dio un respiro. Pero tenía que irme y, para no convertirme en una mísera vagabunda dando tumbos por las calles, antes de nada necesitaba conseguir algún dinero.

Volver a trabajar habría sido lo sensato, pero estaba segura de que él no me lo iba a permitir si seguía bajo su ala. Descartada esa opción, todo lo demás pasaba por meras ocurrencias. Y entre ellas, la primera que me vino a la mente fue buscar a Catherine, mi antigua compañera. Sería difícil encontrarla donde la dejé y, más todavía, que a esas alturas estuviese dispuesta a compartir conmigo la ganancia de nuestro robo. Habían pasado varios años, quizá regresó a Argel, quizá recuperó a sus hijos. O quizá aún andaba por Orán y las cosas no le iban mal del todo y tal vez podría ayudarme.

Decidí empezar a buscarla la semana siguiente y, en un intento por no levantar sospechas en Lagarde, me comporté entretanto como la más virtuosa de las mujeres: limpié y fregué hasta el fondo de los rincones, me esmeré para dejar sus camisas más impecables que nunca y le cociné unos guisos que, sin ser suculentos por falta de presupuesto, al menos resultaron sabrosos. Así transcurrió el lunes, el martes, el miércoles. El jueves volví a ponerme en pie antes de que amaneciera e hice lo mismo de todos los días: le preparé la ropa que tenía que ponerse y la tartera con el almuerzo, le hice la cama y el desayuno, esperé a que terminara para recoger los cacharros sucios, le abrí la puerta de la calle y le deseé une bonne journée como la más atenta de las esposas. Diez minutos después de su marcha, salí pitando.

Por precaución, evité las calles más anchas, las esquinas concurridas, los atajos de siempre, y caminé dando un rodeo a buen paso, hasta la estación de la place Gambetta. Con una carrera final, me subí al tranvía justo cuando se acababa de poner en marcha. Acostumbrada a las calles polvorientas de mi barrio en las afueras, a medida que nos adentrábamos en el centro todo se me abrió ante los ojos como un mundo nuevo, recién estrenado. Las plazas, los jardines y las larguísimas avenidas con fachadas suntuosas, las gentes vestidas con ropas alegres, los toldos de colores aleteando sobre los escaparates. Apretujada entre un buen montón de cuerpos, ajena al calor, a las sacudidas y a los traqueteos, no paré de mover la cabeza en una dirección y en otra, intentando no perderme nada de lo que me entraba por los ojos: las banderas de tres colores, las cúpulas de los grandes edificios, la catedral nueva y la gran sinagoga, las estatuas de señorones de la metrópoli cuyos nombres yo ignoraba y los grandes anuncios de bebidas que fui capaz de leer con un punto de orgullo: Ricard, Pernod, Martini.

Había previsto llegar hasta la place de la République, a un tiro de piedra de mi destino. Pero no logré aguantarme y, al alcanzar la gran place d'Armes y el Hôtel de Ville con sus grandiosos leones, me bajé de un salto en la parada junto a los almacenes Darmon. Estaba cerca y prefería recorrer ese último trecho a pie: saborear mi temeraria porción de libertad como un condenado a muerte absuelto por un rato.

Deprisa, deprisa, empecé a avanzar por calles y escalinatas que me eran familiares porque en otro tiempo las había recorrido montones de veces: estrechas, enredadas, empinadas, con gente arriba y abajo, con olores poderosos, voceríos, olor a mar y ropa tendida en las ventanas. Se seguía oyendo hablar en francés, pero ya no era tan cristalino como en los boulevards: ahora se revolvía con avisos en árabe, insultos y juramentos en español, alguna estrofa de copla o de tarantella desde una radio encendida, reclamos de vendedores ambulantes, regateos bullangueros de mujeres y las risas de niños que no iban a la escuela.

Me abrí paso conteniendo la tentación de detenerme por todas las esquinas y fui bajando hacia el puerto, hasta que me saltó a la vista la maison Bastos. Me detuve antes de llegar, junto a un paredón en el que quedaban restos del anuncio de una corrida de toros del año anterior en Les Arènes, con los nombres de Cagancho y Domingo Ortega desvaídos por el sol, medio borrados. Allí me planté, contemplando el edificio imponente donde trabajé tanto tiempo, con una sensación cuyo nombre yo aún ignoraba en las dos lenguas: nostalgie, nostalgia.

En Bastos funcionaban con un horario de entrada y salida que a diario se marcaba gracias al sonido de las sirenas. Pero yo recordaba que había también mujeres que no lo cumplían completo porque tenían alguna otra obligación, sobre todo hijos pequeños a los que no podían dejar solos. A la empresa le daba lo mismo, allí se trabajaba a destajo; cuanto menos producías, menos te pagaban. Con la idea de ver llegar a alguna de esas mujeres que entraban a deshora, me senté en un banco de madera de los que bordeaban la cuesta, entre dos palmeras.

La espera duró poco, por suerte. En menos de veinte minutos vi que se acercaba alguien a quien no distinguí: en la distancia era una más como todas, vestida con ropa sin lustre, calzada con alpargatas y con el pelo moreno recogido hacia atrás, como mandaba la normativa de la casa. Caminaba con el paso rápido, en la mano llevaba su hato con el almuerzo, un pañolón de cuadros similar al que a mí me buscó la desgracia. Hasta que la reconocí.

—¡Teresa!

La mujer volvió la cabeza a un lado y a otro, reduciendo el ritmo de sus pasos, pero sin pararse; no sabía de dónde salía la voz, no me había visto.

—¡Teresa, espera un momento! —volví a gritarle, levantándome del banco. Y entonces sí se detuvo, y me vio, y se me quedó mirando desconcertada.

—Cecilia...

Me acerqué, de pronto recordé más cosas sobre ella. Vivía por el patio de Las Tinas, su marido era afilador de cuchillos. Se apellidaba Soler, era de algún pueblo del levante, tenía buena voz y mucha gracia cantando. Mayor que yo, prematuramente desgastada por las estrecheces, los partos y las crianzas; cuando me marché tenía ya dos o tres hijos y ahora, si seguía con ese horario reducido, supuse que lo mismo sumaba ya seis o siete. Solo fuimos compañeras, nunca tuve con ella una gran cercanía; en realidad, no la tuve con nadie. Aun así, era mi primer reencuentro con aquellos días en los que yo era igualmente pobre y estaba igualmente sola, pero al menos no tenía a un hombre pisándome el pescuezo.

—¿De dónde sales tú, chiqueta? —preguntó con una

sonrisa. Entre las cigarreras solía tejerse una especie de hermandad que, según oí de sus bocas mil veces, no se deshacía nunca.

Reprimí las ganas de abrazarla; no había ido hasta allí para volverme de pronto tierna.

—Me mudé de barrio —dije tan solo. Luego señalé la fábrica con un gesto de la barbilla—. ¿Cómo sigue por ahí la vida?

Se encogió de hombros, resignada. Era una buena mujer aquella Teresa, de las tranquilas y conciliadoras.

—Ahí vamos, tirando...

Dijo algo sobre unas máquinas nuevas que habían llegado de Inglaterra, menos necesidad de personal, más complicaciones, otras normas; a nada dio apenas importancia. La escuché impaciente, hasta que por fin ella calló y yo pude soltar mi pregunta.

—Teresa, ¿te acuerdas de Catherine?

Se mordió unos segundos el labio de abajo, mientras estrujaba la memoria.

—Catherine, la que era de Argel —insistí—. La que se sentaba en la banca a mi lado.

—Catherine... —repitió con lentitud. Ahora sí, ahora parecía recordar de quién le hablaba.

—¿Sigue trabajando con vosotras?

—No, qué va. Por aquí no está ya la Catherine, se marchó hace años, lo mismo cuando tú, por ahí más o menos. Para mí que nadie ha vuelto a verla.

Fue ella quien preguntó ahora, mientras yo disimulaba la decepción que me provocó su respuesta.

—¿Para qué la quieres?

Lo hizo sin descaro, casi sin curiosidad; solo porque así se hablaba por allí, sin dobleces ni disimulos, abiertamente. Y, si querías, respondías. Y, si no, te callabas.

—La estoy buscando porque...

En realidad no pretendía decirle para qué necesitaba a aquella compañera, así que cambié de tercio por completo, por si ella, por esos raros milagros de la vida, pudiera echarme una mano.

—Teresa, tú no sabrás de algún trabajo que yo pudiera hacer desde mi casa.

Quizá mi aspecto no era tan pobretón como cuando liaba cigarrillos, brevas y puros en esa fábrica, pero tampoco distaba mucho. Se veía con claridad que no me sobraba el dinero, así que no necesité darle más explicaciones.

—No, hija mía, no sé de nada —respondió. Era evidente que los milagros seguían sin existir en el barrio de La Marina—. Hay muy poca cosa, últimamente menos que nunca. Con la guerra, ya sabes tú, anda llegando desde España mucha gente. Y a ver si te vas a creer que alguno trae algo: todos vienen con una mano atrás y otra delante, medio consumidos, hartos de pasar miserias.

Lo sabía. Desde hacía meses lo oía en la boulangerie, en l'épicerie, en la pescadería; veía incluso a algunos de ellos por las calles de Gambetta, a veces familias enteras, con sus aspectos de desubicados y su lengua sin rastro de francés todavía, desnortados, incapaces de comunicarse. Preveían el fracaso de los suyos en la guerra, huían de la miseria, de la orfandad, del miedo. Envuelta en mi propia amargura, yo apenas los miraba.

—Bueno, Cecilia, tengo que irme para adentro.

—Adiós, Teresa —musité. Y de nuevo contuve las ganas de abrazarla.

—Les diré a las compañeras que te he visto. Todavía quedan muchas de tus tiempos, aunque algunas se han ido yendo porque les salió otra cosa, o se casaron, o se mudaron...

Echó a andar con sus alpargatas gastadas, su falda remendada y su hato en la mano. Solo unos pasos después, se detuvo y volvió la cabeza.

—También se han marchado algunos vigilantes, por jubilación o por traslado. Y alguno desapareció un buen día, como Lagarde, aquel que te miraba tanto.

# CAPÍTULO 38

Regresé por las mismas calles y las mismas plazas con un ánimo distinto, indiferente a los movimientos y los sonidos, a todo lo que no estuviera dentro de mi cabeza. Catherine, como anticipé, se había desvanecido. Y con ella se iban mis ambiciones, tan repentinas como seguramente absurdas, de lograr algo con lo que plantearme abandonar mi reclusión para empezar una nueva vida.

Subía acalorada por la rue Philippe cuando, a la altura de la armería y la mezquita del pachá, el bocinazo de una camioneta me dio un susto que me cortó el aliento.

—Attention! —me gritó el conductor, en un francés bronco.

Llevaba razón; inmersa en mis pensamientos, me había bajado de la acera e iba andando por los adoquines de la calzada. En mi barrio de Gambetta lo hacía a menudo: era plano, cuadriculado y apenas tenía tráfico pero aquí, en el viejo Orán, más me valía andarme con ojo entre esas calles insensatas que de pronto se quebraban y se inclinaban o se curvaban y se volvían angostas.

Volví a subirme a la acera e hice un gesto que lo mismo servía para un desplante que como disculpa. Y seguí mi camino cuesta arriba, mientras la camioneta avanzaba a mi izquierda casi en paralelo, renqueando, cargada hasta el límite. Cascada, ruidosa, echaba un humo negro por el tubo trasero tan denso y maloliente que no pude evitar volver la cabeza y mirarlo con cara de asco. Y entonces, por esa nueva querencia mía, me fijé en las letras que cruzaban el lateral del vehículo, formando un rótulo.

En la primera línea ponía MATÉRIAUX DE CONSTRUCTION, eso lo entendí rápido. En la segunda, GUERRERO. Lo primero se refería a cosas como ladrillos, baldosas, traviesas: fue fácil confirmarlo porque de eso precisamente iba repleta la parte trasera, descubierta y con su carga a la vista. Lo segundo lo leí con acento francés —gue-ge-gó—, separando varias veces los sonidos en voz baja mientras el furgón y yo misma casi habíamos alcanzado lo más alto de la pendiente. Y entonces caí en que esas ocho letras, además del significado que tenían al referirse en mi lengua a un hombre que guerrea, que lucha, eran también un apellido. El apellido de Rafael, el muchacho que quiso quererme, el que me besó en la última madrugada que fui libre.

La camioneta y yo llegamos a la par a la plaza de Armas. Sin perder más tiempo, yo debía atravesarla en diagonal para volver a la parada del tranvía, y el conductor tendría que haber seguido su camino en línea recta. Pero en ese momento se nos cruzó por delante un pelotón de escolares, y él no tuvo más remedio que detenerse, y yo dar unos pasos para evitarlos. Y así fue como quedamos a apenas unos palmos de distancia el furgón y yo, y entonces vi al conductor claramente, maldiciendo a los chavales que le habían cortado el paso sin sacarse el pitillo de la boca.

—Tú eres el primo de Rafael.

El otro giró entonces la cabeza. Moreno, liviano, flaco. Llevaba abierta la ventanilla, el codo de su brazo tostado por el sol apoyado en el borde.

—El mismo, para servirle.

Frunció las cejas, intentando ubicarme. Los niños terminaron de cruzar, el vehículo de detrás soltó un bocinazo para que él avanzase, pero no se movió del sitio. Como seguía sin caer, opté por ayudarle. A gritos, para que el ruido del motor no taponara mis palabras.

—Soy Cecilia, la que vivía en La Escalera. La que trabajaba en Bastos.

Me miró de nuevo y entonces sí pareció recordar, porque a una esquina de la boca le asomó un amago de sonrisa: Cecilia, la joven tabaquera a la que ellos piropeaban desde los andamios, la que pretendían que se ennoviase con el más tímido de los primos. Se oyó otro bocinazo a nuestra espalda, y yo alcé una mano para despedirme. Pero él no me dejó.

—¿Para dónde vas? —gritó.

—Para Gambetta.

Otro bocinazo más, otro, otro.

—¡Te llevo, sube!

Debería haber dicho que no; tenía que coger mi tranvía, andaba ya con el tiempo justo. Cuando quise darme cuenta, sin embargo, íbamos atravesando el boulevard Clemenceau y yo estaba sentada junto a él, en el estrecho espacio entre una espuerta repleta de herramientas y unas latas de pintura, dentro de una furgoneta achacosa, cargada con materiales de construcción hasta los topes.

Se llamaba Pedro; unos lo llamaban Pierre y otros Perico. Me dio la impresión de que ya no tenía la carcajada fresca y juvenil, la ligereza de los veintipocos años. Al igual que a su primo, lo dejé atrás siendo un muchacho y ahora me reencontraba con un hombre lleno de prisa que rondaba los treinta, propietario de un negocio compartido. Un negocio modesto y a la par exigente capaz de arrebatarles horas de sueño y echarles encima sinsabores y problemas.

—De la cuadrilla de cinco que éramos, al final el negocio lo montamos entre tres. El mayor de mis hermanos se casó con una italiana y se mudó a Constantine, otro decidió abrir un taller mecánico por su cuenta con otro socio. Solo quedamos servidor y Alfonso. Y Rafael, claro.

Conducía arrebatado, gritando a los peatones, acelerando y haciendo requiebros constantes, tocando el claxon con impaciencia. Y entretanto, me explicó que ya no se subían a los andamios ni ponían ladrillos uno encima de otro. Ahora compraban y vendían, vendían y compraban lo que necesitaban otros contratistas y otros albañiles. Y repartían pedidos, como era el caso.

—El almacén lo tenemos por el Tambor San José, aunque queremos mudarnos. Ahora voy a todo correr a entregar todo esto en una obra cerca del hipódromo. Pero Gambetta me pilla casi al lado, así que te dejo donde quieras.

Siguió hablando de cien cosas a lo largo del camino y yo lo escuché con la mitad de mi atención; la otra mitad la llevaba pensando en qué pasaría si Lagarde se enterara de mi fuga y de que un desconocido me estaba devolviendo al barrio.

—Esta camionnette la compramos gracias a Rafael, ¿sabes? Con lo que sacó hace años de un trabajo extra pagamos su entrada; sería por los tiempos en los que andaba loquito por ti, más o menos...

Remató el recuerdo con una carcajada, mientras a mi mente volvía el Rafael de entonces, el albañil que por complacerme aceptó meterse en una oscura historia que, al cabo, contrariamente a sus esperanzas, en vez de acercarme a él lo acabó separando por completo de mi lado.

—Ese fue el origen de nuestro negocio, ese dinero —prosiguió Pedro, Pierre, Perico—. El muy bandido nunca nos dijo qué fue lo que hizo para ganarse aquellos buenos francos.

Yo se lo podría haber explicado en unas breves frases: un robo de tabaco, un traslado de madrugada hasta los Baños de la Reina, unos hombres que se llevaron los bultos acantilado abajo... Pero cerré la boca. Él, en cambio, soltó otra carcajada.

—De hecho, Rafael ni se alegró casi de esos dineros, porque se pasó luego una temporada como un alma en pena.

Intuí la razón de aquel abatimiento: mi desconcertante desaparición, mi extraña ausencia. Pero me guardé esas suposiciones para mí y dejé que Pedro siguiera desplegando su locuacidad, saltando de un asunto a otro en una mezcla de francés y español, como hacíamos todos. Al avanzar por la larga avenue de Mostaganem para alejarnos del centro, él aumentó la velocidad y empezó a hablar de la guerra en España y de los compatriotas que iban llegando, de los sueños de los primos para que el negocio siguiera creciendo. De esto y aquello, de todo y de nada, de los dos hijos pequeños que tenía y un tercero en camino.

Atravesábamos el boulevard Froment Coste cuando me atreví a preguntarle lo que me llevaba rondando desde el principio.

—¿Y Rafael?

—Rafael, ¿qué?

—¿También se casó?

Soltó un bufido por la nariz, entre sarcástico e indulgente.

—En capilla lo tenemos, justo va a dar el sí, quiero el domingo que viene.

Sus prisas, por fortuna, evitaron que notase la rara sensación que noté. Le pedí que parara en un cruce junto a la vieja bodega de vinos de los Gay Frères que llevaba años cerrada. De un salto, me bajé de la camioneta y, corriendo por las calles como un chiquillo limpiabotas a la caza de clientes, logré llegar a mi casa diez minutos antes de la hora habitual del regreso de Lagarde. Tenía el tiempo justo para amansar mi respiración, refrescarme con agua y limpiarme el polvo de los zapatos: las precauciones necesarias para no levantar sospechas y que a él no se le fuese otra vez la mano contra mi cara. Y, entretanto, no me saqué a Rafael de la cabeza.

# CAPÍTULO 39

Al día siguiente ocurrió lo que yo llevaba evitando desde hacía tiempo: volví a encontrarme con madame Le Clerc. No fue esta vez en la pescadería, sino en un puesto callejero de la avenida, en el lateral donde los árabes montaban sus tenderetes. Yo estaba eligiendo unas berenjenas, ella se me acercó por la espalda.

—Qué grata casualidad, aquí está mi alumna huida.

Me giré, la miré con fijeza. Llevaba un ramo de alhelíes blancos envuelto en papel y apoyado en el brazo, el periódico del día doblado y una bolsa con fruta colgada al codo. Quizá fue su tono sarcástico lo que me endureció el rostro. Al darse cuenta, ella también cambió el gesto.

—Disculpe, Cecilia —murmuró—. Déjeme que la invite a un café, le vendrá bien para subirle el ánimo.

Pretendí negarme; cómo iba a sentarme yo en un café, con ella, en público. Pero no me dio opción porque arrancó de mis manos las berenjenas que estaba a punto de comprar, las lanzó al montón de donde habían salido y me ordenó:

—Venez avec moi. Venga conmigo.

Me arrastró hasta la esquina, luego hasta la puerta del Café Alonso, después hasta el fondo de la sala vacía. Todavía no la habían llenado los hombres, no era aún la hora de los aperitivos, las kemias, los anisetes y cervezas. Durante todo el trayecto, ninguna soltó palabra. Solo cuando nos quedamos frente al mármol blanco del velador, ante las dos tazas de café au lait que ella pidió sin consultarme, preguntó abiertamente:

—¿Va a contarme qué es lo que le ocurre para que no haya vuelto por mi casa?

Podría haber mantenido la excusa de los asuntos familiares, haberle añadido cualquier embuste: el duelo prolongado por el suegro, una visita inexistente de los cuñados de Saint-Denis-du-Sig. Pero sus ojos pequeños clavados en los míos, incisivos y azules tras el cristal de las gafas, me indicaron que no estaba dispuesta a tragarse la menor patraña.

—A mi marido no le agrada que haya aprendido a leer y a escribir.

—¿Por qué razón?

Me encogí de hombros.

—Porque no, simplemente. Supongo que piensa que, si aprendo cosas del mundo, a lo mejor puede perderme.

—¿Arreglaría algo si yo hablara con él?

Moví la cabeza a izquierda y derecha, y ella entendió que aquello solo enturbiaría más las cosas. Agarró entonces su taza y dio un sorbo delicado; yo la imité, pero mi trago fue más largo, más ansioso. Desde la triste mañana de mi boda, cuando celebramos el enlace con los charcuteros, no había vuelto a sentarme en un café, ni sola ni con nadie. Y ahí estaba ahora, frente a aquella señora francesa vestida de color malva, tan digna y tan cultivada, tan admirada por la casi analfabeta que yo fui hasta encontrarla.

Devolvió la taza al plato con cuidado, apenas se oyó el choque de loza contra loza.

—No lo quiere, ¿verdad?

Iba a volver a usar la cabeza para darle la respuesta, pero las palabras me subieron rotundas hasta la boca.

—No lo quiero. No lo he querido nunca. Me obligó a casarme con él, no tuve otra salida.

—¿La respeta?

Bajé la voz.

—Cada vez menos.

Volvió a beber, yo hice lo mismo.

—Sé por madame Ramona que no tienen hijos. Aun así, supongo que será difícil dejarlo.

—Lo estoy intentando.

No mentía, aunque seguía sin saber la forma en que iba a hacerlo. Como si buscara una respuesta en ellas, bajé los ojos hacia mis manos, hasta mis uñas rotas y mis dedos resecos, despellejados a fuerza de bregar con las tomateras y darle al estropajo.

—Regarde-moi, s'il te plaît. Míreme.

Fingí que no la oía, preferí no hacerle frente: no dejarle entrever mi desolación, mi desesperanza, mi honda vergüenza.

—Míreme, Cecilia —repitió.

Acabé obedeciendo. Ahí estaban otra vez sus ojos claros. Serios y sinceros, enmarcados en la montura dorada de las gafas.

—Cuente conmigo para lo que necesite. Para cualquier cosa, ¿entiende?

Terminó su café, pagó al camarero, se ajustó el cuello de la blusa liviana y agarró sus flores, su fruta, su prensa. Después murmuró au revoir, Cecilia, hasta la vista. Solo cuando estaba ya a punto de alcanzar la puerta y ya no podía oírme, mientras yo seguía sentada al fondo, fui capaz de musitar:

—Merci, señora.

# CAPÍTULO 40

Los niños y los abuelos del barrio de La Marina solían decir que justo debajo del Tambor San José coincidían los túneles que atravesaban el subsuelo del viejo Orán y se cruzaban endiablados en cien direcciones: un enjambre de galerías llenas de ratas que subían al monte de Santa Cruz y bajaban al puerto, caminos subterráneos que llevaban a las fortalezas, baterías, torres de vigilancia y castillos que a lo largo de los siglos construyeron los soldados españoles al servicio de sus reyes. Ajena a la leyenda, esa antigua construcción redonda de piedra iba a servirme únicamente como referencia a partir de la que buscar el almacén de los Guerrero.

El primo Pedro, Perico, Pierre me había dicho que por esa zona andaba el local del negocio que montaron, y hacia allá me encaminé unos cuantos días después de nuestro encuentro. No fue una decisión impulsiva; me lo pensé cien veces, dudé, calculé, valoré los riesgos y las consecuencias. Volver a escaparme desde Gambetta hasta la otra punta de la ciudad era temerario: sabía que Lagarde, aunque yo aparentemente no le daba motivos para sospechar, se mantenía suspicaz, en guardia. Además, la noticia de que Rafael iba a casarse también me echó atrás en un principio. Qué necesidad había de remover lo que nunca pudo cuajar entre nosotros.

Pero yo me ahogaba, me ahogaba, seguía con esa opresión y esa angustia constantes por vivir con un carcelero al que me ataba, como una argolla al cuello, la bendición de un cura y el acta de matrimonio firmada a la fuerza. Ni siquiera sus coacciones de los primeros tiempos me daban ya miedo; que me denunciase por el robo del tabaco a esas alturas, después de los años, había dejado de ser una amenaza.

Por eso, por si aquel albañil que suspiró por mí en su juventud pudiera echarme una mano para salir de mi agonía, al final me propuse buscarlo y con esa idea en la cabeza me bajé aquella mañana del tranvía en la place des Quinconces, al final del boulevard de Stalingrad. El Tambor San José se encontraba muy cerca; una vez allí, solo necesité caminar un poco para dar con lo que buscaba. El local no tenía empaque ni prestancia; solo se veía una fachada con la persiana metálica a medio subir y el nombre familiar escrito en un letrero. MATÉRIAUX DE CONSTRUCTION GUERRERO, mi destino señalado con dos ristras de letras pintadas en negro.

Lo contemplé desde la acera opuesta, tragué saliva. Ni siquiera sabía si Rafael estaba dentro y, aun así, sentí un nudo en la boca del estómago. ¿Sería él capaz de recordarme? ¿Sería yo capaz de confesarle por qué desaparecí, por qué nunca recogí mi parte del dinero, por qué nunca bailamos juntos? Sin tragarme del todo los resquemores, crucé la calle y me planté debajo de la persiana medio abierta.

En contraste con el solazo de fuera, el interior estaba oscuro y fresco. Aquello no era más que un amplio espacio en bruto, con el techo alto y los laterales llenos de sacos, pilas de material, vigas, paquetones. Todo parecía organizado, en línea, en bloques y pilas simétricas: era inmediata la sensación de orden.

Al fondo se veía algo de luz; hacia allí seguí andando

despacio hasta encontrarme frente a una puerta entreabierta. Tras ella sonaba una voz masculina que evidentemente no era la de Rafael, porque hablaba francés con acento italiano, soltando palabras y frases sueltas: perfecto, ahora sí, más corto, más largo, la mejor calidad para el gran día. Por réplica, otro hombre contestaba escueto: así está bien, no se preocupe... Quizá esa sí fuera la voz de Rafael, pero era tan poco lo que decía y tanto el tiempo transcurrido desde la última vez que lo oí que no estaba segura.

Me mantuve a la espera, por si al otro lado de la puerta, dentro de la estancia, ocurría algo que me permitiera ver el interior y saber si era o no era él quien se encontraba con el italiano. No tuve que aguardar mucho, por suerte: en unos minutos esta se abrió y de ella salió un hombre entrado en años peinado con abundante brillantina. En la mano llevaba una percha de la que colgaba un traje oscuro. Yo me había refugiado en un quiebro de la pared, no pudo verme mientras se despedía.

—Va a quedar perfecto, monsieur Guerrero. Será usted el novio más elegante de todo Orán, no tenga duda.

Así fue como supe, sin verlo aún, que era Rafael quien estaba dentro.

Aguardé unos instantes oculta en mi rincón hasta confirmar que la silueta del italiano, un sastre sin duda, avanzaba hacia la calle, salía y se mezclaba entre la gente con su percha en alto. Entonces, con los nudillos, llamé a la puerta.

—Entre, Vanetto. ¿Se olvidó usted algo?

Cara a la pared, de espaldas a mí, abrochándose la camisa, con los tirantes del pantalón caídos y el pelo revuelto: así lo encontré. Más alto de lo que lo recordaba, menos flacucho, más nutrido y entero: ahí estaba Rafael, el hombre que antes fue aquel chico que una noche funesta me despidió con un beso en los labios, sin saber que estaba a punto de perderme.

—¿Vanetto? —repitió.

Se dio la vuelta hacia mí mientras terminaba con el último botón.

—No soy el sastre. Soy Cecilia.

# CAPÍTULO 41

Su mirada se mantuvo pegada a la mía durante unos largos instantes, como si se estuviera asegurando de que yo era yo y no una jugarreta de la memoria.

Pero sí, era yo, aunque ahora me llamara Cecilia Lagarde y a pesar de que el tiempo me hubiese dejado señales en la piel y reventado las ganas de ser joven. Y ahí me tenía, enfrente, metida sin permiso dentro de su almacén de materiales de construcción, cerca del Tambor San José y del viejo barrio español donde nos conocimos. Con mi cuerpo huesudo, mi pelo desarreglado y mi ropa pobretona, la falda azul de todos los días, la blusa que algún día fue blanca, una chaqueta amorfa de lana y mis zapatos sin lustre; corroída por la amargura, conteniendo de pronto unas ganas inmensas de abrazarlo por haber sido él, Rafael, uno de los pocos humanos que había mostrado afecto hacia mí en toda mi vida.

No se movió, yo tampoco. Así permanecimos ambos en la modesta oficina sin ventanas al fondo del negocio, bajo la luz de una bombilla. Él junto a la pared, yo sin atravesar el hueco de la puerta por la que acababa de salir el sastre que le estaba haciendo el traje de novio.

—Cecilia —musitó al fin.

Y yo moví la cabeza como queriendo decir sí, Rafael, soy yo, la misma.

—¿Dónde has estado todo este tiempo? ¿Dónde te metiste? —Turbado aún, hablaba en tono quedo, despacio. Ahora sí dio un paso hacia adelante mientras yo, como respuesta, únicamente me mordí un labio—. ¿Por qué desapareciste, Cecilia? ¿Por qué nunca...?

—Porque eso era lo mejor para todos.

No sabía cuánta verdad me convenía contarle así que, para cambiar el rumbo de las palabras mientras me decidía, deslicé la vista alrededor de aquella pequeña estancia que ahora era su lugar de trabajo: hacia la mesa burda sobre la que había unas cuantas carpetas y una máquina de escribir, hacia dos sillas desparejas y un calendario que anunciaba refrescos de la marca Orangina.

—Hace unos días me encontré con tu primo Pedro —añadí—. Él me dijo que habíais abierto este negocio. —Fui entonces yo la que dio un paso, dos pasos, hasta acortar la distancia—. Y he venido a preguntarte si sabes algo de Catherine.

Como no contestaba, aclaré:

—Catherine, mi compañera de Bastos. La que...

Sabía de sobra de quién le estaba hablando, no necesitaba explicaciones.

Era el mismo y no era el mismo Rafael; el tiempo lo había cambiado a él también, para mejor en su caso. Igual que noté en su primo, el muchacho había dejado paso al hombre. Y lo supe de inmediato, ahora estaba segura: de no haberme sumado a la absurda ocurrencia del robo de aquel tabaco que venía de Argel, habríamos ido a bailar al casino Bastrana, habríamos empezado a vernos a menudo, yo habría terminado ocupando el lugar de la novia con la que iba a casarse el domingo y él habría sido el padre de mis hijos, un marido del que yo jamás huiría como ahora intentaba hacer con Lagarde.

Deja de pensar idioteces, me ordené a mí misma. No es momento para melancolías, vuelve al presente.

—Necesito encontrarla.

—Solo sé de ella que se marchó hará un par de años. Primero dejó Bastos y se colocó en otra tabaquera. Después se acabó yendo, supongo que a Argel, aunque no me lo dijo.

Me tragué la decepción sin disimulo. Nada ataba a Catherine a Orán; que se hubiera marchado era lo natural, lo esperable. Aunque, ingenua de mí, en algún sitio mantenía una pizca de esperanza.

—Pero antes te buscamos —añadió.

En la cara se me plantó entonces una media sonrisa. Sobria y triste, conmovida, pero sonrisa al fin y al cabo. Me buscaron. Me habían estado buscando. Yo misma me había hecho esa pregunta cientos de veces, y ahí tenía la respuesta. Me buscaron, les importé, se preocuparon por mí, no como esos pobres diablos a los que devolvía el mar después de que se lanzaran desde las falaises, los acantilados de Gambetta cercanos a mi casa; esos desgraciados por los que nunca nadie se interesaba y con los que yo me comparé tantas veces.

—Por todas partes. La patrona de tu pensión nos dijo que te fuiste con un hombre, con un francés. Revolvimos cielo y tierra, pero nunca...

—No pude negarme.

Su expresión fue de desconcierto.

—¿Te obligó?

—A irme con él y a no volver con vosotros.

En el gesto mantenía la turbación.

—¿Quién era?

—Eso ahora da igual. Fue lo mejor para todos, ya te lo he dicho.

Yo hablaba con aparente firmeza, pero le mentía: fue lo mejor para ellos, para Catherine y para él, no para mí. Para mí fue una condena.

—¿Quién, Cecilia? —insistió—. ¿Quién te forzó así? ¿Por qué razón? ¿Para qué? ¿Por qué no nos avisaste?

—Ya no importa. Ha pasado mucho tiempo, tú vas a casarte y yo debo volver al sitio de donde vengo. Únicamente necesitaba a Catherine para...

Titubeé un instante, opté por la versión breve.

—Para intentar salir de un problema.

Volvió el silencio sin apartar la mirada uno de otro. Él fue el primero en romperlo.

—¿Problema de dinero?

—Más o menos.

—Porque yo te debo algo.

Lo miré confusa, él lo aclaró de inmediato.

—Catherine guardó tu parte; al final sacamos una buena tajada con aquel tabaco. De hecho, gracias a eso, dimos el adelanto para la camioneta con la que empezamos este negocio.

—Ya lo sé. Me lo contó tu primo.

—Y Catherine, confiando en que quizá aparecerías alguna vez, mientras siguió en Orán mantuvo lo tuyo al margen.

—Aunque al final —adelanté—, imagino que se lo acabó llevando.

Lo negó moviendo el cuello, un cuello moreno y firme que asomaba entre las solapas abiertas de la camisa. Un cuello tentador, por lo físico y lo emotivo, que me despertó unas ganas inmensas de abrazarlo.

—No. Fue justa Catherine. Justa y generosa; mientras pudo, retuvo tu parte. Al cabo de los años, cuando decidió marcharse y regresar a Argel, volvió para verme y me entregó la mitad. Lo que ella entendió que me correspondía, tras dar por definitiva tu ausencia.

La buena de Catherine, pensé. Tan seria siempre, tan machacada por la vida. Tan silenciosa con su ojo extraño, tan noble. Se me hizo un nudo en la garganta.

—Lo necesitas ahora, ¿verdad? —preguntó entonces.

Por Dios si lo necesitaba, no se podía imaginar él cuánta falta me hacía ese dinero.

—Pero no es por capricho.

—Eso lo supongo; no hay más que verte para saber que no vives con desahogo. —Tragó saliva antes de añadir—: Aun así —musitó—, sigues preciosa.

# CAPÍTULO 42

Llegué cuando había anochecido, cuando Lagarde ya estaba de vuelta, bastante más tarde de lo razonable. No me preguntó de dónde venía ni el porqué de mi demora. Lo único que hizo al oírme entrar fue plantarse frente a mí y alzar el brazo; desde la muerte del padre, aquello se estaba convirtiendo en una siniestra costumbre. Pero no llegó a descargarlo. Esta vez fui más rápida que él y lo agarré por la muñeca.

—No me toques.

Escupí las palabras en español, aunque la lengua daba lo mismo: mi tono y mi actitud lo desconcertaron momentáneamente. Medio acobardado, no fue capaz de sacar arrestos para intentarlo de nuevo.

Se guardaba, no obstante, un as en la manga. Lo mantuvo oculto mientras yo me metía de nuevo en el papel de esposa sumisa, le calentaba la cena, extendía el mantel, le servía un vaso de vino de la garrafa y fingía que todo marchaba igual que siempre, igual de triste y patético que siempre. Pero no. No, qué va. Aquel día todo era distinto, diferente por completo.

Decidió soltar su hachazo en el instante en que estaba a punto de retirarle el plato vacío de la sopa para servirle un guiso de ternera. Sin mirarme a la cara, dando por hecho que yo simplemente tenía que escuchar y mantener cerrada la boca, lanzó su anuncio.

—Nos vamos a mudar a Saint-Denis-du-Sig. A la propiedad de la familia, la semana que viene. Me he despedido de la fábrica, voy a poner la finca de nuevo en marcha. Ya he avisado a la dueña de que dejaremos esta casa.

Se me cortó el aliento, pero fingí indiferencia y regresé a la cocina sin responderle. Metí el plato en la pila, apoyé luego las manos en el borde de loza fría, dejé caer la cabeza. A Saint-Denis-du-Sig quería llevarme. A que me agostara más todavía, como aquel campo desolado, reseco, sin brizna de vida, en el que solo se oían las chicharras.

—¡Esta carne está sosa!

Se quejaba a grito limpio desde el comedor. Me tragué como pude la desazón, me separé de la pila, cogí el salero, volví a su lado y lo planté con un golpe seco encima de la mesa.

—Sírveme la sal.

Cualquier otro día lo habría obedecido de inmediato; solícita, habría sacudido el salero sobre su comida, habría musitado disculpas por mi torpeza, le habría preguntado si así era suficiente. Pero esta vez, no. Esta vez enderecé la espalda y dejé los brazos caídos, en señal de que no iba a someterme.

—Assaisonne-la —repitió despacio, en voz baja, intentando contener la rabia que le subía desde dentro.

Sin ser consciente, la respuesta me salió otra vez en mi lengua.

—No me da la gana.

—Mauvaise femme —mascculló entre dientes.

Con un manotazo, lanzó el guiso al aire: volaron los pedazos de ternera, las patatas, los guisantes, los trozos de loza tras chocar el plato contra el borde de la chimenea. Los chorreones de salsa espesa me mancharon la ropa y un lado de la cara. Pero mantuve la postura. No corrí a recoger el estropicio, como hacía siempre.

—Mala mujer —repitió—, zorra...

Solo reaccioné cuando oí el sonido de las patas de su silla al resbalar sobre las baldosas del suelo: se estaba levantando e iba a por mí. No podía soportar mi descaro, le superaba mi insolencia.

Cómo iba a saber él de dónde había sacado yo ese nervio repentino, de qué iba a imaginar Lagarde que mi reencuentro con Rafael me había conmovido y me había reconciliado en cierta forma conmigo misma. Y eso me dio energía para no dejarme zurrar de nuevo, para esquivar su arrebato de ira y hacerle unos quiebros ágiles, culebreando a la derecha y la izquierda mientras él intentaba agarrarme por una manga de la chaqueta, por el hombro, el cuello, el pelo. Hasta que, esquivándolo del todo, logré alcanzar la puerta.

Corrí con todas mis fuerzas por la calle oscura, alumbrada solo por la luz floja de un farol de vez en cuando. En una esquina me crucé con un borracho al que casi tumbé, en otra me salieron al paso unos perros ladrando con furia. Él fue detrás de mí, en un principio oía sus zancadas cercanas, pero tardó poco en quedarse sin fuelle: le pesaban los años que me sacaba, la barriga que yo le alimentaba, el tabaco que fumaba y el vino que trasegaba a diario. Cuando no fue capaz de seguir adelante, lo oí blasfemar a mi espalda, entre toses y flemas. Aun así, yo no paré, no paré, no paré hasta llegar a la plaza Fontanelle y la casa del ficus. Una vez allí, olvidando que había algo tan sofisticado como un timbre, aporreé la puerta con los dos puños.

—Usted se ofreció a ayudarme —dije sin resuello cuando madame Le Clerc me abrió.

No preguntó nada, para qué. Solo me hizo entrar y luego asomó rápidamente la cabeza para mirar a un lado y al otro, para confirmar que no había nadie cerca. Cerró de nuevo girando el cerrojo, me agarró entonces por los hombros, me miró seria de arriba abajo y al ver mi aspecto musitó:

—Enfoiré. Cabronazo.

Acabé sentada en la misma butaca del primer día, la de los muelles sueltos y la tapicería gastada que, aun así, a mí me parecía de una elegancia soberbia. Sin preguntarme, sacó una botella de un mueble, sirvió una copa redonda y me la tendió.

—Es calvados; le hará bien. Beba.

El líquido dorado me raspó la garganta, pero mi maestra tenía razón: sorbo a sorbo, después de quemarme el camino hacia las tripas, me calmó por dentro. El ritmo de mi respiración se fue volviendo uniforme, la sangre me dejó de atronar dentro de la cabeza. Me di cuenta entonces de que en la radio sonaba una música hermosa, de que solo había una tenue luz encendida; pensé que seguramente madame Le Clerc estaba a punto de acostarse.

—No tenía otro sitio adonde ir —musité como excusa—. Pero él no va a venir a buscarme aquí, no se preocupe.

Hizo un gesto estirando un lado de la boca, como con desprecio: no hacia mí, sino hacia Lagarde. Se puso entonces en pie y se alejó pasillo adentro. La oí moverse, trastear, abrir y cerrar cajones, grifos, puertas. Reapareció tras unos minutos.

—Le he preparado un baño.

Intenté protestar, pedirle que no se molestara. Solo necesitaba un techo bajo el que pasar la noche, podría quedarme sentada en esa misma butaca, o en una silla de la cocina o en el mismo suelo si hacía falta; desaparecería en cuanto asomara la primera luz, bien temprano para no molestarla. Pero ella no me dejó hablar. Con la misma autoridad con que tiempo atrás enmendaba mis faltas de ortografía, una simple ceja alzada sirvió para que me callase.

—Allez. No deje que se enfríe el agua, venga.

Una vez dentro del cuarto de baño, sin querer y queriendo a la vez, contemplé mi imagen en el espejo. Ahí estaba yo, después del escarceo para librarme de la cólera de mi marido, después de la carrera por las calles desiertas de Gambetta en medio de la noche. Con la cara manchada por las salpicaduras del guiso, con la ropa sucia y embarullada después de los zarandeos que él me había dado para intentar agarrarme y el pelo revuelto por los tirones, sudorosa, desmadejada, con un aspecto penoso. Aun así, me acerqué más al espejo, más, más, todo lo posible. Hasta que en el fondo de mis ojos percibí un brillo distinto.

Me quité despacio la chaqueta, la blusa, la falda, la enagua, el sostén, la braga, todas esas prendas burdas, gastadas, relavadas mil veces, remendadas, carentes de finura y de la menor delicadeza. Con cuidado, alcé primero una pierna, después la otra hasta quedar dentro de la bañera. Me agaché despacio, casi con temor, hasta sentarme en el fondo de porcelana blanca. No había vuelto a notar esa sensación desde que abandoné la casa del ingeniero en Sidi Bel Abbès; ninguno de los lugares en los que después viví tenían una bañera, ni siquiera agua corriente.

Poco a poco le perdí el respeto y dejé que la espalda se deslizara despacio, hasta que el agua me cubrió el pecho, el escote, el cuello; hasta que me atreví a meter del todo la cabeza. Y entonces, con la respiración contenida, el recuerdo de Rafael me llenó el pensamiento.

## CAPÍTULO 43

A la mañana siguiente, a fin de reforzar la cautela, madame Le Clerc se empeñó en acompañarme a la parada del tranvía. A la que estaba junto a la fábrica de gas, la más alejada de mi casa, en la otra punta del barrio: para evitar encontronazos ingratos, por si a Lagarde le diera por patear las calles en mi busca.

—¿Volverá usted esta noche?

—Non, madame. No la molestaré más, ya ha hecho usted suficiente.

Seguramente no era la primera vez que ella tenía constancia de una situación como la mía, el mundo estaba lleno de parejas malcasadas y mujeres malqueridas. En cambio, seguramente sí era la primera vez que escondía entre sus paredes a una de ellas. Bastante había hecho por mí, se lo agradecía de corazón, pero ahora debía seguir mi camino.

—¿Está segura de que tiene adonde ir?

—Más o menos.

No, no estaba segura; mentí para no preocuparla. No estaba segura de nada. Ni de dónde dormiría esa noche, ni de cómo encarrilaría el resto de mi vida. Pero a lo largo de esa madrugada que pasé medio en vela en su casa, acostada en la cama del cálido cuarto donde me alojó, fui consciente de que ya no podía dar un paso atrás y tomé algunas decisiones para orientar mi porvenir incierto. Decisiones temerarias, arriesgadas, de las que nunca se le ocurrirían a una persona decente como la maestra. Pero yo no era una digna funcionaria de la République française; yo era un ser sin agarre al borde del despeñadero. Y no tenía otra salida.

Seguíamos juntas en la parada; el resto de los pasajeros había subido al tranvía, yo era la última. Estaba a punto de hacerlo cuando ella volvió a sujetarme por los hombros, igual que había hecho cuando aparecí la noche previa.

—Soyez très prudente. Tenga mucho cuidado, Cecilia.

Recorrí el trayecto sintiéndome como una extraña dentro de las ropas que ella misma me prestó. Nada que ver con los vestidos coloridos, a la moda, que a través de las ventanillas veía lucir a las francesas mientras caminaban airosas por las aceras de los boulevards. Todo lo que madame Le Clerc pudo ofrecerme era sobrio como ella misma, discreto hasta el extremo. Además, nos separaban casi cuarenta años. Aun así, logré un aspecto medio aceptable con una simple falda oscura y una simple blusa clara, y en la bañera la noche anterior me había lavado el pelo, y antes de abandonar su casa ella misma, en un arrebato de precaución, insistió para que me pusiese unas gafas de sol y un pañuelo de seda en la cabeza, atado a la barbilla. Intenté negarme, pero fue tajante: no se trataba de coquetería, sino de precaución únicamente.

Acudía al encuentro con Rafael para recibir lo que él me había propuesto; ambos coincidimos en que sería mejor no volver a nuestros antiguos barrios, mejor desvincularlos del presente. Y tampoco a su almacén, por mantener la prudencia.

—¿En le jardin du Petit Vichy? —propuso—. ¿Te parece?

Llegué la primera. Era temprano y estaban todavía abriendo el quiosco. Un hombre calvo berreaba órdenes en francés a dos árabes que movían los tablones laterales. Sin acercarme, me senté a esperar en un banco frente al imponente Château Neuf, sin saber por qué los franceses lo llamaban castillo nuevo cuando en realidad era una enorme fortaleza de tiempos de los españoles hacía tropecientos años. Y en el silencio de la mañana, entre los chillidos de las gaviotas que subían desde el puerto, centré el pensamiento en los siguientes pasos que había previsto después de enlazar las dos sorprendentes noticias del día anterior: el anuncio de mi marido de trasladarnos a Sidi Bel Abbès y lo que Rafael se ofreció a darme.

Tardó solo unos minutos en aparecer, avanzaba entre las palmeras hacia el centro del jardín desde la rampa. Al verlo, de lejos aún, sentí otra vez una especie de pellizco en algún sitio bien dentro. Ahí estaba el hombre que una vez me quiso bien, no como el padre de Marie en El Puntarrón, no como el gallina del ingeniero del ferrocarril ni con la mezquindad de Lagarde.

Al igual que en el almacén, llevaba puesto un pantalón gris y camisa blanca bien planchada con los puños subidos hasta el codo, el pelo oscuro peinado con raya a un lado, el rostro repasado limpiamente por la navaja. Mientras se acercaba lo recordé como era antes, un albañil tímido que se vestía medio decente solo los domingos y el resto del tiempo llevaba un mono azul lleno de lamparones, la barba asilvestrada, un sombrero de paja para que el sol no le abrasara la sesera mientras trabajaba haciendo equilibrios sobre las vigas y los andamios. Volví a asombrarme al comprobar cuánto había cambiado sin dejar de ser el mismo.

—Bonjour, Cecilia.

—Bonjour, Rafael.

Miró a un lado, miró a otro, como ubicándose y decidiendo qué hacer. Al cabo de unos segundos optó por sentarse junto a mí en el banco, pero antes se metió la mano en el bolsillo y sacó discreto un pequeño montón de billetes.

—Es todo lo que he podido conseguir —dijo mientras me los tendía—. Bastante menos de lo que te corresponde, pero...

Los agarré y, sin mirarlos, me los guardé debajo de la blusa, bajo un tirante del sostén: no tenía bolso, ni monedero, ni ningún otro sitio donde ponerlos a cobijo.

—Suficiente —dije.

—Suficiente, ¿para qué?

No le contesté, y él me contempló con ojos curiosos. Ojos castaños y honestos, limpios, no como los de Lagarde, que se parecían a los de los besugos de la pescadería donde le compraba los lenguados. Cómo iba a saber Rafael que el dinero que me acababa de entregar iba a servirme para librarme de ese otro hombre.

—Intentaré darte el resto en cuanto pueda. Incapaz de sospechar que volverías, lo gasté en una motocicleta para ir hasta las tejeras y los hornos donde hacen los ladrillos.

—No te preocupes.

—Sí me preocupo.

Los árabes estaban ahora colocando las sillas metálicas del quiosco, mientras el francés los abroncaba de nuevo. Los observamos unos instantes, pero aquella trifulca no nos interesaba a ninguno de los dos, seguíamos pensando en lo nuestro.

—¿No vas a contarme por qué te marchaste de pronto, sin avisar a nadie, con ese hombre?

—Fue sin yo quererlo. Y al final me acabé casando con él, también a la fuerza. —Hice una pausa, chilló otra gaviota. Ya que había empezado, saqué valor de las tripas y añadí—: Era uno de los vigilantes de Bastos. Me obligó a irme con él a cambio de no denunciarnos por el robo del tabaco.

Su gesto fue de asombro. Después se transformó en incredulidad. Después, en espanto.

## CAPÍTULO 44

Era una mañana hermosa en el hermoso Orán, cerca del mar, bajo los pinos del parque. Sin los calores excesivos del verano ni los sirocos ingratos. Una mañana templada en la que la vida seguía tranquila, como casi siempre, como para casi todo el mundo. Aunque no para nosotros.

—¿Por qué no nos lo dijiste? —insistió Rafael—. ¿Por qué no nos mandaste a Catherine o a mí un recado, un aviso?

—Era mejor así —musité.

Soltó una risa agria y con el dorso de una mano se limpió la mejilla. Igual le había caído una brizna vegetal de los árboles que cubrían el banco. O a lo mejor era una lágrima.

—¿Cómo iba a ser mejor así, Cecilia?

Me agarró entonces por las muñecas, fuerte, como si pretendiese mantenerme para siempre a su lado, que no me volviera a escapar nunca.

—Tú eras la ilusión por la que me levantaba todas las mañanas; tú eras lo que daba sentido al trabajo atroz, a la pobreza, a la añoranza de lo que dejé atrás, mi familia, mi pueblo, mi casa. Contigo en la cabeza me dormía todas las noches y con tu imagen me despertaba cada día, y mis primos lo sabían, y por eso me hacían bromas, y a ti te lanzaban requiebros cuando pasabas por debajo de la obra y yo delante de ellos fingía que no me importabas tanto cuando, en realidad, cada vez que te veía camino de la fábrica de tabaco con tu paso garboso y tu trenza a la espalda y tu pañuelo amarrado con el almuerzo, el alma se me encendía. Ahí estabas, presente en mi corazón siempre, siempre.

Para que me quedara claro, plantó en el lado izquierdo del pecho su mano curtida. Todavía le quedaban resquicios de la dureza de ese ayer, uñas rotas a perpetuidad, callos en los dedos que ya nunca se irían, cicatrices en el dorso.

—Jamás me atreví a cortejarte ni a proponerte nada serio al principio porque nada tenía que ofrecerte. Nada de nada. Yo no era más que un mísero peón andrajoso que ganaba tres malas perras; ni invitarte a una horchata o a un simple agualimón podía. Hasta que empezaron a pagarme un poco más y junté el valor suficiente y te invité a bailar al casino Bastrana. Y luego... Luego vino el resto.

Primero se oyeron las voces y después asomaron por un extremo del jardín. Un grupo de estudiantes del cercano Lycée Lamoricière, seis o siete jóvenes que salían de su clase de matemáticas o de geografía o de lo que quisiera que estudiasen en esos cursos; qué sabría yo, que ya había cumplido los veinticinco y acababa de aprender a leer con libros para niños de primera enseñanza. Pasaron por delante de nosotros despreocupados, livianos, discutiendo con sorna en francés a gritos, hijos de familias respetables, jóvenes con un futuro prometedor que acabarían siendo abogados o boticarios o contadores; gente de bien que lavaría los trapos sucios en sus casas, a puerta cerrada, discretamente. No como nosotros, que fuimos un mísero albañil y una humilde tabaquera sin amarre. Y ahora, crecidos y reencontrados en mitad de un jardín público, nos dedicábamos a recomponer las piezas que quebró el destino.

—¿Es él quien necesita el dinero? ¿Tu marido? ¿Es él quien te ha obligado a buscarlo?

—No me preguntes más, Rafael. Mejor no me preguntes.

—¿Cómo que no te pregunte? Por Dios bendito, Cecilia, apareces de pronto después de los años y ¿pretendes que no te pregunte?

—Por favor —insistí.

Resopló sin convencimiento.

—Cuéntame tú, anda —le propuse a cambio.

—Que te cuente, ¿qué?

—Algo de tu vida. Cómo se llama tu novia, por ejemplo.

Dudó un instante, hasta decir en voz baja:

—Émilie.

—¿Francesa?

—Padre italiano, madre de Valencia.

—¿A qué se dedica?

—Trabaja en una pâtisserie en la place des Victoires.

La imaginé con la piel oliendo a brioche caliente. En los años venideros se esforzaría, seguro, por endulzar la vida de su marido, tendrían un matrimonio armonioso como el pain au chocolat, tan distinto al mío.

—¿En qué iglesia os casaréis?

Resopló otra vez, luego dijo:

—En la chapelle Saint-Eugène.

—¿Y ya lo tiene ella todo listo?

Yo no sabía de los preparativos de las novias por mi experiencia, a mí Lagarde me llevó al altar a rastras. Pero sí recordaba el afán de las compañeras de Bastos cada vez que una de ellas iba a casarse: cómo hablaban de la dote, casi siempre bien humilde en ese mundo de operarias y obreras. Del peinado que les hacía alguna vecina con maña, el traje de novia cosido en casa o prestado, el convite frugal y doméstico. Las ilusiones grandes, medianas y chicas, en fin, de las buenas muchachas antes de dar ese paso.

Él dijo sí, después soltó una retahíla sin el menor entusiasmo.

—El vestido, las flores, un fotógrafo para que nos retrate...

—¿Lo celebraréis en algún sitio?

Volvió a asentir, con la misma desgana.

—En el piso de arriba de la pâtisserie. Nos presta el local la dueña, le tiene mucho cariño.

Sería una boda modesta, el matrimonio de una dependienta con un peón reconvertido en propietario, tan ilusionado como endeudado, de una tercera parte de un pequeño negocio. Aun así, no pude evitar un pinchazo de envidia.

—Y después, ¿dónde vais a vivir?

—Cecilia, déjalo ya...

—Dímelo, anda.

—Por allí, por el quartier Saint-Eugène. Hemos alquilado cerca de su gente.

En la rapidez de mis preguntas y sus respuestas, se hizo de pronto un hueco. Hasta que le lancé la última.

—¿La quieres, Rafael?

Tragó saliva y, al igual que la vez anterior, le noté la nuez subir y bajar en el cuello. No recordaba lo hermoso que era su cuello, con esas venas y tendones marcados bajo la piel morena. La tentación de abrazarlo volvió de nuevo, pero en esta ocasión también me contuve.

—Es buena. Está pendiente de mí. Me cuida.

Supe entonces que pensaba lo mismo que yo: qué pena del tiempo perdido, qué lástima que lo nuestro, lo que pudo haber sido, se nos tronchara antes de empezar siquiera. Pero el mundo jamás gira hacia atrás, así que mejor dejarlo ahí y evitar el dolor de ambos.

Me levanté y él hizo lo mismo, hasta quedar ambos en pie, uno frente a otro en medio de ese pequeño jardín cercano a la mole del viejo castillo español, cercano al liceo de los muchachos aplicados y a la rampa de bajada a ese puerto por el que los dos, él y yo, cada uno en su momento, después de atravesar el mar desde la otra orilla, llegamos a la Argelia francesa. A medida que avanzaba la mañana se iba viniendo más gente por los senderos centrales: árabes y cristianos, madres envueltas en jaiques con niños colgados a la espalda, mujeres vestidas a la europea empujando cochecitos infantiles, ancianos, repartidores, ociosos, más estudiantes.

Ignorándolos, iba a despedirme de Rafael cuando me encontré de pronto apretada contra su pecho, dentro de su abrazo. No me resistí. No quise. Con mi cara pegada a su hombro y mi cuerpo pegado a su cuerpo, solo fui capaz de murmurar:

—Vas a casarte el domingo, acuérdate...

Metió su rostro entre mi pelo, su voz en mi oído.

—Pero te sigo queriendo, Cecilia.

# CAPÍTULO 45

Con el fajo de billetes al recaudo del sostén, volví al territorio de mis primeros días en Orán, cuando llegué desde Sidi Bel Abbès llevando a rastras una maleta con la que arramblé sin permiso de nadie. Se apiadaron entonces de mí unas prostitutas que, aprovechando mi desconcierto, me rapiñaron el contenido: me dejaron únicamente los retratos de una pareja de franceses serios como sepulcros que se acabaron quedando en la pensión de la señora Magdalena cuando de allí me arrancó Lagarde. En el fondo de un cajón, junto con mi libertad y mi primera barra de labios.

Tenía la sensación de que había pasado una vida desde entonces, pero todo seguía igual en esa zona baja de La Marina, en el arrabal del puerto viejo: la misma fauna humana con su vocerío, las calles llenas de mugre, las sillas bajo los toldos medio rajados de los cafés, el olor a salitre, a brea y pescado frito.

Todo eso me daba lo mismo, yo solo tenía un objetivo. Así que me concentré, ubiqué el edificio donde me acogieron aquellas mujeres y me metí dentro. En el descansillo del primer piso me crucé con un borracho dormido en el suelo, en el segundo encontré la puerta que buscaba. Cuando fui a llamar, me di cuenta de que no estaba cerrada del todo.

—Bonjour —dije mientras la empujaba.

Nadie contestó.

—Bonjour —repetí alzando la voz, ya tenía una pierna dentro.

Nada tampoco.

—Bonjour! —grité.

Ahora sí. Ahora me llegó una voz desde el fondo del corredor, recordé que por allí estaba la cocina.

—¿Eres tú, Micaela?

Sin responder, comencé a recorrer el pasillo oscuro. Al principio olía a humedad y a cerrado; según avanzaba haciendo sonar a mi paso las losetas sueltas del suelo, a la nariz me fue llegando el pestazo a acetona.

—¿Traes lo que te pedí de la droguería?

Llegué al vano que debería ocupar una puerta inexistente, y ahora sí que me volvieron los recuerdos. Entre esas mismas paredes me invitaron las putas, años atrás, a almorzar con ellas.

—¿Por qué has tardado tanto, chica? Llevas ya dos horas fuera, mira que te lo avisé...

Había dos mujeres y ninguna hacía nada de eso a lo que normalmente se dedican las mujeres cuando están dentro de la cocina: ni guisaban, ni comían, ni fregaban los cacharros. Una estaba sentada en una silla con un pie en alto y otro dentro de una palangana llena de agua; la otra, arrodillada frente a ella, le cortaba las uñas con un extraño aparato.

—No soy Micaela.

Ambas volvieron hacia mí las cabezas, desprevenidas. De entrada, no me sonó la cara de ninguna. Una era más joven, otra menos; iban desarregladas, con bigudíes y pinzas malamente repartidos por el pelo. Apenas les cubrían los cuerpos unas batas floreadas medio abiertas y, al igual que recordaba de sus compañeras, en el rostro llevaban aún restregados los restos del maquillaje de la noche previa.

Antes de que me preguntaran qué demonios hacía allí dentro, les lancé yo mi pregunta.

—¿Está por aquí Margot? ¿Gregoria?

Resultó que no, que por allí no quedaba ninguna de ellas.

—Yo me vine desde España hace poco, cuando empezó la guerra —dijo la más joven, la que se llamaba Toña—. Y esas que tú nombras por aquí ya no estaban.

—Y yo, por los tiempos que tú dices, no andaba todavía por esta zona; me ponía por la porte de Santon, por donde los cuarteles —aclaró la otra, Lina.

—Pero es que en esta casa y estas calles siempre hay mucho movimiento, lo mismo vienes dentro de tres o cuatro meses y a nosotras tampoco nos encuentras. Unas se van para un lado, otras para otro, o se las lleva un tío que se encapricha, o se embarcan en un mercante para alegrarles la travesía a los marineros...

—O algún cochino les mete en el cuerpo unas calenturas, y se revienta el negocio.

—O se echan un novio baboso y se acaban casando, las muy cabronas.

Esto último lo dijo Toña, y lo remató con un palmetazo en el muslo carnoso y blanquecino que se le salía entre los faldones de la bata. Acto seguido las dos soltaron sendas carcajadas: soeces, descomunales, idénticas a las de sus predecesoras. A través de ellas dejaron ver, igual que las otras, las encías moradas y las dentaduras llenas de huecos negros. Hasta otro colmillo de oro, como Margot, llevaba una de ellas.

A la que se estaba dejando cortar las uñas, la risotada le provocó un ataque de tos; se acabó levantando y acercando a la pila llena de platos sucios. Encima de ellos soltó un gargajo, luego se pasó la manga por la boca. Su amiga se levantó del suelo y se sentó en una silla vacía, a mí no me invitaron a hacer lo mismo.

—Pero dinos una cosa, ¿tú para qué las quieres?

—Porque seguro que no andas pensando en dedicarte a nuestro oficio —añadió la otra—, con la pinta de mojigata que tienes, con esa falda y esa blusa más antiguas que el hilo negro.

—Calla, Toña. Deja que la criatura lo suelte.

Así que lo solté, del tirón, sin respiro frente a aquellas dos desconocidas, a la desesperada, incapaz de irme de allí sin una solución por temeraria que fuese. Cuando acabé se miraron, y mientras pensaban lo que iban a contestarme, una se rascó un sobaco, otra chasqueó la lengua. Luego dijeron prácticamente a la vez:

—Esto hay que hablarlo con el Dionisi. A ese corso hijo de puta nunca le tiembla la mano.

Imaginé la calaña y asentí. El tal Dionisi me serviría, estaba segura.

—¿Cuánto tienes para pagarle? A él y a nosotras, que por estos menesteres nos llevaremos una propina por lo menos.

Saqué los billetes del tirante del sujetador y, a la vez que los contaba sobre la mesa mugrienta de la cocina, noté un punto de remordimiento. A saber a qué habría renunciado Rafael para darme ese dinero. A pesar de haber subido un peldaño en la escala social desde que yo me alejé de él, claramente tampoco andaba sobrado. Igual ahora su novia tendría que prescindir de las flores del altar, o él pagar al sastre italiano en siete plazos. Pero había sido cumplidor, cabal, sin yo pedírselo. Y eso lo honraba y lo ennoblecía y a mí me hacía sentir como una cicatera. Aun así, si quería salvar mi pellejo, no me quedaba otra.

—¿Será bastante?

Fruncieron las dos bocas bajando las comisuras. A una le quedaban restos de carmín reseco y cuarteado. A la otra, el rastro de un grueso lunar pintado con lápiz negro. Ninguna parecía muy convencida.

—Enseguida lo sabremos —anunció Toña poniéndose en pie.

Al hacerlo se le abrió la bata y se le salió un pecho enorme lleno de venas azules. Sin preocuparse por él, se acercó a la ventana, abrió de par en par los postigos y soltó un berrido que se debió de oír por el barrio entero.

Tardó poco en aparecer Dionisi. Resultó ser un cuarentón, ancho y feo, con la nariz deformada y los pantalones doblados a la altura de la pantorrilla, camiseta de tirantes y una medalla de plata al cuello, enredada entre un vello rizado donde se mezclaban los pelos negros con las canas. Tenía pinta de tarado, movía los ojos con una especie de espasmo constante que provocaba entre grima y miedo.

Le repetí dos veces lo quc debía hacer, llevaba el plan milimetrado dentro de mi cabeza, y él me escuchó sentado con nosotras en la cocina, sin parar de hacer sus extraños guiños mientras se rascaba la entrepierna. Aun así, yo no estaba convencida de que se hubiera enterado del todo.

—¿Lo tienes bien metido dentro de la cabeza, Dionisi? —le preguntó para confirmarlo Lina, en un francés lastimoso mezclado con retazos de español y aspavientos elocuentes—. Acuérdate bien. Tú te esperas escondido a que llegue el mastuerzo en el jardín de la casa de Gambetta, y cuando veas que saca la llave, abre y entra, te metes rápido detrás de él. Una vez dentro, le dices que su mujer no va a volver, le soplas luego unas buenas hostias para que no se le olvide y le ordenas que tiene que irse cortando para la gare del ferrocarril esta misma noche.

En ese punto Toña agarró el testigo y se encargó del resto:

—Por si acaso le da por no obedecerte, le enseñas la navaja y se la pones en el pescuezo, así atravesadita, para que se acojone vivo. Le quitas luego las llaves y lo echas a la calle a patada limpia. Le dices que duerma en la estación, y que coja el primer tren de la mañana para la ferma de su padre. Y le recuerdas que, como vuelva a asomar la jeta por Orán, a la próxima le abres en canal; así, de arriba abajo, como hacían en la matanza antes de la guerra con los guarros de mi pueblo. ¿Te ha quedado claro, nene?

# CAPÍTULO 46

Así fue como Lagarde salió de mi vida. Yo misma fui testigo: a fin de asegurarme, lo esperé junto a la estación. Estuve un par de horas sentada en un bordillo próximo a la caseta de los gendarmes, confiando quizá ilusamente en que así, cerca de las fuerzas de la autoridad con sus uniformes y sus bigotones, no me molestaría ninguno de los individuos resbalosos que deambulaban por esa zona. A esas horas ya no entraban ni salían trenes, pero la vida canalla nunca paraba del todo.

Lo vi llegar poco antes de la medianoche, encogido, esquivo, acobardado, con el paso rápido y el poco pelo que le quedaba revuelto en una maraña pajiza, apretándose con un pañuelo un lado del cuello: lo mismo al pirado del corso se le había ido la mano con la amenaza. Cuando le alumbraron los focos de la entrada, me dio la sensación de que llevaba un rodal oscuro en la entrepierna. Saber que se había meado encima me hizo contener una triste carcajada. Lástima, en cambio, no sentí. Ni la más mínima.

Al volver encontré la casa revuelta: un par de sillas volcadas, una botella rota, la mesa del comedor movida de sitio y la lámpara de carburo tirada en el suelo. La recogí, la encendí. Supuse que la bravata del tal Dionisi había sido violenta; quizá me había aventurado en exceso confiando en un tiparraco como aquel. Pero tampoco sentí preocupación. Ni la más mínima.

Aunque había sido un día larguísimo, apenas notaba el cansancio. Al revés. Lo que me bullía en la sangre era una extraña levedad, una especie de ligereza, como si casi no me pesaran los huesos. Movida por esa sensación tan rara que me hacía caminar como a tres palmos del suelo, en plena madrugada decidí vaciar su armario y arrancar las sábanas de su cama, las mantas que apestaban a él, la colcha. Despejé luego la balda donde dejaba sus trastos de afeitar, su loción, su peine y las tijeras con las que me hacía cortarle los pelos asquerosos que le salían de los agujeros de la nariz y las orejas. En un par de viajes, lo saqué todo a mi pobre jardín lateral y lo lancé al suelo formando una pila a la que di consistencia a patadas. Encendí una cerilla y con ella prendí un ejemplar enrollado de *L'Écho d'Oran*; esa noche no tenía yo cuerpo para lecturas. Metí la pequeña antorcha entre las prendas y enseres, la hoguera tardó poco en prender. Al ver las llamas alzarse airosas hacia el cielo oscuro, tuve el convencimiento de que empezaba una vida nueva.

A la mañana siguiente, en vez de esforzarme como siempre para que todo estuviera en el orden y modo preciso que Lagarde me exigía, fui yo la que se sentó a desayunar sin prisa a la mesa del comedor; por primera vez no comencé la jornada con las sobras de él, engullendo de pie junto al poyete de la cocina. Y ahí, frente al café y el pan con mantequilla, se me ocurrieron los dos posibles pasos siguientes. Uno era continuar dedicando el día a deshacerme de todo lo que me recordara su presencia. Otra, librarme de su fea memoria sacándomelo de dentro.

Con el último sorbo, decidí que haría lo segundo.

El tranvía me volvió a dejar cerca del Tambor San José, pero ahora no tuve que buscar el negocio de los Guerrero, esta vez fui a tiro fijo. Volví a encontrar la persiana levantada, volví a recorrer el almacén oscuro, avancé entre los montones de material de construcción hasta llegar a la puerta entreabierta de la oficina. Me asomé, callada aún. Y ahí estaba. Sentado tras la mesa, serio, concentrado en una hoja de papel. Sería una factura, o un pedido de baldosas o sacos de yeso. O lo mismo no leía nada y, a pesar de sostener la cuartilla en la mano, su mente andaba por otros sitios, pensando quizá en su próximo matrimonio, en la vivienda que compartiría con su Émilie, los hijos que tendrían, los padres que no lo verían casarse por estar lejos, en la patria en guerra. O igual andaba dando vueltas al agujero que había hecho a las humildes cuentas del negocio para entregarme los billetes que yo, sin decírselo, acababa de invertir en un matachín de medio pelo.

Cuando toqué en la puerta con los nudillos, él alzó la cabeza y su semblante cambió de pronto. Igual que si lo hubiera encendido con un interruptor de los que activan la luz eléctrica, Rafael se iluminó al verme.

—¿Cierro? —pregunté.

Se puso en pie.

—Cierra.

Como dos desesperados, nos besamos, nos lamimos, nos tocamos, nos mordimos. Sus manos callosas me recorrieron con ansia, mis manos ávidas le devolvieron las caricias. Con su boca en mi boca, con su fuerza y mi agarre, con ganas, con un deseo arrebatado, con furia a ratos, nos quisimos a lo largo de unas horas que ninguno quiso contar; piel con piel contra la pared, sobre el suelo burdo. Por el ayer que no fue y por el mañana que tampoco sería, nuestros cuerpos no cesaron de enredarse en el presente, ausentes del mundo. Sus brazos, mis pechos, mi culo, su cuello, su espalda y su hombría, mi humedad al recibirlo con un grito. Y la risa, su risa, mi risa olvidada, la que me brotó de pronto en la garganta, esa risa perdida desde hacía tanto.

Así voló la mañana, ajenos a su boda y a su negocio, al tren que atravesaba los campos desde la costa hacia el interior y devolvía a Lagarde a la finca de la que ojalá no hubiera salido nunca. Centrados ambos en el momento con toda el alma, empeñada yo en fulminar la amargura de los años previos, deslumbrados los dos por la hondura y la ternura de ese encuentro efímero. Nos rebelábamos, sin darnos cuenta, contra la sinrazón que nos impusieron, ilusamente emperrados en compensar los años de juventud que nos robaron, indiferentes a lo que el porvenir hubiera de traernos a cada uno.

Nos vestimos sin remordimiento pasado el mediodía, plenos, saciados, volviendo a rozarnos al meter él una pierna en el pantalón, al abrocharme yo la blusa. Me agarró otra vez por la cintura, volvió a hundirse en el hueco entre mi hombro y mi cuello. Desde allí preguntó:

—¿Tienes hambre?

Podríamos haber comprado un pedazo de calentica y unos chumbos de pala en cualquier puesto callejero, o habernos metido como dos forajidos en el fondo de cualquier modesta casa de comidas. Pero al salir, en la puerta del almacén, estaba aparcada su motocicleta. La miró, me miró, alzó una ceja. Y yo dije: vamos. Qué más daba ya. Habíamos traspasado todos los límites; si a él no le importaba el riesgo de que nos viesen, a mí menos.

Jamás había montado en un aparato como aquel, rápido, ruidoso y a la vez fascinante. Salimos de Orán por la corniche en dirección a Mazalquivir, pasamos por el fuerte de La Mona y por la punta de Montecristo, y cuando vimos el viejo edificio de madera de los Baños de la Reina junto al que aquella noche lejana dejamos el tabaco que vino de

Argel, me apreté aún más contra su tronco y noté que él asentía, subiendo y bajando la barbilla sin dejar de mirar al frente. Con el aire revolviéndonos el pelo y el rugido del motor clavado en los oídos, recorrimos la carretera polvorienta entre el monte y el mar, sin un destino preciso.

En alguna curva, en algún momento, temí que fuésemos a derrapar y a despeñarnos por los acantilados, para acabar con la crisma reventada al fondo, en la orilla, entre las piedras, con los sesos al aire picados por las gaviotas y los cuerpos partidos en mil pedazos. Y, con una frialdad extraña, pensé que no me habría importado. Puestos a dar un final obligatorio a nuestro paso por el mundo, aquel día, pegada a Rafael y al Mediterráneo, después de la mañana que pasamos juntos, me habría dado por satisfecha.

Pero no, no nos matamos, sino que seguimos avanzando por la costa, y cruzamos el pequeño pueblo de Aïn el Turk, y luego dejamos atrás el cabo Falcón con su faro, y terminamos comiendo sardinas asadas en un humilde merendero levantado con tablones de madera en la playa de los Andaluces. Y volvimos a reír, y volvimos a besarnos, y ninguno dijo al otro lo que pensaba: que ojalá pudiéramos repetir ese día cien, mil, un millón de veces.

Pero no, eso tampoco ocurrió. Junto con el pescado y los sorbos de cerveza fría, cada uno se tragó la certeza de que ahí concluía nuestra historia. No le pregunté cómo se sentía por haber sido infiel a la joven pastelera tan solo unos días antes de la boda; culpable y traicionero sin duda. Y él tampoco volvió a referirse a mi marido, y yo no le conté que me acababa de librar de él gracias a su dinero. Ese día, el uno para el otro, fuimos engañosamente libres. Dos infelices rozando la felicidad con la punta de los dedos por primera vez en sus míseras vidas.

De vuelta en Orán quiso llevarme a mi casa, pero no lo dejé. Preferí quedarme en la place d'Armes, mezclada con otros viajeros en la parada del tranvía. Era un anochecer templado, la plaza bullía con gente, con ruidos, con los carteles luminosos de los negocios y las farolas recién encendidas.

—Todavía te debo una parte de lo de Bastos —dijo cuando yo estaba a punto de subir.

Le tapé la boca con dos dedos.

—No me debes nada.

Lo besé por última vez, un beso rápido y leve que nada tenía que ver con los de la mañana.

Después le susurré al oído:

—Sé feliz, Rafael. Y no me busques.

# SEGUNDA PARTE

# CAPÍTULO 47

El jabón. Cómo no se me habría ocurrido antes. El jabón. Le savon. Eso fue lo que acabó dando un vuelco a mi vida, orientándome en una dirección natural y, a la vez, totalmente imprevista.

Empecé a sospecharlo días antes y esa misma tarde de otoño, mientras reponía el género, lo confirmé: en las últimas semanas, apenas habíamos vendido jabón. Ahí seguían apilados aquellos montones que yo misma coloqué: por un lado, los bloques cuadrados desnudos, como grandes dados con sus letras marcadas; por otro, las pastillas con sus envoltorios y sus etiquetas. El resto de las mercancías seguían saliendo de l'épicerie con la misma frecuencia de siempre. El goteo de clientela casi nunca cesaba en esa tienda de la rue Dumas, donde yo trabajaba entonces y donde no se vendía casi nada fino y sofisticado como en los comercios del centro, porque los vecinos eran familias obreras de economía flaca y escaso empaque, y lo que a diario despachábamos eran sobre todo las cosas corrientes: azúcar y fideos, latas de caballa, paquetes de café, cucuruchos de semolina. Pero el jabón, antes sí y ahora no. Le savon ahora no se movía. Y yo pensé: qué raro.

Miré a madame Martin de reojo. Ahí estaba la dueña, con el cuerpo inclinado sobre el mármol del mostrador, ajena a mi descubrimiento, cerrando puntillosa las cuentas del día mientras mordía el extremo del lápiz. Miré luego hacia su marido, monsieur Martin, que andaba recogiendo los canastos de legumbres de la puerta, metiendo los garbanzos y las habichuelas en el interior antes de bajar la persiana metálica. Me giré entonces para ver la hora en el reloj que, desde la apertura del negocio, hacía más de treinta años, seguía colgado de la misma alcayata. Las seis menos diez. En eso eran cuadriculados mis patrones, la pareja propietaria del negocio: a las seis en punto se cerraba, y hasta el día siguiente. En eso los Martin eran tan precisos como los franceses metropolitanos, a pesar de proceder ambos, ella y él, de un difuso origen entre español, maltés e italiano que apenas mencionaban. Se sentían franceses hasta el tuétano. Ciudadanos de la République française sin ninguna otra etiqueta.

Me contrataron cuando fueron conscientes de que los años amenazaban con pasarles factura. Les faltaba agilidad para alcanzar los estantes más altos o bajar al sótano por la escalera empinada, fuerza para mantener el orden y la limpieza y bregar con lo que a diario hiciera falta. De todo eso ahora me ocupaba yo. Y así fue como me di cuenta de que el jabón no se vendía apenas últimamente. Y, sin decírselo a ellos, comencé a dar vueltas a la razón, más por pura curiosidad que por el bien del negocio. Me pagaban poco y no eran amables ni considerados, ni conmigo ni con los clientes. Bastante rácanos, diría; las fatigas ajenas les importaban bien poco, fiaban solo a regañadientes y escatimaban en todo lo que les era posible. Así que, si algo se vendía menos de lo habitual por alguna razón que ignorábamos, no iba a ser yo quien los avisara.

—À demain, madame. À demain, monsieur.

Acababa la jornada; ellos subirían a su domicilio en el piso superior, cenarían frugales, escucharían un rato la radio y se acostarían a la hora de las gallinas. A mí, en cambio, aún me aguardaba quehacer por delante.

Seguía por entonces viviendo en el quartier de Gambetta, pero en el otro extremo del barrio porque ni tuve intención de permanecer en la casa que compartí con Lagarde, ni tampoco podía permitirme su alquiler para mí sola, así que me mudé a un bajo en la rue Charcot, abierto a un pequeño patio rodeado de tapias. De la otra vivienda solo eché de menos las tomateras del lateral y las flores que crecían asalvajadas. Y, al acostarme, la palmera que solía ver por la ventana, como recortada contra el cielo oscuro. El resto, lo aparté de la memoria.

Habían pasado siete meses desde que vi entrar a mi marido en la estación de tren con el pelo revuelto, pavor en el rostro y una mancha vergonzante de orina en el pantalón, alrededor de la bragueta. Tal como suponía desde el principio, en todo el tiempo que vino luego no volvió a dar señales de vida; lo conocía bien y sabía que era gallito conmigo pero cobarde y achantado con el resto, estaba convencida de que jamás se libraría del susto que le había metido en el cuerpo el corso amigo de las putas, con su navaja y su cara de trastornado. Además, Lagarde era mezquino, egoísta, y entre su integridad y yo, no tenía duda de que lo primero iría siempre por delante.

A lo largo de esos meses, aparte de su ausencia liberadora, habían pasado otras cosas. Acabó la guerra en España, con el triunfo de los unos y la amarga derrota de los otros, y los últimos barcos abarrotados de republicanos zarparon desde las costas del sureste de la península, y durante semanas en la tienda, para disgusto de los Martin, entre la clientela que entraba y salía no se habló de otra cosa más que del Ronwyn, el African Trader, el Stanbrook, nombres de buques que llegaban hasta el puerto de Orán cargados hasta los topes. Conocidos y desconocidos, compatriotas principalmente, intentaron ayudarlos y acudieron al puerto con ropa y mantas, alimentos, medicinas, golosinas para los niños. Yo dejé caer a los dueños de l'épicerie que a lo mejor podríamos mandarles algo: unas latas de leche condensada, unas tabletas de chocolate. Me contestaron con gesto torcido que me dejara de tonterías, que esa gente se había metido en problemas porque les daba la gana, que cerrara la boca y me dedicara a quitar el polvo de las repisas del fondo.

En cualquier caso, nadie tenía mucho para dar, y a los problemas ajenos se superponían los propios, y la vida siguió y a unas cosas les sucedieron otras distintas y empezó una nueva guerra en Europa. Y Francia, y con ella la Argelia francesa, de pronto estaban dentro de la contienda y, aunque en principio no hubo apenas movimiento, en el recuerdo de muchos flotaba todavía el terror y el dolor de la otra Gran Guerra, y los ánimos de los oraneses en ese otoño de 1939 andaban para poca fiesta.

Y además yo seguía pensando en el jabón. El misterio del jabón y por qué demonios habíamos dejado de venderlo.

Dejé atrás l'épicerie cerrada y me dirigí a la plaza Fontanelle. A diferencia de la noche en que escapé de Lagarde, esta vez no llamé a la puerta ni con los puños ni con el timbre ni de ninguna otra forma. Esta vez llevaba una llave que, con dos vueltas, me permitió meterme dentro.

—Bonsoir, madame!

En realidad, no hacía falta gritar: ella se encontraba en la sala junto a la entrada, en su butaca, en la misma habitación donde me acogió cada vez que la necesité, cuando le pedí que me enseñara a leer, cuando acudí en busca de refugio en mis horas más negras. Igual que los días anteriores, estaba sentada junto a la ventana, incapaz de levantarse porque un accidente callejero con el motocarro de un repartidor le había fracturado la pierna izquierda. Desde ese percance, un par de semanas atrás, me pasaba todas las tardes a darle una vuelta. Para la casa y las mañanas le contraté a una mujer árabe, pero de la cena y de ayudarla a acostarse me encargaba yo. Un guiño de gratitud por su apoyo.

Hablábamos de esto y de aquello, de naderías mientras yo iba y venía entre la sala y la cocina, calentando, trayendo, llevando. Hasta que le puse la bandeja sobre los muslos, lista con la cena. Era incómodo comer de ese modo, sin mesa, con una pierna escayolada en horizontal apoyada sobre un escabel. Pero ella no se quejaba. A pesar de su físico frágil y sus huesos quebradizos, era dura, bien dura la maestra.

—Bueno, y cuénteme, madame, ¿cómo fue hoy la función de teatro?

Con un gesto señalé la ventana con las cortinas aún descorridas, volcada hacia la plaza. Manteníamos a diario esa broma entre las dos, charlar sobre lo que veía que ocurría en la plaza vecina, como si fuese una comedia o una tragedia y ella una espectadora de honor en su palco. Fui yo quien se lo propuso tras el accidente. Discretísima como era, se negó al principio:

—Con mis libros y mi radio, tengo suficiente —zanjó.

No concebía pasarse las horas con las cortinas, sus viejas cortinonas de terciopelo granate traídas de Francia, abiertas por completo a la luz y al movimiento siempre activo de la plaza Fontanelle. En ella desembocaban ocho calles, la gente la cruzaba a todas horas, había varios cafés con sus terrazas, un bureau de tabac, una peluquería, una barbería, la poste, una farmacia. La rodeaban ristras de naranjos y un pespunteo de bancos en los que se sentaban jóvenes y viejos; contaba en el centro con un templete donde algunos domingos tocaba una banda militar, y al que se subía de vez en cuando algún pobre loco a vocear sus arengas. Sudaba vida aquella plaza, por decirlo en breve. Y, pese a que ella era una mujer reservada y retraída, incluso antipática para muchos, yo estaba segura de que le haría bien no perder el contacto con el mundo.

Contra su voluntad, le pedí un día de prueba. Y acabó dándome la razón. Sus horas de inmovilidad, tantas y tan lentas, se le hacían ahora más entretenidas con las cortinas abiertas. Y cada tarde, al llegar yo, me comentaba alguna anécdota o incidente.

—Lo de hoy ha sido muy extraño. Très étrange.

—Cuénteme —le pedí mientras colocaba la servilleta.

—He mencionado alguna vez a las nuevas españolas, ¿verdad?

Lo había hecho, sí, de pasada, como parte del escenario. Compatriotas mías, suponía ella. Por su ropa, su aspecto y sus gestos parecían recién llegadas a Orán; ambas intuimos que serían de aquellas que aparecieron al final de la guerra civil en los barcos de los que tanto había oído yo hablar en la tienda.

—Andan por aquí a menudo, a veces cargan bolsones grandes, a veces empujan un carrito. No van a ningún sitio concreto, cruzan para un lado, cruzan para otro un montón de veces. Y paran a otras mujeres, y les dicen algo, y estas a veces les contestan que no con la cabeza y siguen su camino, y a veces aceptan y, aunque lo hacen con disimulo y se alejan hacia las esquinas, me da la sensación de que las unas les entregan alguna cosa y las otras les dan dinero a cambio.

—O sea, que venden algo.

—Eso me parece. Aunque con disimulo, ya sabe que la venta ambulante está prohibida.

—Pero usted no sabe de qué se trata.

—Objetos pequeños envueltos en papel de periódico, no sé más.

—¿Cómo de pequeños?

Juntando las dos manos, me mostró el hueco que quedaba al formar un cuadrado con cuatro de sus dedos huesudos, deformados por la artritis.

—Así, más o menos.

Fruncí el ceño, curiosa de pronto. Mujeres que compraban y vendían en plena calle, un pequeño negocio clandestino de algo que iba envuelto en papel. Mi intriga aumentó, seguí preguntando.

—¿Y qué dice que ocurrió con esas mujeres hoy?

—Fue hace solo un rato. Se las llevó la policía.

# CAPÍTULO 48

Salían de la comisaría justo cuando yo atravesaba la plaza para acudir en su busca; fue madame Le Clerc quien me lo propuso:

—Se las veía aterrorizadas. Tal vez necesitan a alguien que hable l'espagnol, su lengua.

Estuve a punto de negarme: no las conocía de nada, no las había visto en mi vida, no sabía a qué se dedicaban con su extraño trapicheo; quién era yo para interceder por ellas. Pero la maestra me siguió mirando desde detrás de sus gafas de filo dorado, con gesto serio a la espera de mi respuesta, como si yo fuera una alumna atolondrada que no recordaba la lección. Y en una especie de fogonazo, en tropel, de pronto, me acudieron a la memoria todas esas mujeres que en los momentos más afilados de mi vida me tendieron una mano sin tener por qué, sin conocerme. La viuda de San Antón que me dio el capote y las alpargatas de su marido difunto cuando me vio descalza, aquella Encarna que al verme sola y desorientada me animó a subir al carro que nos llevó a Sidi Bel Abbès, las lavanderas en los lavaderos, las cabileñas que me ayudaron a parir y criar a Marie, las putas del puerto. Y ella, madame Le Clerc, la última.

—D'accord —musité—. Iré a ver si puedo ayudarlas.

Su intuición de vieja sabia se confirmó apenas las vi

bajar los escalones acobardadas, desvalidas: una limpiándose las lágrimas con la manga de la chaqueta, la otra pasándole el brazo por los hombros, incapaz asimismo de contener un gesto de desolación. Supuse que ya nada podía hacer por ellas, ya estaban fuera, para qué iban a necesitarme. Por si acaso, me acerqué.

—¿Están ustedes bien?

Media hora más tarde seguíamos hablando en mi habitación mientras daban cuenta de los tazones de sopa caliente que les serví, hecha deprisa sobre el hornillo con cubitos de caldo concentrado que yo misma birlaba de la tienda. Le añadí un puñado de fideos; no era más que agua con sal y algo de sabor artificioso pero a ellas, a juzgar por la rapidez con que la liquidaron, les pareció como si les hubiera servido un manjar.

—Lo hacíamos así en España, durante la guerra —dijo la mayor de las dos.

Se llamaba Casilda, tendría ya los cuarenta y alguno, cara de haber sido una mujer guapetona y rotunda. Ahora, ajada, descuidada, de aquello le quedaba poco.

—Con sebo, sosa y agua, a veces con cenizas.

Mientras mataban el hambre, me estaban contando cómo fabricaban ellas el jabón; más o menos era la misma receta que usábamos en los lavaderos de Sidi Bel Abbès. Solo que allí no existía el problema porque era para el propio consumo. En cambio, estas mujeres pretendían comerciar con él, y por eso la policía se lo acababa de requisar con la seria amenaza de una buena multa si las pillaban de nuevo. O eso creyeron entender ellas, porque ninguna hablaba francés apenas.

Así que por fin estaba claro. Aquella era la razón por la que habían bajado las ventas en l'épicerie, porque esas dos mujeres y, como ellas, muchas otras en docenas de rincones de Orán y de l'Oranie entera, estaban haciendo jabón casero para venderlo luego de contrabando por las calles. Jabón burdo, económico, sin marca ni envoltorio, a menudo con tamaño y forma irregular, troceado a cachos. Y en ese barrio nuestro de gente trabajadora, que no era precisamente l'avenue Loubet, la gente se daba de tortas por lo barato.

—Y el sebo, ¿de dónde lo sacan?

—Vamos a buscarlo a un matadero, por las afueras.

La que contestaba ahora era Petra, más joven, más flaca, feíta pero dulce, la más timorata de las dos. La que lloraba al salir de la comisaría con el susto metido en los huesos. A partir de ahí, se fueron alternando en las respuestas.

—¿Y la sosa?

—Nos la vende el marido de una vecina.

—Y después, ¿dónde lo fabrican?

—En la casa donde nos alojan, en el fondo de un corral, en un bidón partido por la mitad con una fogata debajo. Luego, cuando lo volcamos en los moldes, para enfriarlo nos lo llevamos al cuarto.

—Y allí lo metemos debajo de las camas, hasta que se cura. Luego lo cortamos, nos lo repartimos por todo el cuerpo y salimos a venderlo.

—A veces lo llevamos ya apalabrado, aunque casi siempre vamos a lo que salga.

—Pero ya nos lo tenían avisado los señores de la casa en la que estamos alojadas, que cualquier día iban a pillarnos y nos meteríamos en un buen lío. A ellos no les hacen gracia estos chalaneos, son muy franceses aunque sus familias vinieran de España. Solo quieren cumplir con la ley y no meterse en problemas. Si se enteran de lo de hoy, nos echan.

—Y ahora, nosotras...

En el aire quedó flotando la pregunta: y ahora nosotras ¿qué vamos a hacer, de qué vamos a seguir viviendo?

Me dieron lástima al irse, camino de la casa del vecino quartier de Carteaux donde las estaban acogiendo, casi por misericordia, unos parientes de unos conocidos a través de sabía Dios qué contacto. En realidad, entre ellas tampoco eran familia, ni amigas, ni paisanas siquiera; solo habían coincidido en el buque que las trajo desde el puerto de Alicante al terminar la guerra, el Stanbrook, el carbonero inglés del que tantas veces oí hablar en la tienda hacía unos meses.

De él habían sacado pronto las autoridades a las mujeres, a los niños y los viejos, según me contaron ellas entre cucharadas de sopa. Los revisaron para confirmar que no llevaban armas, los condujeron luego a una especie de albergue de escolares cerca del mar, fuera de la ciudad. Los ducharon, los desinfectaron, los vacunaron, les dieron un colchón de crin y tres comidas diarias, y allí se quedaron ellas con el resto, hasta que alguien, por una cadena de contactos imprevistos, accedió a alojarlas en un cuarto común por el que pagaban unos francos que no eran demasiados, pero sí una fuente de gasto y preocupación constante.

Ninguna tenía ya hijos. A Casilda le mataron a sus dos varones en la batalla del Ebro; ni los veinte habían cumplido, fíjese usted, murmuró con una tristeza estremecedora, se los llevaron con la leva del Biberón, nunca volví a verlos. A Petra se le murió su única hija de chiquitita, como mi Marie; la consumieron unas diarreas, angelito mío, dijo casi sin voz. Y le tembló el labio de abajo pero aspiró aire con fuerza por la nariz, sacó coraje y retuvo el llanto.

Desde mi puerta las vi alejarse con el paso exhausto y los hombros caídos, cargando sobre ellas una desolación infinita al no saber, a partir de entonces, si podrían seguir arriesgándose. En vez del jabón que les habían confiscado, en la mano cada una, envuelta en una hoja de

*L'Écho d'Oran*, llevaban media baguette con una omelette recién hecha. Eso fue todo lo que pude ofrecerles, bien poco, pero me lo agradecieron como si fuese una cena grandiosa de las que decían que servían en la brasserie Guillaume Tell del centro.

Estaban en la Argelia francesa como refugiadas políticas, fichadas y controladas, y eso era algo que llevaban grabado a fuego en el pensamiento. No podían trabajar ni por cuenta propia ni por cuenta ajena, mucho menos dedicarse a la venta ambulante y clandestina de productos que ellas mismas elaboraban. Una cosa eran los helados, el agua dulce, la calentica, la fruta o el pescado que voceaban unos y otros por las calles. Otra muy distinta, las manufacturas. Y entre ellas estaba el jabón que, como casi todo lo que en esa tierra se consumía, venía mayormente de Francia. Savon de Marseille, de Nantes. Y si no venía de Francia, se necesitaba una autorización que muy pocos obtenían. Y si no, no había jabón, y a hacer puñetas.

Ellas aguardaban, según me contaron, a que sus maridos consiguiesen salir de los campos de refugiados adonde se los habían llevado las autoridades desde el barco prácticamente a la fuerza; su objetivo para cuando lo lograran estaba puesto en México. Ese era el propósito de muchos de los republicanos que llegaron en el Stanbrook, y antes en el Ronwyn y en el African Trader, y antes en otro montón de buques grandes y chicos que zarparon a la desesperada desde toda la costa del sureste de España, para atracar en los muelles de Orán cuando la guerra se dio por perdida. No en territorio francés sino en México, en Chile o en algún rincón de la América hispana, tenía gran parte de aquella gente puesta la esperanza. Pero para salir necesitaban papeles, permisos, visados. Y, por eso, lo último que esas mujeres querían eran conflictos con las autoridades.

# CAPÍTULO 49

Le estuve dando vueltas a aquello toda la mañana. Desde que me levanté, mientras me aseaba, mientras caminaba hacia l'épicerie, mientras me ponía el mandil y ayudaba luego a monsieur Martin a sacar a la puerta las cestas de las legumbres que pesaban como muertos, mientras obedecía las órdenes de madame Martin para que limpiara con más maña el cristal de una vitrina. Ni siquiera se me fue de la cabeza la idea cuando tuve que atender al goteo incesante de clientes.

Una de las últimas en entrar antes del mediodía fue la Rara. Desconocíamos su nombre, la empecé a llamar yo así por el aire andrajoso que siempre llevaba; mis jefes se acabaron sumando, con su fuerte acento francés al pronunciar la erre del mote. Era una mujer argelina, ni joven ni vieja, extraña, descalza, con aspecto zarrapastroso, los dientes medio podridos, la mirada medio ida; nada que ver con las discretas mujeres árabes a las que yo solía comprar la fruta. Asomaba la Rara por la tienda de vez en cuando, a menudo con una criatura llena de mocos, a veces sola. Compraba poco porque podía pagar poco, a menudo traía solo un par de billetes hechos un gurruño, o un puñado de monedas apretadas en la mano sudorosa. No vivía en el barrio, eran muy pocos los árabes que residían por allí; solo aparecía y desaparecía por temporadas con un aspecto cada vez más costroso. No sabía yo si lo suyo era una deficiencia mental de nacimiento o algún otro problema. Una infeliz era la Rara, por decirlo en corto. Una pobre desgraciada.

Solía dejar el dinero encima del mostrador y nunca pedía nada: aceptaba lo que tuviéramos a bien darle y se iba. Yo intentaba ser generosa, cortarle un poco más de queso, darle seis huevos en vez de cuatro; a veces, con disimulo, a escondidas, si podía le metía entre la ropa al niño que traía con ella una lata de sardinas o unos caramelos. Pero para eso, para que los dueños no se dieran cuenta, hacía falta que en la tienda hubiera más gente a la que atender, más lío, más voces y movimiento. Y al final de esa mañana, cuando ella entró, no era el caso. Las madres de familia hacía tiempo que estaban ya en sus cocinas preparando los almuerzos; las que compraban más tarde porque trabajaban aún no habían llegado, y en el negocio solo quedaba el viejo carpintero Serrano a punto de marcharse con su cartucho de café y su paquete de galletas de todas las semanas.

—Bonjour, madame.

Ante mi saludo, vi de reojo cómo madame Martin alzaba los ojos al techo con gesto de irritación y murmuraba algo incomprensible. La Rara no me respondió, seguramente ni se dio por enterada; nadie llamaba madame a una mujer como aquella. Venía esta vez con una niña de pelo estropajoso, desaliñada como ella misma, con los ojos muy redondos y costras alrededor de la boca. La llevaba agarrada de una mano; con la otra abierta, me mostró unos céntimos. Pensé deprisa qué podría darle con eso. Poco. Casi nada. Quizá un pequeño pedazo de bacalao, o mejor un par de plátanos, o tal vez... Estaba decidiéndome cuando madame Martin salió de detrás del mostrador y agarró brusca a la mujer por un brazo y a la niña del hombro.

—Sortez d'ici immédiatement. Venga, a la calle ahora mismo. Aquí no queremos pordioseros.

En cuestión de segundos, las dos estaban fuera. Dudé, amagué con ir tras ellas. Advirtiéndolo, la dueña me apuntó altiva con el pulgar.

—Como se le ocurra atender a esa mujer una vez más, Cecilia, la despido.

Me la quedé mirando unos instantes, mientras ella seguía mascullando para sí y se sacudía en el delantal sus manos de dedos gruesos, como si se quisiera sacar de encima la mugre de las pobres infelices a las que acababa de echar. Obediente, me contuve y no salí a darles nada, ni una mísera limosna; no estaban las cosas en mi vida como para perder el trabajo. Pero en esa reacción de mi patrona, tan desdeñosa, tan poco humana, hallé yo una respuesta para mis cavilaciones. Si hasta entonces vacilaba, a partir de ese momento lo tuve claro.

Después de cerrar el comercio, le di la vuelta de todas las tardes a madame Le Clerc. Me preguntó si había encontrado el día anterior a las mujeres que se llevó la policía, contesté con evasivas mientras le servía la cena. Preferí no confesarle lo mucho que, a lo largo de todo el día, las había tenido presentes.

Era ya de noche cuando me dirigí con paso rápido hacia le quartier de Carteaux. Aún se veía gente en las calles: los que volvían del trabajo, los que entraban y salían de los negocios que quedaban abiertos. Por mitad del boulevard Froment Coste, un árabe con un enorme turbante amarillo, subido a un carro, soltaba los últimos gritos antes de desaparecer hasta el día siguiente con su mercancía, algo tan elemental como necesario en aquel Orán en el que el agua de los grifos era aún salobre:

—Marchand d'eau! Marchand d'eau! ¡Agua dulce! ¡Agua dulce!

Crucé la ancha avenida que separaba los dos quartiers y me adentré en ese barrio vecino desconocido para mí hasta entonces, europeo como Gambetta pero más humilde todavía, más alejado del mar y del centro moderno, sin ninguna personalidad propia ni el menor signo de gracia. Una zona que, sin ser miserable, supuse que estaría habitada únicamente por aquellos que no podían permitirse otro sitio. Gente trabajadora que mezclaba el francés a tropezones con el español o el valenciano que trajeron de sus pueblos al emigrar o exiliarse, gente que se amontonaba en viviendas que olían a sudor y a guiso con poca sustancia, donde convivían abuelos, niños, desarraigo, ignorancia, penurias y chinches, incluso se corrió la voz de que llegó a haber un brote de peste, algo que después recogería el escritor Albert Camus en una de sus novelas.

Me habían dicho que la casa estaba en la rue des Pyrénées, yo no sabía dónde era. Recorrí una calle que resultó llamarse Sevilla, pregunté y me indicaron; como aquella era una zona cuadriculada, relativamente nueva dentro de su modestia y no enredada como La Marina, di con ella rápido. Allez, me dije. Allá vamos.

Era un edificio chato, gris, de dos plantas. En la de abajo, a pie de calle, se veían las persianas bajadas de una especie de almacén, sin ningún rótulo. Supuse que la familia que las acogía viviría arriba. Alcé la cabeza, en el piso superior vi tras balcones, dos de ellos con luz dentro. Decidí probar. Y hubo suerte y di con ellas.

—¿Está segura, Cecilia?

—Por completo.

—¿Y no se meterá usted en un problema por nuestra culpa?

Hablaban en susurros, alternándose las preguntas entre una y otra, sentadas ellas en los bordes de sus jergones y yo en la única silla que había en el cuarto. Con la puerta bien cerrada, para no molestar a la familia que las acogía. Y para que esa gente, a su vez, no se enterara de lo que nos traíamos entre manos.

Me hacía gracia que me trataran de usted, con respeto, con admiración casi. A mí, que llegué a esa tierra en unas condiciones más siniestras todavía que las suyas, que sufrí desventuras de todos los tamaños, que cometí tropelías vergonzantes y estaba a punto de lanzarme a una nueva andanza que bordeaba la delincuencia.

Pero para ellas igual era mejor así, que me vieran superior y me trataran con deferencia porque hablaba francés, tenía un trabajo digno, me movía por Orán con soltura y conocía gente. Confiar en mí les generaba seguridad, y eso era bueno. Mejor que ignorasen que esa aparente solidez mía tenía poco de auténtica.

—Lo haremos con sensatez, con cabeza. Vamos a intentar no meternos en problemas. Se lo prometo.

Seguimos hablando, les conté lo que tenía pensado y ellas accedieron sin palabras, solo con gestos, muy serias, sin sospechar que mis miedos eran casi idénticos a los suyos.

Esa noche las tres dormimos inquietas. Inquietas pero esperanzadas.

## CAPÍTULO 50

Nos movimos al borde del abismo durante unos cuantos meses.

Mi habitación alquilada con su cocina se convirtió en almacén, mi patio trasero pasó a ser una especie de pequeña fábrica. Ellas seguían siendo las operarias, y allí acudían desde primera hora para trabajar con las tandas de jabón de una forma cada vez más depurada, más seria. Por acá, por allá, por un montón de canales distintos fui consiguiendo los útiles necesarios para mejorar el producto, lo mismo moldes y recipientes que grandes cuchillas para cortar los bloques o una caldera usada de buen tamaño. No me falló la intuición al proponer a aquellas desconocidas unirnos en un negocio clandestino: eran buenas mujeres, mañosas y capaces, laboriosas, discretas, con el ánimo equilibrado a pesar de las atrocidades que la vida y la guerra les habían puesto por delante.

En algún momento, cuando ya casi habían perdido la cuenta del tiempo que llevaban sin saber de ellos, se recibieron noticias de uno de los maridos, una carta escrita por el esposo de Petra, la más joven; del de Casilda no llegó nada porque era analfabeto y además se lo habían llevado a un campo de concentración más al sur todavía, por lo visto. En ambos, igualmente, los internos trabajaban en la construcción de los raíles del tren transahariano. Cuando pregunté a madame Le Clerc por dónde quedaba eso, se llevó espantada las manos a la cabeza.

Decía poco más la carta, una simple cuartilla redactada con pocas frases y mucho retraimiento, como si en vez de dirigirse a su mujer lo estuviera haciendo a un coronel o a un obispo. A lo mejor el hombre no sabía escribir de otra forma. O a lo mejor, de manera voluntaria, se mostraba precavido y, para no agobiar a su mujer o por no incomodar a las autoridades francesas, prefería ocultar las calamidades, los estragos y abusos por los que pasaban en aquellos campos siniestros.

No sabía cuándo los dejarían salir, no sabía nada, todo era incertidumbre; hombres apartados del mundo, explotados como animales por un gobierno que no era el suyo, viviendo en condiciones infrahumanas, expuestos al trabajo brutal, a un calor de infierno durante el día y un frío espantoso por las noches. Algunos no lograron soportarlo ni física ni anímicamente, y por allí quedaron enterrados. Hasta hubo quien se arrepintió de no haber permanecido en España, por duras que fuesen las represalias de la posguerra.

—Venga, venga. Para cuando vuelvan los maridos, hay que seguir trabajando.

Intentaba animarlas y ellas lo agradecían, y volvían a los jabones y a su esfuerzo diario para que cada vez resultaran de mejor calidad, mejor cortados, más puros.

En eso consistía lo nuestro, en trabajo sumado al ingenio y la audacia que nos generaba la necesidad. Cuando algo faltaba, nos lo inventábamos. Cuando algo no salía, lo cambiábamos usando la intuición sobre la marcha. Al principio, por poner un caso, usábamos perejil machacado y hasta pimentón para teñir la sustancia, pero después se me ocurrió ir al Village Nègre, el barrio de los árabes, en busca de tinturas y polvos colorantes. En sus tiendas embriagadoras, donde vendían especias, aceites y ungüentos, di con ellos. A partir de entonces nuestros jabones pasaron a ser verdes, azules, amarillos, rosas. Lisos, sin marca, sin ninguna letra ni ningún símbolo troquelado, para que pasaran desapercibidos. Para que, en caso de que algún día se torciera la cosa, no pudieran seguirnos el rastro. Y aquellos jabones nuestros, caseros, baratos, furtivos pero bien dignos, comenzaron a llenar las casas de cada vez más familias del barrio.

Yo me mantenía en l'épicerie, soportando a los Martin, y desde allí organizaba las ventas. En las primeras semanas aproveché los momentos de más trasiego, cuando los dueños andaban liados, para regalar con disimulo algunas pastillas a las clientas de más confianza, mujeres de origen español casi siempre, algunas hebreas también, algunas italianas. Por lo parcas que solían ser sus compras, yo sabía que todas andaban siempre justas de dinero, ansiosas por ahorrar unos francos en cuanto la ocasión se les pusiera por delante. Se mostraron encantadas, naturalmente; me preguntaron cómo conseguir más y decidí vendérselos al margen de la tienda. A veces iba a sus casas y a veces quedaba con ellas en una esquina o en otra, a la espalda del edificio de la poste, a la vuelta de la boulangerie, al final de los callejones. El caso era huir de los ojos de los policías y de las sospechas de los ciudadanos fisgones.

Y así, como una especie de telaraña, fui poco a poco creando una red de mujeres que a su vez asumieron el encargo de abastecer a sus propias vecinas, y llegamos a dar salida a varios cientos de kilos de jabón diarios, y empezamos a ganar un buen dinero. Alguna noche, al contar los billetes, nos entraba a las tres una mezcla de asombro, risa y nervios por los beneficios que aquel negocio nos estaba generando.

—¿Y si nos pillan algún día? —solía preguntar Petrita, la más apocada siempre.

Entonces yo saltaba a otro asunto, y ponía un puchero en la lumbre para hacer café, y seguíamos haciendo cuentas y planes con la ilusión de ir a más, a mejor, como si aquello no fuese a parar nunca.

Pero sí, paró. O cambió al menos. Y el principio de ese cambio llegó casi medio año después de que arrancáramos el negocio, un martes por la mañana, mientras yo estaba en l'épicerie despachando un pedazo de mantequilla a una clienta. Para mi sorpresa, a la hora en que ellas tendrían que haber estado cortando las barras de jabón cuajadas a lo largo de la noche, Casilda y Petra aparecieron en la tienda. Era la primera vez que venían, la primera vez que me veían detrás del mostrador con el pelo recogido en un moño tirante y mi delantal blanco, en un universo ajeno al de nuestra fábrica minúscula y destartalada.

Me miraron cohibidas, sin saber qué decir. Fui yo la que rompió el hielo.

—Bonjour, mes amis —saludé en tono alegre.

Fingía, claro estaba. Aquella visita imprevista no me generaba la más mínima alegría, al contrario. Algo pasaba. Y a juzgar por sus rostros, debía de ser algo serio.

Pedí permiso a madame Martin para salir un instante; sin esperar su respuesta, envolví rápida la mantequilla, se la entregué a la clienta y, chupándome el dedo en el que se me había quedado un grumo, las invité a que saliéramos juntas.

Se trataba del marido, había recibido un telegrama. Por fin iba a llegar a Orán, por fin iban a reencontrarse después de tanta amargura.

—Y ¿por qué no estáis contentas, Petra? ¿A qué vienen esas caras de sepultureras?

Hacía tiempo que nos tuteábamos, entre nosotras había confianza.

—Traen a un compañero del campo, viene enfermo. Y no sabemos qué hacer con él, no tenemos dónde meterlo.

# CAPÍTULO 51

Llegó esquelético, con un tobillo destrozado cubierto por un vendaje inmundo, las manos machacadas, los labios llenos de grietas. Lo sacaron del coche entre dos hombres, apenas se sostenía. Llevaba la camisa sucia, desbocada sobre el pecho debajo de una chaqueta harapienta; una simple cuerda medio deshilachada, atada con un nudo a modo de cinturón, impedía que se le cayesen los pantalones. A pesar de su aspecto miserable, noté que lo trataban con consideración, con cierta deferencia. Se llamaba Ricardo Salazar y, en vez de ingresarlo en un sanatorio, se quedó en mi casa.

Antes de que aparecieran con él esa noche, Casilda y Petra me adelantaron la situación con unos cuantos brochazos, pocos e imprecisos porque ellas tampoco sabían mucho. Gracias a alguna coyuntura casual, o una fuga, o un cambio de ordenamiento o lo que fuese, un pequeño grupo de refugiados logró abandonar el campo de Colomb-Béchar donde los mantenían internos. Allí, en el desierto, estaban recluidos a la fuerza una gran parte de los exiliados españoles llegados en los últimos barcos que salieron de España tras el fin de la guerra. Repudiados por sus ideas políticas y desprovistos de permisos para cualquier otra labor, faenaban a destajo en condiciones brutales bajo las órdenes de militares franceses.

Entre el grupo recién llegado se encontraba el marido de Petrita; el de Casilda había sido trasladado meses atrás a un campo distinto, a Kenadsa según creían, y le perdieron la pista. A quien sí se trajeron a pesar de su pésima situación tras un accidente en los tajos, por pura humanidad, fue a Salazar, otro compañero. Al llegar a Orán, quien más y quien menos contaba con una puerta a la que llamar: la de paisanos o parientes, camaradas, conocidos, cualquier contacto. Excepto él, ajeno por completo a ese mundo.

—Pero yo no tengo sitio —protesté.

Ellas sabían, sin embargo, que eso no era del todo cierto.

—Se nos ha ocurrido que puede ocupar el fondo del almacén, ahí aún queda espacio bajo el techado. Si organizamos bien la mercancía, podemos ponerle un camastro dentro.

—¿Cómo voy yo a atender a un hombre enfermo al que no conozco? Bastante tengo encima...

Bastante tenía, cierto. A lo largo del día me dedicaba al trabajo en l'épicerie para conservar un salario fijo y, a la vez, eso me servía como tapadera para coordinar las ventas del jabón. Me ocupaba también del trato diario con las mujeres que formaban parte de nuestra pequeña red de distribuidoras y de organizar los repartos por los barrios, para los que últimamente contaba con la ayuda de Hamid, un quinceañero árabe que a cambio de unos francos aportaba el brío de sus brazos, un par de piernas veloces y una carretilla. Todo eso lo hacía yo, además, manteniendo la alerta permanente, con los ojos bien abiertos, atenta para no levantar suspicacias ni sospechas: lo último que queríamos eran problemas con las autoridades, menos en esos días de ánimos hostiles por la guerra.

Un par de veces a la semana me pasaba a echar un ojo

a madame Le Clerc, cada vez más ensimismada y más frágil. Y por las noches, antes de caer rendida, aún me quedaban las cuentas que, a la luz de una lámpara de carburo, iba anotando en un gran cuaderno tal como a diario veía hacer a madame Martin en la tienda de comestibles. Llevaba así, a mi manera, un registro minucioso de las cantidades que fabricábamos, lo que salía y lo que se quedaba, lo cobrado, lo fiado, lo que se nos debía: columnas llenas de números y notas a lápiz, sumas y restas, matemáticas elementales que había aprendido por mí misma a fuerza de observar, intuir y estrujarme la sesera. Y una vez que cerraba el cuaderno, quedaban flotando las ideas, esas ideas que no paraban de surgirme en la cabeza. A menudo se me echaba la madrugada encima mientras yo seguía dando vueltas a cómo mejorar aquel negocio nuestro.

Pero mis compañeras insistieron, suplicaron casi, quitándose la palabra la una a la otra. Seguramente las incitaban los hombres con los que Salazar había compartido calamidades.

—Tú no tendrás que hacer nada, Cecilia, solo dejarle ese rincón. Nosotras nos ocuparemos de lo que necesite; estará apartado de tu habitación, tú ni siquiera tendrás que verlo.

—Lo único que precisa es un techo, hasta que se entone y le encuentren otro sitio.

—Será un tiempo corto.

—Dos o tres semanas, como mucho.

Acabé accediendo, y a lo largo de los días me di cuenta de mi error: no, aquello no iba a ser tan llevadero como me habían prometido. Durante las horas que pasaba en l'épicerie yo no era consciente de lo que por allí se movía pero a mi regreso, a partir de la noche temprana, empezaban a llamar a la puerta. Eran hombres siempre, hombres que con cortesía me pedían permiso para entrar unos instantes a ver cómo marchaba el huésped. Hombres que a menudo traían la fatiga en el rostro y el desaliento en el cuerpo; cómo iba a negarles entrar en mi casa. No solían ser visitas aisladas, a veces se sucedían tres, cuatro, hasta cinco o seis en una misma noche, hombres que llegaban con las manos vacías y los estómagos llenos de telarañas después de andar buscando trabajo por toda la ciudad o de dedicarse a lo más pedestre para ganar unos francos: palear carbón, fregar vasos en la trasera de algún mísero bar o llevar de acá para allá lo que les pidiesen. Ante su desaliento, por pura compasión, yo no tenía más remedio que ofrecerles café, una caja de galletas Olibet, a veces unos paquetes de tabaco o una botella de anís si por el camino, al regresar, me había cruzado con una bodega abierta.

Desde mi cuarto, alejada del fondo del almacén donde lo instalamos, no podía verlos pero sus voces sí me llegaban y, a veces, sin darme cuenta, me quedaba siguiendo el hilo de las conversaciones, memorias del campo de concentración, recuerdos y reflexiones sobre la guerra española perdida y la guerra europea presente, desazón frente al porvenir incierto. Menos mal que el anisete al final de la noche les templaba el alma y, antes de marcharse, a menudo cambiaba el tono: surgían algunas anécdotas o brotaba el anhelo optimista del ansiado regreso a España o el exilio en América, o incluso alguno acababa tarareando una copla, un cantar popular de la tierra que quedó atrás o una tonadilla de las que sonaban en Radio Andorra.

Transcurrieron más semanas de las previstas, con un trasiego que parecía no acabar porque, además, a Salazar no le encontraban otro lugar donde ubicarlo: nadie quería líos ni complicaciones con aquellos perdedores que habían desembarcado en esta orilla africana sin ser invitados y que, a ojos de las autoridades francesas, eran poco menos que delincuentes. La contienda en Europa aún no avanzaba, estaban en una especie de calma chicha: drôle de guerre, guerra de broma acabaron llamando a ese tiempo. Aun así, en la Argelia francesa, el temor a lo venidero se vivía con la misma desazón que en la metrópoli. Montones de hombres, jóvenes sobre todo, habían sido movilizados y por todas partes se les veía vestidos de uniforme; empezaban a escasear algunos productos y en las calles de Orán no había la vitalidad de antes.

Así andaban las cosas cuando me enteré de que se quedaba vacío el inmueble vecino a mi casa, del que nos separaba una simple medianera. Los inquilinos anteriores se mudaban y el propietario era el mismo. En previsión de que aquello se pudiera seguir prolongando, acudí a hablar con monsieur Azoulay a su tienda del barrio judío para contarle una trola más grande que la gran sinagoga del boulevard Joffre que teníamos casi enfrente.

—A unos compatriotas les vendría bien quedarse con el sitio para trabajar y guardar sus mercancías.

Mi casero judío era el propietario de un buen negocio de tejidos en la rue de la Révolution, lo llevaba con cinco o seis dependientes que apenas daban abasto entre una clientela numerosa, despachando apresurados cortes de algodón y paño, lana, lienzo. No era monsieur Azoulay como la dueña de la casa que compartí con Lagarde. Madame Behar, a falta de otro quehacer, solía presentarse en persona a recoger la mensualidad; el arrendador de ahora, en cambio, no tenía tiempo para pasearse por las afueras de Orán a cobrar un goteo de humildes alquileres. A él había que llevarle los billetes a su tienda todos los meses, máxime en ese tiempo en que la población judía local andaba trastornada por el trato que los suyos estaban viviendo en Europa.

Esa decisión de Azoulay de no acercarse nunca a Gambetta personalmente había sido para mí un incordio. En ese momento, al contrario, resultó una ventaja. Y con un aplomo descarado, desde el otro lado del mostrador de su comercio le planteé mi propuesta:

—Yo misma puedo encargarme de traerle todos los meses el dinero del nuevo inmueble, cuando venga a pagar mi alojamiento.

Nuestra creciente fábrica de jabones no la mencioné. Al fin y al cabo, para él yo era la empleada de una honrada tienda de comestibles en un barrio de la periferia, una formal cumplidora de mis obligaciones; mejor dejarlo con ese convencimiento. Cómo iba a imaginar aquel buen hombre los manejos y cambalaches que me traía entre manos.

Mi idea, según les conté a mis socias, consistía en trasladar nuestras haciendas al amplio local anexo, junto con Salazar, para poder yo recuperar mi vida, mi casa entera y mis noches en silencio, mi sosiego. Y ese nuevo local lo pagaríamos entre las tres, con las ganancias conjuntas de nuestras ventas. Accedieron, por supuesto: para ellas, sumidas aún en la incertidumbre, yo seguía siendo su guía, el faro que las alumbraba, sin intuir mis temores y mis flaquezas.

Así fue como yo reconquisté mi espacio, y así fue como la pequeña factoría y Ricardo Salazar se convirtieron en vecinos. Y solo entonces, cuando abandonó mi techo, empecé realmente a conocerlo.

# CAPÍTULO 52

Fue él quien dio el primer paso una tarde al final del invierno. Anochecía y yo regresaba de organizar un reparto en la rue de la Bastille, aquella calle estrecha y abarrotada cercana al Consulado de España, con sus puestos callejeros y tenderetes bajo los toldos, vendedores a gritos, montones de almas dispuestas a comprar barato. Hasta allí, prácticamente en el centro, se empezaba a expandir nuestra red de vendedoras y clientas. A esa hora, Casilda y Petra ya se habían marchado tras su jornada de trabajo, dejando las calderas apagadas y el jabón del día en sus moldes. Por todo Orán se repetían movimientos similares: se cerraban comercios, oficinas, fábricas y talleres, la gente volvía a sus casas, y al calor de las estufas comenzaban las cenas mientras en los aparatos de radio se escuchaban las noticias sobre la inquietante calma de la guerra contra los alemanes.

Ricardo Salazar abrió su puerta a mi paso, como si me estuviera esperando.

—Tengo algo para usted, disculpe que la moleste.

Nunca lo había visto de pie frente a mí hasta ahora; nunca tan cara a cara. Al oír sus palabras debí de plasmar un gesto de extrañeza.

—No me mire así, no se trata de nada comprometido, se lo prometo.

Se había recuperado bastante, pero aún se le veía falto de chicha, con la frente y los pómulos muy marcados y la piel resecada por el sol y el aire seco, apoyado en una muleta. Iba vestido con un pantalón que le quedaba grande y un jersey de punto tejido y cuello alto; supuse que esa ropa no era tampoco suya, se la habrían llevado mis socias o los hombres que solían venir a verlo, aunque ahora, con él en mejor estado, ya acudían menos. Me di cuenta de que estaba afeitado, peinado; lo mismo se había tomado la molestia para causarme una buena impresión.

—Tenga —dijo. Y me tendió un paquete.

Iba liado en papel de estraza, del que comúnmente se usaba para enrollar cualquier cosa. Pero los pliegues y dobleces eran limpios, uniformes, como si se tratara de una de aquellas delicadezas que las dependientas de uñas largas envolvían con papel brillante en las perfumerías distinguidas de la rue d'Arzew. En vez de la lazada lustrosa con la que esas empleadas solían rematar su embalaje, este iba atado con un simple cordel, aunque terminado en un lazo.

—No es más que un detalle —insistió al ver que yo no reaccionaba—. Una tontería que he hecho hoy, porque usted merece mucho más por sus atenciones, pero ya sabe...

Se encogió de hombros a modo de disculpa, y los huesos se le marcaron bajo la lana. Tendí entonces la mano para recoger lo que me ofrecía, sin dudar ya de sus intenciones.

Seguíamos en la acera bajo la luz tenue de una farola cercana, frente a su puerta, a unos pasos de la mía. El aire sopló con más fuerza y levantó un remolino. Cruzó un carromato, un vecino en bicicleta con las solapas de la chaqueta alzadas, otro cargado con un capazo de leña.

—No la entretengo más, ábralo en su casa.

Murmuré un simple merci y me di la vuelta.

—Si le viene bien —dijo a mi espalda elevando la voz—, puedo hacerle tantos como necesite.

No giré la cara mientras metía la llave en mi cerradura, pero intuí que él no había entrado aún; seguía esperando a que yo desapareciese.

Se trataba de tres aros metálicos, anchos, hechos de simple hojalata limada con pulcritud: el menor iba metido dentro del mediano y los dos a su vez dentro del más grande. Intentando averiguar qué demonios era aquello, los sostuve con las puntas de los dedos y los acerqué a la lámpara. Entonces caí en la cuenta. Se trataba de unos moldes destinados a hacer jabones redondos, algo de lo que mis compañeras y yo habíamos hablado alguna vez. Pero por la falta de material o de decisión o tan solo de tiempo, jamás habíamos dado ese pequeño paso. Ahora este extraño, quizá porque se lo oyó a ellas, se ofrecía para ayudarnos. Y su empeño, aun siendo tremendamente modesto, denotaba atención, iniciativa y ganas de ser útil.

Con ellos en la mano, volví a la calle, retrocedí los pasos que había dado cinco minutos antes, llamé a su puerta.

—Vamos a probar con este —dije eligiendo el aro de tamaño intermedio—. De momento, necesitaremos cuarenta. ¿Cuándo podrá tenerlos?

—Consígame veinte latas de conserva vacías y se los termino para pasado mañana.

Perfecto, dije; hacerme con esas latas sería fácil. Intuí que no iba a querer cobrarme, pero le pregunté por si acaso.

—Nada. Esto solo paga una parte de mi deuda con usted por su hospitalidad.

—Fueron mis compañeras las que insistieron, ya lo sabe.

—Pero pudo rechazarme y no lo hizo.

Hablaba sereno, sin cambiar el tono de voz ni tragarse pedazos de palabras como hacía mucha otra gente.

—Llegó hecho una piltrafa, cómo iba a negarme.

Sonrió con un punto amargo, lo percibí entre las sombras. Había oscurecido del todo, apenas se veía ya movimiento en la calle. El aire que entraba del mar seguía soplando desagradable y me removió unos mechones del pelo. Con los brazos cruzados, me apreté contra el pecho la chaqueta. No había más que decir: las gracias estaban dadas, el encargo hecho. Mejor irme recogiendo.

—Le dejo que descanse, buenas noches.

—Buenas noches, Cecilia.

Era también la primera vez que decía mi nombre. Y a pesar de que ese nombre no era el mío verdadero, yo lo sentía ya como propio. Y por alguna razón sin sentido, quizá porque estaba cansada al final del largo día, o porque su voz sonó con un deje de ternura, al oírlo algo se me alteró dentro.

—¿Ha cenado ya?

—Iba a calentarme un puchero que me trajeron esta mañana sus compañeras.

Negué con la cabeza y luego señalé mi casa con un gesto.

—Ande, venga.

## CAPÍTULO 53

Saboreó con gusto los pedazos de pollo a la brasa y la fritá, ese revuelto de tomate, pimiento rojo y cebolla fritos en aceite de oliva que por allí se comía en casi todas las casas. Dio pellizcos a la baguette hasta no dejar ni las migas y dijo varias veces que hacía años que no probaba un pan tan blanco. Pero no comía arrebatado y con la boca abierta, como casi todo el mundo que yo conocía, sino que primero masticaba, después tragaba y luego hablaba, metódico, ordenado. Y entre bocado y bocado, me preguntaba acerca de mí, de Orán, de aquel mundo. Sentía curiosidad por cómo vivíamos, cómo era pertenecer a una mayoría de origen español en una ciudad que se movía con engranajes franceses. Al responderle, quizá por primera vez fui consciente de que mi alma, a esas alturas, era ya puramente oranesa.

Le ofrecí también queso y lo aceptó, una cuña del brie meloso que vendíamos en la tienda. A causa de la guerra, apenas llegaba ya mercadería desde Francia, cada vez recibíamos menos productos, pero aún nos quedaban reservas. Le supo a gloria igualmente, y con él dimos fin a una pequeña garrafa del vino que vendíamos en l'épicerie; lo traía un productor desde Mascara, de sus propios viñedos y su propia bodega. En la calle seguía soplando el viento con una furia que hacía temblar los cristales. Dentro, los rescoldos de la lumbre nos mantenían en una especie de cálido refugio.

—¿Nunca ha pensado volver a España, Cecilia?

Lo miré desconcertada. ¿Qué disparate de pregunta era esa? ¿Adónde iba a volver yo, a El Puntarrón, a cualquiera de sus pueblos cercanos, a esa patria de la que él y sus compañeros habían huido, para que me señalaran con el dedo por haber matado a un hombre ahora que, según oía, los rencores seguían en alto y no pasaba ni un día sin fusilamientos? Cierto que lo mío no tenía causa política; aun así, a mí nada se me había perdido en esa otra orilla, menos con los tiempos que corrían. Por si acaso. Hasta el recuerdo de los que fueron los míos se me había ido diluyendo.

No le conté nada de eso, naturalmente. Tan solo hice un gesto negativo con la cabeza, y empecé a recoger los platos.

—Bueno, no la entretengo más —dijo, dispuesto a irse.

Intentó levantarse, pero trastabilló. Aún le faltaba fuerza en el tobillo que se había partido cuando picaba piedra en el campo de internamiento. Un metro cúbico al día era la obligación por hombre, según él mismo acababa de decirme: algo que les llevaba ocho, nueve o diez horas bajo un sol criminal o azotados por el siroco. Sucios, con hambre y sed monstruosas, envueltos en miles de moscas, durmiendo en barracas desvencijadas o en simples marabouts de tela, expuestos a la sarna, los piojos y el frío helador de las noches del desierto, vigilados por perros brutales y soldados senegaleses armados hasta las cejas, expuestos a las vejaciones y los castigos arbitrarios de los militares franceses. Esa había sido la vida de Ricardo Salazar y sus compañeros desde que desembarcaron del Stanbrook en Argelia.

En esos campos infames, me contó también, malvivían

obreros y catedráticos, músicos, mecánicos, funcionarios públicos, aviadores y marinos, abogados, contables. Algunos habían luchado activamente en la guerra española, pero la mayoría jamás pisó el frente. Unos eran socialistas, otros anarquistas, algunos comunistas y la mayoría republicanos moderados sin afiliación concreta. Pero la clase social, el signo político o el grado de implicación durante la contienda daban lo mismo en aquel norte de África: todos eran tratados de igual forma, como simples bestias. La mayoría, por desgracia, permanecía dentro de esos infiernos ansiando huir; él y su grupo se habían liberado casi por puro milagro.

Cuando vi que se tambaleaba en su intento por ponerse de pie, solté los platos en el fregadero y con unos pasos rápidos me lancé a sostenerlo para que no perdiera el equilibrio y acabase en el suelo. Y al chocar mi cuerpo con su cuerpo, y al agarrar su brazo y tocar su espalda con mis manos, los dos notamos lo mismo: una cercanía, una sensación de contacto humano del que ambos carecíamos desde hacía mucho tiempo.

—Voy a hacer café, no se vaya todavía —murmuré al despegarme.

Volvió a quedarse sentado mientras yo trasteaba frente a la lumbre con la cafetera, con los granos molidos, el colador y el agua caliente, mientras él encendía un cigarrillo y yo escuchaba a mi espalda sus bocanadas profundas. Tuve la impresión de que no había separado la mirada de mí ni un instante.

—Cuidado, no vaya a quemarse —avisé al cabo de unos minutos, mientras servía las tazas con el líquido hirviendo.

Encendió otro cigarrillo.

—¿Le importa darme uno?

No fumaba desde que dejé Bastos; a Lagarde no le gustaba que lo hiciera y fui perdiendo la costumbre. Pero en esa noche, tan distinta a todas mis noches, me apeteció de nuevo.

—Cómo no —dijo haciendo resbalar el paquete sobre la superficie—. No sabía que... Disculpe.

Sacó una cerilla de la caja que tenía encima de la mesa, la rasgó, la prendió y se inclinó con el brazo extendido. Y al acercarme yo a la llama, sus dedos rozaron los míos y volvimos a sentir esa calidez que no salía del fósforo, sino que nos brotaba de dentro.

Fumamos en silencio, frente a frente, cada uno sentado en su lado de la mesa. Mirándonos tan solo. Entre el humo y los sorbos de café, yo contemplaba su rostro delgado, la mandíbula huesuda que salía del cuello alto del jersey, su frente amplia con la piel cuarteada y las primeras arrugas de la madurez, sus ojos hundidos en las cuencas, serenos, curiosos. Con ellos, él observaba mi rostro, mi garganta y el pico de piel que dejaban ver los botones de la blusa por encima del pecho, mi boca al escupir una hebra de tabaco, mi melena oscura recogida en la nuca, con los mechones que antes me había soltado el viento.

Ambos, sin compartirlo, calibrábamos si el paso que estábamos a punto de dar sería un mero gozo fugaz sin consecuencias o una insensatez como la copa de un pino, quizá fuente de futuros contratiempos. Pero no llegamos a ninguna conclusión, ni falta que nos hacía: a los dos, en ese momento, lo racional nos daba lo mismo.

Apagó su pitillo mientras yo daba las últimas caladas al mío, después lo imité, me levanté y le tendí una mano.

# CAPÍTULO 54

Ricardo y yo nos acostumbramos el uno al otro, a nuestros cuerpos y olores, a dormir abrazados cada noche en mi cama. De amanecida, sin embargo, cambiaba todo. En cuanto entraba la primera luz del día, él se levantaba, me dejaba un beso, se vestía deprisa, se iba.

No le era necesario salir a la calle para llegar a su casa vecina. Cuando nuestros encuentros se convirtieron en una costumbre, decidimos abrir un hueco en la tapia que separaba los dos patios traseros. Sin permiso del dueño, con una excusa entre tramposa y piadosa de cara a mis compañeras, para que no sospechasen de nuestro vínculo:

—Así podremos mover las existencias de un lado a otro y ocultarlas rápido si nos cae una denuncia.

Les pareció correcto, claro estaba. Jamás me ponían en duda.

Y así entré en la primavera de 1940, amarrada a un hombre con un amor tan apasionado y tan correspondido como clandestino; un amor que los dos intuíamos transitorio aunque ambos evitáramos repetirlo abiertamente. Un amor que me habría encantado desplegar a los cuatro vientos a pesar de sus ruegos de prudencia. Tenía sus razones, yo las conocía y las respetaba. Con todo, cuánto me habría gustado no tener que limitarnos a las noches furtivas, poder pasear como cualquier pareja por las avenidas y los boulevards, ir juntos al cine, asomarnos al mar desde la promenade de Létang con él sosteniendo mis hombros y yo agarrada a su cintura, tomar un aperitivo en cualquier bar un domingo a mediodía. Pero no, mejor no. Mejor mantener la discreción, que los días siguieran pasando como si Ricardo Salazar y yo no fuésemos amantes, tan solo simples vecinos.

En cualquier caso, pocos entretenimientos podríamos disfrutar de haber sido libres para mostrar nuestra verdadera relación: el temor hacia los alemanes era cada vez más amenazador, se empezaba a oír hablar de una posible rendición de Francia. Y al hilo de esa desesperanza, los ánimos de los oraneses andaban por los suelos. Apenas había espectáculos, bailes, fiestas; todo el mundo seguía pendiente de los partes de noticias, intranquilos, asustados ante los previsibles avances nazis en Europa.

A medida que transcurrían las semanas, aumentaba también la escasez de productos que antes nos eran tan accesibles: el café, las prendas de ropa confeccionada, casi todo lo que salía de las fábricas y los talleres de la metrópoli. Y entre ellos el jabón, por supuesto. Los cargamentos de le véritable savon de Marseille o de Nantes apenas entraban ya por el puerto, mucho menos las pastillas envueltas y perfumadas de las casas parisinas. En consecuencia, nuestra pequeña factoría jabonera, notre petite savonnerie, no paraba de incrementar su producción. Nos requerían por todas partes, aunque siempre bajo cuerda.

Decidí comprar más calderas, negocié con nuevos proveedores ya no solo de sebo, sino también de aceite de oliva para afinar el producto. Nos hicimos también con más moldes y placas para curar las piezas, nuevas máquinas con cuchillas para cortarlas más rápido en pedazos uniformes. Y sumamos más personal, en paralelo: otros dos chicos árabes además de Hamid para los repartos y cuatro mujeres complementarias; ocho manos más porque no dábamos abasto. Tanto era así que acabamos derribando la tapia entera para disfrutar de un espacio único y amplio. Ya me las compondría yo con monsieur Azoulay si llegara a enterarse.

A pesar de nuestra ilegalidad estábamos, en definitiva, bien asentadas: l'épicerie nos había servido como trampolín, y yo ya tenía establecida por los barrios una tupida red de contactos que no iban a abandonarnos. Al contrario, nos necesitaban cada vez más. Y la policía, sumida en problemas infinitamente más graves, o no se enteraba, o prefería mirar hacia otro lado.

Incluso Ricardo ayudaba de vez en cuando, sumándose a cualquier quehacer por simple o peregrino que fuese si andaba por allí, aunque era difícil echarle un lazo porque se pasaba el día fuera. Desde el final del invierno, cuando terminó más o menos de recuperarse, daba lecciones particulares a hijos de otros exiliados, niños a los que no habían podido escolarizar en el sistema francés por desconocimiento de la lengua o por la inestable situación de sus padres: ilegales carentes de cualquier permiso, siempre en la cuerda floja, mudándose constantemente y siempre mirados con suspicacia por ser rojos y quizá conflictivos, amenazantes revolucionarios, potenciales causantes de problemas. A un grupo de diez o doce chavalillos, en el estrecho comedor de un apartamento que compartían entre tres familias en el barrio de Saint-Pierre, dedicaba él las mañanas enseñándoles matemáticas, geografía, hasta sus primeras letras a los más chicos.

No era maestro, sino delineante; en Madrid trabajaba para una gran empresa de maquinaria industrial. Estaba acostumbrado al dibujo técnico, los planos y las mediciones más que a escuchar voces infantiles recitando las tablas de multiplicar o a corregir simples dictados.

Pero algo ganaba, y le gustaban los niños, y se sentía útil. Y con eso además aliviaba otros pesares y otras ausencias que yo sabía que le escocían en el corazón, aunque casi nunca me las mencionase.

Al final de aquellas tardes largas, cuando regresábamos exhaustos y cada cual entraba por su puerta, nuestros reencuentros eran un alivio para las fatigas del cuerpo y una alegría para compensar las turbiedades cotidianas. Preparábamos juntos la cena en mi cocina; comíamos jureles en escabeche o navajas y almejas del mar cercano, y tomates de las huertas vecinas, y bebíamos vino y fumábamos mientras yo le traducía las noticias del *Oran républicain* y, de paso, le enseñaba palabras sueltas en francés y nos reíamos de lo mal que él las pronunciaba. Y después nos amábamos y después me seguía acariciando con sus manos ásperas de picapedrero que ya nada tenían que ver con las del fino delineante técnico que fue, y me susurraba cuánto me quería, cuánto lo fascinaba, y volvíamos a fumar antes de caer dormidos, con un pellizco de culpa por sentirnos tan plenos en mitad de ese tiempo tan triste, de desazón y abatimiento colectivo.

Los zarpazos del destino, sin embargo, nos acechaban. El primero llegó a mediados de mayo. Por fin la guerra sacaba las uñas con la batalla de Francia, las tropas alemanas estaban ya empujando a las francesas hacia el mar en el norte del país. Se decía que el gobierno, desmoralizado, andaba preparando la evacuación de París y quemando sus archivos.

A la mañana siguiente de traducir estas noticias en voz alta a Ricardo, al llegar a mi trabajo me encontré con l'épicerie cerrada. Llamé con insistencia y me asomé a los escaparates, aporreé con los puños la persiana, pero ninguno de los Martin salió a abrirme. Extrañada, opté por preguntar en la boulangerie de al lado si alguien sabía algo, pregunté a continuación al zapatero de enfrente, pregunté a madame Saldani, que solía ser nuestra clienta más temprana y acababa de llegar con su capazo, pregunté a unos cuantos vecinos.

—¿Ha visto usted a monsieur Martin?

—Avez-vous vu madame Martin?

—¿Ha visto usted a alguno de los Martin esta mañana?

Nada. Nada de nada. Probablemente la última que había sabido de ellos fui yo misma al marcharme la tarde anterior, justo antes de que ellos cerraran el negocio y subieran a su vivienda.

Frente a la fachada del establecimiento se formó un corrillo de curiosos. Un joven repartidor, flaco como un estoque, fue quien finalmente se encaramó hasta el segundo piso agarrándose a una tubería, rompió un cristal y logró abrir la ventana. Se escurrió dentro, y el resto lo esperamos en mitad de la calle, mirando hacia arriba con el aliento contenido. Segundos más tarde, asomó la cabeza.

—La dame est morte! —gritó—. ¡La señora está muerta!

De las bocas de todos los presentes salieron exclamaciones de estupor, las mujeres se santiguaron y los hombres que iban con gorra o boina o sombrero se descubrieron y bajaron las cabezas en señal de respeto.

—¿Y monsieur Martin? —voceé yo desde abajo, en medio del silencio.

—Sous le choc. Alelado. Sentado a los pies de la cama, como ido.

Otro muchacho salió a la carrera en busca de un cerrajero y el resto seguimos plantados frente a l'épicerie. Tras los instantes de cortesía mortuoria, las frases empezaron a saltar de boca en boca como perdigones.

—Últimamente andaba más callada.

—Un día dijo que le dolía la cabeza.

—La otra mañana se equivocó al sumar la cuenta.

—Llevaba tiempo sin ir al coiffeur y sin teñirse el pelo.

Hasta que madame Arango, una de las vecinas más viejas, soltó su dictamen.

—La culpa la tienen los malditos nazis. Los alemanes otra vez; por lo del hijo.

# CAPÍTULO 55

La lavamos, la amortajamos y la velamos durante la tarde y toda la noche. Al entierro al día siguiente acudió el barrio entero: vecinos, clientes, conocidos, proveedores, nadie de la familia porque carecían de ella. Los de más edad recordaban cuando la pareja abrió la tienda varias décadas atrás, cuando el barrio de Gambetta empezaba a levantarse en el extrarradio de Orán y casi no había por allí negocios. Llegaron solos y solos vivieron siempre, sin apenas salir del inmueble de dos plantas que ocuparon desde el principio. Nunca iban al cine, o a dar un paseo por la plaza, o a sentarse a escuchar a la banda de música. Únicamente a misa los domingos por la mañana.

Pero yo sabía que a la anciana vecina no le faltaba razón cuando mencionó la existencia de un hijo al que nadie de por allí conoció nunca. Un hijo muerto, para ser concretos. Ellos no me lo nombraron jamás, pero yo conocía su existencia porque en el segundo cajón detrás del mostrador guardaban su retrato: un muchacho de ojos muy redondos, vestido de militar con una gorra que le quedaba grande, con los labios apretados en un gesto voluntariosamente serio. En ocasiones, cuando madame Martin necesitaba algo de ese cajón, unas tijeras, un rollo de cordel o lo que fuera, al abrirlo sacaba la fotografía un instante, se la apretaba contra el pecho opulento, le plantaba luego un beso y volvía a dejarla.

A fuerza de entrar y salir del cajón tantas veces, tantos años, el retrato estaba ya desgastado por las esquinas, pero la mirada del chico seguía intacta: la de un joven entre orgulloso y aterrorizado, dispuesto a luchar contra Alemania por la gloria de la France en la primera Gran Guerra. Lo mismo que Angelito, el hijo de mi antigua patrona de la pensión del barrio de La Escalera, que se quedó el pobrecito incapaz para los restos. Lo mismo que los hijos de mi compañera Casilda, que perdieron sus vidas en otra guerra, la de nuestra España, siendo poco más que dos adolescentes. Como tantos hijos movilizados y tantas madres sufrientes en esta nueva contienda contra Alemania que ahora nos azotaba, un conflicto que había sumido a la propietaria del negocio en un desasosiego y unos recuerdos tan tremebundos que, unidos a su edad, su corpulencia y Dios sabría qué otros deterioros, habían hecho que su corazón se quedase parado mientras dormía, sin enterarse.

Acompañé a monsieur Martin a la vuelta del cementerio. Iba encogido, vestido con un traje oscuro que de pronto parecía que le quedaba grande y un brazalete de luto en la manga que le colocó alguna vecina.

—¿Quiere que suba con usted y le prepare algo para comer?

No dijo que sí pero, al entrar, dejó la puerta abierta a su espalda y yo lo seguí en silencio, escalón a escalón detrás de su subir pesado de piernas cortas. A pesar del tiempo que llevaba trabajando con el matrimonio, hasta esos días yo nunca había puesto un pie en aquella vivienda ordenada y relimpia, con su pequeño comedor de cuatro sillas, su dormitorio con crucifijo en la pared, la radio que escuchaban por las noches y un reloj de cuco colgado entre los dos balcones de cortinas corridas. En el aire flotaba aún el olor a flores mustias y a cirio apagado, olor a muerta.

Lo ayudé a quitarse la chaqueta y aflojarse el nudo de la corbata, luego lo obligué a sentarse. Sin preguntar más, trasteé por la cocina, calenté al fuego lo que encontré y a los cinco minutos volví con unas tajadas de pescada en salsa que debió de hacer madame Martin la tarde previa a su muerte. Se las planté delante con los cubiertos y la servilleta, le serví un vaso de vino bien lleno.

—Coma, monsieur.

No me obedeció; siguió mirando al frente, hacia la pared, hacia el reloj parado, una absurda cabañita de madera con el tejado cubierto de falsa nieve, incongruente con nuestra tierra africana, su solazo y el polvazo que arrancaban sus sirocos.

—Lleva desde ayer sin probar bocado.

—Siéntese, Cecilia.

—No, monsieur Martin, usted es el que tiene que...

—Siéntese, haga el favor. Hay algo que quiero decirle.

Me señaló la silla a su derecha, y yo accedí; cómo iba a contrariar al triste viudo. Empujó entonces el plato hacia adelante con las puntas de los dedos, en un claro gesto de que no tenía intención de empezar. Tampoco probó el vino.

—Me voy a ir a Río Salado —anunció tras unos instantes—. A un asilo de monjas del Sacré-Coeur, a pasar recogido mis últimos años.

Quise preguntar, protestar, pero él me frenó y continuó del tirón, como si tuviera aquello bien pensado.

—Allí nos conocimos, allí nos casamos, allí se nos desgraciaron y enterramos a nuestras dos primeras hijas, y allí nació y creció sano nuestro Alain, el único que sobrevivió, el hijo que nos quitó la guerra. Y allí teníamos previsto volver mi mujer y yo cuando nos jubilásemos, dentro de dos o tres años; ya lo teníamos todo arreglado. Orán es una ciudad para trabajar, para prosperar o para huir del pasado, pero no es un sitio para vivir de viejos; eso también lo teníamos bien claro los dos. Lo que yo no imaginaba era que acabaría... —Se le quebró la voz, tragó saliva, se recompuso—. Que acabaría regresando solo.

—Pero, monsieur...

Alzó la mano para que me callase y lo dejara seguir, el tono ahora le salió más firme.

—Y habíamos decidido proponerle algo, Cecilia, sin suponer que sería tan pronto.

Nunca mostraron apego por mí, jamás fueron cordiales. Formales, eso sí: me pagaban justamente lo pactado cuando me correspondía y jamás me exigían nada que excediese mis obligaciones. Pero nunca tuvieron un detalle o una delicadeza conmigo, ni se interesaron por mi pasado o mi presente, mucho menos mi futuro. En una actitud que yo siempre interpreté como desconfianza, ni siquiera me dieron jamás una llave de la tienda, por si hubiera alguna emergencia, como acabó siendo el caso. Por eso, sentada en aquel comedor con la única mitad de la pareja que quedaba viva, el anuncio de una propuesta prevista para mí me dejó con los ojos como platos.

—¿Aceptaría quedarse con la tienda, chérie? Le dejo barato el inmueble, y la mercancía a mitad de precio.

## CAPÍTULO 56

Al llegar encontré a madame Le Clerc como siempre últimamente: pegada a la radio, con un gran mapa desplegado encima de la mesa y rodeada por periódicos abiertos, locales y franceses. La guerra la atormentaba también a ella, y no era por lo que pudiera pasar a los suyos en su pueblo, Cenon, junto a Burdeos; allí solo le quedaban unas sobrinas a las que apenas conocía, hijas de la menor de sus hermanas. Era la mera idea de la contienda lo que la tenía trastornada, la incredulidad ante la amenaza de que se repitieran los horrores que sufrió su patria en la guerra del 14. Ahora, jubilada, avejentada y solitaria, su angustia se había vuelto obsesiva y dedicaba los días y las noches a avivar los fantasmas.

La noté menos atildada, sin la pulcritud de siempre, en zapatillas, con una mancha de salsa en la camisa y el peinado descuidado; como si su aspecto siempre tan repulido ahora le importase un bledo. Antes de que yo abriera la boca, empezó a hablarme acelerada de Reynaud, Pétain, De Gaulle, Hitler; de la caída de Bélgica, Luxemburgo y los Países Bajos, de cómo las unidades del ejército alemán se encaminaban ya hacia París sin que nadie osara pararlos.

No le faltaba razón. Además de las noticias que llegaban por la prensa o a través de las ondas de la radio, en Orán se vivía también esa sensación de siniestra amenaza. Las sirenas sonaban de noche y de día, sin causa concreta; por las calles había altoparlantes que repetían advertencias a la población sobre posibles bombardeos que, por fortuna, aún no habían llegado. En cualquier esquina, apostados en los edificios más visibles o más altos, había soldados con metralletas. El ambiente era triste, derrotista, funesto, como funesto era el temple de mi antigua maestra.

Sin parar de hablar, se embarulló en una catarata de coyunturas y lugares que yo desconocía, o que me sonaban solo levemente de cuando le traducía las noticias a Ricardo en el patio por las noches, tras nuestras cenas, más pendiente de sus caricias que de situar aquellos sitios en la geografía de Francia.

La dejé desfogarse, hasta que se fue calmando. Entonces preparé un té para las dos como a ella le gustaba, bien cargado, sin azúcar y con unas gotas de leche. Y mientras lo bebíamos sentadas en las viejas butacas de siempre, le conté la propuesta de monsieur Martin para quedarme con la tienda. Desde detrás de los cristales de las gafas, me miró con sus ojos azules: los noté más nebulosos, menos punzantes.

—¿Está segura, Cecilia?

—No, no estoy segura. Por eso vengo a contárselo, para que me aconseje.

—¿Y ese hombre de usted, monsieur Salazar, su Ricardo? ¿Él qué piensa?

—Aún no se lo he dicho.

—¿Por qué razón?

—Porque este negocio no puede ser de los dos, ya lo sabe usted —respondí—. Tendría que ser solo mío.

—Suyo por entero, tampoco. Recuerde que sigue casada con otro hombre.

Cómo se me iba a olvidar que aún estaba atada a un

indeseable. Pero no había vuelto a saber de él desde la noche en que el corso tarado aquel le dio el susto con su navaja y él subió al tren con un rodal de orina en la entrepierna y la difusa intención de encargarse de la ferma de su padre. Desde entonces para el mundo yo era Cecilia Lagarde, con un estado civil indefinido, a lo mejor viuda, tal vez separada, quizá abandonada por un marido irresponsable como tantas otras mujeres: ninguna de las opciones era extraña en esa tierra. Nadie me pedía explicaciones y yo tampoco las daba. Ricardo, en cambio, sí lo sabía, como yo también conocía su situación. Aunque, aferrados a nuestro presente, preferíamos pasar de puntillas por el ayer de ambos.

—Y de acuerdo con las leyes de la République française —añadió mi maestra—, si usted se queda con ese negocio, pertenecerá también a su esposo, ¿es consciente?

—Oui, madame. Pero confío en que él jamás vuelva.

Soltó una carcajada áspera, apenas un ronquido desde el fondo de la garganta.

—Eso nunca se sabe, mon cher ami; no lo dé por sentado. Fíjese, si no, en esta maldita guerra. Millones de muertos tuvimos hace poco más de veinte años, aún no se han borrado el dolor y las consecuencias, y aquí estamos otra vez, matándonos de nuevo como hienas.

No era un buen día para pedir a madame Le Clerc que me ayudara a decidirme, sus preocupaciones seguían bien lejos; ahora, entre sorbos de té, andaban acompañando a las huidas masivas de los habitantes de las ciudades del norte que llenaban los caminos y las carreteras en dirección al sur de Francia, lejos de las bombas, de los tanques. Frente a semejantes tragedias, mi pequeña iniciativa era una simple migaja. Así que, después de llevar la bandeja con las tazas vacías a la cocina y después de enjuagarlas debajo del grifo, opté por marcharme.

L'épicerie seguía cerrada en señal de luto, mis compañeras continuaban con su factura del jabón, Ricardo andaría enseñando los ríos y las cordilleras de la península ibérica a sus alumnos, por si algún día la suerte se les ponía de cara y lograban volver a España con sus familias. Era la primera vez en mucho tiempo que ante mí tenía un día entero sin urgencias ni obligaciones; un día luminoso y sin trabajo. Lejos de tomármelo como una jornada de descanso, la inquietud seguía rebotando frenética en mi cabeza.

Al abandonar la casa de madame Le Clerc seguí dando vueltas al ofrecimiento de monsieur Martin, ignorando todavía si era una insensatez o una oportunidad digna de agarrar al vuelo. Y tras pasar la mañana entera pensando, decidí que sí, que iba a aceptarlo, aunque antes tendría que ver la forma de no pillarme los dedos. Y en busca de una ayuda que nadie más podría ofrecerme, decidí contravenir los límites que yo misma me había marcado tiempo atrás, y acudir en busca del único hombre que sabía que no iba a fallarme.

Una guía telefónica y tres llamadas fueron suficientes para enterarme de dónde podía dar con él. El sitio en que me dijeron que se encontraba, además, estaba relativamente cerca, así que, sin pensármelo más, me encaminé hacia las falaises, los acantilados cercanos a la Cueva del Agua donde algunos pescadores habían levantado cabañas con tablones y desde cuyas rocas, en verano, los muchachos se lanzaban al mar con saltos temerarios. Cerca, en esa playa, pero más abajo, hubo también un campamento de refugiados españoles, amontonados como el ganado sobre la arena, escoltados como en el resto de los campos de internamiento por soldados armados con metralletas. Ahora, sin embargo, la guerra de mis compatriotas se veía lejana y todas las atenciones estaban centradas en la actual, en una contienda que de momento solo transcurría en territorio europeo, aunque la Argelia francesa también se estaba preparando.

Una vez que dejé atrás la vieja batería, fue cuando vi la actividad que necesitaba encontrar, junto a una bodega abandonada. Trabajadores, autos, furgones, ruido de maquinaria y pilas de materiales, hombres que se arremolinaban donde antes solo había abandono y tapias medio caídas. Hacia allí seguí caminando, hasta que un joven soldado me cortó el acceso.

—Vous ne pouvez pas entrer, madame. Prohibido el paso, debe dar la vuelta.

Sin hacerle caso, lo busqué entre el barullo al otro lado de las vallas.

—Aquí no puede estar —insistió—. Por favor, retírese.

Pero no, no me retiré porque en ese momento, entre los hombres que se movían dentro del perímetro protegido, reconocí su espalda.

# CAPÍTULO 57

Estaba repartiendo instrucciones con aplomo y gestos precisos, mientras unos cuantos obreros descargaban sacos de cemento de una gran camioneta echándoselos al hombro; una camioneta que no era el vejestorio que yo conocí sino otra más moderna, aunque en el lateral llevaba el mismo apellido: GUERRERO.

En mitad de aquel jaleo, él me oyó gritar su nombre y se giró súbito, con un gesto de extrañeza que al reconocerme se trocó en otro muy distinto. Duró solo unos instantes, lo corrigió rápidamente a fin de que los hombres a su alrededor —militares, peones, obreros árabes y cristianos— no notasen su embeleso. Pero yo sí me di cuenta: el simple hecho de volverme a ver había encendido el rostro de Rafael como cuando aparecí en su oficina cercana al Tambor San José, igual que cuando me veía por las calles del barrio de La Marina camino de la fábrica de tabaco. De pronto, parecía haber hecho una súbita pirueta en el calendario para regresar, por unos instantes, al muchacho que fue cuando yo no era más que una joven tabaquera.

Lanzó a su gente unas últimas órdenes a la vez que señalaba un gran hueco en el terreno con el brazo extendido. Y sin más, dejando con la palabra en la boca a un sargento que acudía en su busca, se separó de las faenas y salió a mi encuentro.

Había cambiado, igual que habíamos cambiado todos. Al verlo caminar abriéndose paso entre el follón de la obra, lo encontré más maduro, más hecho, vestido con una chaqueta liviana; él, que antes iba siempre en mangas de camisa. El tiempo, quizá también el matrimonio y el bullente negocio en que parecía haberse convertido su modesta empresa familiar: todo había influido para dejar atrás al tímido albañil recién emigrado al que yo conocí, y transformarlo en el hombre seguro de sí que se acercaba con paso ágil hasta que me tuvo enfrente. Titubeó entonces un par de segundos, dudando entre tenderme la mano en un saludo formal o quizá estrecharme en el abrazo que seguramente le pedía el cuerpo. Fui yo quien solventó la incertidumbre, echando a andar para alejarnos, hasta que nos distanciamos del bullicio.

En previsión de ofensivas de la aviación alemana, para proteger a la población se estaban construyendo por todo Orán multitud de refugios subterráneos. Y los Guerrero y sus materiales de construcción, según me contó, participaban en la mayoría de esas obras, trabajando día y noche, suministrando cemento, grava, argamasa, lo que fuera necesario. El trabajo era incesante, y a él se le notaba en las ojeras, en el cansancio del rostro y en la velocidad casi ansiosa con que fumaba un cigarrillo tras otro.

—Ya ves, Cecilia, bromas negras de la vida: en las miserias de la guerra hemos encontrado nosotros beneficio.

Lanzó la colilla al suelo, estábamos apoyados en una simple barandilla, a la sombra de una acacia. No eran días como para perdernos en motocicleta por la corniche ni para sentarnos a comer sardines grillées en un merendero de la playa, como hicimos la última vez; mucho menos para regresar al amor apasionado y fugaz de aquella mañana de hacía unos años. Cada uno tenía sus preocupaciones y sus urgencias, sus seres a los que volver, su propio mundo.

—Y tú, ¿cómo estás?

La pregunta era simple, pero los dos sabíamos que abarcaba muchas otras.

—Igual que vosotros, sacando ventajas a la desgracia ajena.

Frunció el ceño sin entender y yo no pude evitar compararlo con Ricardo, tan distintos y a la vez tan cercanos ambos a mí, cada cual a su manera. El refugiado al que yo quería le sacaba unos cuantos años, era más alto, más flaco, más estilizado y anguloso, de pelo más liso y más claro, más delicado en sus rasgos. Rafael por su parte era más recio, más moreno, casi agitanado, con el rostro y el torso más firmes y a la vez, en su actitud, quizá más transparente.

Con uno compartía la vida a porciones, las cenas en el patio, la cama, el cuerpo, la compañía. Con el otro, la memoria de lo que pudo haber sido perdurable y a la larga acabó en un mero fogonazo, como los cohetes de la Noche de San Juan que estallaban llenos de luz y se desvanecían en segundos.

—Me dedico ahora al jabón.

Conocía la actividad, como todo el mundo. Probablemente sabía también de otros compatriotas españoles, exiliados casi siempre, que con mayor o menor fortuna andaban enredados en las mismas labores clandestinas que nosotras.

—Y me acaban de ofrecer algo que serviría para formalizar el negocio.

Le conté entonces la oferta de monsieur Martin, deprisa, en unas breves frases para no entretenerle y que pudiera volver a su trabajo cuanto antes. Y le resumí también lo que quise hablar con madame Le Clerc sin conseguirlo, y lo que no quería compartir con Ricardo hasta no tenerlo decidido: mi intención de quedarme con el local de l'épicerie para cambiar de actividad y convertirlo en un establecimiento dedicado al jabón, autorizado, serio.

—Si te hace falta dinero, yo puedo...

Me negué. Eso lo tenía calculado: con lo que llevaba ganado y ahorrado desde que empezamos las ventas en grandes cantidades, podría dar la entrada y el resto pedirlo prestado a la Banque d'Algérie; monsieur Martin se había ofrecido a avalarme. Y el barrio de Gambetta no era ni de lejos la avenue Loubet con sus espléndidos inmuebles; el precio que él me propuso para su propiedad era más que razonable, acorde con la modestia del barrio.

—No es ese el problema. Hay otros.

Me miró aspirando una calada profunda al enésimo cigarrillo, se lo quité de entre los dedos y yo misma le di otra.

—El primero es que no tengo permiso legal para la fabricación y la venta —dije a la vez que expulsaba el humo—. Y el segundo, y más triste todavía, es que sigo atada a un marido, el guardia de Bastos al que tú me ayudaste a quitarme de encima.

Juntó las cejas sin entender, intrigado.

—Para eso usé el dinero que me diste, para pagar a un canalla que le metiera miedo. Para quitármelo de encima.

En su momento no le di a Rafael explicaciones; creí que se las debía. Y sabía también que podía seguir confiando en él para lo que fuese.

—Por eso el negocio no puede estar a mi nombre. Por si un mal día se le ocurre volver, me lo reclama y...

—¡Guerrero! ¡Guerrero!

Los gritos llegaron de pronto desde el borde del perímetro del que nos habíamos alejado, ambos volvimos las cabezas al oírlos.

—¡Tiene que volver, monsieur Guerrero! ¡Lo necesitan!

Era un trabajador árabe, un peón vestido con un turbante andrajoso en la cabeza. Lo mandaban con el recado, el contramaestre andaba en busca de Rafael, lo necesitaban de vuelta en el tajo.

En vez de hacerle caso, gritó al hombre:

—¡Un minuto!

Se giró entonces hacia mí, intentando concentrar un montón de ideas en el breve tiempo disponible.

—Escúchame, Cecilia. Las cosas están muy revueltas, y eso es malo, penoso pero, a la vez, genera oportunidades imprevistas: tú con el jabón, yo con los refugios, montones de gente sacando tajada de donde antes no había opciones. Y en este tumulto, hay quien se mueve por el filo de lo oficial. Conozco a algunos, hemos tenido que recurrir a ellos para lograr entrar en este tipo de obras. Se trata de tipos con recursos que bordean lo clandestino; conseguir un permiso para que tu negocio sea legal y documentación falsa para que vuelvas a ser soltera sería para ellos pan comido.

—¡Monsieur Guerrero!

Volvimos las cabezas: allí seguía el trabajador, no parecía dispuesto a marcharse si no se llevaba a Rafael consigo. Por respuesta, él alzó el brazo y movió la palma con brío, pidiéndole unos instantes de paciencia.

—¿Quieres que me encargue? —preguntó rápido.

Sí, claro que sí. Sin la menor duda. Qué más me daba a mí lo sucio que fuera el trámite si me sacaba de ese atolladero.

—De acuerdo. Dime cómo te encuentro cuando sepa algo. Me pediste que no te buscara y te obedecí, no sé dónde vives.

—Épicerie Martin, en Gambetta.

Se llevó un dedo a la sien, indicando que lo guardaba en la memoria.

—Además —añadió a la vez que daba unos pasos hacia atrás, dispuesto a emprender el regreso—, aún te debo parte del dinero de Catherine.

—No me debes nada, Rafael.

Estaba a punto de marcharse pero se frenó y, como si fuera incapaz de contenerse, se volvió a aproximar, me agarró una mano, se la llevó a los labios y dejó en ella un beso. Sin soltarla, habló atropellado.

—Sí te debo. Te debo mucho, Cecilia. Tengo una buena mujer, dos hijos sanos y otro de camino; tengo un negocio que no para de crecer y está a punto de desbordarme. Pero tú sigues en mi recuerdo, en mi pensamiento, en mi corazón. Todos los días, siempre.

Solo entonces dejó caer mi mano y salió a la carrera.

# CAPÍTULO 58

Todo se movió rápido, todo se movía rápido en ese tiempo opaco. En cuestión de días, por debajo de la puerta de l'épicerie colaron un sobre. De papel común, sin remite. Dentro había una cédula de identidad a nombre de Cecilia Belmonte, mi supuesto nombre de soltera, y una autorización oficial impecable, con sus sellos y formalidades pour la fabrication, la distribution et la vente de savon en todas sus formas y variantes. Cómo demonios había logrado Rafael que se firmara aquello y bajo qué condiciones, no lo supe.

Con Ricardo fui clara tan solo a medias. Aun así, para celebrar que ya tenía un permiso legal, cenamos las cigalas que compré vivas a un pescador por unos cuantos francos, grandes, repletas de huevas. Las hizo él a la brasa en una parrilla que con su buena maña había montado en el patio, abiertas por la mitad a golpe de cuchillo y aliñadas solo con sal gruesa, y las acompañamos con una botella de champagne que rescaté llena de telarañas del sótano de l'épicerie, ahora que había empezado con el desmantelamiento del negocio. Y mientras levantábamos unos castillos en el aire que ambos en el fondo intuíamos ilusos, disfrutamos esa noche como si el futuro de verdad se nos presentara optimista, y no incierto y borroso.

Le conté por encima cómo había sido el proceso para

conseguir los permisos, omitiendo algún detalle y alterando algún otro. No era mi intención engañar al hombre al que quería con el alma, pero sabía que seguíamos siendo uno más uno, no una pareja sólida ni un ente único, y sabía por eso también que me convenía velar por lo mío, protegerme. Y Ricardo me creyó o fingió hacerlo.

Lo hablé también con mis compañeras y estuvieron de acuerdo con todo lo que les propuse, en un intento de ser lo más justa posible. Les planteé cómo quedaría establecido el negocio a partir de entonces, qué sería lo mío, qué les correspondería a ellas, cómo se distribuirían las funciones, las responsabilidades, las faenas. Las ganancias de nuestro empeño estaban suponiendo para ellas un inmenso alivio y, poco a poco, cada una a su manera, se iban asentando en ese universo raro en el que vivíamos.

Petra se había acomodado mejor. Su marido consiguió trabajo en una carpintería y ambos contaban ya con permisos de residencia, y se habían mudado a una vivienda más espaciosa. Casilda, en cambio, seguía aguardando a que su Simón lograra salir del campo de concentración y entretanto se mantenía en la misma habitación de siempre, viviendo voluntariamente en condiciones casi miserables, sin gastar en nada, sin permitirse nada, ni un vestido ni un simple helado o un par de zapatos nuevos, ahorrando casi con avaricia cada franco, cada céntimo, a la espera de ese marido cuyo regreso aún no se vislumbraba.

Con todas esas piezas en orden, llegó el momento de atar con monsieur Martin los cabos pendientes. Estábamos en l'épicerie, haciendo inventario para calcular cuánto tendría que pagarle por el género que me dejaba. Era mucho menos de lo que solía haber en otros tiempos, estábamos desabastecidos de montones de cosas que antes venían de la metrópoli: ya no quedaban salchichones, ni jamón de Bayona, ni mantequilla, ni apenas quesos. Pero sí había aún montones de latas de sardinas, sacos de sémola para el cuscús, escobas de esparto y botellas de lejía, algunas garrafas de aceite. Mi intención era venderlo todo rápido y barato para sacármelo de encima, a fin de tener el local listo cuanto antes.

—He pensado una cosa, Cecilia —dijo el propietario mientras vaciaba un cajón de paquetes de chocolate en polvo.

Habló sin mirarme, sin parar de sacar los envoltorios de Banania para dejarlos encima del mostrador y hacer recuento. Al escucharlo, me quedé inmóvil en lo alto de la escalera portátil, con un bote de leche condensada en cada mano, a la espera de que él siguiese.

—No es necesario que pida usted un crédito a la Banque d'Algérie.

Casi perdí el equilibrio y a punto estuve de acabar en el suelo. Precipitada, devolví los botes al estante y bajé los peldaños. Él mientras tanto, empezó a contar el número de paquetes acumulados. Un, deux, trois, quatre, cinq, six, sept...

—¿Qué es lo que me quiere decir, monsieur Martin?

Alzó una mano para que no lo interrumpiera y siguió a lo suyo, sin perder la cuenta.

—... quatorze, quinze, seize, dix-sept. Diecisiete paquetes de cacao, anótelo.

No, no apunté nada. Lo único que hice fue plantarme frente a él con los brazos cruzados, a ver si se aclaraba.

—Que confío en usted —dijo entonces. Y por fin levantó la vista y me miró con sus ojos cansados de viudo triste, los ojos de un hombre avejentado, hundido en el desaliento—. Puede pagarme a plazos a lo largo de los próximos tres años, mes a mes o como mejor le venga. Sin bancos por medio, personalmente. Y si me muero antes, se compromete a dejárselo a las monjas del asilo de Río

Salado. Y si no lo hace, allá usted con su conciencia. —Indiferente a mi desconcierto, comenzó a contar ahora las latas de betún para lustrar los zapatos, mientras añadía entre dientes, con sarcasmo agrio—: Total, ya ha caído París; lo único peor que puede llegar es el fin del mundo. Y para eso uno no necesita billetes.

Pero se equivocaba monsieur Martin: las cosas podían ir aún a peor y, para confirmarlo, tuvimos que esperar bien poco. Apenas unas semanas después, ante el estupor del mundo, Francia se rindió ante Alemania y acabó firmando un armisticio vergonzante. En solo mes y medio, el poderío militar alemán había logrado imponerse con rotundidad y, ante el derrumbe del ejército francés, el último gobierno de la Tercera República, con Reynaud al mando reacio a claudicar, presentó su renuncia y entregó el poder a los militares encabezados por el mariscal Pétain, el que fue glorioso héroe de la otra Gran Guerra.

A partir de ahí, por designio de Hitler, el mapa metropolitano se dividió en dos mitades. El norte —con París incluido— y la costa atlántica quedaron ocupados por el ejército alemán y sometidos a su dominio. En el resto del territorio por debajo de la Loire se implantó el régimen de Vichy, colaboracionista del nazismo con el anciano Pétain al frente como una especie de marioneta. Bajo el poder de ese nuevo estado de alma fascista y mano de hierro acabamos nosotros, porque ahí decidió el Tercer Reich que quedarían la Argelia francesa y el resto de las posesiones de ultramar: un premio de consolación tras la deshonrosa derrota.

Hubo, no obstante, una voz de rechazo valiente que se alzó en contra de la humillación y del abatimiento: la del general De Gaulle, huido a Londres, cuando solo unos días después y a través de un apasionado discurso en la BBC promulgó el nacimiento de la Francia Libre. Hemos perdido una batalla, dijo; no hemos perdido la guerra. Sus objetivos: mantener un gobierno en el exilio y resistirse con uñas y dientes al nazismo, a fin de seguir combatiendo a Alemania en alianza con los británicos.

Quién iba a decirnos a los oraneses y al resto de los argelinos de origen europeo que aquel militar alto y admirable, aquel hombre digno que con su audacia, su patriotismo y su coraje conmovió a tantos, acabaría siendo, dos décadas después, el presidente que nos empujaría hacia el éxodo.

# CAPÍTULO 59

Las amarguras se mezclaron con las ilusiones a lo largo de las semanas siguientes. Por un lado, la débâcle seguía generando una inmensa consternación y se mantenía presente en todas las casas y todas las esquinas, en todas las conversaciones y pensamientos. Y por otro lado estaba mi nueva tienda, libre ya de los comestibles y del resto de abastos; los ofrecí bien económicos a las mujeres del barrio y me los quitaron de las manos. En un par de días el local quedó casi vacío y a partir de ahí, a todo correr, Hamid y sus muchachos trasladaron hasta allí los cargamentos de jabón que ya teníamos listos. Con ellos llenamos los estantes, las repisas y vitrinas, organizados por tipos, tamaños y calidades, por utilidades y precios. Los de sebo separados de los de aceite de oliva, las pastillas de los bloques, los de color de los naturales. Y el penúltimo día de aquel junio atribulado de 1940 abrimos el comercio, ahora ya legalmente, a la clientela. La realidad era cruda, pero la gente tenía necesidad de seguir lavando la ropa y fregando los suelos, asearse al levantarse o al volver del trabajo y bañar a los niños, aunque fuese en un barreño de zinc los sábados por la mañana.

Fue Ricardo quien me insistió para poner un nombre al producto y al negocio. Lo consulté con Petra y Casilda y me dijeron ambas que hiciese lo que me diera la gana, ninguna tenía más interés o ambición que seguir recogiendo los dineros que les correspondían. Dando vueltas a otro montón de alternativas en aquellas noches cortas y cálidas del principio del verano, mientras todo el mundo alrededor seguía conmocionado por el descalabro de Francia, nosotros acabamos decidiéndonos por un nombre simple pero elocuente: Savon de l'Oranie. Así nació la marca, sin imaginar cuánto habría de dar de sí en los años venideros.

Con monsieur Martin firmé la compraventa del inmueble ante un notario del square Cayla, intentando que no se me notasen los nervios que llevaba agarrados a las tripas al mostrar mi fraudulenta identidad ilegalmente recuperada, sin el apellido de Lagarde: dos quebrantamientos en uno. Pero el digno notario público, repeinado, repulido y francés hasta los tuétanos, uno de aquellos patos, como solíamos llamar a los de la metrópoli, andaba con el temple trastocado por los aconteceres, como todo el mundo. Y quizá ni siquiera tenía claro a qué Estado estaba sirviendo en sus cometidos. Así que, por suerte para mí, apenas se molestó en echar un vistazo a mis tramposos papeles.

Terminados nuestros trámites, ayudé al viudo a preparar su equipaje. Solo accedió a llevarse algo de ropa, el retrato manoseado del hijo caído en combate y el crucifijo de encima de la cama. Yo, por mi parte, no tenía intención de instalarme en la vivienda del piso superior que compartió con su mujer, prefería usar esas habitaciones para lo que viniera bien al negocio y seguir en mi casa, junto a la manufactura de los jabones. Junto a Ricardo.

El resto lo ofrecí a las vecinas y, en menos de una hora, la casa quedó desnuda. No era afán de rapiña lo que las empujó a arramblar con enseres y muebles, trastos y menaje, sino la simple necesidad. Ni un tenedor quedó. Y por quedarse con el reloj de cuco, casi llegaron entre dos mujeres a las manos. Porque las cosas seguían feas, bien feas. El impacto en Argelia del régimen de Vichy estaba comenzando a alterar a muchos. Y entre esos muchos alterados por la nueva realidad estaban los refugiados españoles, desolados y confusos ante el triángulo que ahora conformaban Franco, Pétain y Hitler, incapaces de anticipar qué consecuencias tendría para ellos aquella sintonía tan siniestra.

Aunque le corroía la desazón igual que al resto, Ricardo intentaba que nuestra vida fluyera más o menos como siempre, y se esforzaba por hacerme reír con su humor afilado cuando me veía con el ánimo bajo, y seguía asando meros y calamares en la parrilla del patio, y me hacía el amor por las noches con la ventana abierta al cielo del verano. Y yo me dejaba querer en ese limbo, obligándome a no pensar que aquella estabilidad sujeta con alfileres empezaba a asomarse al abismo.

Por Casilda supe que las condiciones, ya atroces de por sí, se iban también recrudeciendo en los campamentos, donde aún se amontonaban muchos de los exiliados españoles. Se les iban sumando comunistas y anarquistas europeos; últimamente, también miles de judíos. Alguien, de alguna forma, consiguió hacerle llegar un mensaje a mi compañera, y así supo ella que a su marido y a otros republicanos iban a trasladarlos a Ain el-Ourak, otro campo muy próximo a la frontera con Marruecos, para trabajar en un tramo distinto de las obras del ferrocarril transahariano. Se oía que a los alemanes les interesaba tender esa vía férrea entre Níger y el Mediterráneo lo antes posible, para llegar y destripar las minas de aquella zona, ricas en minerales. Lo que ni Casilda ni nadie imaginaba era que, en ese traslado, de un modo accidental, su Simón iba a escaparse.

Apareció en Orán de improviso, igual que tantos otros

desde que se los llevaron; casi nadie era capaz de prever cuándo se les pondría por delante la oportunidad de una liberación o una fuga. Harapiento igualmente, con la piel abrasada por el sol, famélico, casi sin pelo, casi sin dientes: así llegó Simón Otero. Pero aquello no era lo peor, ni muchísimo menos. Casilda estaba más que dispuesta a cuidarlo y protegerlo hasta que se recuperase, y además tenía el dinero guardado céntimo a céntimo desde que las ventas del jabón habían crecido. Con lo que no contaba ella era con que de bien poco iba a servirle ese ahorro tenaz para recomponer su matrimonio y encauzar un futuro. Las atrocidades de los campos, las vejaciones y carencias, el hambre y las fiebres habían alterado por completo el ánimo de aquel marido anarquista que, al parecer, siempre tuvo un carácter turbulento. Le habían trastornado la cabeza, por decirlo en corto, hasta hacer de él un perturbado. Un demente.

Ella empezó a faltar al trabajo. Y cuando no lo hacía, comenzamos a notarle los estragos en el cuerpo y en el alma, moretones y marcas de los arrebatos de él, pesadumbre y silencios. Aun así, por una lealtad obstinada al marido o quizá simplemente por puro miedo, de la boca de Casilda jamás salió una queja. En un breve tiempo, se mudaron de domicilio dos, tres, cuatro veces; acabaron rompiendo con todo el mundo, nadie quería tenerlos cerca. Su último alojamiento fue una especie de palomar en lo alto de un edificio cerca del hipódromo, solos, apartados de los enclaves donde solían estar instalados los republicanos españoles, sin nadie conocido cerca.

Él no se dedicaba a nada, no se molestó en buscar trabajo. Pero algunos días nos rondaba, a veces en la fábrica de los patios y a veces en la tienda, siempre donde no estuviera ella. Desde fuera, soltaba gritos, maldiciones, insultos; alguna vez intentó entrar y tuve que pedir a Hamid que se lo impidiese. Hasta que una tarde, cuando ya solo quedaba yo en el local que antes fue l'épicerie, se me coló dentro.

No saludó, no dijo nada, solo paseó sus ojos desquiciados por las paredes y los estantes. Iba vestido con una simple camiseta interior, blanca, sucia, dejando ver un torso esquelético y velludo. Los pantalones los llevaba sujetos con tirantes elásticos, uno en su sitio, el otro suelto.

—Voy a cerrar, Simón —dije aparentando una seguridad que no sentía—. Casilda se ha ido hace un rato.

Como si no me hubiera oído, de un estante agarró un cubo de jabón, se lo acercó a la nariz y lo olió con ahínco, como un animal. Después se lo llevó a la boca y yo amagué un grito para que no hiciera eso, pero me contuve: más me valía no contrariarlo. Lo mordió, lo masticó, lo saboreó y, con gesto de asco, lo acabó escupiendo.

—Mejor váyase —insistí—. No haga esperar a su mujer. No vaya ella a preocuparse si no lo encuentra.

Yo seguía detrás del mostrador, tenía a medio cuadrar la caja del día. Nerviosa, no supe qué hacer, si seguir en mi sitio o si salir y hacerle frente.

Él, mientras, continuaba ajeno a mí, como si no me oyese. Su siguiente movimiento fue para extender el brazo, meterlo en un estante y, con un impulso brusco, lanzar al suelo todas las pastillas apiladas; lo menos cuatro o cinco docenas que acabaron desparramadas sobre las baldosas.

—Simón, se lo ruego, ¿por qué no se...?

Sin dejarme acabar, del estante parejo agarró uno de los cuchillos de hoja larga que usábamos para trocear las barras. Lo alzó, me señaló con él. Luego masculló en nuestra lengua común:

—Ladrona.

No contesté, solo tragué saliva. Ahora sí parecía bien

consciente de mi presencia. Con pasos lentos y el cuchillo en una mano, se acercó al mostrador hasta plantarse enfrente de mí, hasta quedar separados únicamente por esa superficie de madera sobre la que a diario yo despachaba a los clientes, vieja, gastada, llena de desperfectos. Sobre ella, de pronto, con la mano libre soltó un palmetazo violento; yo me eché hacia atrás de un salto.

—Zorra ladrona.

Intenté que no me notara el pánico, mientras pensaba en cómo escapar de aquel demente. Pero estaba encajonada, no tenía salida.

—Le robaste el negocio a mi mujer, nos lo quitaste todo.

Apuntando hacia mí de nuevo con la hoja del cuchillo, echó adelante el torso sin dejar de mirarme con sus ojos extraviados. Ante aquella acusación insensata, yo podría haberme enredado en explicaciones, o quizá debería haberle dado la razón como el loco que era, haberme deshecho en falsas súplicas de perdón y clemencia, a ver si así dejaba de amenazarme. Pero no lo hice. Acababa de caer en algo, y no quería que se diera cuenta.

—Eres una guarra que vive amancebada con un tío casado. La puta de un republicanito burgués que tiene a su mujer en América. A su mujer y a sus hijos, mientras aquí se revuelca contigo.

A pesar de lo tremebundo de la situación, me entraron unas ganas inmensas de gritarle que ya lo sabía, no necesitaba que un tarado como él me lo recordase. Lo sabía desde el principio. Todo, de cabo a rabo, la historia completa: el matrimonio de Ricardo en la iglesia de San Francisco el Grande antes de que llegara la República con una mujer de piel clara y ojos claros que se llamaba Luisa y a la que conocía desde la niñez, una mujer totalmente distinta a mí, cariñosa, tierna, entregada, tímida. Juntos habían tenido un hijo que llevaba el nombre de él y una hija que llevaba el nombre de ella; ninguno había cumplido aún los diez años. Sabía también que habían vivido en un piso con cuatro balcones en la calle Gaztambide, y que tenía un suegro de ideas progresistas, con cierta influencia y muchos miedos que decidió llevarse a la familia entera a México en cuanto empezó la guerra. Se suponía que Ricardo iba a seguirlos en breve; por distintas razones, no lo hizo.

—Que sepas que él se va a ir con los suyos, que va a dejarte. Es lo que te mereces, por cerda.

También eso lo sabía. Me quería mucho más de lo que jamás quiso a su mujer y, aun así, la culpa de no estar con ellos lo corroía, aunque se esforzara por esconder esa desazón detrás de su buen talante y su arrobo por mí, entre sus mañas de aprendiz de cocinero frente a la parrilla y sus caricias. El marido de Casilda, pese a sus improperios y desvaríos, en eso tenía razón: llegada la hora, Ricardo iba a abandonarme.

Pero no era momento de darle o quitarle la razón; Simón mantenía el cuchillo en alto y mi urgencia apuntaba hacia otro sitio. Y mientras seguía escupiendo insultos y mezclaba fantasías de su cosecha con verdades como puños, yo andaba moviendo los dedos por debajo del mostrador, a ciegas, hasta abrir a tientas el segundo de los cajones. Ahí era donde madame Martin solía guardar el retrato de su hijo muerto. Y ahora, aunque el recuerdo del soldado ya no estaba, sí quedaba dentro el resto de las cosas de siempre. Entre ellas, unas enormes tijeras.

A partir del instante en que logré empuñarlas, todo fue tan rápido que apenas me quedó memoria de los movimientos: en cuestión de segundos le tenía las puntas puestas en el cuello. Con esas tijeras cortábamos a diario cuerdas y cordeles, abríamos paquetes y destripábamos el yute de los sacos. Ahora, si él no soltaba el cuchillo, yo estaba dispuesta a defenderme hincándoselas en la yugular o donde hiciera falta.

No fue necesario llegar tan lejos porque, de pronto, asomó la cabeza una vecina del barrio que siempre andaba con prisas de última hora.

—No te quedará por ahí, Cecilia...

La frase la cortó el tintineo del metal al chocar contra el suelo, cuando él dejó caer el cuchillo; solo entonces yo separé de su piel la punta de las tijeras. Después, con un empujón, apartó a la clienta del hueco de la puerta y salió a zancadas. Fue la última vez que lo vi vivo.

# CAPÍTULO 60

Las acusaciones de aquel pobre pirado, a pesar de referirse a realidades que yo ya conocía, me dejaron un sabor amargo. Pero no lo hablé con Ricardo, no tenía sentido. Él andaba también esos días con el alma en un puño, como tantos refugiados, como tanta gente. A lo largo de aquellas semanas no solo tuvimos que asumir la adversidad de depender ahora de un régimen francés afín al nazismo; además, en otra pirueta igual de adversa, también las hostilidades españolas parecían haber cruzado el mar y traído desde la otra orilla del Mediterráneo los tristes enfrentamientos de nuestra guerra.

La caída de Francia y su situación de debilidad habían avivado en Franco y los suyos un viejo sueño: recuperar Orán y todo el Oranesado para los españoles. Se corrió la voz de que habían hecho lo mismo con el Tánger internacional, apropiárselo militarmente. Y con la intención de sumarnos también a nosotros a sus posesiones africanas, al parecer andaban montando un plan de reconquista a fin de arrancarnos de la Administración francesa. Operación Cisneros fue el nombre que dieron a esa ambición, por aquello de que el viejo cardenal fue el primer precursor de la toma de la ciudad, siglos antes.

Como el ejército español no estaba para fanfarronadas, se emprendió un movimiento con campañas de prensa y la activa e insidiosa intervención de la Falange. Se alegaban derechos históricos, por las etapas anteriores en las que Orán perteneció a la Corona española. Se reivindicaba la numerosa población de nuestro origen que siempre hubo y seguía habiendo, superior a la de sangre puramente francesa. Incluso se acusaba a Francia de tratarnos como ciudadanos de tercera clase, abusar de nosotros como trabajadores y haber naturalizado de forma obligatoria a miles y miles de compatriotas para incrementar las cifras de población. En medio de aquellos rumores que mezclaban alguna realidad con no pocos desvaríos, llegó a oírse hablar hasta de un posible plebiscito para que pudiésemos decidir si queríamos mantenernos con la Francia de Vichy o vincularnos a la España de Franco.

—Orán es nuestro por el espíritu, por la lengua, por la sangre, por la economía, por el trabajo.

Ricardo me leyó la frase una de aquellas noches del crudo verano: venía escrita en un periódico español que llegaba con regularidad a Orán y pasaba de mano en mano. Después soltó un bufido, dobló desparejado el diario y lo lanzó con desprecio al suelo.

—No tengo ganas de cenar —dijo entonces.

Yo tampoco, y sobre la mesa quedó el hervido de patatas con habichuelas verdes que había sobrado del día anterior; ninguno tenía el ánimo esos días para cocinar delicadezas. Fumamos en silencio, ni siquiera probamos la sandía partida para el postre. En el patio hacía calor, mucho calor. Y había moscas, muchas moscas, y del mar subía una humedad pegajosa y espesa que quedaba adherida a la piel como si fuera melaza. Y para hundirnos más aún en el desasosiego, sobre Ricardo y sobre el resto de los exiliados planeaba esa nueva sombra, turbia y próxima, de los compatriotas que les habían ganado la guerra.

Bravucones, los falangistas asentados en l'Oranie se

dedicaban a repartir propaganda y berrear consignas, a pegar en las paredes públicas carteles con proclamas y a provocar disturbios callejeros. Por Orán sobre todo; también por Sidi Bel Abbès, la pequeña ciudad de la que me traje tan malos recuerdos, y por otras muchas localidades del departamento con presencia española abundante: Aïn Témouchent, Béni Saf, Perrégaux, Mostaganem, incluso Río Salado, adonde se trasladó a vivir monsieur Martin, encerrado prematuramente en un asilo. Contaban los falangistas, según se decía, con el apoyo del cónsul, de las monjas y los sacerdotes, entre los que llevaba la batuta el padre José Manresa, y de una porción de los españoles adinerados de la ciudad y los alrededores. Aquella agitación descarada y subversiva, además de incordiar a las autoridades francesas, amargaba a los refugiados españoles. Entre ellos a Ricardo, mi Ricardo, en gran manera.

Con la llegada del verano él había dejado de dar clases a los niños, y sin esa inactividad le quedaba demasiado tiempo libre para otros pensamientos. Solía andar casi siempre con la prensa entre las manos, o haciendo sus dibujos y pergeñando nuevos moldes para mi negocio, o leyendo alguna de esas novelas resobadas en español que se pasaban de unos a otros. Pero a ratos, largos ratos, también se tumbaba en el suelo en busca del frescor, sobre una simple estera de esparto encima de las baldosas, y cerraba los ojos sin dormirse, y yo notaba cómo la angustia lo iba acorralando.

A partir de esos días, ocurrieron más cosas que trastocarían para siempre a Orán y a nosotros; avatares macabros sucedidos en cadena, uno detrás de otro.

La primera de las malas noticias nos la trajo el marido de Petra, mi compañera. Aún no había amanecido cuando aporreó mi puerta. Nosotros seguíamos en la cama, dormidos y desnudos pero sin abrazarnos; el calor y el mal ánimo nos mantenían separados, en una distancia breve pero real que hasta entonces nos era desconocida. Salí a abrir con el pelo revuelto, echándome una bata por encima y anudándomela deprisa a la cintura, alarmada, descalza. Solo cuando abrí, el recién llegado bajó los puños y dejó de golpear la madera.

—Casilda y Simón —anunció nervioso, con el rostro desencajado— están muertos.

De mi garganta salió una especie de lamento sordo. Noté que se me aflojaban las piernas, noté las manos de Ricardo a mi espalda, recién levantado también, sujetándome por los hombros. En voz baja pero firme, dijo únicamente:

—Vamos.

Nos vestimos con lo primero que pillamos y nos subimos a la carrera en el auto que había traído al marido de mi socia, nunca recordé quién iba al volante. Las calles estaban prácticamente vacías a esas horas, tan solo se nos cruzaron los lecheros, los vendedores de agua dulce y algunos vehículos con soldados que volvían a sus cuarteles tras las rondas nocturnas. Llegamos con las primeras luces a una calle por el final del quartier Delmonte. Ya estaba allí la policía y un corro de vecinos alterados, a los que el horror había sacado de las camas. Tras el frenazo del coche salté precipitada y, a empujones y codazos, logré abrirme paso entre la gente. Hasta verlos.

Los dos cuerpos estaban tirados en el suelo, desmadejados como muñecos de trapo. Ella boca arriba, con las piernas abiertas y el camisón obscenamente subido hasta la ingle, con la melena oscura esparcida por la calzada, mezclada con la sangre que le brotaba de la crisma. Tenía los ojos abiertos, aterrorizados, y una especie de mueca macabra en los labios. Él quedó boca abajo, en calzoncillos y camiseta de tirantes; igual era la misma prenda que llevaba el día que me amenazó en mi negocio.

Habían caído desde la azotea en la que estaba el palomar donde vivían; nadie vio cómo se precipitaban, solo un vecino que se estaba afeitando antes de ir a trabajar, a través de su ventana abierta oyó el ruido de los cuerpos al estamparse contra el suelo. Se asomó, se estremeció, dio a gritos la voz de alarma. Nadie sabía cómo había sucedido, si fue a caso hecho o un accidente. Si él la arrojó a ella y se tiró luego, o si fue al revés, o si saltaron juntos, a la desesperada, para acabar con el infierno que soportaban desde que él había llegado del campo de concentración donde se le trastocó la cordura para siempre.

Se me acercó un agente para que me retirase. Me lo quité de encima.

—Déjeme en paz.

Me arrodillé junto a Casilda y le cerré los ojos en un último adiós a mi desgraciada compañera. Reventada contra el suelo en aquella calle ruinosa de los arrabales de Orán, lejos de su tierra y de los suyos: así acabó la vida de una buena mujer, víctima de un hombre trastornado que no tuvo la fortaleza necesaria para sobrevivir a la tiranía de los campos o que quizá, simplemente, no fue capaz de asumir el fracaso de sus ideales.

Los enterramos bajo un sol fiero en el cementerio civil. Sin responso, ni cruces, ni cura, ni flores; sin verter ni una lágrima. Petra no fue capaz de aparecer, seguía sin salir de su conmoción, aterrada. Fui yo quien se encargó de los trámites, con Ricardo a mi lado. Me tocó asimismo recoger sus pertenencias, aunque a diferencia de cuando me encargué de las cosas del matrimonio Martin, Casilda y Simón apenas tenían nada. En la mísera habitación que ocuparon aquellos últimos días, donde aún quedaban mierdas resecas de las palomas, solo había un camastro, un par de bolsas con enseres y una maleta destartalada. Al llegar encontré la puerta abierta; algún desaprensivo se me había adelantado. Del dinero del jabón que Casilda guardó como una hormiguita, no hallé ni un solo franco.

# CAPÍTULO 61

Tres días después, Petra y su marido nos anunciaron que volvían a España. Tiraban la toalla, no aguantaban más la crudeza del destierro, no querían acabar sus vidas como Casilda y Simón, atormentados, con las mentes maltrechas, solos como perros. Sabían que a su regreso el régimen franquista los trataría sin contemplaciones, pero estaban dispuestos a asumirlo. La muerte de nuestra socia, fuera suicidio o crimen, les había hundido la moral. Y en su pueblo levantino seguían sus familias, y de Orán se llevaban ahorros, y tenían un huerto que quizá podrían recuperar más adelante con las cosechas de melocotones, y eran jóvenes y no descartaban volver a tener hijos.

Al igual que ya habían hecho otros refugiados, acordaron el regreso en una de aquellas avionetas que antes fueron militares y que ahora, medio maltrechas, servían para el transporte periódico de civiles desde Orán hasta el aeródromo de Los Alcázares, en un breve vuelo sobre el Mediterráneo. Ajusté cuentas con Petra; además de lo que le correspondía del negocio le di un buen pellizco más, por si les hiciera falta. Despedí a la pareja con un abrazo y un nudo en las entrañas. Jamás volvería a saber de ellos.

Aún estaba haciéndome a la idea de que me había quedado sin compañeras, cuando otra de aquellas mañanas volvimos a despertarnos con el corazón en la garganta.

Nos sacó del sueño el rugir de aviones en vuelo raso y el sonido violento de las sirenas. Eran aviadores ingleses, con el aviso de que esa misma tarde, si no se entregaba la flota francesa fondeada en el vecino puerto de Mers-el-Kebir, Mazalquivir como decíamos los españoles, la bombardearían sin miramientos.

Antes de la rendición, Churchill había avisado al gobierno francés de que solo aceptaría la nueva situación si los buques de la Marina francesa eran dirigidos hacia puertos británicos, para evitar así que cayeran en poder de los alemanes. Pero no le hicieron caso y se mantuvieron en sus propios puertos porque las cláusulas del armisticio, según ellos, acordaban que esos buques jamás podrían ponerse al servicio de los países del Eje. Aun así, los británicos no se fiaban, y hubo conversaciones, y negociaciones, y un tenso tira y afloja que no llegó a nada. Desde Londres, con firmeza implacable, se puso entonces en marcha la Operación Catapulta, con una fecha concreta como límite para que los franceses accedieran a sus exigencias. Y el calendario de mi cocina marcaba que ese día había llegado. Miércoles, 3 de julio.

Sobre las seis de la mañana se aproximó a la rada de Mazalquivir el primer destructor británico; el resto de la escuadra lo hizo antes de las nueve. La base naval estaba casi pegada a Orán, al otro lado del monte de Santa Cruz. Por toda la ciudad cundió el pánico, la radio y los parlantes no cesaron de emitir señales constantes de alarma avisando a la población para que nos dirigiéramos a los refugios. Las calles quedaron prácticamente vacías, los negocios y las oficinas se mantuvieron cerrados a cal y canto.

Algunos ciudadanos fueron obedientes y acudieron a aquellos agujeros públicos y colectivos en cuyas construcciones había participado Rafael con su empresa; otros se metieron en escondrijos privados que habían excavado por su propia cuenta en sus jardines y huertos. Pero los oraneses, por lo general, no eran gente dada a la quietud y la falta de luz, y la mayoría de la población prefirió huir al interior, a los campos, las montañas y los pueblos, alejados de las playas que siempre se abarrotaban durante el verano. En autobuses y coches particulares, en furgonetas de reparto, trenes y carros tirados por caballos y burros. O andando.

—¿Tú qué quieres que hagamos? —me preguntó Ricardo mientras desayunábamos sentados a la misma mesa de nuestra primera noche, uno frente a otro, nerviosos ambos.

—Quedarnos.

—¿Estás segura?

Solo precisé cerrar los ojos para confirmarle que sí, mientras acababa de un trago el café que en realidad no era café, sino un brebaje hecho a base de malta tostada; el café de siempre, el de grano, hacía meses que ni lo olíamos. No fuimos los únicos que decidieron no moverse, qué va. Pero eso solo lo supimos luego.

A lo largo de la mañana volvieron a abrirse las conversaciones entre los responsables oficiales. Los británicos propusieron un ultimátum con una serie de salidas alternativas destinadas a los buques franceses atracados en Mazalquivir: unirse a la flota británica para continuar la lucha, zarpar a las Antillas o a los Estados Unidos, o ser hundidos por ellos mismos en el propio puerto. En caso de no aceptar ninguna de esas opciones, atacarían horas más tarde.

En realidad, los marinos ingleses ansiaban que se aceptara alguna de las propuestas para no tener que llegar hasta el peor de los extremos: esos mismos franceses, esos mismos almirantes, oficiales, suboficiales o simples marineros habían sido sus aliados, sus hermanos de armas hasta hacía muy poco. No eran el enemigo a abatir, no eran los indeseables de los alemanes. Pero la respuesta francesa fue contundente: rechazaban cualquiera de los ofrecimientos, estaban dispuestos a hacer frente con honor al ataque.

Y el ataque llegó, claro que llegó. Tras horas de tensión e incertidumbre, poco antes de las seis de la tarde los cañones de la Royal Navy abrieron fuego. La carnicería estaba en marcha, sin misericordia, sin contemplaciones. El combate fue tan brutal como rápido, aunque a nosotros se nos hizo eterno. Con descargas monstruosas, en un cuarto de hora se dio por concluida una feroz operación en la que los franceses, por las posiciones de sus barcos, apenas pudieron defenderse.

Nosotros las oímos y las sentimos en nuestros cuerpos desde dentro de mi casa: las paredes temblaron, los vasos y los platos tintinearon en los estantes, un quinqué se volcó y cayó al suelo. Sentados muy juntos, yo hundí la cabeza entre mis rodillas mientras Ricardo me aferraba con su abrazo por la espalda. Así nos mantuvimos, apretados el uno contra el otro durante aquellos tremebundos quince minutos.

Cuando cesaron, alcé el rostro descompuesto y miré el reloj; eran las seis y cinco. Tras un rato de silencio en el que ni hablamos ni nos levantamos ni casi respiramos de tan conmocionados como estábamos, a través de las ventanas empezamos a oír las sirenas, los llantos y gritos de espanto de la gente saliendo a la calle, los improperios contra los ingleses. Hijos de puta. Traidores.

En el breve tiempo que duró el ataque algunos buques fueron gravemente dañados, otro explotó y se hundió, otros quedaron varados en aguas poco profundas. Once navíos maltrechos fue el resultado, y La Royale, la Marine Nationale, la cuarta potencia marítima del mundo, fue masacrada. Los muertos sumaron más de mil, el hermoso mar de la hermosa bahía quedó asqueroso, lleno de sangre, humo negro y metralla, piernas y brazos, cabezas y torsos achicharrados. En los hospitales y los sanatorios de Orán se amontonaron los heridos, hasta los Boy Scouts acudieron a recoger pedazos humanos por la playa. Francia y Argelia sintieron una inmensa rabia y una hondísima pena. Incluso los propios británicos quedaron conmocionados por la insensata matanza.

Para los franceses, sería la batalla naval con más bajas de toda la guerra.

Para Ricardo y para mí, el principio del fin de nuestra historia.

Alarmados por las noticias que llegaban hasta México, de alguna forma su suegro logró acelerar los trámites para conseguirle un permiso y un pasaje de barco. A mi puerta acudieron hombres a los que yo no conocía: a esas alturas, las cautelas para que nuestra convivencia no fuera pública habían quedado atrás hacía tiempo. Le traían mensajes, instrucciones. Y él los recibía, y me quería contar qué le decían, cómo avanzaban las cosas, pero yo me negaba a escucharlo.

Se marchó a principios de agosto. Se fue solo a la estación, con su cuerpo flaco y la misma maleta que trajo en el Stanbrook, para subir a un tren que lo llevaría a Oujda, en la frontera con Marruecos, y seguir el rumbo de los que antes habían emprendido ese mismo camino. Desde allí, otro tren lo llevaría hasta Casablanca y después un barco hasta Veracruz y luego a Ciudad de México. A los brazos de una buena esposa que disculparía su infidelidad sin mencionarla nunca; a las paellas dominicales de su suegra y a las carantoñas de sus hijos, a vivir un exilio triste como todos los exilios, pero relativamente cómodo. Como si lo nuestro, en vez de un amor profundo, hubiese sido un simple desliz en aquellos tiempos extraños en los que todo andaba alterado por las guerras.

Yo abandoné esa misma tarde la casa que compartimos, no quise seguir bajo el mismo techo, en la misma cama, en el mismo patio. Me llevé un bolsón con ropa y me instalé en el piso vacío de encima de la tienda, en el antiguo hogar de los Martin, donde solo quedaban polvo y manchas en las paredes.

Acurrucada en el suelo, incapaz de contener el llanto, apenas logré media hora de sueño en aquella noche amarga.

# CAPÍTULO 62

En el curso de los siguientes dos años, algunas cosas se mantuvieron y otras se alteraron drásticamente. Se mantuvo la guerra, por ejemplo, y se mantuvo también el régimen de Vichy sobre media Francia y sobre la Argelia francesa, con sus políticas carroñeras complacientes con los nazis. En mi vida, por el contrario, casi nada quedó como antes: hubo traslados y mudanzas, contingencias inesperadas, presencias que me trastocaron y montones de cambios.

Los primeros llegaron de manera imprevista al final de una mañana de trabajo, cuando estaba a punto de cerrar la tienda para subir a comer; el parón de mediodía en el comercio de Orán seguía siendo sacrosanto. A esa hora la gente se sentaba a la mesa y se detenían por completo los clientes, las llamadas, los pedidos. Las dos jóvenes dependientas a las que contraté meses atrás, cuando me vi desbordada, se habían marchado a sus casas y no volverían hasta la hora de abrir por la tarde. Yo estaba terminando de organizar unas repisas cuando oí golpear unos nudillos sobre el cristal de la puerta.

Al alzar la mirada, algo se me revolvió en el estómago.

—Monsieur Azoulay, quelle surprise de vous voir ici.

En efecto, ver a mi casero en mi negocio era una sorpresa. Y no de las gratas.

—Le dejé anteayer el dinero del mes a uno de sus empleados. ¿Ha habido algún problema?

Sin contestarme, con pasos lentos, se adentró en el local mirando a su alrededor con ojos curiosos. Era mayor, no un anciano ajado, pero sí un hombre al que se le notaban los años en el pelo ralo y cano y en los pliegues de la piel, en la forma en la que encorvaba la espalda hacia adelante. Llevaba un traje de chaqueta oscuro, camisa blanca sin corbata. Austero. Digno, aunque en los últimos tiempos parecía haberle caído una década encima.

—Así que se dedica usted al jabón, madame Lagarde. —Con un tono neutro en el que yo intuí un punto de sarcasmo, añadió—: Quelle agréable nouveauté. Qué grata novedad.

Para él, seguía usando mi apellido de casada. Para el negocio, el de soltera. Y para el resto de las cosas, según me interesara; aquella duplicidad no me generaba el más mínimo trastorno, y la Administración andaba tan aturullada en esos días de conflictos serios que los trapicheos de una vendedora del barrio de Gambetta eran el menor de sus problemas.

—Oui, monsieur —dije sin más explicaciones, intentando anticipar por qué demonios había venido aquel hombre en mi busca.

Hasta entonces, tal como apalabramos en su día, yo le llevaba todos los meses el importe de los alquileres a su tienda de telas en el barrio judío: el dinero correspondiente a los dos pequeños inmuebles en los que yo seguía teniendo instalada la fábrica de jabón, ahora con siete empleados y ya sin sitio para seguir creciendo. Alguna vez pensé en confesarle abiertamente lo que hacíamos allí y preguntarle si tendría disponible algún otro local vecino, para poder ensancharnos. Pero por una cosa o por otra, jamás le expliqué el uso real que daba a aquellas propiedades suyas. En teoría, una seguía siendo mi vivienda y otra la de unos compatriotas inexistentes. Y preferí dejarlo así, aunque yo ya no viviese allí desde la marcha de Ricardo.

—Y, según parece —añadió—, le van bien las cosas.

—No puedo quejarme.

Dio unos pasos más, observando los tipos de jabón, las existencias nutridas con los estantes repletos y las cestas del suelo llenas de cubos y pastillas hasta los bordes. De sosa, de aceite de oliva, con color, sin color, con fragancia, sin fragancia. Una gran diferencia con otros establecimientos de productos cotidianos donde, desde el principio de la guerra, seguía faltando casi de todo.

—Perdone la indiscreción, madame Lagarde; permítame una pregunta.

Alcé las cejas, como diciendo pregunte lo que quiera, mientras me esforzaba para que no advirtiese la poca gracia que me hacía su presencia.

—¿Este negocio de verdad es suyo?

—Oui, monsieur.

—¿Enteramente suyo?

—Oui, monsieur.

—¿Y también la petite usine, la pequeña fábrica que tiene instalada en mis propiedades?

Tragué saliva.

—Oui, monsieur.

Lo reconocí sin mentiras ni rodeos: no tenía sentido negarle la evidencia. Él era un comerciante serio, heredero de generaciones de judíos que llevaban largos siglos en Orán dedicándose a los negocios. Y yo no era más que una advenediza descarada que no había tenido más remedio que recurrir a trampas y argucias para abrirse camino.

—¿Y tiene usted autorización legal, madame Lagarde? ¿Permisos oficiales para el desempeño de estas labores?

—Oui, monsieur —dije otra vez; las afirmaciones me salían de la boca de forma casi automática.

—¿A su nombre?

—Oui, monsieur.

—¿Y su esposo?

Pasaron unos segundos mientras yo intentaba dar con la respuesta menos comprometida.

—Está al margen.

Hasta ese momento él había permanecido en el centro del local; empezó a acercarse a mí.

—¿Del todo?

—Oui, monsieur. Del todo.

—¿Hijos? ¿Tiene usted hijos?

Ahí podría haberme explayado, para escapar por otros andurriales y conseguir librarme de sus preguntas comprometidas. Podría haberle hablado de mi Marie, la niña que se me quedó sepultada por el barro. Pero no la nombré, como tampoco mencioné al hijo de Ricardo que perdí tras su marcha: el que él jamás supo que me había dejado dentro y que solo llegó a estar en mis entrañas tres meses.

Lo perdí a principios de aquel otoño, se me fue entre las piernas una madrugada, cuando yo intuía que estaba ahí pero aún seguía sin confirmarlo; se descompuso convertido en grumos espesos y chorreones que a mí me sumieron en una pena inmensa. Habría sido hermoso parir a esa criatura, aunque fuera con su padre ausente y no lo llegase a conocer nunca. Quizá habría tenido su pelo castaño claro, su temple sereno, sus manos hábiles. A lo mejor habría heredado también aquello que le hizo irse, eso que él llamaba sentido de la responsabilidad y a lo que yo todavía no era capaz de dar un nombre. Aunque hubiese llegado en esos tiempos hostiles en que vivíamos, habría sido un bebé muy querido por mí, su madre: un consuelo, una ilusión, el recuerdo de un gran amor que escapó al otro lado de un océano. Pero aquella pequeña vida se malogró y a mí, algunas noches, su recuerdo me seguía arañando.

A la pregunta, sin embargo, respondí simplemente:

—No, monsieur. No tengo hijos.

—Bien, alors. En ese caso, quiero proponerle un trato. ¿Le importa acercarme ese taburete que tiene ahí dentro? Disculpe, pero vengo fatigado después de mi larga caminata. Ya no nos permiten a los judíos subir al tranvía, ¿sabe? Ni siquiera sentarnos en los bancos de las plazas públicas para descansar un poco a la sombra mientras vamos andando de un sitio a otro.

# CAPÍTULO 63

Le saqué el taburete de madera y se sentó agradecido. Le ofrecí un vaso de agua de la garrafa que siempre tenía llena en un estante, lo aceptó y se lo bebió en tres sorbos.

—No quiero entretenerla más de lo necesario —dijo sosteniendo el vaso vacío entre los dedos—. Solo voy a lanzarle una idea y después me marcharé y usted se quedará pensando. Y mañana, si le parece, volveré y usted me dará una respuesta.

Me quedé detrás del mostrador, dispuesta a escucharlo bien atenta. No tenía la menor idea de adónde pretendía llegar, pero le debía al menos eso.

—Supongo que estará usted al corriente, madame Lagarde, de la situación tan ingrata en la que se encuentra mi pueblo, tanto en Europa como en la Argelia francesa.

Lo sabía, cómo no iba a saberlo. Entre la clientela se hablaba de mil cosas a diario y, desde que empezó la guerra, casi todas eran lamentables, muchas siniestras. Una de ellas era el trato despótico de los funcionarios pro-Vichy hacia ciertas comunidades: los árabes, los españoles refugiados. Y los judíos, sobre todo.

—El traidor de Pétain, en su afán por colaborar con los alemanes, ha puesto en marcha una legislación atroz contra nosotros. Dejaron sin efecto el decreto Crémieux, que desde hace setenta años nos concedía a los judíos argelinos la nacionalidad francesa. Ahora, ninguno puede trabajar en el servicio público: los carteros, los militares, los oficinistas, los maestros, a la calle todos. Y a los más desgraciados hasta los están metiendo en espantosos campos de internamiento. Y usted, madame, creo que conoce bien lo que eso significa.

Esas últimas palabras vinieron a confirmar lo que yo llevaba sospechando desde hacía rato. Su aparición justo a la hora en que el negocio se vaciaba, quizá no era casual. Su supuesta sorpresa al ver a qué me dedicaba, quizá tampoco era cierta. Monsieur Azoulay seguramente sabía de mí y de mi vida bastante más de lo que había aparentado en un principio. El porqué de su actitud yo lo ignoraba pero, con toda certeza, me estaba tanteando. Aun así, no lo interrumpí; prefería que siguiera.

—El marido de mi hija mayor, que es abogado y tenía su despacho particular en la place des Victoires, ya no puede ejercer oficialmente. El de la menor, que llevaba la gerencia de una clínica privada, tampoco. Mis cinco nietos, alumnos brillantes, no pueden seguir escolarizados, los han obligado a abandonar l'école y le lycée y...

Ahí se le quebró la voz. Sin poder ocultar su angustia, apoyó los codos en las rodillas, bajó la cabeza y se llevó a ella las manos, hasta que la frente y las sienes le quedaron sujetas entre los dedos.

Aproveché para llenarle otra vez el vaso de agua; una simple excusa a fin de dejarlo unos instantes solo con su abatimiento. Al ofrecérselo de nuevo, había recuperado la compostura.

—Disculpe —musitó mientras lo agarraba.

—No sabe, monsieur Azoulay —me atreví a decir—, cuánto lo lamento.

Alzó una mano a la vez que bebía, para que parase.

—No se moleste en compadecerme, no hace falta

—dijo tras otro par de tragos—. Lo peor, madame, está aún por llegar. En Francia ya han empezado las deportaciones a Alemania. Hombres y mujeres, ancianos, niños...

Con el último sorbo, la nuez le bailó en la garganta.

—En fin... En fin, discúlpeme, voy a centrarme en lo que me ha traído hasta usted; de lo otro podríamos estar hablando durante horas. Verá, las leyes antisemitas se están endureciendo también aquí, en Argelia, y lo siguiente va a ser despojarnos de nuestro patrimonio, de nuestras propiedades y negocios.

—Algo he oído —musité.

—Entre los nuestros, algunos, los menos, son muy adinerados, muy prósperos; le sonarán algunos apellidos, los propietarios de los almacenes Darmon, por ejemplo. Otros, en cambio, la mayor parte, tienen bien poco; no habrá visto usted muchos millonarios en la rue d'Auschwitz, ¿verdad?

Sonrió con un punto de floja amargura, y yo lo imité por cortesía. Tenía razón, nada olía a dinero abundante en aquella calle larga y siempre abarrotada, con sus humildes vendedores y sus modestos compradores y sus mercancías baratas sobre los tenderetes: paños para la cocina, sartenes y cordones de zapatos, cacharros de hojalata.

—Y los hay también como mi familia, simples comerciantes de buen pasar, con alguna propiedad y un negocio que fundó mi abuelo y en el que yo mismo llevo trabajando toda la vida; ya lo conoce...

Lo conocía de sobra, llevaba varios años acudiendo a él a finales de cada mes, sin saltarme ni uno. Era una tienda grande y algo destartalada, en una esquina de la rue de la Révolution, con dos entradas y dos escaparates. Dentro, montones y montones de rollos de tejidos, montones de clientes, clientas sobre todo, y un buen número de dependientes. No se trataba de un establecimiento distinguido como muchos de los franceses del centro, aunque superaba con creces a mi pequeño negocio de jabones.

—Pero ¿qué quiere usted de mí, monsieur Azoulay? —pregunté sin poder contenerme—. Yo no entiendo de telas, ni tengo nada que ver con...

Serio, enérgico, dijo no con la cabeza.

—Con mi comercio no puedo hacer nada más que cumplir las nuevas normativas y resignarme a cerrarlo, madame. Mantenerlo abierto, aun de forma clandestina, sería un desacierto; no puedo arriesgarme. Pero hay otras cosas en las que sí me atrevo a pedirle que me ayude. Y, a cambio, usted también obtendría beneficio.

—Acláreme, si no le importa.

—Verá... Tengo también dinero en metálico. Una cantidad, digamos, no desdeñable. Y, antes de que me lo quiten, me gustaría que me permitiera invertir en su negocio.

## CAPÍTULO 64

Cuánto eché de menos a Ricardo, su serenidad, nuestras charlas de cada noche. Hablar con él me habría ayudado a ver la situación desde todos sus ángulos, y así me habría resultado más fácil decidir por mí misma si me convenía aquella extraña oferta de Azoulay o si se trataba de una soberana insensatez, fruto de la desesperación de un hombre acorralado por el miedo. Pero no volví a saber de él desde que se marchó a México el verano anterior; cumplió lo que acordamos entre los dos y jamás me escribió ni una simple línea. Y a lo largo de mis días, aunque a menudo se me hacía cuesta arriba, yo intentaba mantener su recuerdo lo más apartado posible del pensamiento; qué sentido tenía seguir añorando lo perdido. Solo que a veces la nostalgia me hacía trampas y lo extrañaba tantísimo...

Ante su ausencia, en otras circunstancias lo habría consultado con madame Le Clerc, mi más sólido apoyo en otros momentos arduos. Pero contar con ella ahora también era imposible. Solía pasarme a verla un par de veces a la semana, y sabía por eso que iba perdiendo la lucidez a pasos de gigante. Se olvidaba de las cosas más simples: abotonarse la blusa, ponerse las gafas, su nombre, mi nombre, no digamos la guerra que tanto la trastornó al principio. Se suponía que se sentaba a leer concentrada, pero no avanzaba de página; pretendía escuchar la radio, y se quedaba horas oyendo interferencias. Hacía meses que yo misma contraté a alguien para que la cuidase, Amina, una joven árabe que soportaba con paciencia sus extravagancias y la trataba con enorme delicadeza.

Descartados mi amante pasajero y mi maestra con la cabeza entre brumas, solo me quedaba una opción para recurrir en busca de consejo. Rafael. Rafael Guerrero, la única persona en Orán en la que yo tenía plena confianza y que, además, estaba también al tanto de cómo se movían los negocios locales y cómo la maldita guerra los seguía afectando.

Desde aquella mañana frente a los refugios no había vuelto a saber de él, aunque volví a recordarlo centenares de veces: como amigo, como amante, como el novio que nunca llegó a ser y el marido que ojalá hubiera sido. Pero preferí dejar las cosas en su sitio, no entrometerme para evitar que nuestras vidas volvieran a trastocarse. Lo que sí sabía era que se mudaron del almacén junto al Tambor San José, pero no recordaba ni el número de teléfono ni la dirección exacta así que, para dar con él, volví a la guía de teléfonos. Nadie me contestó cuando llamé insistentemente al número asignado a su empresa. Ni al segundo día. Ni al tercero. Opté entonces por acudir en persona, por si había más suerte.

Me vestí con lo mejor que tenía, un sobrio traje color granate, y me peiné con un recogido discreto; acudía a hablar de negocios, no a recordarle a Rafael lo que podríamos haber construido juntos si el odioso de Lagarde no se hubiera metido por medio. Me demoré aposta para llegar sobre las diez y media, ni demasiado tarde ni demasiado pronto. Para mi decepción, sin embargo, igual que mis llamadas telefónicas quedaron sin responder, allí tampoco hallé a nadie, tan solo una gran persiana metálica bajada por completo.

Se trataba de un establecimiento en una travesía del

boulevard Sébastopol: en mejor zona, más amplio sin duda, de altura considerable y con el nombre rotulado en un cartel de aspecto profesional, no unas simples letras pintadas en la pared, como antes. Pero allí no se percibía ni sombra de vida, nada. Miré a derecha e izquierda, por si en algún comercio o servicio cercano me pudieran dar alguna indicación. Vi un estanco y unos metros más allá una farmacia, pensé que seguramente en alguno de los dos sitios podrían...

No llegué a decidirme porque en ese instante, a mi espalda, oí un grito.

—Vous cherchez quelque chose, madame?

La voz llegó desde el edificio de enfrente; un edificio de fachada más lucida que las de Gambetta, aunque sin excesos. En un balcón del segundo piso vi a la mujer que acababa de preguntarme. Relativamente joven, con el pelo rizado, castaño claro. Miraba hacia abajo, hacia mí, tenía las dos manos apoyadas en la barandilla de hierro.

Titubeé un instante, en realidad no tenía claro qué decirle.

—Veo que el almacén está cerrado y...

—Vous cherchez quelqu'un en particulier? —volvió a gritar.

Primero me había preguntado si buscaba algo, después si buscaba a alguien. Volví a dudar. Ella, entretanto, no se movió de su sitio.

—Rafael Guerrero —dije al fin, alzando yo también la voz para hacerme oír.

Nos separaba una distancia considerable; ella arriba y yo abajo, ella en su balcón y yo plantada en la acera de enfrente. Aun así, me pareció que se le cambiaba el gesto. No volvió a decir nada más, pero siguió mirándome.

—Muchas gracias de todas formas —dije a modo de despedida.

Supuse que no tenía nada más que añadir. Igual no lo conocía y tampoco tenía ni idea de por qué estaba cerrado ese negocio. Probablemente no era más que una vecina con buena voluntad, a lo mejor también un poco indiscreta.

Desprendí la vista del balcón, me disponía a marcharme cuando volví a oírla.

—¡Espere un momento!

Aún me resonaba ese último grito en los oídos cuando ella desapareció de pronto del balcón dejando las hojas abiertas. Aguardé desconcertada hasta que salió del portal y cruzó la calle para llegar hasta mí. Traía la respiración agitada, como si hubiese bajado a la carrera.

—¿Puede, por favor, decirme para qué quiere usted a Rafael Guerrero?

Era más baja que yo, más chata de cuerpo dentro de un vestido discreto con estampado azul marino; noté que tenía los ojos mansos, acuosos. Una buena madre de familia, sin duda, al cuidado de que todo estuviera en orden cuando volviesen los suyos. Las camas hechas, los suelos limpios, la comida lista, la mesa puesta.

No le respondí; no iba a dar explicaciones a aquella desconocida hasta que no me aclarase por qué me las pedía. Y ella lo intuyó, así que no tuvo más remedio que añadir:

—Rafael es mi marido.

Noté que le temblaba el labio inferior, un poco, muy poco, pero lo suficiente para hacerme ver, involuntariamente, que llevaba dentro un desasosiego infinito.

A menudo había sentido la curiosidad de saber cómo sería la mujer con la que él se casó a sabiendas de que habría preferido hacerlo conmigo. Y ahora la tenía delante, ahí estaba la que fue una joven dependienta de pastelería, convertida en madame Guerrero porque yo me desvanecí del mapa.

—Lo movilizaron hace meses, está en Francia. Del negocio se encarga ahora mi cuñado Salvador, pero esta semana anda con una obra en un cuartel militar, por eso lo tiene cerrado.

La voz se le oía fina, insegura. O quizá esa fragilidad se la provocaba el hecho de hablar conmigo. No supe qué contestar, me faltaron las palabras. A ella no.

—Supongo que es usted Cecilia —dijo con un rictus amargo—. Haga el favor de irse por donde ha venido. Déjenos en paz, por aquí no vuelva.

# CAPÍTULO 65

A falta de consejos, al final fue únicamente mi intuición la que me llevó a dar el paso. Así se lo hice saber a Azoulay cuando regresó a mi tienda ese mismo mediodía, en busca de una respuesta.

—Lo único que le pido es que me deje las condiciones por escrito, con la fecha y su firma.

—Me parece correcto. Lo que usted disponga.

—Igual no tiene validez oficial, pero a mí me sirve.

Encima del mostrador, en una simple hoja del cuaderno donde yo hacía mis cuentas, con unas frases a lápiz quedó cerrado el compromiso. La fecha encabezaba el escrito: 14 de septiembre de 1941, un año después de la marcha de Ricardo, dos años después del principio de la guerra. Aún éramos incapaces de anticipar cuándo y cómo acabaría.

Del viejo Eliah Azoulay aprendí mucho a partir de ese día, montones de cosas en todos los sentidos y direcciones, algunas morales, otras sobre el mundo, y la mayoría acerca del buen manejo de un negocio. En el curso del año siguiente, con su dinero y su agudeza en la sombra, y con mi trabajo y mi iniciativa a la luz, entre los dos dimos un enorme empujón a la empresa. Y mientras las leyes miserables de la Francia afín a los nazis seguían estrangulando a los judíos, nosotros abandonamos los humildes patios de

Gambetta y montamos una fábrica nueva en le plateau Saint-Michel, en otra de sus propiedades puesta tramposamente a mi nombre para evitar que se la confiscasen.

Se trataba de un local mucho más amplio y cómodo, entre la trasera de un taller de neumáticos y el lateral de un almacén de gaseosas. Con más calderas, con una distribución más ordenada de las funciones y también con más personal: arrancamos con diecisiete mujeres entre españolas refugiadas y judías oranesas, con el paso de los meses fueron aumentando. A pesar de venir de mundos tan distintos y de no hablar la misma lengua, lograron entenderse desde el principio y trabajar a diario en un ambiente grato, con enorme eficiencia, vistiendo todas delantales largos y pañolones blancos en la cabeza para que sobre los jabones no cayera ni un pelo. Unas se encargaban de las cocciones, otras de los moldes y el cuajado, otras del cortado y el empaquetado. Seguíamos además contando con Hamid, el chaval árabe al que contraté tiempo atrás para que nos echara una mano con su carretilla, convertido ahora en un joven serio y responsable al mando de otros cinco repartidores. Mientras en el mundo se mataba con saña, Savon de l'Oranie emprendía una nueva etapa.

La tienda de Gambetta se mantenía abierta para atender a los vecinos de siempre y los barrios de aquella zona. Desde el nuevo almacén, en cambio, queríamos extendernos por el centro. En un principio continué viviendo allí, en el piso superior; por el inmueble entero pagaba mes a mes a monsieur Martin los plazos que aún le debía, tal como acordamos. Sin los muebles pesados y oscuros del matrimonio, con su lugar ocupado por los que me hizo un carpintero con un simple tablón de pino, convertí aquella rancia vivienda en un hogar razonablemente cómodo. Pero el ir y venir varias veces al día entre Gambetta y la nueva fábrica resultó un incómodo trastorno, una pérdida de tiempo. Y de paciencia.

Para solucionarlo, de nuevo intervino mi socio.

—Múdese.

Acababa de entrar yo en la oficina, precipitada, acalorada, refunfuñando por enésima vez por los retrasos del tranvía. No habíamos ubicado la oficina en la parte delantera de la fábrica, como sería lo normal, sino que la pusimos hacia el fondo, para evitar que a monsieur Azoulay lo vieran desde la calle. Allí colocamos una única mesa de trabajo, bien grande; la mía, porque se suponía que allí solo trabajaba yo, como propietaria oficial del negocio. Pero él venía a menudo, a diario casi, entrando con discreción por una puerta medio oculta que abrimos en un callejón lateral por el que solo circulaban los gatos. Una vez dentro, hablábamos, discutíamos y tomábamos decisiones y, sentados cada uno a un extremo del largo escritorio, él se encargaba de los números con su pulcritud de viejo comerciante, y yo intentaba pergeñar ideas para conseguir mejores productos y ganar clientes.

Nos llevábamos bien, extrañamente bien, siendo como éramos dos seres tan distintos. La cristiana española falta de fe y el judío que, según me dijo, descendía de mallorquines por su rama materna. La empresaria novata y el avezado negociante, la treintañera con un estado civil fullero y el abuelo de cinco nietos.

—¿Adónde pretende usted que me mude? —pregunté mientras ponía en marcha el ventilador, sin hacerle apenas caso.

—Más cerca.

Ahora sí lo miré, y vi que no hablaba por hablar. Había levantado los ojos, me contemplaba con su portaplumas de plata vieja en la mano, sostenido en alto, a medio camino entre su cuaderno y el tintero.

—Sabe que tengo mi casa en Gambetta, aún la estoy pagando.

—Réntela.

No sonó a orden, sino a sugerencia. Luego añadió:

—Hay quien puede ofrecerle un apartamento no solo más cercano y más céntrico, sino también mucho más distinguido.

Solté un rebufo sarcástico.

—Yo no necesito distinción.

—Eso cree ahora, porque no está pensando con visión de futuro. Que usted viva en un lugar relativamente representativo puede venirnos bien para el negocio, cuando llegue el momento.

—No veo cómo.

—Esta maldita guerra tendrá que acabar algún día. Y cuando las cosas vuelvan a la normalidad, conmigo o sin mí, ya estará usted lista para avanzar, instalada en la casilla de salida.

Ahí dejé la conversación, sin hacerle más caso: había pedidos que atender, un problema con la máquina plegadora de los embalajes de cartón y setenta cosas más que requerían mi atención inmediata. Pero al día siguiente me volvió a pasar lo mismo, y en vez de la media hora de viaje habitual, tardé hora y cuarto en llegar, apelotonada en un tranvía que llevaba el doble de viajeros de la cuenta, malencarados, gritones y sudorosos. Y dos días más tarde, en vez de hora y cuarto, tardé hora y media. Y al siguiente, tan pronto entré por la puerta de la oficina, me planté frente a mi socio.

—Enséñeme el apartamento, voy a hacerle caso.

Ese mismo mediodía entré por primera vez en el que sería mi nuevo domicilio, una amplia vivienda de techos altos, suelo de hermosas losetas y seis balcones. En una esquina próxima al square Garbé, muy cerca del Palais de

Justice y de la catedral nueva, en una zona infinitamente más elegante que mi barrio de trabajadores.

—Pero esto no es para mí, esto no...

Mi voz resonó hueca en el espacio casi vacío, había algunos muebles pero se habían llevado las cortinas, las alfombras, los enseres.

—Déjese de protestas, Cecilia —zanjó rotundo. Para entonces ya me llamaba por mi nombre, se lo había pedido yo misma, me negaba a seguir oyendo el apellido Lagarde—. Si se lo queda, le hará un favor al propietario; es un buen amigo que está pasando por el mismo trance que todos nosotros. Antes vivía aquí un alto empleado del Barclays Bank con su familia; como eran ingleses, se marcharon al principio de la guerra. Y ahora, de seguir vacío, el dueño teme que se lo quiten.

—Pero yo debo pagar por esto un alquiler justo, yo no quiero ocupar lo que no me corresponde, aprovecharme de...

—Le repito lo mismo que antes le dije: lo que saque usted por la renta de su anterior vivienda, será lo que pague por esta otra. Y cuando este disparate acabe, ya hablaremos.

Así fue como, en tiempos oscuros para el mundo, yo comencé a vivir con más holgura que nunca. Y a lo que en principio me parecían lujos exagerados, me acostumbré pronto: luz natural y eléctrica en todas las habitaciones, un gran cuarto de baño con suelo de mármol, vistas magníficas hacia la plaza.

Por ella vi desfilar a menudo a los milicianos del SOL, el Service d'Ordre Légionnaire, tan fascistas y radicales como los mismos nazis, defensores apasionados del colaboracionismo con Alemania. Llevaban banderas francesas ribeteadas en oro y retratos gigantes de Laval y Pétain; cantaban desaforados alabando la gloria del mariscal y se desgañitaban contra judíos, comunistas y masones. A su paso, muchas de las contraventanas de los balcones de los edificios se cerraban a cal y canto en señal de rechazo, pero muchas otras se mantenían abiertas de par en par, y la gente se asomaba y los aplaudía y los jaleaba, y había señores con corbata que les hacían gestos de rotundo apoyo y muchachos que los contemplaban con admiración, y señoras de buen porte peinadas de coiffures élégantes que aplaudían y muchachas hermosas con rouge brillant en los labios que les lanzaban piropos y besos.

Al margen de mi mudanza, en cualquier caso, las cosas seguían tristemente complicadas. Según Azoulay, corría el rumor de que en el ayuntamiento se habían recibido montones de cajas procedentes de Francia llenas de estrellas de paño amarillo, estrellas de David para marcar a los judíos en público. En Orán, en toda Argelia, en toda Europa, por todas partes había miedo, sufrimientos, desazón, carencias. Unos por perseguidos, otros por tener a alguno de los suyos peleando en algún frente, como Rafael, como tantísimos maridos e hijos de tantísimas mujeres. Otros porque apenas llegaban a lo necesario para subsistir en esos días de racionamiento de azúcar y mantequilla, de carbón para encender las lumbres, gasolina, café, hasta tabaco. El mercado negro circulaba por todas las esquinas, se cometían tropelías y abusos constantes, la moral de la población andaba por los suelos.

En medio de aquellas aguas turbias, como un pequeño milagro, nosotros seguimos trabajando con tesón, haciendo y vendiendo jabones corrientes para la gente corriente. Y así transcurrió ese año. Hasta que una mañana de principios de noviembre del 42 todo empezó a alterarse.

## CAPÍTULO 66

Nos despertaron los cañonazos antes del amanecer y Orán entero salió aterrorizado del sueño, pensando que se nos venía encima otra masacre como la de Mazalquivir, peor incluso. Al rato, los cañonazos cesaron por completo y nadie supo qué hacer. Esperar era la única opción. Y rezar, los que supiesen.

Ya clareaba cuando oímos los aviones, muchos, montones en vuelo bajo. Las ventanas y los balcones de todas las casas se mantenían cerrados, las luces apagadas en previsión de un posible bombardeo. Minutos después arrancó el sonido de las sirenas y algunos corrieron aterrorizados hacia los refugios subterráneos mientras la mayoría se quedaba en sus viviendas, angustiados, manteniendo el miedo y el silencio. Los hubo también insensatos que se echaron a las calles sin un destino concreto, y los más temerarios se subieron a las azoteas para intentar averiguar de quién provenía la amenaza.

Desde uno de los balcones de mi gran apartamento escaso de muebles, en camisón todavía, me asomé a la plaza casi desierta. Vi únicamente a un chavalillo árabe repartidor de periódicos acurrucado contra una palmera, con la cabecita refugiada entre los brazos; vi a dos mujeres que corrían paralelas a la verja del Palais de Justice y se alzaban con las manos los jaiques blancos para que la tela no se les enredase entre las piernas.

A esa hora temprana, aún no sabíamos que se trataba de la Operación Torch. Las tropas americanas, con el apoyo de las británicas, habían empezado a desembarcar esa misma madrugada en las playas cercanas a Orán. Nos esperaban por delante dos días angustiosos en los que la población civil entera contendría el aliento mientras oíamos constantes estallidos. Sin comprender la envergadura de lo que teníamos encima, los negocios, las oficinas y los centros de enseñanza permanecieron cerrados, a la espera de un desenlace. Entretanto, los militares americanos proseguían su campaña con el objetivo de adentrarse en la ciudad desde distintos puntos, mientras las tropas francesas se defendían con uñas y dientes. Hasta que fueron vencidas.

El 10 de noviembre, gracias a esta formidable operación militar, las tropas de la Francia de Vichy destacadas en Orán, derrotadas ya, cambiaron de bando para emprender la lucha del lado de Gran Bretaña y los Estados Unidos. De forma simultánea, ocurrió lo mismo con los desembarcos en Casablanca y Argel, los otros objetivos de la maniobra; concluía con éxito la gran invasión anglo-norteamericana de los puertos franceses de las costas africanas, un vuelco fundamental para el devenir de la contienda.

A partir de ahí, con las fuerzas sumadas a la causa de la Francia Libre de De Gaulle, el régimen de Pétain dejaría de ejercer su poder sobre Argelia. Cuando se hizo pública la noticia, y a pesar de que las autoridades pedían prudencia y serenidad, casi nadie hizo ni pajolero caso. Los jóvenes y niños se lanzaron a las calles por todo Orán gritando desaforados, riendo a carcajadas. Muchos de aquellos que tenían un auto, una motocicleta, une camionnette, los pusieron en marcha y se dedicaron a dar vueltas sin rumbo haciendo sonar el claxon. De La Marina a Delmonte, de Carteaux a Eckmühl, miles de mujeres salieron a sus puertas, ventanas y balcones y aplaudieron arrebatadas; a muchas les caían las lágrimas.

Aunque no todo el mundo recibió ese cambio de rumbo con la misma alegría, claro estaba. Las numerosas familias colaboracionistas que antes saludaban eufóricas al paso de los retratos de Laval y Pétain, permanecieron encerradas en sus domicilios a cal y canto. Incluso algunos bravucones del SOL osaron hacer frente a aquellos imprevistos liberadores pistola en mano. Por fortuna, les sirvió de poco.

La ciudad se convirtió en una fiesta, más aún cuando por las calles empezaron a asomar los tanques y los jeeps cargados con soldados americanos tan exhaustos como triunfantes, con las grandes banderas de las barras y estrellas que habían portado al desembarcar, ondeando ahora por las avenidas y los boulevards bajo el sol del otoño africano.

Se iniciaba así una nueva etapa para Orán, para todos nosotros. A partir de entonces nos acostumbramos a vivir con la presencia constante de casi treinta mil jóvenes militares que de pronto animaron las calles y llenaron sus bares y terrazas, cines, cafés, brasseries y, según decían, también sus burdeles. Se les veía por todas partes; las muchachas casaderas los observaban encandiladas porque solían tener buen porte y eran simpáticos y dadivosos, y los jóvenes y niños de cualquier religión no se les despegaban, con la intención de venderles lo que fuera o de sacarles lo que fuese: lo mismo les cambiaban clementinas por chewing-gum que higos por cigarrillos, o conseguían de ellos botellas de whisky para revender después, o carne en lata y leche en polvo para suplir las escaseces de sus propias casas.

Y, de forma inesperada, aquellos miles de muchachos

que llegaron de América del Norte con sus uniformes recién estrenados, sin saberlo, aportaron también un enorme impulso a nuestro negocio. Porque esos uniformes, con el paso de las jornadas, acababan repletos de polvo, sudor, porquería, grasa. Y necesitaban que los lavaran. Y aunque en sus campamentos, según se contaba, había máquinas de lavandería portátiles, a ellos les resultaba bastante más cómodo encargarle la tarea a cualquier ama de casa con necesidad de alguna ganancia: un reemplazo maternal postizo a cambio de unos cuantos francos, o dólares, o lo que tuvieran a mano, porque a las mujeres de los barrios populares cualquier cosa les cuadraba. Estaban acostumbradas a restregar a diario la mugre con las manos en las pilas de sus patios y azoteas, a enjuagar y tender en los alambres al sol y planchar sudorosas para sus proles. Si con esa tarea añadida se sacaban un beneficio, bendito fuera. Aunque tuviesen que echarse otra sobrecarga de faena encima y negociar el precio con los soldados por señas, porque de otra manera era imposible entenderse. Aunque tuvieran que comprar más cantidad de jabón todas las semanas.

Así fue como Savon de l'Oranie dio un nuevo salto, esta vez de forma desbordada. Tuvimos que contratar más personal para la fábrica y establecimos turnos; encargamos nuevas calderas y moldes, añadimos proveedores a los que ya teníamos. Los pedidos y repartos se multiplicaron y mi trabajo, siempre intenso, se hizo imparable. Las noches se me juntaban con los días, dormía poco, comía poco, en ocasiones me olvidaba hasta del día de la semana.

También, para los judíos de Argelia, los americanos trajeron un alivio inmenso. Al arrancarnos del régimen de Vichy, se revocaron las prohibiciones y los maltratos contra ellos, y la mayoría recuperó su vida de siempre como ciudadanos franceses de pleno derecho. Mi socio, no obstante, optó por no abandonarme. Sí volvió a abrir su tienda de tejidos, pero la dejó a cargo de sus empleados de confianza y se mantuvo a mi lado. Eran días formidables, había que seguir adelante.

—Y en cuanto a mi apartamento —le dije en uno de nuestros escasos momentos de sosiego—, ahora que ha desaparecido el temor a que se lo requisen a su amigo, dígale por favor que me ponga al día el precio.

Conseguí así que me ajustara la mensualidad, aunque fue sin excesos; al fin y al cabo, continuábamos en guerra y el resultado era todavía incierto. Y aunque me seguía sobrando espacio por todas partes en esa hermosa casa, por el simple hecho de estar cerca de la fábrica y de permitirme darme un baño en una gran bañera cada noche al volver del trabajo, valía la pena. El dinero para pagarlo había dejado de ser un problema en aquel tiempo de bonanza inesperada.

Hasta que, en mitad de una de aquellas jornadas en las que la fábrica era un hervidero, recibimos una llamada distinta a las de siempre.

Una de las empleadas me trajo el recado:

—La necesitan en la clínica militar americana, madame.

Estaba en el almacén, organizando con Hamid los repartos que tendrían que salir esa misma tarde. Fruncí la frente en un gesto de extrañeza, mientras dejaba un puñado de albaranes sobre el estante.

—¿Seguro?

—O algo así me ha parecido escuchar, igual no lo he entendido bien porque la señorita hablaba raro. Pero ha insistido en que fuese con urgencia.

Aquel aviso me extrañó. Se sabía que los americanos apenas comerciaban con los negocios locales, para qué demonios querrían hablar conmigo. Todo les llegaba en sus barcos gigantescos: comidas y bebidas, las medicinas, el tabaco. Que les interesara nuestro jabón se me hacía extraño. Très étrange. Muy raro.

# CAPÍTULO 67

Me recibió una enfermera militar rubia, caballuna, vestida de uniforme. En un francés de acento pésimo, me indicó que me sentase en una pequeña sala de espera y volvió a sus papeles. Los americanos habían levantado un gran hospital de campaña cerca de Arzew, al este de Orán, pero yo desconocía que dentro de la ciudad tenían además esta clínica, pequeña y a pie de calle. Fue Hamid quien me aclaró dónde estaba.

Obedecí y me senté en un banco pegado a la pared, rodeada por carteles en inglés que naturalmente no entendí. Tenía la mirada sobre uno de ellos mientras me preguntaba para qué demonios me habían hecho ir hasta allí, cuando una puerta se abrió a mi izquierda.

—¿Madame Lagarde?

Con una bata blanca abierta sobre el uniforme militar, un hombre sostenía el picaporte. Tostado por el sol, el pelo claro muy corto.

—Por favor, entre.

Me puse en pie precipitada y me dirigí hacia él.

—Creo que aquí hay alguien a quien usted conoce.

Estaba sentada, con las manos caídas sobre el regazo. Del moño pulcro y gris de otros tiempos se le escapaban ahora un montón de mechones desarreglados. Más encorvada que nunca, llevaba la chaqueta de punto medio torcida y, en vez de zapatos, las zapatillas de paño de andar por casa. Se la veía cansada y pequeña, vulnerable.

Me abalancé hacia ella.

—Madame Le Clerc, pero, pero, pero...

Al ver que no reaccionaba, me agaché a su lado. Le agarré una mano sin parar de lanzarle preguntas, incapaz de contener mi desconcierto, intentando que se fijara en mí, que me mirase al menos.

—D'où venez-vous? Pero ¿de dónde sale usted? ¿Qué hace aquí, cómo...?

Siguió ajena, sin reconocerme. No, peor aún: sin notar mi presencia a su lado mientras yo le hablaba y, a la vez, intentaba contener las lágrimas. Me conmocionó verla así, tan perdida, tan distinta de la magnífica mujer que fue, tan extraña dentro de esa extraña consulta médica en una de cuyas paredes colgaba extendida la bandera de las barras y las estrellas. Un ramalazo de culpa me recorrió el cuerpo: tendría que haber estado más pendiente de ella.

Hasta que noté una mano en mi hombro y la voz de hombre con acento extranjero.

—No se esfuerce, madame. Mejor, serénese.

Me volví hacia el militar, me puse en pie y me encaré con él.

—¿Qué hace ella aquí? ¿Cómo ha venido? ¿Quién la trajo? ¿Qué le han...?

Las preguntas me salían atropelladas, en catarata. Él agarró una silla y me la acercó, arrastrando las patas sobre el suelo.

—Siéntese, tranquilícese —insistió, calmado pero firme.

—¡Deje de repetir que me tranquilice! ¿De dónde la han sacado?

No pareció molestarle mi agria reacción; simplemente dio un par de pasos hacia atrás olvidándose de la silla que me ofrecía, se apoyó contra un mueble blanco lleno de material clínico y cruzó los brazos sobre el uniforme y la bata abierta.

—La encontraron nuestros muchachos cuando deambulaba perdida —dijo—, lamento no saber el sitio exacto. Iban patrullando y casi la atropellan. Se ofrecieron a llevarla a su casa, pero ella no supo decirles dónde vivía, y nadie por allí parecía conocerla. Así que decidieron traerla hasta aquí y cuando nuestra enfermera la reconoció para comprobar que se hallaba en buen estado, encontró esto.

Del bolsillo superior de su bata de médico sacó un pedazo de cartulina sucia. Me lo tendió y al leerlo tragué una bola de saliva, para evitar de nuevo que las lágrimas se me escapasen.

La hermosa caligrafía de madame Le Clerc, por efecto de las brumas de su mente, se había convertido en una cadena de letras deformadas, vacilantes, casi ilegibles. Aun así, en algún momento debió de tener la lucidez suficiente como para saber que su mente se iba apagando y adelantarse a las más ingratas consecuencias. Y, en previsión, había metido instrucciones escritas a lápiz en los bolsillos de su ropa.

*Si vous me trouvez, contactez madame Lagarde*
*Savon de l'Oranie*
*Oran, Algérie*

El doctor volvió a sacarme de mi desconcierto.

—¿Es su madre?

Sin alzar los ojos de las torpes letras, dije no con la cabeza.

—Pero ¿se va a encargar usted de ella?

Seguía sin levantarlos cuando dije que sí, sin palabras

de nuevo, intentando comprender cómo mi maestra había llegado a ese deterioro y cómo yo, en mi descuido, no había estado más pendiente.

—Me he tomado la libertad de examinarla —prosiguió él—. Su estado físico es bueno. Las constantes, el pulso...

—Gracias —dije al fin, obligándome a salir del abatimiento—. Muchas gracias. Me la llevo. Disculpe las molestias.

La agarré del brazo con suavidad, la obligué a levantarse y ella no opuso resistencia. Le pasé un brazo por los hombros; siempre habíamos sido de la misma estatura pero ahora parecía que le sacaba la cabeza.

—Rentrons à la maison, madame Le Clerc —le susurré—. Volvamos a casa.

Me dio la impresión de que movía ligeramente el mentón. Con pequeños pasos, nos dirigimos hacia la puerta.

—Gracias, doctor. Disculpe las molestias.

Salimos a la calle y el sol del mediodía la deslumbró, alzó una mano temblorosa para protegerse. Llevaba en Argelia casi medio siglo y sus ojos azules aún no se habían acostumbrado a ese brillo punzante.

—¿Tienen cómo ir?

Era de nuevo la voz del médico, nosotras estábamos ya en la acera y él hablaba en voz alta desde los escalones de la entrada, con su francés correcto de acento extraño. No me dio tiempo a responderle que no, que lo único que quería era sacarla de esa clínica, que aún no había pensado en el modo de moverla.

—Esperen un segundo, tengo que salir de todas formas —dijo a la vez que se quitaba la bata blanca—. Las llevo adonde me indiquen.

# CAPÍTULO 68

En la puerta de madame Le Clerc había arracimadas lo menos quince mujeres, hablando sin pausa al estilo oranés popular: a gritos, entremezclando lenguas, el francés con el valenciano, el español con alguna palabra en árabe y alguna otra en italiano. Y soltando un ay, ay, ay detrás de otro. Pararon de golpe al oír la bocina del jeep cuando intentaba abrirse paso. Calladas a una, se quedaron mirando como si acabásemos de caer del cielo. Hasta que se dieron cuenta de que madame Le Clerc iba sentada en el asiento posterior y que yo la acompañaba.

Volvieron los gritos, entusiastas ahora por la alegría de saber que la maestra estaba viva, entera, sana. Amina, la joven mujer árabe a la que contraté para su cuidado, llevaba horas buscándola angustiada. Se le escapó de la casa mientras tendía la ropa en el patio trasero y, al notar su ausencia, había corrido a la calle avisando a las vecinas. Al vernos, se nos arrojó encima incapaz de contener el alivio, chillando en su árabe incomprensible.

Tardamos unos minutos hasta que conseguimos entrar en la vivienda, las mujeres no paraban de preguntarme qué había pasado, dónde se había metido. Y entre pregunta y pregunta, se daban codazos unas a otras y lanzaban requiebros sin sombra de vergüenza.

—¡Madame Le Clerc, qué buen mozo americano se ha echado usted de taxista!

De haber estado ella en su sano juicio, no habría consentido ni media broma; menudo genio tenía, ninguna vecina habría osado guasear con la maestra, siempre tan recta, tan estirada, tan francesa. Y el aludido, en mitad de aquella algarabía, tampoco captó la retranca.

—Merci, docteur —le repetí—. Ha sido usted muy amable.

—Oblíguela a beber agua abundante.

—D'accord —respondí, sin hacerle apenas caso.

—Y si necesita cualquier cosa...

—Oui, oui.

—Ya sabe dónde me tiene.

Ahí quedó, en la calle, subiéndose de nuevo a su jeep, rodeado por un mujerío que no se amedrentaba a pesar de su extranjería y de las estrellas que lucía en el uniforme. Antes de cerrar la puerta a nuestra espalda, oí que una vecina le preguntaba si tenía caramelos para sus chiquillos. Otra, si podía acercarla hasta el puente de Gambetta. Otra, por qué no llevaba a bailar a su hija al club de oficiales.

Me costó convencer a Amina para que no se sintiese culpable de aquel percance. Bastante hacía llevando la casa y vigilando los trastornos de madame, era comprensible que algún día pasara lo que acabó pasando. En su francés tronchado, me prometió quince veces doblar sus cautelas y yo no tuve más remedio que creer que con eso sería suficiente, porque no había otra solución: madame Le Clerc no tenía familia y, con aquel carácter suyo tirando a arisco, nunca hizo amistades de confianza. Sus antiguos compañeros de l'école del barrio de Miramar estarían ya más que jubilados, o retornados, o muchos criando malvas en el cementerio. No había, en definitiva, nadie que pudiera echarnos una mano.

Regresé esa tarde a la fábrica con la preocupación en la cabeza y a última hora, antes de volver a casa con la noche ya entrada, a pesar del largo día me pasé de nuevo a verla.

—No ha querido cenar —me dijo Amina desesperada.

A la mañana siguiente se negó a lavarse. A la siguiente se negó a vestirse. A la siguiente se negó a levantarse de la cama. Cinco días después de su fuga, no tuve más opción que tirar la toalla y admitir que Amina y yo no podíamos hacernos cargo. La pobre chica no daba más de sí y yo tenía la fábrica echando humo y no podía abandonarla. Había que tomar una decisión, y solo se me ocurrió una vía. Con el desasosiego agarrado a las tripas, desde la oficina hice una consulta por teléfono y, cuando conseguí una respuesta afirmativa, me dediqué a pensar en cómo encarar el paso siguiente.

Salí distraída esa tarde de la fábrica, intentando desentrañar si sería mejor contratar un taxi o pedir el favor a algún vecino pagándole la gasolina a precio de oro molido.

—Bonsoir, madame.

Al saludar se llevó con ligereza la mano a la gorra militar, y yo no supe cómo responderle. Estaba apoyado en el mismo vehículo en el que nos condujo la semana anterior.

—Pasaba por aquí y he parado a preguntarle cómo sigue su maestra.

Quizá por el agotamiento del final del día, se me escapó un gesto de hastío. Ojalá hubiera tenido una respuesta optimista. Pero no era el caso, ni mucho menos.

—Mal, doctor —reconocí—. Cada vez peor.

—¿Me permite que la invite a tomar algo y me lo cuenta?

Lo contemplé unos instantes, con su uniforme impoluto, su pelo muy corto, su porte no demasiado marcial y el rostro grato. No le faltaba atractivo, aunque tampoco se le veían hechuras o maneras de aguerrido militar; sería un médico al que la guerra había arrancado de sus quehaceres corrientes. Un hombre con una profesión y una vida organizada, como lo fue Ricardo. Y al igual que él, sin duda también tendría una esposa y unos hijos al otro lado del océano.

—No, gracias.

—¿Me deja al menos que la acompañe a su casa?

Estaba claro que no se había acercado hasta mi fábrica por casualidad, y también que yo no le resultaba indiferente. Entre clientes y proveedores, trataba con hombres a diario, y sabía reconocer cuando alguno mostraba un interés por mí que excedía al mero comercio de jabones. Sabía diferenciar incluso sus distintos tipos: los babosos, los moscones, los osados, los discretos. Y sabía, por supuesto, cómo quitármelos de encima. Solo que esta vez me faltaron las fuerzas.

Me abrió la portezuela para ayudarme a subir y, a lo largo del breve trayecto, le expliqué mi idea: llevar a madame Le Clerc a Río Salado, para que la cuidasen las monjas del Sacré-Coeur en la misma institución donde estaba monsieur Martin desde la muerte de su esposa. A él, mi antiguo patrón, fue a quien pregunté si la aceptarían, y él fue quien organizó los trámites. También me dejó claro que yo tendría que encargarme de llevarla hasta allí, por mi cuenta.

—Eso es lo que estoy haciendo ahora, ver cómo la trasladamos para que el viaje no la altere.

Dio un frenazo en la esquina de la rue de Mostaganem para dejar cruzar a un puñado de peatones, yo me agarré con fuerza a la barra de apoyo.

—¿A qué distancia se encuentra Río Salado de Orán?

Jamás había pisado aquel lugar, pero lo sabía porque monsieur Martin lo comentó antes de irse.

—A unas dos horas de carretera, creo.

—¿Podrían esperar al sábado?

Había caído la noche temprana y Orán bullía en las calles del centro, con gente caminando bajo las farolas encendidas, autos y bocinas, música que salía de los bares y cafés, letreros y escaparates iluminados para los afortunados que pudieran concederse algún capricho. La presencia de militares americanos había traído momentáneamente la ilusión de que todo iba a mejor, aunque quizá no fuese más que un espejismo. La guerra, entretanto, proseguía en otros frentes.

—Pare, por favor. Es ahí, en esa esquina.

Frenó junto al portal de mi casa, pero su hermosa fachada no le llamó la atención. Con las manos aún en el volante, se volvió hacia mí.

—¿Le parece que la recoja a las nueve? Tendré el día entero libre y...

Lo contemplé bajo la luz de la farola mientras hablaba, con el runrún de su vehículo militar aún en marcha.

—Dígame algo, doctor —lo interrumpí.

—¿Por qué no me llama Alan?

—Alan o doctor, eso da lo mismo. Dígame, ¿qué es lo que le interesa? ¿El bienestar de su paciente inesperada o yo misma?

Soltó una carcajada limpia y sonora.

—¿No pueden ser ambas cosas?

# CAPÍTULO 69

Dejar instalada a madame Le Clerc supuso a la vez un desgarro y un alivio. Sabía que estaría bien atendida, sin riesgo a escapar de ese edificio de paredes blancas, entre imágenes de vírgenes santísimas, ancianos de frágil presente y escaso futuro, pulcras monjitas francesas y muchachas árabes que fregaban los suelos de rodillas. Monsieur Martin me aseguró además que estaría pendiente de ella y me avisaría de cualquier contratiempo. Pese a las garantías, y aunque la maestra apenas se enteró, yo me marché con un pellizco de amargura.

Cuando emprendimos el camino de regreso a Orán desde Río Salado, con el médico al volante y sin ella en el asiento trasero, su ausencia se hizo tan cruda que, a pesar de los intentos de él por emprender seis o siete conversaciones distintas, yo contesté solo con las palabras justas y volví al silencio.

Anochecía cuando entramos en la ciudad por barrios de casas bajas y poca iluminación, muy distintos a los prósperos del centro. Para mi sorpresa, aunque él conocía mi domicilio emprendió un camino diferente.

—No es por aquí —avisé—. Tiene que llegar al final de este boulevard y después...

Continuó sin hacerme caso. Con otro giro imprevisto, se desvió aún más del rumbo.

—Tiene que volver atrás —insistí—, tomar la avenue...

No parecía dispuesto a seguir mis indicaciones, y lo subrayó con un nuevo volantazo.

—Oiga, doctor... —protesté airada, tensa.

—¿No habíamos quedado en ser Alan y Cecilia?

Me daba igual cómo llamarlo y cómo me llamara él a mí. Lo único que quería era que me llevase hasta mi casa.

—¡Haga el favor de frenar ahora mismo!

Lo hizo al fondo de esa misma calle, frente a un lugar para mí desconocido: una hermosa villa de paredes blancas con una palmera a cada lado de la entrada. CHEZ JACQUES, leí en una placa, bajo la luz de un farol de hierro forjado.

—Solo te pido que cenes conmigo, hay algo que quiero decirte —dijo volviéndose hacia mí. Sonaba sereno en su tuteo. Sereno y sensato—. Y después, si no te interesa lo que vas a oír, prometo dejarte en paz. Para siempre.

Iba a protestar de nuevo, pero el sentido común me avisó de que quizá no valía la pena. Él me había hecho un gran servicio ayudándome con el traslado de madame Le Clerc; mostrarme agradecida no me costaba tanto.

Entramos, nos acomodaron en un hermoso jardín con una buganvilla frondosa cubriendo las paredes, en el centro de una casona convertida en una especie de club. Sonaba música agradable, él pidió un whisky con hielo y yo dije que no quería nada, insistió y acabé aceptando una copa de vino. Él pidió un grueso corte de carne, yo dije que no tenía hambre. Insistió de nuevo y acabé aceptando un poisson grillé con verduras. Entretanto, un pianista tocaba melodioso y las mesas con otras parejas y grupos de amigos ayudaban a crear un ambiente cordial, ameno, sin bullicio.

—Supongo que no habrás estado aquí antes.

Ni allí ni en ningún lugar parecido. Apenas tenía vida

social, me dedicaba en cuerpo y alma a la fábrica y, al terminar cada jornada, me encerraba exhausta en mi apartamento. Así, un día tras otro, tras otro, tras otro. Y los hombres que pasaron por mi vida en otros momentos, Rafael, Lagarde, Ricardo, por razones muy distintas, jamás me llevaron a cenar a ningún sitio.

Sin entrar en explicaciones, me limité a decir:

—Nunca.

—Imagino que lo habrá montado algún empresario local espabilado, al aroma de los dólares.

Tenía razón, la mayoría de los varones a nuestro alrededor parecían americanos, aunque tampoco faltaba algún francés de buen porte. Ellas, por su parte, hablaban solo en francés e iban bien arregladas, peinadas de peluquería, con vestidos estampados. No conocía a ninguna, pero todas me resultaban remotamente familiares en su forma de hablar, de reír, de fumar, de sentarse. Oranesas de origen europeo en sus diversas variantes.

Se acercó un camarero, volvió a servirnos. Cuando se alejó, el tono de Alan sonó distinto.

—Cecilia, quiero ser claro contigo.

El piano, o tal vez el vino, o él y su buen temple, me habían hecho relajarme.

—Adelante.

Dio un sorbo al whisky, yo observé entretanto su rostro ancho y afable, su seguridad sin fisuras aparentes.

—Me gustas mucho —dijo tras tragar, con los ojos concentrados en el líquido dorado que quedaba en el vaso—. No, verás, yo no... —corrigió, y por fin alzó la mirada—. Perdón, es más que eso, no sé cómo decirlo. Me fascinas. Me fascinas desde que te vi por primera vez en la clínica, tan firme y tan hermosa y tan segura de ti y, a la vez, tan humana y tan cálida.

Extendió su mano sobre el mantel, una mano que salía

de una chaqueta de lino claro; aquel día fue el primero que lo vi sin uniforme. Acercó sus dedos a los míos, y yo no evité el contacto.

—Nada me gustaría más que seguir conociéndote. Antes, sin embargo, debo poner mis cartas sobre la mesa.

Sabía lo que iba a decirme pero no lo interrumpí, dejé que se sincerase.

—Me debo a mi ejército, ya lo sabes. Y me marcharé cuando se me ordene, o cuando la guerra acabe o cambie su rumbo, Dios sabe cómo avanzarán las cosas. Lo único seguro es que, cuando lo haga, cuando me vaya, será para no volver porque hay quien me espera en otro sitio, en el sitio de siempre. Pero mientras siga en Orán y aunque eso atente contra lo que hasta ahora yo creía que eran mis más sólidos principios, quiero que sepas que me tienes rendido, Cecilia. Seducido como un idiota.

Alzó el vaso, una especie de brindis en mi honor. A la luz de las velas, sus ojos brillaban verdosos y agudos bajo las cejas espesas. Parecían francos, los ojos de un hombre íntegro que, al socaire de unos tiempos convulsos, me proponía algo tan inadecuado como sincero.

Y yo sabía que lo mejor sería decir no, atajar por lo sano antes de que fuera demasiado tarde, antes de implicarme demasiado. Pero no fui capaz. Ni siquiera la amarga memoria de la marcha de Ricardo y el dolor que me supuso evitaron que me asomara al mismo desfiladero.

Seguíamos teniendo los dedos entrelazados, apreté los suyos.

—Intenta conquistarme. Y ya veremos...

El pianista arrancó en ese momento con una pieza movida, música americana de la que últimamente sonaba por todas partes. La mayoría de las parejas salieron a la pequeña pista de baile, y ahí quedamos nosotros, sentados frente a frente junto a la buganvilla exuberante, incapaces de predecir adónde nos llevaría lo que por ahora solo eran palabras.

Ahí quedamos, dispuestos a conocernos, a querernos aun a sabiendas de que después llegaría el desconsuelo. Insensatos e irresponsables a pesar de ser dos adultos cuajados, ajenos a la cordura en ese raro mundo.

# CAPÍTULO 70

Y así, de pronto, sucedió lo imprevisto: ya no había dos únicos puntos de apoyo en mi día a día, fábrica y casa, casa y fábrica, sino que esa rutinaria línea de ida y vuelta se convirtió en un triángulo, uno de cuyos vértices lo ocupaba Alan Myers. Cordial, atractivo, a veces de uniforme y a veces de paisano, con una naturalidad inesperada, el médico militar se fue instalando en mi vida para llenarla de luz y compañía.

No establecimos una convivencia fija como la que mantuve con Ricardo, con pautas cotidianas, volcados a diario hacia el interior de mi patio y mi dormitorio, ajenos al mundo. Con Alan fue al revés; un transcurrir del tiempo distinto por completo, sin patrón, sin rutinas, variando según las apetencias o las exigencias de nuestros trabajos, alternando salidas y excursiones, tardes de cine, madrugadas en mi cama, mientras los meses se sucedían frenéticos.

A partir de la primera cena en Chez Jacques, eso sí, preferimos apartarnos de los lugares de encuentro comunes de los americanos, por pundonor y por huir de un ambiente al que él, en su vida anterior, nunca estuvo acostumbrado. En el fondo, a pesar de su presente función militar, mantenía el alma del médico de un gran hospital de Bridgeport, Connecticut, la ciudad de la que yo nunca le pedí que me hablara, en la que vivían su mujer y sus tres hijos ansiando su regreso, sus orgullosos padres, sus amigos de siempre, presencias cuyo recuerdo quizá le ocupaba otros momentos pero que conmigo jamás mencionaba.

Le gustaba su trabajo en la pequeña clínica que los suyos habían montado en la ciudad, al margen del gran hospital de campaña que instalaron en Arzew. Le gustaba yo. Y quizá, por la suma de ambas cosas, le gustaba Argelia. Le gustaba asimismo conducir y a mí, tras las largas jornadas de encierro en la fábrica, me encantaban también aquellas salidas en el jeep sin capota en las mañanas templadas del final del invierno, él con un sombrero de paja que compró en un puesto callejero, yo con un pañuelo cubriéndome el pelo y las gafas de sol que antes fueron suyas. A veces bordeábamos el mar hacia un lado u otro, hacia las playas de poniente, a los Andaluces, Kristel, cap Blanc o cap Falcon, o hacia las dunas. Otras veces optábamos por el levante y subíamos al faro de cap Carbon, el cabo Carbón como decían los viejos españoles, y recorríamos su corniche empinada y estrecha, entre pinos, curvas y vistas que daban vértigo, y yo le gritaba para que tuviese cuidado y me tapaba los ojos para no ver el abismo, y él reía a carcajadas y se burlaba de mis miedos.

En los días en que el viento soplaba con fuerza en la costa, solíamos en cambio ir tierra adentro por el Oranesado, dejándonos llevar por el capricho de las carreteras que se nos cruzaban, consultando su mapa del ejército solo cuando no había más remedio. En una ocasión nos sorprendió una tormenta y acabamos durmiendo en una mísera pensión en una aldea cercana a Perrégaux; en Tlemcen nos cautivó el pequeño Hôtel Transatlantic y decidimos quedarnos. Otra vez falló el motor y tuvimos que regresar en un autobús de línea cargado de gente de campo, agricultores cristianos que iban a arreglar trámites a la

Maison du Colon de la capital, campesinos árabes a vender gallinas y canastas de huevos.

Fue en una de aquellas salidas sin destino una mañana clara del principio de la primavera de 1943 cuando en un cruce nos topamos con tres señales.

—Elige —dijo.

Era un juego constante entre nosotros: quien decidía un destino, de forma intuitiva, era responsable de cómo nos resultara el resto del día. Si casualmente encontrábamos un buen sitio para comer, por modesto que fuese, se anotaba una victoria. Si el lugar acababa siendo inhóspito, la carretera tenía más baches de lo normal o se nos cruzaba un rebaño de ovejas lentísimo, contaba como demérito.

Ese día era mi turno, así que leí los dos primeros carteles y no me dijeron nada: ni pajolera idea de qué atractivo podrían tener esas localidades. En cambio, sí reconocí el tercer nombre y, de pronto, sentí como si una mano férrea me apretara la boca del estómago. La flecha señalaba hacia la izquierda y un número 17 marcaba la distancia en kilómetros. Saint-Denis-du-Sig. Ahí estaba el pueblo al que años atrás me arrastró el que fue mi marido para enterrar a su padre un tórrido día de verano. El mismo pueblo en cuya cercanía se encontraba la ferma a la que él decidió volver, en un regreso que yo misma precipité a través de un corso pendenciero.

Había pensado en Lagarde muchas veces a lo largo de los años, cómo no iba a hacerlo —siempre sin el menor aprecio y siempre sin arrepentirme de haber provocado que su marcha fuese indigna, meado encima, acobardado como un conejo—. El paso del tiempo había ido borrando los perfiles de nuestra convivencia pero algunos recuerdos sórdidos, contra mi voluntad, se emperraban en seguir pegados a mi memoria: su opresión asfixiante y mi amargura, la quemazón tras sus palizas, el asco que me provocaba su cuerpo mantecoso. Incluso me quedaba una pequeña cicatriz en la comisura de la boca de cuando me partió el labio al enterarse de que había aprendido a leer por mi cuenta.

Seguíamos en el cruce, con el motor en marcha. Alan insistió, ajeno a mis pensamientos.

—¿Cuál de los tres eliges?

—Saint-Denis-du-Sig.

—¿Segura?

Tragué saliva.

—Totalmente.

Avanzamos, cruzamos una gran presa, después el oued y empezamos a adentrarnos por las afueras de la pequeña ciudad, plana por completo con calles en cuadrícula, como todas las crecidas bajo el ala de la Administración colonial francesa. Hasta que enfilamos el ancho boulevard central, bordeado por ficus y falsos pimenteros, con sus cafés y sus comercios, su iglesia y su ayuntamiento con la gran bandera azul, blanca y roja ondeando al fondo de unos jardines impolutos. Por las aceras caminaban europeos vestidos de lino y algodón, y árabes con sus turbantes y sus albornoces. Por las calzadas circulaban algunos coches, algún que otro carro, unas cuantas bicicletas. El sol y el aire eran africanos; el orden y la armonía, al gusto de la metrópoli.

Hasta que, de pronto, agarré a Alan por un brazo y lancé un grito:

—¡Frena!

Desconcertado, no acabó de entenderme y tan solo redujo la velocidad.

—¿Dónde, qué pasa, cómo que...?

—¡Para! ¡Ahí, a la derecha!

Me obedeció y quedamos aparcados tan solo a unos metros del sitio que acababa de llamar mi atención, arrastrándome a otro tiempo. Ahí estaba la carnicería propiedad de la hermana de Lagarde y su marido, los que fueron mis cuñados, mis padrinos de boda. BOUCHERIE CHARCUTERIE GIRARD, leí en el cartel, bajo un toldo a rayas blancas y rojas. Aquel era el apellido de él, y seguro que en esa ciudad pequeña no había dos tiendas con el mismo nombre.

—Espérame aquí.

—Cecilia, pero ¿qué te...?

Ahí dejé a Alan desconcertado mientras yo, sin razón ni objetivo, por puro impulso, me dirigí al interior del establecimiento.

—Bonjour, madame. Enseguida la atendemos.

Fue el marido quien me saludó desde detrás del mostrador, sin fijarse en mí mientras atendía a otra clienta, la única en esa hora cercana al mediodía; quizá le había pedido unos tacos de cordero para el cuscús, unas salchichas o unas chuletas. A su espalda, encorvada, su esposa despedazaba un pollo con un cuchillo enorme.

Necesité solo unos segundos para confirmar que estaban igual de insignificantes y bastante más viejos. Él había perdido casi todo el pelo y daba la impresión de haber encogido. Ella en cambio parecía más ancha y su cabello se le había encanecido por completo. En silencio, cada uno proseguía concentrado en su propia faena.

Hasta que él envolvió los paquetes y se los entregó a la clienta, le cobró, la despidió.

—Au revoir, madame Ferrer. Adiós, hasta la semana que viene.

Ahora sí, mientras se limpiaba las manos en su enorme delantal, se dispuso a atenderme. Ella, entretanto, continuaba troceando el pollo a cuchillazo limpio.

—Dites-moi, madame, ¿en qué puedo servirla?

No le contesté. Solo lo miré a los ojos mientras recordaba con rabia súbita que jamás recibí de ellos ni una migaja de compasión, jamás me tendieron una mano. Aun a sabiendas de cómo me trataba mi marido, prefirieron ignorarlo, mirar hacia otro lado y mantener la atención en lo suyo, en sus vidas mortecinas, en esa mierda de carnicería, en descuartizar animales que quizá tuvieron en vida más decencia y sentimientos que ellos mismos.

Al igual que los Girard, yo también había cambiado: ya no era la joven sometida sin voz ni voluntad, la española emigrada a la que ellos mismos apadrinaron en su boda, aun conscientes de que aquello no era un matrimonio equilibrado, sino el capricho abusivo de un hombre maduro sobre una infeliz sin apoyo ni recursos.

Ahora no iba desgreñada y pobremente vestida como entonces, ya no tenía el miedo a flor de piel y los ojos huidizos. Los años y mis esfuerzos, junto con unos cuantos guiños de la fortuna, me habían transformado en una mujer segura de mí, respetable, competente, adinerada incluso, hermosa y magnética, si hacía caso a las palabras que el hombre que me aguardaba en la calle me repetía al hacerme el amor por las noches. La última vez que me vi con aquella pareja, yo llevaba un sayón negro y amorfo que Lagarde me obligó a ponerme en señal de luto; ahora iba vestida con una falda de hilo azul y una hermosa blusa de popelín blanco. Al despedirnos aquel día en el cementerio, mi recogido del pelo se había convertido en una maraña enredada por efecto del guantazo que me pegó mi marido sin que ellos se alterasen; esa mañana, en cambio, llevaba el cabello limpio, brillante, peinado en un chignon bajo alrededor del que me había atado un pañuelo de seda. Ciertamente, mi aspecto era otro. Con todo, algo del alma de aquella muchacha que fui aún me quedaba dentro.

El pasmo se le pintó al carnicero en la cara al reconocerme, mientras seguía restregándose las manos, cada vez más lentas, sobre la barriga. Solo fue capaz de balbucear:

—Que faites-vous ici, Cecilia? ¿Qué hace usted aquí, Cecilia?

Al oírlo, sin verme aún, sin girarse siquiera, su mujer frenó en seco su tarea. De pronto, dejaron de oírse los golpes abruptos contra los finos huesos del pollo sobre el bloque macizo de madera.

El siguiente sonido fue el tintineo de la hoja metálica del cuchillo al caer de su mano y chocar contra las baldosas del suelo.

Diez minutos después, yo estaba fuera.

—¿Algo interesante? —me preguntó Alan, al subir al jeep, con su tono jovial de siempre—. ¿Filet mignon para la cena?

Tardé unos instantes en serenar mi cabeza, para resumirle de la forma más simple lo que acababa de oír de aquellos dos miserables.

—Soy propietaria de una gran finca —murmuré al fin.

Él se bajó las gafas de sol con la punta de un dedo y me miró confuso. Yo añadí:

—Y viuda, oficialmente.

## CAPÍTULO 71

La ejecución de Mussolini, el suicidio de Hitler, la rendición definitiva de Alemania. Aquellos acontecimientos marcaron el fin de un sindiós y llenaron el mundo de júbilo. El envés de aquella satisfacción colectiva, sin embargo, supuso también para Orán y para mí una realidad más agria. La victoria de los aliados implicaba el regreso a casa del personal militar y el desmantelamiento de sus instalaciones. Los americanos se marchaban llevándose con ellos sus dólares, su música, sus latas de carne y el resto de dádivas que habían aliviado las estrecheces de tantas familias.

En paralelo a las señales de desmovilización más evidentes, a lo largo de esos días también se rompieron cientos de corazones en pedazos. Los amoríos entre jóvenes soldados y jóvenes oranesas habían sido abundantes y, ante el repliegue de las tropas, por las calles se vieron parejas con rostros mustios y muchachas melancólicas arrebujadas dentro de las chaquetas militares que ellos les dejaban como recuerdo. Algunos de los más pasionales llegaron incluso a contraer matrimonios precipitados en el registro civil y se juraron fidelidad con el propósito sincero de emprender un futuro común, mudarse ellas a los Estados Unidos, formar familias. Nunca supimos cuántas de aquellas cándidas uniones sobrevivieron a la euforia del momento.

Para Alan y para mí, esa opción nunca estuvo presente. Ni él era un veinteañero libre de compromisos ni yo una joven romántica con la cabeza llena de pájaros. Ambos teníamos los treinta más que cumplidos, obligaciones, responsabilidades y la certeza plena de que nuestro vínculo, desde el principio, era transitorio, sin esperanza de alternativas o milagros. Una relación sincera con alma fugaz, siempre alerta para cuando llegara el adiós fulminante.

Con todo, saber que él se iba me resultó tan amargo que, para hacer el desgarro más llevadero, opté por evitar la despedida. Y aunque me había preparado para el desenlace y me había puesto el vestido de algodón blanco que tanto le gustaba, a pesar de que me había prometido a mí misma permanecer serena, acabaron faltándome las fuerzas. La tarde que debería haber sido la última, el momento que acordamos para los adioses, los últimos besos y las promesas ilusas de recordarnos siempre, aquella tarde preferí quitarme de en medio.

No vi la escena, pero después la imaginé muchas veces: su llegada a mi plaza, a mi portal. El frenazo del jeep, su subida impetuosa por la escalera hasta el segundo piso —él, que jamás usaba el ascensor—. Su llamada al timbre con impaciencia, varias veces seguidas como hacía siempre. Su desconcierto al ver que yo no abría, el golpear arrebatado con un puño en la madera. Su extrañeza, su confusión. El entendimiento al fin.

Quizá, ya abajo, alzó la mirada hacia mis balcones por si acaso yo estaba allí, resguardada tras las cortinas. Quizá dio unas vueltas por la ciudad y regresó varias veces. Pero no, no pudo encontrarme porque la casa siguió vacía. Las luces apagadas, la radio apagada, las copas en el aparador, ningún movimiento. Y, por eso, yo tampoco pude guardar en mi memoria esa última estampa del hombre que llenó mi vida en aquel tiempo raro, el compañero imprevisto al que nada me unía, ni la lengua ni la patria ni el pasado ni el presente. Y el futuro, mucho menos.

Cobijada en la penumbra del cine Balzac, sola, contemplando en la pantalla dos películas en sesión continua a las que no hice ni caso, rodeada por espectadores que reían o lloraban o suspiraban por la galanura de Cary Grant o las caderas de Rita Hayworth, aguardé durante horas hasta tener la seguridad de que él había vuelto al gran hospital de Arzew a pasar su última noche africana junto a sus compañeros para celebrar la victoria y la despedida. Los abrazaría con camaradería sincera, cruzarían anécdotas y bromas y él simularía un júbilo engañoso mientras se preguntaba una y otra vez por qué yo había desaparecido, por qué no había querido verle.

La desazón, en cualquier caso, se le difuminaría por la mañana, al embarcar en su enorme buque militar junto con miles de compatriotas para retornar a su realidad de siempre. Y su vida cotidiana arrancaría de nuevo, marcado por la guerra y por mí sin duda, pero arropado por los suyos, admirado como un héroe a la par que se intentaba acostumbrar de nuevo a vivir en una casa con jardín, a los gritos, las carreras y demandas de sus hijos, al cuerpo de una mujer distinto al mío. Dispuesto, en cualquier caso, a seguir adelante.

Y mientras él y tantísimos otros volvían a sus hogares y el mundo empezaba a recomponerse, el trabajo fue mi refugio. Gracias a ello, a volcarme en la fábrica noche y día con los cinco sentidos, logré sobrellevar medianamente la quemazón que Alan me había dejado dentro, jurándome a mí misma que jamás volvería a mirar a la cara a ningún hombre que no fuera capaz de ofrecerme algo más que ausencias. Y junto a mi socio Azoulay me dediqué a decidir cómo abordaríamos aquella nueva etapa: planes para un porvenir en paz y armonía, según pensamos ilusamente.

Cómo anticipar que, en el curso de unos breves años, Orán y toda la Argelia francesa se llenarían de odio, terror y sangre, y aquel prometedor mañana no llegaría nunca.

# CAPÍTULO 72

—¿No le parece que necesitamos a alguien más?

La pregunta se la lancé mientras él permanecía encorvado sobre su eterno libro de contabilidad y yo andaba oliendo unas muestras de la última variedad de jabón que habíamos intentado probar, con un fragante aceite de laurel que yo misma compré en un bazar del Village Nègre. A eso me dedicaba últimamente, a pensar en cómo Savon de l'Oranie podría ir a mejor sin crecer solo en cantidad, sino abriéndonos a nuevos retos.

El jabón común, el que la gente usaba lo mismo para fregar los suelos y la ropa que para arrancar la mugre a los niños y el sudor a los adultos, ese jabón de uso corriente ya lo teníamos más que consolidado. Y, a pesar de que las mujeres de los barrios y los pueblos habían dejado de lavar uniformes desde que se marcharon los americanos dos años atrás, la buena racha económica de la posguerra estaba moviendo otras industrias que también se convirtieron en sólidos clientes. La primera lavandería industrial de Orán, por ejemplo, establecida por otra familia del exilio español, los Méndez, de los que acabé siendo buena amiga. O las crecientes instalaciones de la destilería de los Galiana, otros amigos de los últimos tiempos que iban aumentando su producción a grandes pasos, después de añadir a su negocio el vermut durante la guerra para suplir la falta desde Italia de Martini o Cinzano.

—¿Le parece poco el personal que tenemos? —protestó Azoulay—. Más de treinta mujeres en la fabricación, un montón de muchachos en el reparto...

—Hablo de alguien que nos pueda ayudar a seguir creciendo en otras direcciones.

Movió la cabeza a izquierda y derecha, con resignación. A mi anciano socio judío, aquellas ilusiones mías de diversificar el producto lo traían bastante al pairo. Prefería que nos mantuviésemos en la misma línea, centrados en las ventas de los mismos jabones básicos de siempre por otras zonas, alcanzando otros pueblos y ciudades del Oranesado; quizá incluso podríamos llegar hasta Argel, la capital, en algún momento. Sin salirnos de lo común, a tiro fijo, sin perder el tiempo con fantasías, ese era su único objetivo. Por eso me contestó con un punto de hartazgo:

—Usted sabrá, Cecilia, cómo prefiere desperdiciar su dinero.

A ese acuerdo llegamos tras largas discusiones: si me decidía a aventurarme hacia algo nuevo, lo haría yo sola, por mi cuenta, en una especie de taller paralelo que pretendía montar en un lateral de la fábrica que aún no tenía uso. Y él, más que nadie, sabía que podría permitírmelo, porque algo tuvo que ver en el cambio imprevisto que en los últimos tiempos sufrieron mis finanzas. A él acudí en busca de consejo cuando supe de la muerte de Lagarde, y él fue quien me propuso dejar el asunto en manos de su yerno abogado. Gracias a la pericia de este, lo que los carniceros pretendieron esquilmarme acabó en mis manos.

Louis Zermati, el esposo de una de las hijas de mi socio, había logrado que me devolvieran lo que me correspondía como viuda oficial que era de Jacques Lagarde y, por tanto, su única heredera. Lo que debía ser mío legal y moralmente, como se encargó de repetirme, para que me convenciera sin remordimientos. Respecto a aquel falso documento que conseguí por medio de Rafael para figurar como soltera cuando años atrás compré l'épicerie de los Martin, me aconsejó que lo dejara dentro de un cajón y no volviese a nombrarlo. O, mejor aún, que lo rompiera en pedazos y los tirase al cubo de la basura. No lo hice, a saber por qué, y quedó en el fondo de una carpeta.

A través de las pesquisas del hábil letrado judío al que me acabó uniendo tanta gratitud como afecto, supe también cómo transcurrieron los últimos tiempos del que fue mi marido. Solo en el campo, amargado, emperrado en revitalizar una ferma que exigía un empeño titánico para el que él no tenía ni carácter ni empuje ni conocimiento. Hasta que la vida se le desbarató un mediodía, de la forma más patética. Cuando averiguó cómo fue ese trance, el abogado me preguntó con tacto:

—¿Quiere conocer los detalles o se los ahorro?

—Cuénteme.

—Se mató él solo, sin pretenderlo.

Una maquinaria que no sabía cómo usar, unos metros de alambre de púas que se le enredaron en el torso, el rostro y la garganta, un tropiezo o una torpeza. El caso fue que murió de forma accidental, desangrado de una manera absurda, sin haber cumplido su plan de devolver la prosperidad a la ferma de sus mayores. Y, ante mi ausencia, la hermana y el cuñado decidieron no buscarme, no comunicarme la noticia del fallecimiento y así presentarse ellos como los únicos herederos legítimos. Y para su gran suerte, además, resultó que había quien aguardaba con ganas ese momento, un próspero colono de los alrededores interesado en hacerse con tierras para expandir sus campos de cereales. Y resultó asimismo que la ferma contaba con muchas más hectáreas de las que yo creí ver en mi primera y única visita, cuando tuve enfrente el cadáver del padre y a punto estuve de vomitarle encima.

Gracias de nuevo a Louis Zermati se frenó en seco la trapacería de mis ávidos cuñados y, en una rápida sucesión de nuevos trámites, heredé la propiedad y la vendí casi simultáneamente. Todo se movía deprisa en aquellos días, interesaba reactivar la economía, olvidar los malos tragos de la guerra y avanzar mirando al frente.

Acabábamos de firmar los documentos en la notaría de Saint-Denis-du-Sig. El nuevo propietario, quizá impresionado ante mi frialdad, intentaba mostrarse amable.

—Cuando desee, madame, puede pasarse a recoger las pertenencias del difunto.

Sin molestarme en mirarlo a la cara, mientras me dirigía hacia la puerta que mi abogado me sostenía abierta, dije tan solo:

—Hágame un favor, pégueles fuego.

## CAPÍTULO 73

Pese al desinterés de Azoulay, yo seguí dando vueltas a mi propósito de contratar a alguien. Pero se me hacía cuesta arriba, no daba con nadie capaz de lo que yo ansiaba. Por la oficina asomaron varios candidatos y ninguno acabó de convencerme: al que no le faltaba empuje o enjundia le sobraban desvaríos o exigencias. Tuvieron que pasar unos cuantos meses para que la solución se me presentara de la más imprevista de las formas.

Fue una tarde de octubre, al salir de la fábrica. Empezaba a caer el sol, dejando en el aire esa luz tan hermosa que siempre tenía Orán a principios del otoño. La temperatura era agradable, nada que ver con el tórrido verano que acabábamos de sufrir. Las calles estaban animadas y los escaparates encendidos. Apetecía pasear, aprovechar esas últimas horas del día y no encerrarse. A lo largo del boulevard Séguin la gente entraba y salía de los establecimientos: brasseries, cafés y tiendas, la zapatería Bata, la librairie Fouque a la que llegaban las últimas novedades desde París, la grande pharmacie du Soleil que anunciaba remedios contra todos los males.

Con todo aquello me crucé mientras caminaba; estaba a punto de terminar el recorrido y emprender el camino de vuelta cuando las amplias puertas de forja y cristal de las Galeries de France aparecieron abiertas, invitadoras bajo los focos de luz cálida y los toldos que de noche y de día adornaban la fachada, mecidos por el aire templado que subía desde el mar a esas horas. Durante la guerra, aquellos espléndidos almacenes habían estado casi desabastecidos. Ahora en cambio, a través de las cristaleras, sus estantes y vitrinas mostraban una abundancia relativa que recordaba a otro tiempo.

Entré sin intención de comprar nada, tan solo porque sí, por pura inercia. El interior era imponente, con su techo de vidrieras y su balconada y unas escaleras monumentales y ascensores de hierro forjado que subían y bajaban incansables para llevar a los afortunados que pudieran permitirse aquellas ropas y calzado fino, maletas de piel o vajillas de porcelana. Por todas partes colgaban anuncios con promesas de altas calidades y precios ventajosos para familias felices o distinguidas amas de casa, pero esos reclamos no me llamaron la atención en absoluto, se emborronaron en mi cabeza en cuanto fijé la vista en un cartel en letras pulidas que señalaba hacia la izquierda, hacia uno de los departamentos. PARFUMERIE. PRODUITS DE BEAUTÉ. ARTICLES DE TOILETTE. SAVONS. Perfumería. Cosmética. Artículos de tocador. Jabones. Hacia allá me encaminé como si una rara fuerza me arrastrara.

Los encontré sobre un mostrador de mármol negro, iluminados por lámparas de bronce. Organizados en pequeñas pilas, ordenados en líneas perfectas que variaban en color, tamaño o tipo de envoltorio; ante mis ojos apareció un despliegue de jabones que en Orán no se veía desde hacía años. Algunos venían de Francia, donde la producción se estaba reactivando con enorme esfuerzo, los genuinos de Marsella y los auténticos de Nantes, incluso otros perfumados de marcas que yo no conocía, parisinos según ponía en las etiquetas, mucho más caros. Otros eran americanos, de tamaño más grande: Ivory y Camay, según indicaba un pequeño cartel. Llegaban desde los Estados Unidos donde, al no sufrir la guerra en su propio territorio, se habían recuperado con velocidad y tenían sus industrias echando humo. Donde Alan seguiría en su hospital y en su hermosa casa de madera blanca, recordándome tal vez de cuando en cuando.

Incapaz de contenerme, me fui llevando una pastilla tras otra a la nariz para olerlas con ansia, mientras mi cabeza iba rápidamente apreciando, valorando, tomando apuntes mentales que tal vez podrían convertirse en soluciones. Decidí que iba a comprar una de cada tipo para examinarlas más despacio. Con mi montón entre las manos, miré alrededor en busca de una dependienta que pudiera cobrarme.

Unos metros más allá, una empleada estaba despidiendo a una clienta que se marchaba. Di un paso hacia ella, di otro mientras la oía decir:

—Au revoir, madame Fabre; espero que disfrute sus compras.

Me frené en seco. Esa voz. Esa voz yo la conocía. Habían pasado ¿cuántos? ¿Doce, catorce, quince años? Pero la voz era la misma y la distinguí al instante, aunque ella siguiese de espaldas. En vez del burdo vestido gris y el delantal remendado de otros tiempos, ahora vestía el mismo uniforme que usaban todas las dependientas de las Galeries de France, discreto, terso, en color azul celeste. En vez de sujetarse el moño a la nuca con horquillas de alambre medio oxidadas como solíamos hacer entonces, ahora llevaba un chignon recogido con un pulcro pasador de plata.

Se giró en mi dirección, le sorprendió encontrar a una nueva clienta tan cerca.

—¿Puedo ayudarla, madame?

Ahí quedamos frente a frente, incapaces de soltar ni una palabra, ni un saludo o una muestra de asombro mientras nuestras memorias saltaban súbitas al pasado. A la fábrica de Bastos y aquellos días eternos liando cigarros y cigarrillos en los ruidosos galpones, entre cientos de obreras y algunos guardias odiosos. A la noche del robo del tabaco.

—Cuánto tiempo, Catherine —dije al fin.

En ese momento, sin ser consciente, quizá por la conmoción que me provocó verla, las manos se me aflojaron y los jabones que había elegido hacía unos instantes cayeron al suelo y rodaron en distintas direcciones.

Ajenas al percance, seguimos mirándonos.

Para romper nuestro desconcierto, apareció un hombre con pasos precipitados. Un hombre rechoncho con bigote fino, de cabello negro con raya rectilínea, lo mismo teñido. Hablaba impertinente, dirigiéndose a ella.

—¿Quiere, por favor, estar atenta y recoger de inmediato lo que se le ha caído a la señora clienta?

Solo entonces reaccionamos las dos y volvimos al presente, a la sección de perfumería de aquellos suntuosos almacenes y al encargado que trataba a su subalterna con altanería y desprecio.

—Disculpe, madame, la torpeza de nuestra empleada —dijo con tono untuoso, dirigiéndose a mí.

Catherine empezó a agacharse. Yo la imité y, en ese momento en que ambas doblamos las rodillas, nuestros rostros se aproximaron hasta quedar su boca junto a mi oreja.

—Espérame en la esquina del quiosco —susurró rápida—. Salgo en media hora.

## CAPÍTULO 74

Aguardé inquieta mientras el propietario recogía en montones los ejemplares de prensa y revistas que no había vendido a lo largo del día, mientras terminaba de anochecer y se encendían las farolas de aquel cruce de avenidas, siempre tan transitado y bullicioso. Los viandantes iban y venían, pasaban coches, motocicletas, el tranvía ruidoso cargado hasta los topes. Cada pocos minutos se oía el sonido metálico de alguna persiana al bajarse. Cerraban las tiendas, las oficinas, las agencias, aunque el ajetreo no cesaba.

No era yo dada a las muestras de efusión pero, al verla llegar, me levanté del banco en que la esperaba y, al tenerla enfrente, no pude resistirme a estrecharla en un abrazo. Cuando la solté, se dejó caer desfondada mientras me preguntaba:

—¿Cómo has tardado tanto en aparecer, Cecilia?

Sacó entonces un paquete de tabaco del bolsillo de la chaqueta de punto; se había cambiado de ropa antes de salir de las Galeries de France, ya no llevaba el uniforme sino su ropa de calle. Me ofreció, acepté. No era Bastos, como antes, sino Philip Morris: una más de las secuelas que nos dejó el paso de los americanos. Rasgó una cerilla y con ella encendimos los dos pitillos, dimos ambas una calada profunda.

—Así que te has convertido en toda una empresaria. Mon Dieu, Cecilia...

Yo tenía un montón de preguntas que hacerle: qué había sido de ella, si recuperó a sus hijos, si algo se arregló con su marido, dónde había vivido todo ese tiempo. Pero solo logré decir:

—¿Y tú por qué sabes de mí?

Antes de responder, soltó el humo por una comisura de la boca mientras me contemplaba con sus ojos desparejados.

—Por Rafael. Lo vi hace casi un año, justo antes de Navidad. Pasó por la tienda a comprar un regalo para su esposa, apenas lo reconocí, tan distinto. Me dijo que estuvo en la guerra, que...

Lo sabía, como también supe que volvió entero y siguió con su negocio de materiales para la construcción, haciéndolo crecer en más direcciones. Me encontré meses atrás con su primo en la place de la Poste, le pregunté discretamente por él pero no le mandé un saludo, ni volví a pasar por su calle o su almacén, ni volví a buscarlo. El aviso de su mujer fue bien claro, mejor mantenerme al margen.

—También me contó por encima lo que te pasó con el cerdo de Lagarde y que esa fue la razón por la que no volviste. Y mira que te buscamos...

Pero yo no quería hablar de mí y del agujero negro del que logré salir, sino de ella. Así que, en vez de darle explicaciones, repliqué con otras preguntas.

—¿Y tú qué hiciste después de aquello? ¿Volviste a Argel o te quedaste?

—Me fui después de un tiempo, con mi parte del dinero y con la mitad del tuyo. Creo que eso también te lo contó Rafael, que al final nos repartimos tu ganancia.

—Eso ahora da igual.

—No, no da igual —dijo firme—. Aún te lo debo. Pero cómo iba yo a imaginar que acabarías volviendo con los años, convertida en... en...

—Da igual —repetí cortándola—. Cuéntame más de ti. Te fuiste, ¿y qué pasó luego?

Dio una última calada a su cigarrillo, tiró la colilla al suelo y la pisó con la punta del zapato. Un zapato normal, oscuro, digno. No era calzado de piel fina y horma a la moda como el que vendían en su establecimiento, pero tampoco las míseras alpargatas de esparto que usábamos antes.

—Por resumir, mi marido siguió apretándome el cuello, sin dejarme ver a mis hijos. Pero la Divina Providencia al final decidió darme un respiro y me lo quitó de en medio. Se ahogó una noche de tormenta, o lo mataron, lo arrojaron al mar y se lo comieron los meros, o lo mismo llegó a nado hasta la costa española y se echó una novia; qué sé yo. El caso es que de una de aquellas travesías, navegando con un compañero en un falucho con carga de tabaco de contrabando desde Argel hasta la costa de Almería, no volvieron. Y, en su ausencia, algo me pude acercar a mis hijos, aunque su familia me lo impidió todo lo posible por si acaso él regresaba, porque nadie supo nunca qué pasó con ellos, si estaban vivos o muertos. Y ahí quedé yo, sin saber si era viuda o seguía casada, y ahí estaba su gente sin dejarme ni a sol ni a sombra, con la suegra llorando día y noche y rezando novenas a Notre-Dame d'Afrique, y los hermanos sin parar de mirarme, a veces con odio y a veces con ganas.

Lo contaba rápido, sin emoción, aunque yo imaginaba los sinsabores y sufrimientos que había detrás de cada una de aquellas frases aparentemente frías. Cambió entonces el tono, lo hizo más liviano. A fin de subrayarlo, me dio una palmada en el muslo.

—Así que, para que me dejara en paz todo el mundo, ¿sabes tú lo que hice? Me busqué un novio policía, uno destinado en la aduana. Un francés estirado, Marcel, solterón, fortachón, bien serio, para que les metiera miedo en sus negocios y sus trapicheos a los desgraciados esos. Y cuando por fin, legalmente, me dieron por viuda, me casé con él. Y cuando acabó la guerra, lo convencí para que pidiera un traslado y dejásemos Argel y nos viniéramos a Orán, con mis hijos, lejos de toda esa gente.

Qué mujer, Catherine. Qué práctica y lúcida la habían hecho los golpes. No necesité preguntarle si amaba a ese marido; era evidente que no, en él solo buscaba la protección que le faltó toda la vida. Como si me leyera el pensamiento, siguió hablando:

—Aunque me adora, ¿sabes tú? Gracias a Marcel tengo este trabajo y no estoy el día entero bregando en mi cocina o limpiando casas ajenas. Y además es bueno con mis hijos. Los lleva firmes, pero los quiere. De momento van enderezados con los estudios y eso que el más chico, Antoine, es bien revoltoso. Vamos a ver si no se me tuercen.

—¿Y tú?

—¿Yo qué?

—¿Tú qué piensas hacer? —insistí.

—¿Con qué?

—Con el resto de tu vida. ¿Seguir en las Galeries de France, eso pretendes?

—Bien sûr. Por supuesto.

—¿Hasta que te jubiles? ¿Hasta que tus hijos te hagan abuela? ¿Aguantando al imbécil ese del pelo teñido que tienes por jefe? ¿Soportando los caprichos de las madames francesas?

Frunció el ceño, respondió airada.

—Oye, tú...

Pero no la dejé terminar.

—Vente conmigo, Catherine.

Me miró fijamente, con sus ojos raros. Había madurado, había perdido lozanía y tersura, pero aquellos ojos seguían siendo los mismos.

—¿Adónde?

—A ayudarme en mi fábrica.

—¿En serio me estás...?

—Te ofrezco más sueldo que estos —dije señalando los almacenes con la barbilla—. Lo que me pidas.

De la garganta le brotó una carcajada seca. Seguíamos sentadas en el mismo banco de la acera, concentradas la una en la otra, ajenas a la animación de la calle, a los viandantes y los autos, al traqueteo estruendoso de los tranvías y los motores roncos de las motocicletas.

—¿Sabes cuánto me ha costado llegar hasta aquí, Cecilia? Es un trabajo sacrificado, acabas todos los días con los pies hinchados y la cabeza como un bombo, tienes que soportar...

Se detuvo un instante y alzó los brazos al aire, en un ademán que pretendía abarcar una inmensidad. Luego siguió hablando.

—Tienes que aguantar mucho, tener paciencia de santa. Pero es un trabajo serio. Respetable. Admirable incluso, viniendo de donde vengo. Me estás pidiendo que lo suelte y eso es una locura.

Hacía años que habíamos dejado de vernos pero, en ese inesperado reencuentro, nos seguíamos hablando como en el ayer, mezclando el francés con el español, usando palabras castizas y gesticulando como hacían las mujeres del bajo mundo del que ambas habíamos salido. Como si yo no fuese propietaria de una próspera empresa y ella no formara parte de la plantilla del establecimiento más selecto de Orán. Como las míseras cigarreras que un día fuimos.

Tras su rotunda negativa, era mi turno.

—Escúchame bien, Catherine. ¿Qué me dices si te ofrezco una participación en el negocio?

## CAPÍTULO 75

Nos dejamos la piel. Hubo vacilaciones, noches de desvelo y centenares de pruebas que a veces resultaron y a veces se quedaron en meros intentos. Pero al final logramos lo que yo tenía en la cabeza, Savon de l'Oranie sacó líneas de mejor calidad y, en paralelo, ampliamos las instalaciones, buscamos asesoramiento de expertos y no tardamos en multiplicar los clientes, los proveedores, los amigos de la casa. Y, pese a sus resquemores iniciales, Catherine y mi socio Azoulay acabaron entendiéndose.

En un principio no se hicieron ni pizca de gracia, entre ellos surgieron constantes tiranteces que tuve que manejar con mano izquierda. Ambos tenían caracteres fuertes, eran tan sagaces y tozudos como recelosos, llevaban los dos muchos vaivenes a la espalda. Pero con tacto, paso a paso, logré que cada cual valorara las virtudes del otro: la sobria cabeza de él para las cuentas frente a los aportes de ella por todo lo aprendido en las Galeries de France sobre perfumes, esencias y trato con clientes; por su tesón tozudo y su afilado instinto de supervivencia.

A él conseguí convencerlo, además, para que aceptara sumarse con una fracción minoritaria de propiedad a la nueva rama del negocio. Y para cumplir con mi palabra, Catherine también tuvo su parte. Veinte, veinte y sesenta: así quedó la cosa. Veinte por ciento de las participaciones para Azoulay, veinte por ciento para Catherine y sesenta por ciento para mí misma. Más el sueldo de ella, en compensación por el que dejó de ingresar en los almacenes.

Mi antigua compañera y yo encajamos sin fisuras, aun siendo tan distintas como éramos. No nos hicimos de pronto amigas íntimas, jamás salimos juntas a un salón de té o a pasar un día en la playa, a pasear por los boulevards y ver escaparates. Aunque el negocio marchara viento en popa y nos lo pudiéramos permitir, no éramos ese tipo de mujeres. Trabajábamos simplemente, hombro con hombro. Trabajábamos como fieras. Y siempre estábamos dispuestas a escucharnos, aunque a menudo nos respondiéramos la una a la otra con la sinceridad más descarnada. Sin paños calientes.

Por eso, cuando le lancé la idea que llevaba rumiando desde hacía semanas, un grito espantado fue su réplica:

—¿Te has vuelto loca, Cecilia?

—En absoluto. La propuesta es sensata. Tenemos el producto, tenemos los mejores precios. Y tenemos ganas de seguir creciendo.

Era un lunes por la mañana, estábamos preparando un muestrario con los nuevos jabones, esa tarde iba a venir un fotógrafo a sacar imágenes para el catálogo que después iría a la imprenta. Por primera vez, cada pastilla iba envuelta en una fina capa de papel de seda cuyo color variaba según la esencia: limón, jazmín, flor de algodón, romero... Un joven pintor nos hizo un hermoso dibujo para las etiquetas y en vez de cajas de cartón áspero, encargamos otras que parecían estuches.

—Tú no sabes lo que es soportar a la clientela. Tú no sabes lo agotador que es que te vengan cada día treinta, cuarenta, cincuenta madames y mademoiselles con sus absurdos caprichos, que pregunten y consulten y te enreden para no llevarse al final nada, o que elijan justo lo contrario de eso que tú, con tu mejor voluntad, les has estado ofreciendo durante media hora.

Claro que lo sabía; yo también había sido dependienta en l'épicerie de los Martin en Gambetta que después convertí en mi propia tienda y que aún mantenía funcionando con dos empleadas. Solo que allí, por entonces, la clientela no era caprichosa; la movía la mera necesidad, no tenía más remedio que ir a tiro fijo y llevarse sus garbanzos, su arroz o su semolina en cucuruchos de papel de periódico. Pero eso ahora daba igual, era el momento de subirnos a un carro distinto.

—No necesitamos estar nosotras detrás del mostrador —insistí—, podemos contratar dependientas. Tú te encargarías de formarlas y supervisarlas. Yo, del resto.

—Lo mismo nos acabarían robando, igual que hicimos nosotras —dijo con sarcasmo—. De las Galeries de France han despedido a más de una por echarse al bolsillo lo que no debía. Y, además, ¿dónde pretendes...?

Seguía gesticulando, hablando a gritos cuando la corté:

—He visto un local. En las arcadas.

De su garganta salió ahora una carcajada incrédula. Bajo las elegantes arcadas de la rue d'Arzew, que desde el final de la guerra se llamaba rue du Général Leclerc pero todo el mundo la nombraba igual que antes, se encontraban muchas de las mejores tiendas de Orán. Empezaban en la rue de l'Artillerie y terminaban en la place des Victoires. Estaban abiertas a la calle por uno de los laterales, sus altos techos protegían a los viandantes del sol, del aire y a veces de la lluvia. El precio de los alquileres, dada su situación, era elevado. Très élevé. Elevadísimo.

—Tu es complètement folle —murmuró—. Majareta. Completamente loca. Estaríamos al lado de otras perfumerías de toda la vida. Además, estos jabones nuestros, las líneas nuevas, aún no las conoce nadie. Y la gente corriente que usa le Savon de l'Oranie para fregar el suelo y lavar la ropa, los que ya se han ganado tu confianza, las arcadas las pisan poco.

—Mi idea es abrir un sitio especial que llame la atención, con mucha luz, mucho color, grandes escaparates...

Ante mi chorro de ambición, ella seguía diciendo no con los labios apretados, moviendo a un lado y otro la cabeza. Como no parecía dispuesta a dejarse convencer con argumentos razonables, opté por otra vía.

—Cuando me propusiste que robáramos en Bastos el tabaco que venía de Argel, ¿aquello sí te pareció sensato?

Su movimiento cesó de pronto.

—¿Qué tiene que ver una cosa con otra? —preguntó seria.

—Mucho.

—Nada.

—Mucho —repetí—. Se trata de arriesgar otra vez, de ir por delante y ser audaces.

—Pues fíjate cómo te fue de bien la otra vez, que acabaste casada con un mamarracho que te trató como a un trapo.

—Porque entonces éramos unas pobres desgraciadas al albur de lo que la perra vida nos pusiera por delante. Ahora, en cambio, estamos al mando.

## CAPÍTULO 76

Inauguramos la tienda de las arcadas en la primavera de 1950, abriéndonos camino en una década que imaginamos calmada y venturosa, y acabó siendo el infierno.

Pese a los nervios e incertidumbres, resultó un éxito desde el principio. El establecimiento era luminoso y colorido tal como lo imaginé, con dos grandes escaparates a ambos lados de la puerta, con espejos en las paredes para multiplicar su amplitud y un mostrador larguísimo detrás del que atendían cuatro sonrientes empleadas con uniforme en color rosa rabioso. En los extremos del mostrador colocamos dos flamantes cajas registradoras. Detrás, repisas y repisas repletas de jabones organizados por el color del envoltorio, que a su vez iba parejo con la esencia. Todas las unidades al mismo precio.

—No lo veo, Cecilia. Perdóneme, pero no lo veo.

A lo largo de los meses anteriores, me tocó oír esa frase docenas de veces de boca de mi socio: una vez convencí a Catherine, hube de roer el duro hueso de Azoulay, comerciante a la antigua usanza y reacio por completo a las modernidades.

—Para mí que con esa excentricidad suya vamos a perder dinero —repitió insistente.

Pero no, no lo perdimos. Al contrario. Cuando vio las

cifras de ventas de las primeras semanas, se dio una palmada en la frente y reconoció:

—Le debo mis más hondas disculpas, querida, por mi falta de confianza.

Aquella idea de precios idénticos se la copié a los almacenes Prisunic, el gran establecimiento de cinco plantas que fascinaba a los niños porque tenía escaleras mecánicas, y a sus madres por los precios casi siempre iguales y comúnmente asequibles; de ahí el nombre del comercio, pris-unic. Se encontraban justo frente al Bon Marché, otra enorme tienda con departamentos, a la vuelta de la esquina de Printemps, otros grandes almacenes.

En eso tuvo razón Catherine cuando planteó sus reservas, la competencia en el Orán de aquellos días era brava. Superada la amargura y las escaseces de la guerra y superados los esfuerzos por remontar que vinieron luego, la gente tenía ganas de concederse algún capricho, pequeños lujos, cada cual en función de su bolsillo. Si no les daba para cenar en la brasserie Guillaume Tell, comían kemias en las barras abarrotadas de los bares: boquerones, altramuces, caracoles, lo que saliese de las cocinas. Si no podían ir al casino de Canastel, organizaban verbenas en los patios. Y cuando no les alcanzaba para un pañuelo de auténtica seda estampada o un perfume de Guerlain, optaban por nuestros jabones.

Caprichos asequibles para la mayoría de los presupuestos: ese era nuestro objetivo. Y acertamos de pleno. Para que las jóvenes y las menos jóvenes, o los novios, o los hijos o maridos que quisieran hacerles un regalo volvieran a casa con la sensación de haberse permitido un lujo accesible, una pastilla de jabón especial, perfumada, envuelta con un aire de distinción remotamente parisino, aunque la mayoría de la clientela, igual que yo misma o que Catherine, jamás había puesto un pie en París en toda su vida.

Vendíamos jabón, pero también guiños de supuesta distinción, aspiraciones al alcance de la mano.

—Aunque no hay que bajar la guardia con el producto de siempre, Cecilia.

Mi sensato socio me recordaba aquello con insistencia, y yo le respondía claro que sí, no se preocupe. No le mentía, ese interés era cierto. El jabón sencillo que hacíamos desde el principio se seguía vendiendo por todas partes y era nuestra gran fuente de ingresos. Solo que ahora, recién abierta la nueva tienda, mis esfuerzos se habían concentrado en ella.

—Hay que reponer...

—Avisa a Hamid para que cargue más...

—Nos estamos quedando sin...

—Se están agotando...

Nos hicimos muy populares, los jabones y yo misma. Nos anunciamos en la radio y en las revistas locales, en *L'Écho d'Oran* me hicieron una entrevista de media página. Los sábados se formaban colas de chicas jóvenes a la puerta de la tienda. Desde otros pueblos y ciudades del Oranesado, un montón de pequeños comercios llamaban todas las semanas para preguntar si podrían vender nuestros productos. Y al hilo de aquella fama sobrevenida, empezaron a ocurrir cosas imprevistas, algunas ilusionantes y otras tirando a extrañas. A finales de año, nos dieron el premio al mejor escaparate. Un club de elegantes damas me invitó a tomar el té en una espléndida residencia de l'avenue Loubet, esa calle que tanto me había fascinado siempre. De entrada, pensé agradecerles la atención y decir no, gracias, pero tanto Azoulay como Catherine me convencieron: nos interesaban esos vínculos con la burguesía local, aunque para aquella tarde tuviera que comprarme un traje de chaqueta prêt-à-porter y arreglarme el pelo.

Unos meses después, la Chambre de Commerce me propuso sumarnos como miembros y acepté tras consultar de nuevo con Azoulay y Catherine, sin tener la menor idea de si pertenecer a esa comunidad de serios señores iba a servirnos de algo. De hecho, una vez que nos afiliamos, durante bastante tiempo apenas supe de ellos. De vez en cuando llegaba al correo un folleto informativo, o un anuncio de algo que no me interesaba, o simplemente nada, silencio. Hasta que a principios de abril del año siguiente, cuando llevábamos algo más de un año abiertos y con unas ventas soberbias, al pasarme por la tienda al final de la tarde como hacía todos los días, una de las dependientas me tendió un sobre.

—A su nombre, madame.

—Merci, Claudette —dije metiéndolo en el bolso, sin pararme a mirarlo, centrándome en lo importante—. ¿Cómo ha ido el día, llegaron a tiempo los estuches, algo especial, algún incidente?

Lo abrí al llegar a casa, mientras me quitaba los zapatos. Al leer el tarjetón que contenía no pude evitar una mueca de desconcierto. La Chambre de Commerce, leí, tenía el honor de invitar a madame Lagarde a su cena de gala anual en el gran salón de su sede. Al día siguiente pregunté a Catherine y Azoulay si alguno de los dos me acompañaría, y ambos se negaron rotundamente.

—Entonces, yo tampoco iré.

Casi se me lanzaron al cuello para obligarme.

## CAPÍTULO 77

Llegué sola al boulevard Galliéni, caminando. A juzgar por el enjambre de automóviles que hallé en la puerta, fui de las pocas invitadas que lo hicieron. La mayoría de las parejas que se arremolinaban en la entrada seguramente podrían haber acudido también a pie, pero descender de un auto con carrocería brillante era una marca de distinción que casi nadie parecía dispuesto a saltarse esa noche.

La magnífica fachada en esquina con su gran cúpula, la escalera alfombrada por la que subimos hasta el salón, la altura de los techos repletos de molduras. Aquel esplendor era nuevo para mí pero la vida, los años, los arrestos conseguidos a fuerza de tropiezos y levantadas me habían proporcionado el aplomo suficiente como para no dejarme amedrentar por la suntuosidad o la opulencia. Para ser invitada a esa cena no había tenido que mentir ni suplantar a nadie o fingir ser quien no era; estaba allí tan solo por el fruto de mi trabajo. Así que, movida por la seguridad que me daba el saber lo que había logrado a pulso, dirigí mis pasos con desenvoltura hacia la mesa que me correspondía. Una mesa para doce comensales en la que seis, justo la mitad, estaban ya sentados.

—Bonsoir, mesdames et messieurs.

Todos me devolvieron el saludo con cortesía. Una de

las señoras mostró un gesto de sorpresa y, con disimulo, murmuró unas palabras al oído de su marido, imaginé que me había reconocido y le dijo esta es la de los jabones, o algo por el estilo. Sin darme por aludida, ocupé mi sitio, entre una silla vacía y un sesentón que se presentó como el dueño del concesionario de motocicletas Motobécane.

Alrededor, retumbando entre las arañas del techo y las paredes enteladas en seda, los invitados seguían llegando y soltando saludos efusivos en francés mayormente, aunque de tanto en tanto sonaba algún esporádico ¡amigo mío! o un sonoro ¡cuánto tiempo! en español rotundo. Eran voces de hombre en su mayoría, aunque casi todos iban acompañados por sus esposas. Ellas, por su parte, aun siendo personajes secundarios, parecían de igual modo dispuestas a disfrutar de la velada y para ello se habían arreglado con sus mejores ropas, abrigos y estolas de piel a pesar de la noche templada de abril; con las joyas de rigor repartidas por orejas, dedos, cuellos, muñecas, y el obligado paso por le salon de coiffure. Hasta yo misma me había comprado un traje color azul intenso con los hombros al aire y pensé ir esa misma tarde a la peluquería; al final no tuve tiempo y acudí con mi recogido bajo de siempre. Como joyas no tenía, tampoco me las puse.

De los cinco invitados que nos faltaban, dos matrimonios llegaron casi a la vez, apresurados. Los primeros, anchos y algo estridentes, se justificaron al alimón con aspavientos exagerados aclarando que venían de Béni Saf, mientras mi vecino el de las motocicletas se inclinaba hacia mí para aclararme sin la menor discreción que, a pesar de la tosquedad de su aspecto, poseían un boyante negocio de conservas y salazones que vendía hasta en el Marruecos español y en la España de Franco. Los otros, una pareja de franceses de pura cepa dueños de tres relojerías, no se molestaron en justificarse y se pasaron la noche sin mirarse a la cara, ignorándose por completo el uno al otro. En el resto de la sala, casi todo el mundo también se fue acomodando, cesó el ruido de las patas de las sillas al deslizarse sobre el mármol del suelo y solo circulaban los camareros vestidos para la ocasión como si fueran brigadiers. En nuestra mesa seguía quedando un sitio vacío. Uno, únicamente.

Entre los varios centenares de afiliados presentes esa noche, unos cuantos eran empresarios de peso, dueños de negocios abultados, grandes colonos propietarios de plantaciones de cereal, olivos o cítricos, grandes vinateros como Sénéclauze, porque era el campo, en realidad, lo que seguía generando en el Oranesado los ingresos más sustanciosos. Estaban también los industriales, dueños de empresas medianas y pequeñas dedicadas a mil cosas, desde repuestos de automóviles hasta destilerías o imprentas. Y había también muchos asistentes que eran meros comerciantes de los que levantaban la persiana a diario: ferreteros, dueños de joyerías o librerías o tiendas de menaje del hogar o instrumentos musicales o lo que fuese. Por los apellidos que oí al vuelo, supe que en su mayoría eran franceses y españoles naturalizados, algún italiano de origen, algunos judíos prósperos, apenas árabes.

Mientras un camarero llenaba mi copa de champagne, me pregunté cuántos de aquellos individuos que ahora charlaban despreocupados a la vez que desdoblaban las servilletas y se las colocaban sobre los muslos habían simpatizado años atrás con los nazis y cuántos, por el contrario, se habían comportado con dignidad y decencia; igual la balanza estaba en equilibrio. Pero no era momento de andar removiendo el pasado, eso lo tenían claro todos, sino de mirar hacia el futuro: hacia la recomposición económica de Europa, de Francia y por extensión de su Argelia, nuestra Argelia, la luminosa Argelia francesa.

Por ella, por la prosperidad de sus campos, la bonanza de su comercio y el auge de su industria alzamos las copas tras el discurso de bienvenida que pronunció el presidente. Jamás, ni en la más siniestra de las pesadillas, ni entre los delirios más turbios de la sinrazón, habríamos podido imaginar que a esos negocios nuestros en los que a diario volcábamos esfuerzos y desvelos les restaba tan solo una década de vida. Once años y unos meses en el mejor de los casos.

En ese momento del brindis, mientras los invitados estallaban en un santé colectivo, fue cuando su mirada se cruzó con la mía. Y un algo, un nosequé se me revolvió dentro. Tres mesas más allá, lejos pero cerca, estaba Rafael, mi joven albañil del ayer, sentado entre otro grupo de gente. Con corbata y un buen traje oscuro, el pelo espeso domado a base de pomada. Con su esposa al lado, la misma que unos años atrás me reconoció desde un balcón y bajó a la carrera para decirme en mitad de la calle que me olvidase de su esposo. Ahora, en cambio, no se había dado cuenta de que yo estaba allí, y mientras la mirada de su marido y la mía chocaban en el aire, ella se acariciaba distraída el collar de perlas, ignorante por completo de las sensaciones que a Rafael, atento a mí, prendido de mí, le cruzaban en ese mismo momento por el corazón y la cabeza.

El trabajo sin tregua, la guerra, la familia que había construido con la antigua pastelera que ahora reía con timidez la broma de algún comensal próximo sin dejar de rozar las perlas de su escote lo habían convertido en el hombre seguro de sí, atractivo en su camino hacia la madurez, que ahora ocupaba un sitio preferente entre los empresarios de la ciudad.

Me habría encantado que nos hubiésemos acercado

con naturalidad, que nos hubiésemos escapado quizá a una terraza para ponernos al día olvidándonos de toda aquella gente. Pero no nos movimos ni un palmo de nuestros sitios, nos limitamos a mirarnos ajenos al bullicio del salón, incapaces de despegarnos. A ninguno se nos ocurrió forzar un gesto, sonreír siquiera fugazmente o levantar nuestra copa a modo de saludo, ahora que el brindis formal había concluido y los camareros estaban empezando a servir el consomé. Simplemente, por unos instantes, seguimos concentrados el uno en la otra, la otra en el uno.

Hasta que alguien bloqueó de golpe el espacio abierto entre nosotros. De forma involuntaria, inconsciente de lo que hacía, un cuerpo masculino ocupó el sitio que aún seguía libre al final de mi mesa. Y con esa presencia imprevista acabó mi breve reencuentro con Rafael, mudo y de lejos. A partir de ese instante, cada cual retornó a su realidad más inmediata, incapaces de anticipar que el hombre que se interpuso entre nosotros iba a alterar mi vida por completo.

—Les ruego que disculpen mi retraso.

El invitado tardío repartió saludos entre los comensales más próximos. Cercano a los cincuenta, le calculé por encima. Con pelo entre castaño y canoso peinado hacia atrás con esmero, con la frente despejada, el rostro afilado y la traza cuajada y apuesta. Repitió sus excusas y creí oírle algo sobre un retraso del paquebote de Marsella mientras se reajustaba el nudo de la corbata. A pesar de su tardanza y pese a sus disculpas, no parecía incómodo. Al revés: más bien relajado, seguro de sí mientras lanzaba al camarero un gesto para que le sirviera vino blanco.

Solo entonces, cuando se acomodó del todo y le llenaron la copa con el vino que pidió y le pusieron delante el consomé que no pidió pero corrieron a buscarle; solo entonces dirigió una mirada a los invitados que estábamos en el otro extremo de la mesa.

Y en ese instante, al verme, sin conocerme aún, frunció las cejas con un ademán de extraño deslumbramiento.

## CAPÍTULO 78

Jean-Pierre Aubert y yo nos casamos nueve meses después de conocernos, en una sobria ceremonia civil en el Hôtel de Ville, el gran ayuntamiento de la place d'Armes. Era enero de 1952, y nos separaban once años de edad y muchas otras cosas. La naturaleza de nuestras bodas anteriores, por ejemplo: la mía con Lagarde que fue triste como un sepelio en la modesta iglesia del barrio de Gambetta, frente a la suya respetable y concurrida en la cathédrale Sainte-Marie-Majeure de Marsella. Eran también desiguales los universos de los que ambos veníamos: el suyo burgués a caballo entre Orán y el sur de Francia, y el mío tortuoso, como el de casi todos los emigrantes. Y también resultaban dispares las formas de plantarnos ante la vida, él con su arrojo vivaz frente a mi prudencia y mis silencios.

Todos esos contrastes, en cualquier caso, los sobrellevamos sin fricciones. Al revés: sumaron y no restaron, y nos convirtieron en una pareja compenetrada que odiaba las separaciones que cada dos semanas nos imponía su trabajo como agente comercial entre Francia y Argelia. Una pareja, en definitiva, que disfrutaba como si el mundo se pusiera en marcha con el amanecer de su primer día en cada reencuentro.

Sin dejar de acariciarme el cuello o la melena, sin soltarme cuando me tenía agarrada por la cintura, a menudo recordaba cómo cayó seducido por mí aquella noche en la Chambre de Commerce y no pudo dejar de mirarme desde la otra punta de la mesa a lo largo de la aburrida cena de colonos, comerciantes y empresarios. Preguntó inmediatamente quién era la mujer vestida de azul, hermosa y seria, tan distinta al resto de las damas enjoyadas que plagaban el salón. Según él, apenas probó el turbot poché que nos sirvieron y en cambio volcó en mí su atención por completo. Al terminar, se me acercó con la excusa de ofrecerme una propuesta profesional cuando en el fondo era yo, por mí misma, lo único que le importaba.

—¿Le interesaría, madame, que sus jabones se distribuyeran por toda Francia?

Solía lanzar una carcajada al recordar que apenas le hice caso, como si la pregunta que aquel desconocido me dirigió mientras bajaba la escalera hacia la salida de la Chambre de Commerce fuese un puro desvarío tras una cena regada con champagne y vinos abundantes. Y en cierto modo así fue: apenas le presté atención a pesar de su atractivo, pero no por la razón que él suponía, sino por otra distinta que no le conté nunca. Por Rafael. Por volver a estar pendiente de él desde la distancia, al contemplar con curiosidad algo malsana cómo le ponía a su mujer la estola de piel sobre los hombros con un gesto esforzadamente atento mientras ella, aferrada a su bolso comprado para la ocasión y con gesto de que los zapatos nuevos le estaban mortificando los pies, intentaba salir de allí cuanto antes. Para volver a su casa, a su territorio confortable de hijos, pucheros y balcones abiertos a su calle de siempre. Igual también para alejar a su marido de mi presencia, de la que se percató en algún momento de la noche.

—A la mañana siguiente fui a verla a su fábrica y me siguió ignorando —repetía Jean-Pierre al contar nuestra historia a quien quisiera escucharla—. Una caldera que había dejado de funcionar le resultaba infinitamente más preocupante que su futuro esposo. —Soltaba entonces otra carcajada y volvía a acariciarme antes de continuar—. Me costó tres visitas hasta que la convencí para que comiéramos juntos en Le Cintra, insistiendo en que se trataba tan solo de un almuerzo de trabajo.

Cómo iba a imaginar yo que aquel francés persuasivo y seductor, vestido siempre con elegancia informal, de dedos largos, miembros largos y risa fácil, buen conocedor del mundo y de sus vericuetos, iba a terminar convirtiéndose no solo en el representante de Savon de l'Oranie en la metrópoli, sino también en mi segundo marido. El compañero que aplacó mi sobriedad y me hizo reír a carcajadas y me adoró y me encumbró y me hizo sentir única, como si mereciera estar en lo alto del santuario del monte de Santa Cruz, en vez de caminar como todos los humanos a ras del suelo.

Así fue, sin embargo, y ese almuerzo que se alargó durante horas, sentados uno frente a otro junto a la cristalera de una de las brasseries clásicas de Orán, acabó siendo el primero de tantas comidas, tantas cenas y desayunos compartidos, tanta vida trenzada como llegaría con el paso del tiempo, hasta que la crueldad más sanguinaria lo quitó de en medio.

Por iniciativa de Jean-Pierre, a partir de entonces en mi día a día cambiaron muchas cosas. Me relajé con el trabajo: sin desatenderlo, frené esa obsesión que hasta entonces tenía por hacerlo crecer, por vigilar cada detalle por nimio que fuese y estar al tanto de todo lo que por allí se movía en cada momento, llegar la primera e irme la última, aparecer incluso algunos domingos. Aunque le costó convencerme, acabé también acompañándolo en algunos de sus viajes. Juntos fuimos a Argel y a Marsella varias veces, a París en nuestro primer aniversario, a Melilla en un intento de expandir hacia territorio español nuestros jabones. Y suya fue asimismo la idea de mudarnos al flamante boulevard Front-de-Mer, a un moderno inmueble recién construido en esos últimos años de ilusa bonanza.

En un principio, él dejó su pequeño apartamento y se instaló en mi casa, la que aún seguía alquilando al amigo de mi socio.

—Pero esto pertenece a tu ayer, ma belle —me repetía siempre—. ¿Por qué no empezamos de nuevo y creamos un hogar juntos?

Mi ayer. Su ayer. Por vergüenza, por agradarnos mutuamente o por juiciosa cautela, ambos nos callamos algunas cosas y otras las alteramos o recompusimos a fin de encajarlas mejor en el presente que compartíamos. Jamás le hablé, por ejemplo, del hombre que me forzó en El Puntarrón, ni de Marie y los lavaderos de Sidi Bel Abbès, el patio del Culebra o la maison del ingeniero. Tampoco le conté la verdadera razón por la que me casé con Lagarde ni el daño que me hizo; a ojos de Jean-Pierre, mi primer matrimonio fue un simple emparejamiento infeliz. Un patinazo como el de tantos. Como el suyo, sin ir más lejos.

De Ricardo y de Alan sí supo: por respeto a ellos y a lo que en su momento nos unió, nunca le oculté que existieron, aunque la sensación con la que él prefirió quedarse fue algo así como dos simples romances sin apenas trascendencia, uno con un exiliado abatido en su derrota, otro con un simpático americano. Como si no hubieran sido más que ilusiones momentáneas, un par de galanes parecidos a los de las películas de Hollywood que veíamos muchas tardes en la pantalla de L'Idéal de la place des Victoires, nuestro cine favorito: personajes irreales que se desvanecían tan pronto como se encendían las luces.

A Rafael en cambio, quizá por su evidente cercanía, no se lo mencioné nunca.

Oculté, en definitiva, mis desgarros, fracturas y flaquezas, y le conté mi historia desde la perspectiva más simple: la de la joven que abandonó su mísera patria, luchó y salió adelante hasta prosperar y convertirse en una afortunada empresaria. Y esa versión pareció servirle. Ma petite espagnole. Ma petite survivante, solía llamarme con irónica ternura. Jamás sospechó que aquello era solo un resumen tergiversado y parcial de mi vida.

# CAPÍTULO 79

—¿Quién quiere vivir en Orán y no ver el mar cada mañana?

Esa fue otra de las razones que me convencieron para comprar aquel gran apartamento al que nos mudamos al año y pico de casarnos: la ilusión de Jean-Pierre por vivir frente al mar, ese mar que a la vez nos unía y nos separaba de mi España casi olvidada y de su Marsella siempre presente.

Así que, a pesar de mi reticencia inicial, acabé accediendo, como a casi todo lo que él me propuso a lo largo de nuestro matrimonio. No ejercía sobre mí una autoridad firme, no era exigente ni celoso. Jamás tuvo un gesto déspota como los de Lagarde ni planteó un amor con restricciones como hicieron Ricardo y Alan, conscientes ambos de que se acabarían yendo. Aun así, sin imponerse ni avasallar, todas las ideas e inventivas de Jean-Pierre, todos sus planes, todos sus proyectos, todos antes o después, de una manera u otra, se acabaron cumpliendo.

La mayoría afectaban a nuestra vida cotidiana, desde las salidas a reuniones, cenas, clubes o encuentros, hasta los alimentos que llenaban el gran refrigerador americano Frigidaire que decidió comprar para darme una sorpresa. O tenían que ver con los viajes y espectáculos a los que asistíamos, o la ropa abundante y a la moda que cada dos por tres me regalaba, tan ajena a mi sobriedad de siempre.

Todos aquellos gastos, acumulados sin gran estrépito pero con un ritmo constante, acabaron generando suspicacias en mi entorno.

—Me incomoda advertirle, Cecilia...

—Disculpe, ¿de qué me habla? —pregunté distraída.

Seguía tratando a mi socio Azoulay con el mismo respeto de siempre, pero en esa ocasión andaba con prisa: esa misma tarde salíamos para Constantine, quería marcharme pronto a casa, aún tenía que terminar de hacer las maletas.

—Sobre la compra de su vivienda.

Me encontraba de espaldas, recogiendo unas muestras del jabón con aroma de jazmín que pensábamos lanzar tras el verano; paré de pronto.

—¿Qué quiere decir? —pregunté de nuevo girándome. Esta vez sin despistarme, seria, bien atenta.

—Que la considero un gasto excesivo. Y perdone que le hable con tanta franqueza.

—Tengo el dinero, ¿no?

Él lo sabía, por supuesto. Estaba al tanto de mis ingresos casi más al detalle que yo misma.

—De momento, sí. Pero como siga gastando a este ritmo, pronto va a dejar de tenerlo.

Intuí por dónde iba e intenté quitarle hierro.

—Ha habido muchos cambios en los últimos tiempos, ya lo sabe...

Igual que sucedió con Catherine, Jean-Pierre y Azoulay de entrada no se gustaron. El uno mantenía la aversión que muchos franceses de las dos orillas habían mostrado siempre hacia los judíos. Y a mi socio, la desenvoltura y el carácter bon vivant de mi marido lo desconcertaban. Solo que, esta vez, yo no me esforcé en conciliarlos como sí hice antes. Simplemente, intenté que se rozaran lo menos posible.

Aun así, a él, acostumbrado como estaba a mi dedicación en cuerpo y alma al negocio, mi relajación de los últimos tiempos no le agradaba en absoluto. Y eso que yo no descuidaba el trabajo, ni mucho menos. Lo que ocurría era que mi tiempo ahora se repartía de otra forma.

—Me constan esos cambios desde que contrajo matrimonio, Cecilia. Pero, con todo... Es mucho lo que sale y, aunque siga entrando, hay flancos descubiertos. De lo que llevamos invertido para la distribución en la metrópoli, por ejemplo, aún no hemos visto ni un franco de retorno.

—Es una promoción que lleva tiempo, ya se lo he dicho. El producto es nuevo allí, tiene que competir con los jabones de Marsella, de toda la Provenza. Y con nuevas modas, nuevos gustos.

Mientras yo seguía repitiendo toda esa información con la que Jean-Pierre, a su vez, me convencía a mí para justificar que nuestras ventas no arrancaran aún en Francia, mi socio movía arriba y abajo la cabeza. Pero su gesto no mostraba convencimiento, más bien hartazgo. Como si dijera: ya, ya me conozco esa historia que me está contando, no se esfuerce...

Aun así, yo creía a Jean-Pierre. O quería creerlo. O necesitaba creerlo. Era un hombre de mundo, llevaba en la sangre el oficio de gestionar ventas y compras, de ganar clientes: creció con él, lo aprendió de su padre, de su suegro, se dedicaba a ello desde hacía décadas. Al hablarme de su pasado, igual que hice yo, también desplegó un juego de luces y sombras que en principio no me importó en absoluto, aunque después dio sentido a muchas cosas. Nacido en Marsella, criado por temporadas en Orán, hijo de un agente comercial y una dama de la buena sociedad marsellesa que nunca se acostumbró a este lado polvoriento del Mediterráneo y en cuanto pudo se embarcó de vuelta al sur de Francia con sus dos niños: Jean-Pierre, que creció y superó la primera Gran Guerra, y un segundo al que una tosferina se llevó por delante.

Con su primera mujer, Évelyne, se casó obligado por un embarazo imprevisto al regresar ella de un internado de monjas dominicas. La conocía desde siempre, era la hija de una pareja amiga de los padres, socios en uno de los negocios que el patriarca emprendió al abandonar Orán, harto de vivir en la orilla africana al margen de la familia. Pero en Argelia quedaron amigos, contactos, conocidos y opciones mercantiles para traer y llevar, promover y distribuir productos de todo tipo, a comisión, entre ambas costas: desde frutas hasta licores, electrodomésticos, artículos de moda o representaciones de firmas comerciales. Y Jean-Pierre, mal estudiante, contravino el iluso deseo familiar de convertirse en abogado y, tras algunos vaivenes, acabó integrándose en el negocio paterno, el mismo que compartía con su suegro, por cierto.

En teoría, sus actividades comerciales les siguieron yendo razonablemente bien a pesar de la crisis que azotó a Francia en los años treinta y de la atroz segunda Gran Guerra, nunca me dio Jean-Pierre detalles sobre cómo superaron aquellos tiempos adversos. Al término de la contienda, sin embargo, la suerte les volvió la cara. En poco más de un año los infortunios se encadenaron uno tras otro. Murió primero su madre de un derrame cerebral; se acostó como cualquier otra noche, tras rezar sus oraciones, y no volvió a levantarse de la cama. El padre se fue meses después por causas que nunca estuvieron claras; una perforación de estómago, supusieron los doctores. Y aún no habían terminado las misas que Évelyne encargó por sus adorados suegros, cuando un cáncer voraz le despedazó el útero.

Uno tras otro, Jean-Pierre los fue enterrando arropado por la familia de su mujer, con la dignidad y el pesar pertinentes. Y por razón de su trabajo de ida y vuelta constante, aunque lo adoraba, accedió a que su hijo se mudara a vivir con sus suegros para que se encargaran de él durante sus ausencias. Porque sí, Jean-Pierre tenía un hijo: la criatura que forzó su matrimonio precipitado y desventurado, nacido seis meses después de darse el uno al otro un inapetente oui, je le veux en La Major, frente a más de un centenar de invitados.

Fabien lo llamaron: un hermoso niño rubio de ojos redondos y azules, viva estampa de su madre, de cuyo crecimiento Jean-Pierre guardaba un montón de fotografías en un álbum con tapas de cuero metido en el cajón de su mesilla de noche. Fabien a los cinco meses envuelto en puntillas, al año y medio sentado sobre una manta en una merienda campestre a la sombra de un gran pino, a los tres años subido en un triciclo, a los cinco en un columpio, a los siete en un poni. A los nueve se le veía con el morro torcido. A los once le sacaba al fotógrafo la lengua.

Cuando me casé con su padre tenía trece.

Cuando mataron a Jean-Pierre, diecisiete.

Y a partir de entonces aquel hijo suyo que jamás me aceptó, Fabien Aubert, mi hijastro, se convertiría en mi pesadilla más espantosa.

# CAPÍTULO 80

Lo enterramos en Marsella, al otro lado del mar, en la costa sur de Francia. Así lo quiso el hijo, y yo, desde mi orilla argelina y mi desconsuelo, preferí no negarme. De las formalidades para el traslado del cadáver se encargaron Catherine y Louis Zermati, el abogado judío yerno de mi socio, el mismo que me ayudó en su día a tramitar la herencia de mi primer marido y ahora, por esos tumbos siniestros de la vida, estaba de nuevo a mi lado para repatriar el cadáver del segundo. Ambos decidieron además acompañarme y en el Sidi Mabrouk cruzamos juntos el Mediterráneo: Jean-Pierre en su cajón y nosotros tres en nuestros camarotes durante las horas escasas de sueño o en la cubierta del barco cuando el desvelo nos acosó, fumando en silencio.

Había estado antes con él en Marsella unas cuantas veces y, aunque nunca se lo reconocí abiertamente, su ciudad no me gustaba. Quizá fue hermosa en el pasado, con su orgullo de puerto del Imperio y el fuerte de Saint-Jean, el Palais de Longchamp y sus Cinq Avenues. Pero los nazis se ensañaron con ella, dinamitaron barrios enteros y, a pesar de que los esfuerzos para reconstruirla estaban en marcha, las huellas de la guerra aún seguían presentes. Aunque, bien pensado, a lo mejor no era su aspecto lo que me desagradaba y solo me escocía saber que Jean-Pierre tuvo allí otra vida al margen de mí, con otra mujer, en otro tiempo.

Desembarcamos un martes de principios de diciembre sin rastro de sol, una mañana fea y húmeda. A nuestro alrededor todo se veía gris: el coche que nos esperaba junto al muelle, las fachadas de los edificios que contemplábamos a través de la ventanilla, las caras de los suegros y el gesto del hijo plantado entre ambos, esperándonos en la puerta del cementerio. Les sacaba Fabien la cabeza a sus abuelos, había dado un estirón desde la última vez que lo vi hacía casi dos años, cuando pasó en Orán con nosotros las vacaciones de Navidad. Era flaco, castaño claro de pelo con un flequillo largo tapándole la frente, la barbilla llena de granos juveniles y una corbata negra con el nudo bien prieto de la que seguro que estaba deseando librarse. En el porte recordaba mucho a Jean-Pierre, en el rostro apenas.

Era más parecido a su madre, a la hija muerta de aquella pulcra pareja que custodiaba al joven con celo posesivo. A él, calvo, demacrado y con aspecto enfermizo, le bailaba el cuerpo dentro de un abrigo largo y oscuro, como si el esqueleto se le hubiese achicado. Ella era une petite dame de pelo elegantemente canoso, envuelta en astracán, con gruesas perlas al cuello y sombrero y velo de luto en contraste con mi cabeza descubierta. Aunque ambos me conocían de otras ocasiones, no se molestaron en disimular cierta altivez frente a mi condición de segunda esposa de su difunto yerno y francesa de baja categoría: una oranesa adoptiva, una española morena. Una bruta medio africana que había ocupado el sitio de su Évelyne.

Ni a Fabien ni a mí nos dejaron buen sabor de boca aquellos días navideños que pasamos juntos y que, por fortuna, nunca repetimos. La presencia del muchacho fue incómoda, muy incómoda, aunque intenté disimularlo como buenamente pude y me volqué en el trabajo con la excusa de que me necesitaban en la fábrica y la tienda. Su antipatía, en cambio, se mantuvo constante, dejándome claro que yo sobraba en su vida tanto como él en la mía. La única diferencia era que, mientras yo fingí y me tragué el sapo, él apenas se molestó en ocultar su desprecio. Y ahora, frente al ataúd de su padre, en su propio territorio y rodeado por sus mayores, optó por obviarme y repetir sin tapujos el desplante.

Fue un entierro sobrio, con caras serias aunque nadie llegó a derrumbarse, ni el chico ni sus abuelos, ni siquiera yo misma a pesar de mi dolor profundo. Enlutados y tiesos como palos de escoba, escuchamos al sacerdote mientras comenzaba a caer una llovizna floja que convirtió la tierra en barro y nos manchó los zapatos. Bajo los paraguas, cumplimos con el rito y esperamos a que metieran la caja en el panteón de la familia: los marselleses a un lado, los oraneses al otro, el huérfano parapetado entre sus abuelos y yo arropada por mis amigos. Y con eso dimos nuestro último adiós al hombre al que tanto quise, sin más ceremonia.

En realidad, aquella pareja de ancianos marselleses me importaba un pimiento, aunque habría agradecido alguna muestra de condolencia por su parte, un gesto de pésame remotamente sincero. Y yo, en reciprocidad, quizá me habría desahogado y les habría contado cómo ocurrió todo; pensé que les interesaría conocer el trágico final del padre de ese joven al que protegían con un empeño desbordado, casi ansioso. Pero no pude decirles nada. Ni las razones por las que Jean-Pierre se aventuró por aquellas carreteras, ni mi desazón al no saber de él en seis días, ni cómo lo encontraron unos colonos cuando iban a caballo de una ferma a otra ferma, degollado entre las zarzas, sin rastro de su coche, desnudo y con el cuerpo lleno de picaduras de alacranes.

Arrastrábamos malos tiempos, lo mismo para nosotros como pareja que para la Argelia de entonces. Tiempos agrios, de dolor y desencuentros. Los primeros atentados llegaron en el 54 y, desde entonces, ni el Front de Libération Nationale había cesado en su campaña por hacerse con un país independiente de Francia, ni Francia había dejado de reaccionar ante esos afanes con contundencia. En un goteo que primero fue esporádico y poco a poco cada vez más frecuente, los ataques de los rebeldes árabes empezaron a surgir lo mismo en los campos que en las ciudades, frente a un cuartel militar, una parada de autobús, a la puerta de una oficina pública o junto a un comercio. En una escalada cada vez más cruda, cualquiera podía acabar siendo la víctima en el instante más imprevisto: lo mismo tres soldados que el dueño de un taller de bicicletas, un taxista judío, un frutero árabe o un par de niñas a la vuelta de la escuela. Recíprocamente, el ejército francés respondía virulento, con sus propias estrategias. Argelia era Francia, parte esencial de la República, y el simple hecho de pensar en la separación de ambas no era más que un disparate.

Entramos así en una época siniestra, aunque nadie era capaz aún de sospechar el desenlace. Simplemente, empezamos a acostumbrarnos a convivir con esa hostilidad mientras nos esforzábamos por mantener las rutinas de siempre. Al fin y al cabo, la vida debía continuar, aunque el temor y el desconcierto se hubieran convertido en sensaciones cotidianas.

En paralelo al clima adverso que nos rodeaba, a Jean-Pierre y a mí, a pesar de que seguíamos queriéndonos, la convivencia también se nos fue haciendo áspera. Ya no disfrutábamos las largas cenas en la terraza de nuestro hermoso piso como antes, sin parar de charlar mientras contemplábamos las luces de los barcos entrar y salir del puerto. Casi nunca volvíamos los domingos a la cama después del desayuno, apenas bailábamos en el salón al ritmo de los discos de Charles Aznavour que le encantaban a él ni con el *Quizás, quizás, quizás* que a mí me gustaba tanto desde que vimos a Antonio Machín en el Théâtre de Verdure durante nuestro primer verano de casados.

Lo que nos distanciaba, puesto del revés o del derecho, siempre era lo mismo: yo había vuelto a trabajar como una mula y él, a pesar de sus planes prometedores para expandir las ventas de Savon de l'Oranie, seguía sin apenas conseguir contratos. Todos sus ambiciosos proyectos, todo su ir y venir, sus viajes constantes por Francia, sus largas charlas telefónicas con amigos de acá y allá y con sus decenas de supuestos magníficos contactos quedaban en humo. De pronto, tras un regreso, me hablaba de un pedido formidable que estaba a punto de cerrar con una cadena parisina de grandes almacenes, pero transcurrían los días y no se firmaba nada. De pronto, después de otro viaje de dos o tres semanas a la metrópoli, me hablaba de unas perfumerías en Nantes, o unos hoteles en Niza, o un intermediario sabía Dios de dónde demonios que supuestamente había quedado fascinado por nuestros productos. Pero el tiempo transcurría. Y, al cabo, nada tampoco.

Así pasaron muchos meses, un par de años, él mirando el porvenir con una fe inquebrantable en sí mismo, y yo cada vez más descreída y desencantada. Y a ello había que sumar los avisos periódicos de Azoulay hasta que, harta de sus cautelas, obligué a mi socio a que dejara de marearme.

Solo había una solución: que Jean-Pierre se olvidase de las capitales de la metrópoli y se centrara de una santa vez en lo nuestro, en los departamentos de Argelia, en nuestra gente. En presentar nuestras gamas y especialidades en Argel y Constantine, en Bône, Tlemcen, Orléansville, Mostaganem, Mascara... Había docenas de poblaciones en las que ya teníamos algunos clientes, pero donde aún podríamos seguir expandiéndonos. Menos ambición y menos sueños portentosos era lo que yo le pedía, en definitiva, y más opciones cercanas para hacer caja con los pies en el suelo.

Tanto tanto insistí y tanto se tensó la cuerda entre nosotros que, al final, le gané el pulso y él, aun contrariado, acabó accediendo. Mis pronósticos no tardaron en cumplirse, y empezó a lograr algunos contratos, no grandiosos como aquellos a los que él aspiraba, pero sí medianos, contantes y sonantes, más que decentes. Y eso nos reconcilió un poco, apaciguó la tirantez y nos acercó de nuevo, y volvimos a disfrutar el uno del otro, a salir al teatro, al cine, a Les Arènes para ver torear a Luis Miguel Dominguín —porque a él le encantaban los toros—, a los espectáculos de Édith Piaf o Line Renaud y a los de Lola Flores y Carmen Sevilla, a los que accedía solo por complacerme.

Hasta que un lunes por la mañana, cuando nos faltaba una semana para cumplir cuatro años y cinco meses de matrimonio, se levantó, se duchó y se vistió con ropa fresca para salir rumbo a Perrégaux en el Citroën DS que habíamos comprado dos años antes. Llevaba su pequeña maleta de piel granate, varios catálogos y muestrarios de jabones y mis insistentes advertencias para que tuviese mucho cuidado. Nos despedimos con un beso frente al portal, en la acera de nuestro boulevard Front-de-Mer; tardé mucho en olvidar la sensación de mi mano en su nuca aún mojada, su brazo al rodear mi cintura por la espalda.

Quedó en regresar el miércoles, pero no volvió nunca. Esa misma tarde, a una hora imprecisa, pasó lo que pasó y su nombre se sumó a la tétrica lista de muertos a manos del FLN. Y a mí, por empujar a mi marido a emprender ese viaje desventurado, me quedó dentro una amargura que tardaría mucho en digerir, si es que alguna vez se me fue por completo.

Por ninguna razón concreta, quizá solo por sacarme de dentro los demonios, me habría sentado bien compartir aquello con sus suegros al terminar su entierro en Marsella. Pero no pudo ser, no me dieron opción. Tan solo, al salir del camposanto y llegar junto a los coches, los ancianos se limitaron a tenderme sus manos, la de ella enguantada en suave cuero negro y la de él fría y húmeda como una sepia. De los labios blanquecinos de los dos salieron unos simples murmullos en un tono tan bajo que no alcancé a entenderlos: igual me decían algo compasivo y afectuoso o lo mismo se estaban despidiendo de mí con un hasta nunca, señora; márchese a su Orán y por aquí no vuelva. Sin más me dieron la espalda, se agarraron el uno al otro y echaron a andar con paso cansino. Y ahí quedé yo, parada, muda, con mis justificaciones y mi mea culpa atorados como una flema espesa en mitad de la garganta.

Louis Zermati salió tras ellos, pretendía cruzar en mi nombre unas palabras con monsieur Faure sobre cómo proceder con la testamentaría que nos afectaba tanto a mí como a su nieto. Catherine me pasó entonces un brazo por los hombros para que yo también me moviera hacia el vehículo que nos esperaba con el motor encendido, y fue en ese instante cuando por fin reaccioné y caí en que quizá debía tener un gesto con Fabien, darle un beso en la mejilla o cualquier otra muestra de afecto.

Pero de nuevo no pudo ser porque el hijo de mi marido tampoco estaba ya a mi alcance. Sin despedirse, se había desplomado en el asiento trasero del auto familiar, con la cabeza gacha y el flequillo sobre los ojos. Ajeno por completo a mí, sin ni siquiera mirarme.

## CAPÍTULO 81

—No está hablando en serio, ¿verdad?

Fue lo primero que se me ocurrió, una frase absurda porque yo sabía de sobra que Azoulay era bien poco dado a la broma. Aun así, me respondió:

—Absolument sérieux, Cecilia. Absolutamente. —Para subrayar sus palabras, sobre el libro de contabilidad soltó un palmetazo—. Aquí está todo registrado: las salidas de liquidez, las transferencias, los gastos sin justificar, lo pedido a cuenta y lo que nunca...

Alcé una mano para que se callase, no quería seguir oyendo. En un gesto deferente él cerró la boca, pero en el aire de la oficina quedó flotando lo que acababa de anunciarme, algo acerca de lo que yo tenía hasta entonces un conocimiento parcial únicamente porque había preferido mirar hacia otro lado, no enterarme. Que Jean-Pierre había gastado dinero de la empresa a mansalva, me acababa de decir. Que había puesto nuestros balances en una situación comprometida. Comprometidísima.

Había transcurrido casi un mes desde su entierro en Marsella y aquel era el día en que mi socio decidió agarrar el toro por los cuernos y ponerme al tanto del estado de mi situación económica. Sabía que yo aún estaba hundida, desolada. Pero también era consciente de que debía reaccionar, salir de mi devastación y ponerme de nuevo al frente.

—Y no tengo que recordarle, Cecilia, que la tienda de las arcadas tampoco marcha como al principio.

Por desgracia, también eso era cierto. Aquella afluencia desbordada de clientes, clientas sobre todo, se había ido desinflando en los últimos tiempos. La gente aún entraba y compraba, pero ya sin el arrebato de antes. A medida que los disturbios y ataques del FLN se recrudecían, todo el mundo estaba más contenido: se evitaban las aglomeraciones, los encuentros populosos en plena calle, la exposición pública excesiva. Intentábamos minimizar, de una u otra forma, los riesgos de convertirnos en blanco fácil para un explosivo oculto en una papelera o una ráfaga de metralla lanzada desde un coche en cualquier cruce.

—No sé si está al tanto —añadió Azoulay— de que hay empresarios que están empezando a sacar sus capitales de Argelia. Eso sería lo que deberíamos plantearnos nosotros también si las cosas no se nos hubieran dado la vuelta.

Podría haber intentado dar la cara por Jean-Pierre, defender su memoria y justificar sus comportamientos. Las excusas sin embargo no me salieron, a lo mejor porque de pronto fui consciente de que en realidad no tenía ninguna sólida y me faltaban las fuerzas para sacármelas de la manga. Peor aún: yo también estaba enfadada con él por su irresponsabilidad y su mala cabeza. E indignada conmigo misma por haber consentido que sus caprichos de vividor llegaran a semejante extremo, por no pararle los pies a tiempo. Y esas sensaciones tan amargas, unidas a mi pena y a mi propio sentido de la culpa por haberlo empujado hacia territorios arriesgados, me tenían despellejada el alma.

—¿Usted cómo cree que va a acabar esto?

El tono de mi pregunta sonó apagado, como apagado estaba mi ánimo después de lo que mi socio me había anunciado y apagada estaba también mi voluntad todos los días al levantarme de la cama. Pero necesitaba desviar la conversación, guardar en mi cabeza lo que acababa de oír sobre los despilfarros de mi marido con las cuentas de la empresa y sopesarlo más tarde, sola, en casa, en la que fue nuestra casa convertida ahora en un gran cascarón vacío, un hermoso cascarón con metros de espacio excesivos, decorado con los muebles tan hermosos como ridículos que él se empeñó en comprar, equipado con aquellos malditos electrodomésticos modernos que yo jamás necesité.

Allí, en esa novena planta de uno de los inmuebles más caros de Orán, sentada junto a la consola estilo Segundo Imperio que siempre me pareció absurdamente opulenta o frente al televisor Thomson que ya nunca encendía, o tal vez en la cocina arrullada por el ruido del motor de la prodigiosa extractora automática; allí reflexionaría sobre todo ello más tarde. Ahora no era el momento.

Además, pensé, quedaba la esperanza de que tal vez todo se compensara al abrir su testamento. De eso se seguía ocupando Louis Zermati, aunque los trámites se demoraban debido a la frágil salud de monsieur Faure, abuelo de Fabien y ahora su tutor legal hasta que el chico cumpliera los dieciocho. Jean-Pierre nunca me hizo un recuento al detalle de su patrimonio en Marsella; de hecho, nos alojamos en un hotel las veces que fuimos. Pero a menudo hablaba sobre el gran apartamento que heredó de sus padres en la rue Beauvau y de la villa frente al mar donde solían pasar los veranos, del hogar que compartió con su primera mujer y los varios negocios emprendidos junto con socios y amigos, hombres de mundo y negociantes de primera línea. Yo desconocía si de todo aquello conservaba poco o mucho, pero deseé con todas mis fuerzas que fuera lo suficiente como para equilibrar su desatino con nuestros números.

La respuesta de Azoulay me sacó de mis pensamientos y me trajo de nuevo al presente, a nuestra oficina en la parte trasera de la fábrica. Más de una década atrás, al final de la guerra, sopesamos cambiarla de sitio, acercarla a la parte delantera y convertirla en un lugar más representativo. Pero tanto a mi socio como a mí el hecho de aparentar nos importaba bien poco, así que, a pesar de que Jean-Pierre insistía cada dos por tres en que nos convendría hacer el esfuerzo, añadimos tan solo un escritorio para él y optamos por seguir en nuestra madriguera.

—Quisiera ser optimista —contestó en tono sombrío—, pero uno ha sido testigo de tantas atrocidades y tanto sinsentido...

Desde el asesinato de Jean-Pierre, me había hecho a mí misma una pregunta muchas veces; ahora era la primera vez que me atrevía a lanzarla en voz alta.

—¿Usted cree, Azoulay, que lograrán su objetivo y Argelia terminará siendo independiente?

—Desde París lo rechazan con rotundidad, ni siquiera lo contemplan. Pero recuerde las barbaridades de las dos grandes guerras de este siglo, quién habría podido preverlas.

—¿Y qué será de nosotros si eso ocurre? —pregunté inquieta—. Para ustedes los judíos, para millones de europeos cuyas familias llevan aquí generaciones, incluso para los que llegamos y echamos raíces, Argelia también es notre pays, nuestra tierra. No pueden obligarnos a irnos, no pueden...

Por respuesta, mi socio se encogió de hombros y, con ese gesto tan insignificante, de pronto me pareció que su cuerpo menguaba y sobre la espalda le caían a plomo veinte años. Con una especie de lucidez súbita, de repente fui consciente de que, sumida como estaba en mi honda angustia, se me estaba escapando otra realidad bien triste: lo rápido que Azoulay iba envejeciendo. Y para que ninguno de los dos nos hundiéramos en la desazón, opté por volver a lo más cercano. A las cuentas.

—En fin, vamos a centrarnos. Eso de que hay ya empresarios y comerciantes moviendo dinero, ¿lo dice usted por su gente?

Tardó unos instantes en contestar, como si necesitara valorar lo conveniente o inconveniente de hablarme sin tapujos acerca de los suyos. Ganó la sinceridad, por suerte.

—Según parece, los más prósperos de nuestra comunidad están empezando a tomar medidas serias.

Estaba claro. Si los ricos empresarios judíos andaban ya dando esos pasos, más nos valdría estar atentos.

—¿Y los patos?

Así seguíamos llamando a los franceses de la métropole que por alguna razón vivían entre nosotros sin arraigarse del todo: empresarios, altos funcionarios, representantes de empresas, delegaciones y corporaciones, o lo que quisiera que fuesen. Azoulay entendía mi jerga.

—Se oye que algunos también están tomando precauciones y haciendo movimientos. Discretamente, eso sí. Por lo que pueda pasar si la cosa se pone todavía más cruda.

Años atrás, antes de casarme con Jean-Pierre, cuando el fin de la guerra trajo optimismo y la esperanza de un mundo en armonía, cuando ampliamos la fábrica y abrimos la gran tienda de las arcadas de la rue d'Arzew, nosotros también podríamos haber sido previsores y quizá haber puesto nuestras ganancias al recaudo de los sólidos bancos de la metrópoli. Ahora sin embargo, carentes de liquidez, nuestro objetivo era seguir a flote.

—¿Y si vendo mi casa? Es una propiedad muy costosa.

—Me consta —dijo tan solo, evitando una respuesta.

—Por eso... —insistí.

Se quitó las gafas despacio, como si le molestaran, como si el leve peso de su fina montura de oro fuese una carga excesiva. Se frotó el tabique de la nariz con las yemas de dos dedos, despacio. Luego apartó la mano de su rostro manchado por la vejez, la dejó sobre el escritorio y me miró con ojos cansados, frágiles por los años y el glaucoma.

—Según están de turbias las circunstancias, querida mía, dudo que encuentre a algún imprudente que se arriesgue a hacer ese desembolso.

# CAPÍTULO 82

Azoulay tuvo razón, no encontré quien quisiera comprar mi casa. Lo hablé con un par de agentes inmobiliarios, con vecinos del edificio y amigos propietarios de otros negocios. Por respuesta recibí una frase idéntica: no es el momento. Nadie se atrevía a mover un dedo, no estaba la situación para inversiones, todo el mundo prefería no asumir riesgos. Y eso que, tras varios años de tensión y a pesar de que en un principio desdeñaron el conflicto y lo trataron como meros altercados de orden público, por fin habían enviado desde la metrópoli efectivos de apoyo que parecían ir doblegando a los rebeldes. Según se oía, usaban contra ellos una represión igual de sangrienta.

En los periódicos, en la radio y la televisión leíamos y escuchábamos a los políticos desde París sacar pecho y proclamar que Argelia era Francia y jamás dejaría de serlo. Afirmaban y reafirmaban con contundencia que estaban dispuestos a defender a toda costa la paz interior de la nación y la unidad y la integridad de la República, plenamente comprometidos en la protección de los departamentos del norte de África por todos los medios posibles. Aun así, la desconfianza se mantenía entre nosotros.

Frente a las proclamas de los independentistas se insistía, no obstante, en que los radicales del FLN eran minoría, que la mayoría musulmana o bien se mostraba indiferente o bien prefería seguir perteneciendo a Francia. Pero la fractura estaba ahí, y bajo el sol de aquella tierra nuestra ya nada fue nunca lo mismo. Sobre todo entre aquellos, como yo, a los que nos había desgarrado el zarpazo terrorista.

—Tengo que hablar contigo.

Estábamos en el almacén, reorganizando las existencias. La voz de Catherine sonó a mi espalda y al darme la vuelta y verle la cara anticipé que lo que pretendía decirme no iba a ser agradable.

—¿Aquí o salimos?

Con un gesto de la barbilla me indicó el exterior, la calle.

Nos quitamos las batas blancas; hacía tiempo que ya no usábamos los simples mandiles que nos poníamos al principio. Ahora, sobre la ropa de calle utilizábamos esas prendas livianas, de buena tela y buena confección, señal de que habíamos progresado. Las dejamos colgadas en las perchas de siempre, avisé a Hamid y a una de las empleadas más veteranas de que salíamos.

—Si hay algo urgente, ya sabéis dónde estamos.

Llevábamos años acudiendo al cercano café Blanco; cada vez que Catherine y yo teníamos que hablar algo medianamente privado, lo hacíamos fuera de la fábrica. No eran grandes secretos ni tratábamos cuestiones demasiado delicadas, pero preferíamos mantener esa discreción y para ello elegíamos siempre la misma mesa, apartada del mostrador, junto a la cristalera. En aquel momento a caballo entre los desayunos y los almuerzos, apenas había clientela. Tres o cuatro hombres sueltos, ninguna mujer; casi nunca acudían mujeres, menos aún mujeres solas como nosotras, aunque a mi socia y a mí esa ausencia femenina nos importaba tres bledos.

Ella se encargó de pedir.

—Deux anisettes.

No era hora de anisete, no eran ni las once de la mañana. Pero me callé y esperé a que el camarero nos sirviera los vasos de líquido blanquecino, anís mezclado con agua fría y hielo, la bebida más popular de Orán, de toda Argelia.

Dio el primer trago y la imité. Pese a ser temprano, me sentó bien ese sorbo fuerte y dulzón, me apaciguó la angustia.

—Marcel se ha empeñado en mandarnos a su pueblo. A mí y a los chicos.

—A su pueblo, ¿en Francia?

—Oui —musitó seria.

Antes de continuar o de que yo le preguntase, me tendió el paquete de Chesterfield que había dejado sobre el mármol de la mesa; ambas seguíamos fumando tabaco americano. Al expulsar el humo, añadió:

—A un rincón de Bretaña donde crían a los cerdos como si fueran obispos.

Si lo que me estaba anunciando no fuese tan triste, yo habría soltado una carcajada. Pero lo era. Catherine me estaba diciendo que iba a marcharse y eso, tras la muerte de Jean-Pierre, suponía para mí otra desgracia.

—A él no le duele Argelia como a mí. Él no es de aquí, es solo un empleado público que vino porque lo destinaron a la fuerza. Jamás le gustó esto, nosotros somos lo único que lo ata. Por eso, por si la situación se recrudece otra vez, no quiere caer en acto de servicio en esta tierra, no tiene ningún interés en defenderla.

—Pero todo está ahora más tranquilo; se comenta por todas partes, lo dicen los periódicos, la radio. Desde lo del general Massu en la casbah de Argel...

Quise recordarle la feroz actuación de los militares en la capital tras el atentado del Milk Bar, la gente hablaba sobre ello constantemente. Las decenas de miles de soldados llegados desde Francia, los métodos drásticos de los paracaidistas, las capturas, los encarcelamientos y hasta las ejecuciones de cabecillas del FLN, incluso las ratonnades de la población civil en algunos barrios árabes; de aquello estábamos todos al tanto. Pero Catherine no me dejó seguir, las acciones del ejército y de la resistencia la traían sin cuidado, su única intención era justificar las razones de su marcha.

—Marcel no tiene confianza en que nada se enderece, piensa que todo puede volverse sangriento de nuevo, que se trata solo de una calma transitoria y que al final, más pronto que tarde, llegará la independencia. Y además, siempre soñó con regresar a su pueblo al jubilarse. Ahora, si le aceptan la baja, será una especie de retiro adelantado.

—Entiendo... —susurré. Sin ánimo, sin fuerza.

—Un pariente suyo, propietario de un pequeño hotel, ha accedido a contratarme. Para los trabajos de mis hijos tiene también contactos; lo que quiere es sacarnos de aquí mientras él tramita lo suyo, a ver si puede irse también lo antes posible.

Conocía poco a Marcel, el maduro marido de Catherine, un hombre compacto y serio de cejas espesas como bigotes. Solo lo había visto unas cuantas veces, ambas preferíamos mantener nuestras vidas personales al margen del trabajo.

—Lo está organizando todo, pero la mudanza aún nos llevará un tiempo. ¿Sabes que cada vez está más complicado comprar baúles y maletas?

No le respondí, a mí qué me importaba. Volvimos a dar una calada a los cigarrillos y otro trago a los anisetes. Tras poner su vaso encima de la mesa, Catherine arrastró su mano por el mármol de la mesa hasta tocar la mía.

—Me gustaría no dejarte, Cecilia —murmuró mientras me la apretaba—. Me duele en el alma pensar en abandonarte con lo que estás pasando. Pero tendré que hacerlo por mis hijos. Son ya hombres, están en edad de buscar un futuro y, según está el panorama, aquí lo van a tener complicado.

—Te entiendo —susurré. Incluso pretendí sonreír, para que se quedase convencida. Pero no me salió ninguna sonrisa, solo una tensa mueca—. Aunque no vas a poder llevarte beneficios de momento, las cosas no están boyantes.

—Lo sé —zanjó.

Yo intenté seguir con mis explicaciones.

—Jean-Pierre y sus...

Ahí se me quebró la voz.

—No necesitas justificarte. Yo misma he sido testigo de todo. Te enamoraste y, sin quererlo, te pusiste una venda en los ojos. Así de idiotas somos a veces, no te fustigues.

—Pero yo, yo... —tartamudeé mientras aplastaba la colilla en el cenicero.

—Quizá tú también deberías pensar en marcharte, irte a Francia. O volver a España.

Volver a España, había dicho. Qué disparate. ¿A qué España pretendía que volviera, al miserable barranco del que hui cuando dejé a un hombre muerto? Jamás le había confesado a Catherine ese episodio, así que me tragué el desasosiego y desvié la respuesta.

—Me las arreglaré, no te preocupes. Has sido una gran maestra para todas las empleadas, sabrán seguir sin ti. Y además está Hamid, siempre pendiente.

# CAPÍTULO 83

Eran casi las ocho de la noche cuando sonó el timbrazo. Y yo, sentada a oscuras en el salón, me sobresalté y abrí los ojos. Me había quedado medio dormida, aun a sabiendas de que el insomnio canalla se tomaría la revancha y vendría a visitarme en medio de la madrugada. Pero las tardes se me hacían eternas ahora que no podía quedarme más tiempo en la tienda o en la fábrica; a fin de proteger a nuestro personal, yo misma tomé la decisión de cerrar las instalaciones antes de que oscureciera, para que todo el mundo pudiese regresar temprano a sus casas.

Confusa, medio desubicada, tardé unos segundos en volver a la realidad. Sonó entonces un nuevo timbrazo y por fin reaccioné, me puse en pie, encendí a tientas una lámpara y empecé a recorrer el pasillo hacia la puerta, aún descalza. Pero no me lancé a abrir, ni siquiera me molesté en acercar un ojo a la mirilla redonda. Solo pregunté antipática:

—¿Quién es?

Cuando oí la voz masculina al otro lado, abrí de inmediato. Allí estaba Louis Zermati, el abogado, mi abogado, con un maletín de cuero, su pelo rizado revuelto y el rostro exhausto.

—Acabo de desembarcar, ha sido una travesía espantosa, llegamos con horas de retraso. Si me permite pasar, le cuento.

El simple hecho de verlo me espabiló por completo. Llevaba un par de días aguardando sus noticias, era la segunda vez que él iba a Marsella para intentar gestionar en mi nombre el testamento de Jean-Pierre. Pero por una cosa o por otra, por la salud de monsieur Faure o por la necesidad de más trámites y protocolos, hasta la fecha no había logrado cerrar nada.

Lo conduje al salón, lo invité a sentarse en una butaca, encendí más luces, le ofrecí café, té, agua. Lo rechazó todo, únicamente preguntó:

—¿Le importa si me asomo?

Se refería a la terraza, al otro lado de la cristalera.

—Por favor —respondí abriéndola.

Salió. Salí tras él.

—C'est un spectacle impressionnant —murmuró con las manos agarradas a la barandilla de mi novena planta.

Ahí estaba la rada y repartidos por ella, según las zonas correspondientes, los grandes buques de carga, los transbordadores, los barcos de pesca, los veleros. A la izquierda el monte de Santa Cruz y a la derecha los acantilados de Gambetta. Detrás, el mar que llevaba a Francia, a España, a Europa y sobre él un cielo negro e inmenso lleno de estrellas. Pero no era momento para admirar la belleza del gran puerto de Orán, yo tenía otras urgencias.

—Cuénteme, Louis, por favor. Aquí fuera hace frío, si no le importa volvamos adentro.

Nos sentamos frente a frente dispuestos a concentrarnos en lo nuestro, aunque tardó unos instantes en arrancar, como si no se atreviese.

—Louis, s'il vous plaît... —repetí.

Carraspeó, lo intentó, volvió a estancarse.

—Suelte de una vez lo que tenga que decirme —insistí impaciente.

—No hay nada, Cecilia.

—¿Cómo que...? —balbuceé.

—Su marido, tras su muerte, no deja absolutamente nada en la metrópoli. Ni propiedades ni negocios en activo. Ni ahorros ni acciones ni pertenencias de ningún tipo. Nada de nada.

Cerré los ojos y aspiré aire por la nariz con todas mis fuerzas. Necesitaba oxígeno para asumir esa realidad tan patética.

—De hecho —prosiguió él—, lo único que queda a su nombre son unas cuantas deudas. Pagos pendientes en hoteles y restaurantes, la factura considerable de un sastre y una cantidad que debía a la Banque Palatine desde hacía tiempo.

Por Dios. Por Dios bendito. ¿Cómo iba a atreverme a volver a mirar a la cara a mi socio, al suegro del hombre que tenía enfrente? El propio Azoulay me advirtió desde el principio, desde antes incluso de comprar por un precio desorbitado el piso en el que ahora nos encontrábamos. Si yo anhelaba que Jean-Pierre hubiese dejado algo material en Francia era simplemente por recomponer el roto que él mismo había hecho en la contabilidad del negocio, para mí no quería nada. Yo venía de abajo, podía vivir en cualquier sitio, vestir de cualquier manera, prescindir del refrigerador, de la estúpida máquina enceradora, de los tres tresillos tapizados y del horno eléctrico. Podría deshacerme de la ropa que se amontonaba en mis armarios, de las docenas de pares de zapatos y los perfumes que jamás usé, de los bolsos inútiles que me regaló a lo largo de los años que vivimos juntos. Maldito Jean-Pierre, maldito manirroto, caprichoso, despilfarrador, imprudente. Maldito insensato y maldita yo misma, por haberlo querido y consentido tanto.

Louis, con la voz ahora más firme, me sacó de mi aturullo.

—De esos últimos adeudos, Cecilia, usted no tiene que preocuparse. Monsieur Faure, por consideración hacia su nieto, se ha ofrecido a pagarlos discretamente.

Incapaz de decir nada sensato, impotente y sin fuerzas, oculté el rostro entre las manos y, desde ese parapeto, solté un aullido. Un grito doliente, animal. Afilado como la hoja con la que a él le rajaron el gaznate.

## CAPÍTULO 84

Pasaron los días, igual fueron semanas, lo mismo meses; tan abstraída estaba que perdí la cuenta. Hasta que lo más imprevisto me saltó a la cara al entrar en mi portal, cuando volvía de la fábrica y empezaba a anochecer una tarde cualquiera. Alphonse, el portero, saltó de su cubículo en cuanto me vio llegar a través de la luna de vidrio que separaba el boulevard Front-de-Mer de la suntuosa entrada de mi edificio.

—Tiene una visita, madame —susurró mientras me abría la puerta.

Giró el cuello y, con un indiscreto gesto del mentón, señaló a su espalda. Hacia allí, hacia las modernas butacas de cuero color naranja cercanas al gran mural abstracto que adornaba la pared, dirigí yo la mirada.

—Fabien... —musité sin moverme.

—Lleva aquí casi dos horas —aclaró el portero entre dientes—. Me ha pedido que le abra su vivienda pero sin el permiso de madame yo me he negado, naturalmente.

Para mi pasmo y mi desconcierto, allí estaba el hijo de Jean-Pierre. Despatarrado, con la espalda caída a plomo sobre el respaldo y una pequeña maleta de cuadros a los pies, la gabardina tirada al lado. Su largo flequillo más largo que nunca le tapaba la frente y un ojo. En cuanto me vio, sin prisa, comenzó a enderezarse y a ponerse en pie.

Por la forma de moverse o por su cuerpo ya de hombre y no de chaval, o a saber por qué cosa, en las tripas sentí una especie de quemazón. Quemazón, pesadumbre, pena. Cada vez se parecía más a su padre.

—Bonsoir, Cecilia —dijo acercándose, yo seguía sin moverme de la puerta—. El imbécil este no me ha dejado entrar en el apartamento —añadió con desdén, sin importarle que el portero estuviese solo a tres o cuatro metros de distancia—. Como si yo no tuviera derecho...

Desde ese preciso instante supe que nada iba a ir bien, que aquella llegada imprevista no iba a traer nada bueno. Aun así, subimos juntos en el ascensor, él hablando arrebatado con su acento de la metrópoli sobre el pésimo servicio en el paquebote, sobre los inútiles de los empleados del puerto y el gañán del taxista que lo trajo. Sin replicarle ni preguntarle a qué demonios había venido, consintiéndole que se explayara con sus quejas e improperios, mantuve la boca cerrada hasta que llegamos a la novena planta.

Saqué entonces las llaves del bolso, abrí la puerta y, a la vez que él tiraba su maleta al suelo sin preocuparle dónde o cómo caía, yo me ofrecí a colgarle la gabardina en el perchero. En cuanto la dejó en mis manos, echó a andar pasillo adelante con su cuerpo largo. Viéndole de espaldas, me recordó tanto a Jean-Pierre que las lágrimas me acudieron de golpe a los ojos y tuve que hacer un esfuerzo para frenarlas.

No hizo falta que yo le dijera que se sintiese como en su casa, lo dio por hecho.

—¡Estoy muerto de hambre! —gritó al pasar por delante de la cocina.

Devoró el plato que le serví con una velocidad asombrosa; repitió otro. Malak, la empleada árabe que contratamos su padre y yo al mudarnos, siempre me dejaba algo cocinado. En realidad, en aquella casa en la que yo únicamente pasaba el final tedioso de las tardes y el insomnio de las larguísimas noches, me sobraba el servicio doméstico. Pero ella tenía cuatro hijos y un marido peón con un sueldo mísero, y haberla despedido al quedarme sola habría sido para su familia una desgracia. Así que seguía viniendo todas las mañanas unas cuantas horas; llegaba cuando yo ya me había ido, me lavaba a mano la ropa porque la lavadora automática que Jean-Pierre se empeñó en comprar le parecía una monstruosidad temeraria, limpiaba sobre limpio y me dejaba listo algún plato para la cena. Esa noche tenía unas boulettes de viande, esas albóndigas guisadas en salsa a las que en las casas españolas de Orán llamaban simplemente pelotas.

No me senté a cenar con él y le dio lo mismo. Solo cuando le puse delante unas clementinas de postre, en pie aún, cruzada de brazos, le pregunté sin rodeos:

—¿A qué has venido, Fabien?

Alzó la cabeza hacia mí, fingiendo sorprenderse. Con un soplido, intentó retirarse el flequillo que le caía sobre el lado izquierdo de la cara. Al no conseguirlo, sacudió la cabeza.

—¿A qué va a ser? —dijo mirándome fijo, con los ojos por fin liberados de los mechones de pelo—. A por lo que me corresponde de mi herencia.

Estuve a punto de soltar una amarga carcajada. Su herencia, dijo el infeliz. Tardé unos segundos en contestar, intentando encontrar la mejor respuesta para que no se sintiese ofendido. Él quedó a la espera, con gesto desafiante.

—Ya lo habló mi abogado con tu abuelo —dije al fin. La voz, menos mal, me sonó sosegada, paciente, nada que ver con el malestar que me hervía dentro—. Aquí, en Argelia, tu padre no dejó nada. —Omití que sabía que en

Marsella tampoco, tan solo añadí—: Si tu abuelo no te lo ha contado y quieres conocer los detalles, Louis Zermati te lo podrá...

No me dejó acabar la frase.

—Yo no necesito que un judío me explique nada.

A la garganta me subió una arcada de furia. Doblé el torso, hasta que mi cara quedó frente a la suya.

—Cuidado, Fabien. Mucho cuidado.

El tono de mi advertencia lo frenó. Olvidó de momento al bueno del yerno de mi socio y decidió atacar por otro flanco.

—A mi abuelo quizá lo puedas engañar, es un anciano enfermo, se le va la cabeza y no se entera de nada.

—Nadie ha engañado a nadie. La situación, lamentablemente, es esa. Tu padre no nos dejó nada ni a ti ni a mí. Ni dinero, ni propiedades, ni...

Alterado al oírme, se puso en pie arrastrando la silla, casi la volcó con el impulso.

—¿Cómo que no? ¿Y esta casa, y la fábrica de jabones, y la tienda? Todo eso era suyo y tú pretendes quedártelo. Pero no puedes, a mí me corresponde...

—¡Cállate! —Mi grito logró que el chorro de disparates quedara a medias. Antes de contradecirlo, me llené los pulmones de aire y lo expulsé con fuerza, en un intento por sosegarme—. Todo lo que mencionas es mío —dije intentando mostrarme calmada—. Mío únicamente. Yo fundé e hice crecer la fábrica, invertí en la tienda, compré esta casa...

Me ahorré el recuerdo de mis años de tesón, soledad y sacrificio. Mis larguísimas jornadas de trabajo, los contratiempos a los que tuve que hacer frente. Tampoco mencioné la insensata mano de su padre para despilfarrar el fruto de mis esfuerzos. Ni mi error por habérselo permitido.

—Menteuse. Mentirosa. Eres una aprovechada y una mentirosa. Él me...

Obvié los insultos, volví a interrumpirlo.

—Él quería que lo admiraras y te dijo lo que pensó que a ti te gustaría oír: que era un brillante emprendedor con negocios boyantes en Argelia. Un próspero empresario, un hombre con fortuna y la suerte de cara en sus proyectos.

—¿Acaso no fue así? —preguntó furioso.

Moví la cabeza lentamente, a un lado y a otro.

—No, Fabien. No lo fue nunca. —Dudé un instante, decidí seguir. Por descarnada que fuese la realidad, ya que estábamos en mitad de esa desagradable conversación, más me valía sincerarme por completo—. Tu padre hizo, deshizo, enredó, construyó cien castillos en el aire. A lo largo de su vida se metió en los negocios más dispares: cámaras frigoríficas, prendas de piel, neumáticos, agencias de viaje... Y, al cabo, jamás logró mantener nada.

—Pero, pero...

—Por dejártelo claro: todo lo bien que vivió siempre, todos los caprichos que se dio y te dio, al principio fueron gracias a su propio padre y a su suegro, o sea, gracias a tus dos abuelos. Y después, al conocerme, se instaló bajo mi ala y se mantuvo con mi dinero.

—Pero él, él, él...

La rabia le impidió terminar la frase, yo aproveché para darle un giro.

—Era un hombre magnífico, Fabien. Un gran optimista, un ser carismático, atractivo, con una personalidad arrolladora y un carácter espléndido. Yo, igual que tú, lo adoraba, lo quería muchísimo. Pero en los negocios fue siempre un absoluto desastre, un encantador de serpientes incapaz de llevar nada a buen término. Una nulidad, por decirlo en breve. Y ahora estamos pagando las consecuencias.

Al borde del llanto, transformado de pronto en un niño gigante, aturdido y rabioso, masculló algo que no entendí; probablemente unos cuantos insultos dirigidos a mí. Después salió a zancadas del salón, se dirigió al dormitorio que solía ocupar cuando vino otras veces y cerró con un portazo que retumbó por toda la casa.

## CAPÍTULO 85

Estábamos Catherine y yo en el almacén, preguntándonos qué hacer con los centenares de jabones que teníamos sin envoltorios. La fábrica de papel con la que trabajábamos desde hacía años acababa de cerrar, la noticia nos pilló de improviso.

—¿Te acuerdas de aquel refrán que decían a menudo las muchachas españolas de Bastos?

No, no me acordaba. Habían pasado tantos años, tantas cosas. Pero mi compañera tenía un prodigio de memoria para los detalles insignificantes.

—A perro flaco, todo son pulgas.

A pesar de que entre nosotras solíamos hablar en francés a diario, ella dijo en español la frase, en un español afrancesado, pronunciando la erre del perro de la misma mala manera que los franceses. No pude evitar una agria carcajada.

Lo triste era que tenía razón: en aquellos días, cuando más vulnerables estábamos en todos los flancos, los problemas no cesaban de acosarnos. En toda Argelia se mantenía la tensión por las amenazas del FLN y su feroz tira y afloja con el ejército. El marido de Catherine, por su parte, no cejaba en la idea de trasladar a su familia a Francia. Nuestro socio Azoulay tenía el ánimo por los suelos y la vista cada día más deteriorada, tanto que ya no era capaz de leer prácticamente, ni de llevar la contabilidad con el afán minucioso de siempre. Para colmo, tres empleadas se habían despedido en las últimas semanas y estábamos fallando en algunos encargos. Y Fabien seguía instalado en mi vida, desesperante como una condena.

—No sé qué hacer con él, Catherine.

—Lárgalo a la calle.

—Ganas no me faltan pero, por respeto a la memoria de Jean-Pierre, no puedo echar a su hijo de nuestra casa.

—De tu casa —me corrigió—. Que no se te olvide. Tu casa.

Miró a derecha, a izquierda, y sacó con disimulo su cajetilla de Chesterfield del bolsillo de la bata. Teníamos prohibido fumar en el almacén, casi en toda la fábrica. Había demasiado material inflamable, sustancias, cartón y papel, y además no queríamos que el olor a tabaco rozara el producto. Ambas éramos tajantes en eso, el personal sabía de nuestra fijación y cumplía a rajatabla. Esa mañana, sin embargo, Catherine rompió la norma. Y yo misma le acepté un pitillo cuando me lo ofreció. Ella siempre fumó mucho más que yo, el doble, quizá el triple, pero en los últimos tiempos íbamos casi a la par. Sería por mi desasosiego.

—Lleva aquí casi dos semanas —dije a la vez que expulsaba el humo— y creo que sigue pensando que le escondo algo: la verdadera propiedad del negocio, cuentas bancarias ocultas, qué sé yo. Ya no insiste, pero aún sospecha que pretendo quedarme con lo suyo y que mi intención es engañarlo.

—Pero Zermati habló con él, ¿no? El viejo volvió a mencionarlo el otro día.

El viejo. Así seguía llamando Catherine a Azoulay, aunque lo hacía por costumbre, desde el afecto, ya sin sombra de las desavenencias del principio. Y sí, tenía razón. Hablaron porque yo me empeñé. Y Louis Zermati, a pesar de la actitud desagradable de Fabien, actuó con talante templado y le explicó la situación hasta el menor de los detalles. Con todo, el chico seguía sin fiarse. Y sin moverse, instalado bajo mi techo con una confianza abusiva que él mismo se había tomado sin que yo se la ofreciera.

—A la pobre Malak la tiene harta —dije tras dar otra calada con disimulo, intentando que no me viera ninguno de los trabajadores que por allí asomaban de tanto en tanto—. Se pasa el día cocinándole, recogiendo lo que él va dejando tirado por todos los rincones, lavándole y planchándole la ropa...

—¿Y los abuelos saben que está aquí? ¿No le piden que vuelva?

—Monsieur Faure, que era quien tenía autoridad sobre él, está muy enfermo, terminal, en las últimas. Y su mujer no para de llamar al nieto, aunque Fabien solo le suelta mentiras y excusas. O se limita a no ponerse al teléfono.

—¿Y los estudios, los ha dejado?

Aun viniendo de un origen bajo como el mío, Catherine siempre había ansiado que sus hijos estudiasen y salieran adelante. El mayor, André, era técnico electricista; el pequeño, Antoine, acababa de entrar hacía poco en una emisora de radio. A pesar de eso, la intención del padrastro seguía siendo que se marcharan todos a Francia.

—Prefiero no preguntarle. Jean-Pierre quería que Fabien fuese abogado, el mismo anhelo que sus padres pusieron también en él sin resultado. Para mí que ni siquiera ha terminado el liceo.

Dio ella la última calada a su cigarrillo, lo apagó discreta contra la parte baja de un muro y se metió la colilla en el bolsillo de la bata. Yo lancé la mía al suelo y la aplasté con el zapato. Ahí quedó. A esas alturas, lo mismo me daba.

—Oblígalo a trabajar, entonces.

Solté un resoplido.

—¿Aquí, en la fábrica?

—Aquí ni se te ocurra. En otro sitio.

—¿Dónde, Catherine?

Encogió un hombro.

—No lo sé. Hay que pensarlo...

Eso hice el resto del día, pensar en quién o dónde podrían contratarlo. Yo seguía teniendo amigos propietarios de empresas, muchos conocidos dedicados al comercio. Un buen puñado de ellos, seguro, estarían dispuestos a ayudarme. Pero la cuestión era delicada: pretendía venderles una burra que probablemente iba a salirles coja, no tenía en Fabien la menor confianza.

Estábamos a punto de irnos esa misma tarde cuando Catherine asomó la cabeza en la oficina.

—Ya sé quién —soltó con prisa mientras se desabotonaba la bata de trabajo.

Yo también lo sabía. Tras pensarlo durante horas me había decidido.

—Pues llámalo de inmediato. Él no te fallará nunca.

Eso hice.

Y Rafael estuvo a la altura.

Como siempre.

# CAPÍTULO 86

Quedamos en vernos al día siguiente. Yo me ofrecí para ir a su oficina y él propuso la cafetería de l'hôtel Le Martinez, dijo que tenía que pasarse por el ayuntamiento y le venía de paso, justo en el otro extremo de la plaza de Armas. Fingí creerlo, aunque intuía que en realidad prefería un encuentro a solas y no delante de sus empleados.

Había estado muchas veces con Jean-Pierre en Le Martinez, el antiguo hôtel Continental, como también recordaban los oraneses más viejos. Ferdinand Martinez, el dueño que empezó como joven camarero de la casa, era además un gran aficionado a los toros y en sus salones se celebraban tertulias taurinas y agasajos a las cuadrillas de matadores que venían desde España y que mi marido, como tantísimos en Orán, no se perdía casi nunca: Antonio Bienvenida, los Dominguín, Chicuelo, Antoñete... Lo acompañé por eso muchas veces a ese mismo hotel, en otras ocasiones fui simplemente a recogerlo. Desde su muerte, no había vuelto.

Cuando llegué, Rafael me esperaba al fondo, con *L'Écho d'Oran* abierto sobre la mesa. Su simple presencia me reconfortó y, mientras avanzaba hacia él, a mis labios asomó una media sonrisa, quizá la primera auténtica desde que el mundo se me vino abajo. En cuanto me vio se quitó las gafas y las dejó sobre el periódico. Se puso en pie y, al tenerme enfrente, dudó un instante y me tendió la mano. Yo se la agarré, se la apreté y a la vez me incliné hacia él y en la mejilla recién afeitada le dejé un beso. Me entraron de pronto unas ganas inmensas de abrazarlo.

Allí estaba el primer hombre al que quise en mi vida, el primero que despertó en mí la ilusión de un compañero con quien compartir una casa con macetas y jaulas de canarios, una mesa cubierta con un hule en la que servir a los hijos guisos calientes. No éramos entonces más que dos jóvenes muertos de hambre en los humildes barrios de La Escalera y La Marina, trabajadores desheredados, huérfanos de una mísera patria común, desarraigados y advenedizos sacando las uñas para abrirnos camino en Orán, la ciudad que ambos acabaríamos asumiendo como propia. Cómo sospechar que, al cabo de los años, íbamos a progresar hasta mucho más lejos de lo que por entonces nos cabía en el pensamiento, hasta convertirnos décadas más tarde, cada cual por su cuenta, en el hombre y la mujer que ahora se reencontraban en uno de los mejores hoteles de Orán, dos notables empresarios locales bien vestidos, calzados, peinados que en ese mismo momento sentían una punzada idéntica de melancolía clavada en la boca del estómago.

Dedicamos los primeros minutos a preguntarnos mutuamente cómo estábamos y a respondernos mutuamente con palabras vacías: bien, bueno, ya sabes, según siguen las cosas... No nos veíamos a menudo, pero sí teníamos los contactos necesarios como para estar más o menos al tanto cada uno del devenir del otro. Él sabía de mi tienda de las arcadas, de mi boda y la trágica muerte de Jean-Pierre; en su momento incluso me envió un telegrama con sus condolencias. Yo, por mi parte, sabía que su empresa andaba metida en grandes proyectos inmobiliarios destinados, quizá con insensatez, a que la ciudad siguiera creciendo cada vez más próspera y moderna.

—¿Tus hijos siguen bien?

La mayor, según me contó, se había casado con un traumatólogo y se había mudado a Montpellier el año anterior. El mediano estaba estudiando una ingeniería y pretendía también marcharse a Francia en cuanto finalizara. Con la pequeña, de casi veinte, tenían en casa peleas constantes porque estaba ilusionada con ser azafata de Air France y a su madre la idea de que su hija se pasara el día por las nubes no le hacía ninguna gracia.

—Y ella, tu mujer, ¿cómo está? —pregunté. Por cortesía solo.

En su gesto interpreté una mezcla de preocupación y hartazgo.

—Ahí sigue, acosada día y noche por las fatalidades, algunas reales y otras imaginarias.

No pregunté más y él cambió de asunto.

—Como siempre, yo ando poco por casa. El ritmo de trabajo se mantiene a pesar de los événements; tenemos edificios que terminar, no podemos dejarlos a medias.

Sin querer, los événements, los sucesos sangrientos con los que a diario convivíamos, habían saltado a la conversación. Como saltaban a todas las conversaciones constantemente.

—Nadie puede anticipar qué acabará pasando —dijo con aplomo—. Confiemos en que haya pronto un cambio de gobierno en París, a ver si de una maldita vez terminamos de derramar sangre.

Consciente de pronto de que yo era la viuda de uno de los asesinados, se llevó la mano al pecho y musitó:

—Disculpa, Cecilia. Tu marido... Ha sido una torpeza, lo siento.

Moví la cabeza, como quitándole importancia. Ya estaba acostumbrada a vivir con ese marchamo. Sabía, de hecho, que eso me habría de definir de por vida. Aun así, yo notaba que poco a poco iba acostumbrándome a la ausencia de Jean-Pierre, a estar sola de nuevo.

—Compénsamelo con un favor —le pedí entonces—. Necesito que hagas algo por su hijo.

Le conté, me entendió, y quedamos en que enviaría a Fabien a su oficina al día siguiente, a ver qué podían hacer por él para mantenerlo ocupado.

Y una vez solventada la razón que había provocado aquel encuentro mañanero, en lugar de irnos cada cual por nuestro lado a seguir con nuestras ocupaciones, ninguno hizo amago de moverse y acabamos hablando sobre mil cosas distintas, encadenando cafés y cigarrillos mientras el establecimiento se vaciaba de los clientes del desayuno y los camareros ponían manteles limpios y empezaban a montar las mesas para los almuerzos. Y a la vez que la charla seguía fluyendo y nos íbamos abriendo el uno al otro con una confianza tan inesperada como absorbente, noté una sensación de ligereza, de serenidad, que no recordaba desde hacía mucho tiempo.

Le sentaba bien la madurez a Rafael. Rondaba los cincuenta, pero se mantenía joven, fibroso a pesar de las canas y las gafas de lectura que le vi al llegar, con la piel tostada por el sol africano bajo la camisa blanca y la chaqueta de mil rayas. Sensato, firme, sólido, un hombre al que agarrarse en días de tormenta.

—¿Almorzarán los señores?

La pregunta del anciano camarero nos pilló por sorpresa, ni siquiera nos habíamos dado cuenta de que se había acercado. Ambos respondimos a la vez:

—Non, merci. No, muchas gracias.

Pero tampoco nos movimos. Y seguimos hablando. Y hablando. Hasta que el camarero volvió al rato y en esta ocasión, en vez de preguntarnos, dejó sobre la mesa una botella de vino blanco y una bandeja con ostras.

—De parte de monsieur Martinez —dijo señalando con la barbilla al dueño del negocio, que saludaba entonces a unos clientes que salían—. Cortesía de la casa.

El sabor a sal y a mar de las ostras arrastró nuestras memorias al día lejano en que recorrimos en su motocicleta la corniche al borde de los acantilados y acabamos comiendo sardinas asadas en un chamizo de tablones colgado sobre la playa de los Andaluces. Y volvieron más recuerdos entre tragos de vino frío, y seguimos al margen de la gente que nos rodeaba, de los platos del menú que se estaban sirviendo ese mediodía y los empleados que se movían con soltura de una mesa a otra. Como si de pronto se nos hubiera parado el mundo.

Hasta que, al ver que los camareros empezaban a retirar de nuevo los manteles, el sentido común nos trajo al presente y por fin nos levantamos, dimos las gracias al propietario y salimos al hall que servía a su vez de recepción del hotel, con un gran mostrador de madera oscura al fondo. No se veían clientes en ese instante, nadie que pidiera una habitación, ni información, ni una llamada telefónica, solo un empleado con uniforme verde que contemplaba aburrido el vuelo de las moscas, de espaldas a un panel lleno de casilleros y llaves colgadas.

Estábamos a punto de salir otra vez a la luz del sol, a la calle bulliciosa; después de las horas que llevábamos juntos era lo previsible. Lo razonable. Lo prudente. Pero no, no salimos porque Rafael me miró y, sin palabras, me lanzó una pregunta. Y, sin palabras también, yo contesté: adelante. A él lo esperaba una mujer a la que nunca quiso y a mí no me esperaba nadie, fuera de las paredes de Le Martinez a ambos nos aguardaban un presente complejo y un futuro desesperanzado. Solo necesitábamos una de esas llaves para seguir momentáneamente ajenos a ese exterior ingrato y retomar lo que siempre nos quedó pendiente.

Fue él quien se acercó al mostrador, mientras yo fingía admirar un cuadro de la pared, una acuarela de montes nevados que nada tenía que ver con nuestra polvorienta Argelia. En breve él estuvo de vuelta, su hombro rozó mi hombro y susurró a mi oído: vamos. Subimos la escalera furtivos, en silencio. Recorrimos el largo pasillo alfombrado sin dirigirnos tampoco la palabra, con paso ágil, con apremio. Tampoco hablamos cuando él abrió la puerta y entramos en el cuarto oscuro por las cortinas cerradas, ni cuando me apoyé contra la pared y le rodeé el cuello con los brazos y él me besó febril y yo comencé a arrancarle a tirones la chaqueta, a desabotonarle con urgencia la camisa mientras él me subía la falda con dedos ansiosos.

Ahí estábamos otra vez Rafael y yo, recuperando lo que la negra fortuna nos impidió hacer en los lejanos días de juventud, cuando nos habría correspondido. El joven albañil que una vez invitó a una muchacha a un modesto baile de barrio, la joven cigarrera que anhelaba ternura y raigambre. Ahí estábamos los dos casi treinta años después, rescatando una vez más lo que perdimos, yo pretendiendo escapar de mi angustiosa viudez y él de su mustio matrimonio a través de nuestras bocas, nuestras pieles, nuestras manos y humedades, nuestra desnudez en aquella habitación anónima, al margen de la luz de la tarde y de un presente que se asomaba al precipicio.

Cuando entré en mi casa horas después, de anochecida, desde el salón me llegó el sonido de la televisión a todo volumen. A diferencia de los días previos, apenas me importó; en ese momento no estaba dispuesta a que nada me alterase y rompiera mi extraña sensación de armonía tras lo vivido con Rafael en Le Martinez. Ni siquiera aquel muchacho aborrecible. Ni siquiera la culpa y la sensación de deslealtad a Jean-Pierre que intentaba arañarme.

Para mi extrañeza, no encontré a Fabien derrumbado en un sofá del salón, solo unos dibujos animados danzando por la pantalla. Me asomé entonces a la cocina y tampoco lo vi allí devorando a deshora la cena. Me dirigí finalmente a su dormitorio, la curiosidad me hizo apretar el paso.

Estaba sentado a los pies de la cama deshecha. A su lado, la maleta abierta a medio llenar de ropa. Aunque sabía que yo había llegado por el ruido de mis tacones sobre la tarima del suelo, no alzó la cabeza.

—¿Qué pasa, Fabien?

En condiciones normales, me habría respondido con la acidez y el descaro de siempre. Pero se mantuvo callado, el flequillo sobre la cara, mirando al suelo.

Intuí que algo no iba bien, me senté a su lado.

—¿Qué pasa? —repetí en voz baja, apoyándole una mano sobre su hombro de niño grande.

—Mi abuelo ha muerto. Vuelvo a Marsella.

## CAPÍTULO 87

Fabien se marchó y Rafael entró de nuevo en mi vida. Así fluyeron las cosas sin yo pretenderlo, con unos encuentros a escondidas que se nos hicieron cada vez más necesarios. Nos reconfortaban y fortalecían, a pesar de que a ambos nos dejaban en el alma un poso de pesadumbre al ser consciente cada cual de su propia traición, él a su esposa, yo a la memoria aún cercana de mi marido.

Entretanto, por todo Orán se comentaba que las crisis del gobierno se sucedían una detrás de otra. La Cuarta República hacía aguas y tanto en la metrópoli como en las posesiones africanas eran muchos, muchísimos, los que clamaban por el regreso del general De Gaulle. El héroe de la patria, líder de la Francia Libre, liberador de la ocupación nazi en la última guerra: una leyenda más que un hombre, el único mandatario en quien ingenuamente se pensó para recuperar la confianza.

Los rebeldes del FLN argelino, ahí tuvo razón el marido de Catherine, no acabaron de frenar su violencia sanguinaria. Y el ejército seguía respondiendo a su modo: heroico para muchos, extremado en su violencia para otros. Los nombres y las hazañas de altos militares se hicieron tan conocidos como los de los galanes de cine, se hablaba constantemente de ellos con familiaridad y a menudo admiración. El aguerrido Massu con su uniforme de camuflaje arremangado y su gorra de paracaidista ladeada sobre una oreja. El general Salan, español de origen, venerado desde que en Argel proclamó que asumía plenos poderes y una masa humana lo aplaudió enfervorizada cuando gritó: Vive l'Algérie française! Et vive De Gaulle, mon général! Los políticos en París, debilitados y temerosos, se echaron a temblar intuyendo una sublevación militar en toda regla.

Tan rotunda resultó la insistencia que, desde su retiro campestre, a sus sesenta y siete años, De Gaulle anunció que estaba dispuesto a asumir de nuevo el poder. La explosión de júbilo en Argelia fue apabullante, los balcones de ciudades y pueblos se llenaron de banderas tricolores y los coches se echaron a las calles con imparables sonidos de claxon. Al júbilo de la población europea se sumaron además miles de árabes partidarios de seguir como estábamos.

Agradecido por el apoyo, el general tardó poco en volar al norte de África. En un triunfal paseo, recorrió los tres departamentos y lanzó proclamas desde los edificios oficiales o frente a plazas abarrotadas, en las que lo ovacionaron como si fuera un ángel caído del cielo. Para mostrar el respaldo popular, se agitaron miles de banderas, se alzaron centenares de pancartas y se coreó con ardor apasionado *La Marsellesa*. En el fórum de Argel, delante de más de medio millón de personas, gritó su más célebre frase: Algérois, algéroises, je vous ai compris. Argelinos, argelinas, os he comprendido. La esperanza de la reconciliación flotó por fin en el aire, nos creímos a salvo momentáneamente. Qué ingenuos fuimos.

En Orán, con los brazos alzados sobre su imponente estatura, proclamó ante la multitud que Argelia formaría parte de Francia hoy y para siempre. Yo no estuve allí: aprovechando la confusión de ese día, igual que aprovechábamos cada oportunidad que se nos cruzaba al vuelo, Rafael fue a mi casa y lo vimos juntos por televisión mientras la masa se desgañitaba con gritos jubilosos. Y después, quizá contagiados por ese optimismo, hicimos el amor y charlamos y volvimos a querernos y así nos apartamos por unas horas de las incertidumbres.

Desde sus barrios de trabajadores sí acudieron a escuchar al general muchas de mis empleadas con sus novios y maridos, con sus hijos las que los tenían, agitando banderitas y acicalados todos como si fuera domingo; al día siguiente me lo relataron con entusiasmo. Todo, en fin, parecía enderezarse aquel verano de 1958. Tras la incertidumbre más negra, creímos ilusos que el FLN estaba prácticamente derrotado y nos sentimos casi seguros, parte de una Francia unida que cuidaría de nosotros.

Mientras los militares proseguían con sus operaciones y aplicaban mano de hierro contra los rebeldes usando tácticas guerrilleras tan sanguinarias como las de ellos, nosotros nos mantuvimos con relativa normalidad en nuestros quehaceres. Oí que habían disminuido las urgencias por enviar dinero a los bancos de la metrópoli, incluso la marcha de Catherine se fue demorando y la tienda de las arcadas volvió a llenarse de compradoras. Flotaba la sensación de que quizá todo podría reencauzarse.

Como el optimismo moderado se notaba también en el negocio, uno de aquellos viernes tuve que aprovechar el cierre de mediodía y quedarme con Hamid en el interior del local, organizando el pedido que él mismo acababa de traer para el sábado. No podíamos dormirnos en los laureles por si las ventas continuaban remontando.

Me resultaba muy fácil trabajar con él, todo lo solventábamos rápido entre los dos, coordinados y eficientes. Llevábamos tantos años juntos que nos sobraban las palabras. Los jabones de olor a limón en la zona de la izquierda, los de laurel en las baldas frontales, los de romero en las traseras, a la derecha... Él sabía cómo hacerlo, mejor casi que yo misma. Las filas precisas, las columnas uniformes, las pilas en un equilibrio impecable.

Estábamos a punto de terminar cuando me di cuenta de que eran casi las tres de la tarde y no habíamos almorzado. A mí en realidad no me importaba, desde la muerte de Jean-Pierre era como si tuviera un nudo agarrado permanentemente al estómago, comía poco, estaba en los huesos, se me fue el hambre. Pero Hamid era distinto. El chaval con pelo estropajoso y cuerpo de caña seca al que contraté en los primeros tiempos de la tienda de Gambetta para que me hiciera los repartos con un carro que se caía a pedazos y un burro famélico, se había convertido primero en un joven espigado y responsable, y después en el hombre discreto y cumplidor, padre de tres hijas, que en esos momentos trabajaba junto a mí hombro con hombro, reponiendo los últimos estantes. Si Catherine era mi mano derecha, Hamid era la izquierda: esencial, irrepetible.

De organizar aquella partida podrían haberse encargado quizá más tarde otras empleadas, y yo haberme ido a casa hacía horas, a sentarme sola frente a una omelette y unas hojas de lechuga que me obligaría a masticar y tragar sin ganas.

—¿Te parece si almorzamos en la brasserie Guillaume Tell? —le propuse a Hamid mientras él colocaba las últimas piezas en su ubicación correcta, subido en lo alto de una escalera—. Creo que no cierran la cocina en todo el día, algo nos darán seguro.

No me contestó, siguió recolocando los jabones hasta dejarlos en montículos simétricos, yo comencé a recoger del suelo las últimas cajas.

—Hamid, te estoy preguntando... —dije alzando la mirada, mientras sostenía un rebujo de cartón entre los brazos.

Seguía sin responderme cuando bajó los peldaños de la escalera pegada a los estantes. Tenía las piernas largas y ágiles, apenas tardó unos segundos. Frotándose las manos en las perneras, se plantó frente a mí con gesto de incredulidad.

—¿Habla en serio, madame?

—Bien sûr. Por supuesto.

Lo tenía ahora enfrente, alto, moreno de piel y pelo, con una especie de batón azul abierto sobre su ropa, ropa a la europea, nunca lo había visto con chilaba. Ropa de trabajador, pantalón de dril, camisa arremangada con un par de botones abiertos. Un empleado más, como tantos árabes y tantos cristianos en los miles de negocios de aquel Orán laborioso y emprendedor que pronto se desmoronaría.

Dudó unos instantes, luego se encogió de hombros. Al fin y al cabo, yo era la jefa. Así que allá fuimos, a uno de los sitios a los que a menudo acudía con Jean-Pierre cuando yo aún tenía paladar y la boca no me sabía casi siempre a bilis.

Desde principios de siglo llevaba aquella brasserie abierta en los bajos de l'hôtel Le Royal; así lo indicaba al menos una placa de bronce en la entrada. Se trataba de un local repleto de mesas, ruidoso y lleno a reventar a la hora de los almuerzos y las cenas, más calmado en ese momento. La diferencia, gran diferencia, era que ahora mi marido francés estaba muerto, con mi amor de juventud clandestino no debía dejarme ver abiertamente y, en el puesto de cualquiera de los dos, a mi lado iba ahora un treintañero árabe.

Avancé hacia el interior con paso firme, me conocían el maître d'hôtel y los camareros, me trataban siempre con delicadeza. En ese tiempo de tensiones les extrañó mi compañía; quizá molestó a algunos incluso, aunque disimularon. La entrada no estaba vedada a los árabes, de hecho, algunos acudían de forma asidua. Pero eran únicamente los prósperos, los ilustrados, los más afrancesados y burgueses, vestidos con sus trajes de chaqueta aunque a menudo llevaran también el fez rojo. Lo que no era normal en absoluto era ver por allí a un simple obrero, menos aún acompañando a una viuda europea. Menos aún si el marido de ella había muerto degollado por sus hermanos.

—¿Mesa para dos, madame Aubert?

—Oui, Bernard. A ser posible, la de siempre.

Pedí para ambos poulet rôti, lo trajeron dorado, sabroso, servido con sus patatas confitadas y champiñones. Cuando iba con Jean-Pierre siempre acompañábamos el pollo con una botella de borgoña. De haber estado allí con Rafael, habría hecho lo mismo. Por respeto a Hamid, sin embargo, esta vez pedí dos botellas de Orangina.

Tardaron poco en servirnos, apenas quedaban clientes. Noté que él comía con ganas y usaba los cubiertos de mala manera; me recordó de pronto a mí misma en los tiempos de Sidi Bel Abbès, cuando se propusieron civilizarme en la casa del ingeniero que me contrató para amamantar a su hijo y ponerlo lustroso como un marrano, mientras yo abandonaba a mi propia niña en una covacha inmunda. Para instruirme en cómo usar correctamente el tenedor y el cuchillo, y advertirme que no se debía sorber de la cuchara y que la servilleta no se dejaba hecha un gurruño, tuve a aquella odiosa urraca, madame Brun, siempre dispuesta a soltarme insultos, pellizcos y hasta alguna colleja. Como lo último que querría en el mundo era parecerme a ella, encontré perfecto que Hamid comiese como le diera la gana, ni se me ocurrió corregirlo. Al revés, lo animé para que siguiera la conversación mientras masticaba a dos carrillos, sin importarme que entre las palabras se le escapara alguna hebra de pollo o un hilo de saliva.

Como no podía ser de otra forma, además de los jabones, los pedidos, los asuntos de personal y las dificultades de los últimos tiempos, los événements saltaron también a la mesa.

—Nadie sabe cómo acabará esto, madame —dijo tras meterse en la boca un buen pellizco de pan—. Lo que sí está claro es que, a pesar de que el gobierno francés se niegue a llamarla así, esto es una auténtica guerra.

Miré hacia el otro lado de la cristalera. El movimiento era incesante, boulevard arriba, boulevard abajo: viandantes, coches, tranvías. A pesar de mi supuesta concentración, lo que pasaba en la calle me interesaba bien poco. Solo estaba sacando fuerzas para hacerle una pregunta.

—¿Y tú dónde estás ahora, Hamid? —dije volviendo los ojos a él—. Háblame con sinceridad, por favor te lo pido.

—Yo estoy con Francia, ya lo sabe, mi postura no ha cambiado —respondió firme, con la boca aún medio llena—. Y lamento de todo corazón lo que esos salvajes le hicieron a su esposo, también eso lo sabe. Pero...

Volvió a afanarse con el pollo, no tuvo más remedio que dejar de hablar mientras tragaba. Yo, expectante, intenté disimular mi desasosiego, a la espera de lo que vendría tras ese pero.

—Pero quiero una Argelia francesa justa con nosotros —dijo cuando se vació los carrillos—. Una Argelia que a los míos no los trate como basura, sino con respeto y derechos, con la dignidad que merecemos. Quiero que mis hijas crezcan en paz y vayan a buenas escuelas, mantengan su religión, vivan sin sobresaltos y prosperen. Pero en igualdad, no en los márgenes. No por detrás de los franceses, sino al lado.

Intenté que no se me notara el alivio que sentí al oír sus palabras. Que Hamid, a pesar de sus anhelos, seguía a nuestro lado. A menudo se oía que las brutales represalias del ejército contra los rebeldes estaban provocando que muchos árabes indecisos se volcaran hacia el lado de los suyos. Terminé de tragar deprisa, dispuesta a añadir que yo también quería esa Argelia que él deseaba para su propia familia. Sin dejarme intervenir, concluyó:

—Aunque eso no significa que no entienda y comparta algunas de las razones de los patriotas. Al fin y al cabo, son mi gente.

## CAPÍTULO 88

En muchas casas de Orán se celebraba la despedida del año a la manera española, con jaleo, espumante y abrazos a la familia; algunos incluso continuaban tomando las doce uvas al son de los golpes de un cucharón contra una bandeja o una cacerola. En muchas otras casas se hacía al modo francés, comedido y discreto. Y en algunas, pocas seguramente, no se celebraba nada. Fue mi caso aquella Nochevieja de 1959.

A pesar de las insistencias de Catherine y de unos cuantos amigos para cenar con ellos, decidí cruzar sola ese puente entre dos años. En mi terraza, frente a las luces del puerto y envuelta en una manta de lana para protegerme del relente, al borde de la medianoche abrí una botella de champagne y alcé mi copa por todo lo que quedó en el ayer y por los tiempos inciertos que nos aguardaban. Por los míos en El Puntarrón si aún existían. Por mi pequeña Marie a la que no pude ver crecer, por la segunda criatura que nunca tuve. Por los dos amores que se me fueron, Ricardo y Alan, mi exiliado y mi doctor, a los que no fui capaz de retener a mi lado. Por Jean-Pierre, mi desgraciado Jean-Pierre, mi insensato marido al que tanto quise y al que mataron con tanta saña, el que tanta amargura me dejó dentro. Por los amigos y la gente buena que perdí en el camino, por aquella Argelia nuestra que no supo hacerlo bien y ahora se tambaleaba penosamente, sin que lográsemos sostenerla.

Cuando quise darme cuenta, las lágrimas me habían cubierto el rostro. Oí entonces el teléfono, dentro, en la mesa esquinera del salón, en el interior de esa casa grande en la que ya me había acostumbrado a vivir sola, un timbrazo tras otro hasta quedar de nuevo en silencio. Apoyada en la barandilla de la terraza, no me moví, no contesté. Solo apuré mi copa y seguí mirando al mar y al cielo, negros los dos, sin fisuras, incapaz de distinguir dónde acababa uno y empezaba el otro. Sabía que quien llamaba era Rafael y preferí no oír su voz. Mejor así esa noche. Él con su familia, yo con mis recuerdos.

Entrábamos llenos de incertidumbre en una nueva década. Tras la esperanzadora victoria de De Gaulle, pasó poco tiempo hasta que se nos cayó la venda de los ojos y fuimos conscientes de que nada de lo que creímos iba a ser cierto. No, Argelia no era parte inseparable de Francia como él mismo gritó eufórico en nuestras plazas, sino un problema que resolver, un quebradero de cabeza. Entre los grandiosos planes del héroe de la patria para devolver a Francia su esplendor y convertirla en una potencia dentro del nuevo orden mundial y en un tiempo donde apenas quedaban colonias, protectorados o territorios dependientes; en su proyecto para una Francia próspera, avanzada, cohesionada y feliz, había que pulir las aristas afiladas y arrancar lo innecesario. Y para eso, sobraba Argelia.

En septiembre del año que acababa, a través de la radio y la televisión, el presidente soltó el primer mazazo y habló de una posible autodeterminación. En noviembre anunció que abriría negociaciones con los nacionalistas árabes. Ambas iniciativas supusieron una conmoción entre nosotros: se alzaron sin freno las voces contrarias y en las calles se convocaron protestas y manifestaciones. Los que antes habían aclamado a De Gaulle hasta quedar afónicos, decepcionados ahora, se convirtieron en adversarios furiosos. Acusaban al general de traidor y cobarde, le pusieron por mote la Grande Zohra. En Orán, en un rotundo español, hubo quien le empezó a llamar abiertamente la Zorra.

No, no se estrenaba el año con buen pie para nosotros, aunque seguimos adelante. Continuamos levantando las persianas de los talleres y los comercios, llenando las escuelas, los mercados, las oficinas y los hospitales, arando los campos, poniendo en marcha las fábricas. Pero con el desengaño, entre una gran parte de la población había llegado la desconfianza frente a todas las instituciones francesas excepto el ejército, y el deterioro del ánimo fue penoso. La brecha con la metrópoli se iba haciendo cada vez más profunda.

—Y en Francia, ¿qué piensan de nosotros?

Volvía a estar con Rafael en un anónimo café del barrio de Delmonte, frente a dos cervezas BAO y una cacerola de mejillones. Él tenía una obra cerca y así nos veíamos, a salto de mata, medio a escondidas en los sitios más inusuales, enlazando los dedos por debajo de la mesa cuando no podíamos hacer otra cosa, como dos novios adolescentes o un par de malhechores, acostándonos precipitados cuando la suerte se nos ponía de cara o tan solo almorzando juntos malamente como ese día. Ambos deseábamos, ansiábamos movernos con normalidad, pero no había alternativas. Ninguna en absoluto. Su mujer estaba cada día más delicada, con taquicardias, alteraciones y los nervios a flor de piel, o fuertemente medicada para que no se desestabilizase del todo. Lo último que le faltaba era enterarse de mi regreso a la vida de su marido.

Para empeorar las cosas, en medio de esos días exaltados, a mí me habían dejado en el buzón un par de mensajes que se suponían anónimos. Putain, decían. Puta. Estás deshonrando la memoria de tu esposo, la sangre de una víctima caída por la causa francesa. Sabía quiénes lo enviaban: mis vecinos del segundo, los Bovet, los que se pasaban día y noche haciendo sonar en el tocadiscos *La Marsellesa* a todo volumen, con las cristaleras del balcón abiertas para que se oyese desde la calle. Propietarios de una sala de fiestas ya casi sin clientela, vivían aterrados al ver cómo su negocio tocaba fondo. Me escocía esa furia contra mí, claro que era molesta. Pero en lo más interno también los disculpaba. Simplemente, como los náufragos a punto de ahogarse, braceaban sin tino, a la desesperada en su lucha estéril por mantenerse a flote.

No, no nos era fácil seguir juntos. Ni sensato tampoco. Pero Rafael y yo habíamos dado ese paso y ya no había marcha atrás. Nos hacíamos falta, nos negábamos a prescindir el uno del otro aunque, a fin de evitar tensiones, optamos por vernos lo menos posible en mi casa. Y para solventar la necesidad de hablarnos y tocarnos y notar la calidez de nuestros cuerpos; de sentirnos vivos, compartir desazones y consolarnos, no tuvimos más remedio que recurrir a encuentros a trasmano en rincones que en condiciones normales jamás pisaríamos, salidas en coche a balnearios desangelados fuera de temporada y tardes en moteles sórdidos de los que mejor no recordar ni el nombre. Incluso en mi oficina, cuando ya no quedaba nadie, llegamos a colarnos alguna noche como un par de rateros.

—Según mis hijos —respondió—, cuanto más ruido se hace desde aquí con el deseo de continuar siendo parte de Francia, más crece la corriente de antipatía hacia nosotros.

Solté un resoplido cargado de frustración, él siguió

relatándome lo que le contaban los suyos desde la otra orilla.

—Pasó el momento de los imperios y a nosotros nos ven como unos egoístas ignorantes aferrados a lo que ya apenas existe en el mundo. Para la mayoría de la France métropolitaine, los de esta orilla africana no somos más que una gran manada de colonos brutos, gritones, racistas, anclados en un tiempo que ya terminó. Y el apoyo que aquí se da al ejército, a pesar de la represión violenta que usan con el FLN, tampoco hace que la simpatía aumente.

Yo entendía todo y no entendía nada. Demasiada razón contra razón, demasiado desconocimiento de las realidades.

—Pero ¿quién nos ve así? —insistí. Al mover las manos agitada, volqué la botella de cerveza y Rafael la agarró al vuelo antes de que cayera y se hiciera añicos—. ¿Los políticos, la prensa, la gente de la calle?

Dejó la botella de nuevo sobre la mesa, cogió un mejillón y lo sorbió.

—Casi todo el mundo —dijo limpiándose los dedos mojados en salsa con su propio pañuelo; en aquel tugurio no había manteles ni servilletas—. Y, sobre todo, los intelectuales y los votantes de las izquierdas.

Con esos improperios aún atronándome los oídos, volví, volvimos a nuestros quehaceres en cuanto concluimos el frugal almuerzo.

—¡Al teléfono, madame! Conferencia desde Río Salado.

Era ya media tarde, dejé sobre un mostrador las barras de jabón defectuosas que acabábamos de cortar; aquella máquina no paraba de dar problemas. Con paso precipitado, me dirigí al viejo aparato negro que colgaba de una de las paredes. Me tapé el oído izquierdo con el índice para evitar que se me colara dentro el ruido de las máquinas, me acerqué el auricular a la otra oreja. Y al escuchar las palabras de la hermana Madeleine desde el asilo, solo fui capaz de murmurar con un nudo en la garganta: Qu'elle repose en paix. Descanse en paz, pobrecita.

Madame Le Clerc había muerto sin sufrir, en su cama, con la mente extraviada desde hacía más de una década y el cuerpo consumido, apenas pesaba cuarenta kilos. No la veía desde que murió Jean-Pierre pero antes, durante años, le hice visitas regulares casi todos los meses a pesar de que ella ya no me reconocía, ni a mí ni a nadie. Donde antes brillaron su lucidez portentosa y unas entendederas rápidas como las liebres, terminó habiendo solo bruma. Pero yo insistía, le llevaba bombones, frascos d'eau de Cologne Roger & Gallet y pañuelos de algodón que le metía en los puños de las mangas. La peinaba, le pintaba las uñas, le contaba cualquier cosa. No pretendía que mi anciana maestra me comprendiera, sabía que era imposible. Solo quería seguir agradeciéndole la mano que me tendió para salir de la oscuridad cuando me hizo tanta falta.

Ajena a mi nostalgia, la religiosa que me acababa de dar la noticia se mantenía al otro lado del hilo contándome que en la capilla del asilo se dirían treinta misas gregorianas por el eterno descanso de su alma. Hasta que algo, de pronto, cortó sus palabras.

—Pero ¿qué hace, monsieur? ¡Suelte, por el amor de Dios! Pero ¿qué es lo que pretende?

El tono beatífico de la monja, súbitamente, se acababa de transformar en un chorro de gritos. Sin saber qué estaba pasando, permanecí a la espera.

—Un momento, no cuelgue, madame —dijo alterada—. Hay alguien aquí que...

Ese alguien le arrancó el auricular y no permitió a la monja acabar la frase.

—Cuánta tristeza, Cecilia, cuánta tristeza...

En mi oído se adentró ahora la voz de monsieur Martin, mi antiguo patrón en los tiempos de Gambetta. El propietario de l'épicerie en la que primero me coloqué y que después compré y transformé en el origen de mi negocio.

—Quién nos lo iba a decir, qué amargura. Tantos esfuerzos, tantos anhelos, tantas ilusiones todo este tiempo...

La voz se le fue entrecortando, hasta que no logró articular nada coherente, solo hipidos medio ahogados entre lágrimas. Pero yo sabía lo que pretendía decirme. El viejo monsieur Martin no lloraba por el fallecimiento de madame Le Clerc, su compañera de asilo. Lloraba porque su Argelia, la que lo vio nacer, se estaba muriendo.

# CAPÍTULO 89

Catherine se marchó finalmente y para mitigar mi pesadumbre me lo anunció sin antelación, el día previo. Las sensiblerías no eran lo suyo, así que trabajó sin descanso hasta el final de la tarde, gritando órdenes a las empleadas, atenta a todos los movimientos de la fábrica con sus ojos desparejos que yo iba a extrañar tanto. A última hora eligió tres jabones, tres únicamente para llevarse como recuerdo: laurel, limón, flor de naranjo. Después fumamos juntas un último pitillo en la oficina del fondo.

—No ha habido forma de convencer a Antoine, se viene conmigo solo André, el mayor. A ver si su hermano entra en razón y se nos suma pronto.

Antoine, el hijo pequeño, se había convertido en un dolor de cabeza para ella a lo largo de los últimos meses. Al igual que muchos otros jóvenes europeos, movidos por la rebeldía ante los événements y la postura de De Gaulle, se había unido a alguno de los grupos subversivos que empezaban a formarse, cometiendo lo que a veces parecían simples gamberradas y a veces disturbios serios y hasta agresiones. El marido, Marcel, extrañamente, apenas se quejaba de las tropelías del muchacho. Más bien se diría que apoyaba esa agitación al margen de la ley, como muchos otros ciudadanos al sentir que Francia les daba la espalda.

—Quizá irnos sea un error —murmuró entonces con

amargura, tras una calada honda—. Una ya no sabe cuándo acierta y cuándo se equivoca...

Calló, y yo tampoco supe qué decirle porque tampoco tenía una idea clara de qué podría ser lo mejor y lo peor en esos tiempos. Para quebrar ese incómodo silencio, dedicó los últimos minutos a soltarme una catarata de consejos y advertencias innecesarios, porque de todo eso estaba yo bien al tanto: los proveedores que iban fallando, las empleadas que no sería preciso sustituir, la máquina cortadora que llevaba semanas dando problemas sin que encontráramos quien la arreglase, aquel cliente que nos había dejado a deber una factura porque cerró su tienda en Mostaganem sin aviso previo.

La última indicación la dedicó a monsieur Azoulay, nuestro socio.

—Y échale un vistazo al viejo de vez en cuando —dijo señalando su escritorio. Antes estaba siempre repleto de cuadernos, libros de contabilidad y correspondencia, lápices, tinteros. Ahora se veía con la superficie limpia—. Ya sé que se encargan las hijas, pero estate atenta por si necesita cualquier cosa.

Nos despedimos sin sentimentalismo, ambas sobrias aun siendo conscientes de que seguramente jamás volveríamos a vernos. Con dos colillas de Chesterfield apagadas en un cenicero terminaba nuestra larga historia de ilusiones compartidas, algunas sensatas, temerarias otras. Una amistad, casi una hermandad con caídas, distanciamientos y remontadas; la huida siempre adelante de dos humildes mujeres que a fuerza de trabajo y osadía lograron torcer las previsiones bien poco prometedoras que el porvenir les tenía previstas.

Sabía que no iba a poder refugiarme en Rafael esa noche y la idea de encerrarme en mi casa para rumiar la ausencia de mi compañera se me hizo insoportable como una patada en la boca del estómago. Así que opté por meterme en un cine, y recordé que hice lo mismo aquella vez al terminar la guerra, cuando preferí hundirme en la oscuridad y no decir adiós a mi amor americano. Habían pasado quince años y aún seguían casi todos los cines abiertos, en un claro signo de resistencia. Elegí Le Century porque me venía de paso, me daba igual una película que otra. Pero al ver la gran sala casi desierta supe que me había equivocado. Aquel patio de butacas mucho más vacío que lleno, fila tras fila casi sin un alma, en vez de convertirse en un refugio únicamente sirvió para doblar mi abatimiento.

Aún me estaba acostumbrando a la falta de Catherine cuando supe que su marcha no sería la única. Resultó que el viejo, como ella lo llamaba entre el afecto y la sorna, también se iba. Su familia tenía planes para él y su esposa, contra la voluntad de ambos: así me lo contó Louis Zermati cuando vino a verme un par de meses después de que mi amiga pusiera rumbo al norte de Francia, a una tierra extraña que jamás había pisado y a la que no se acostumbraría nunca.

—Nos los llevamos a Lyon, Cecilia. Nos vamos con nuestros hijos, y ellos están demasiado frágiles como para dejarlos solos aquí. Unos conocidos tienen un cabinet d'avocats y me han ofrecido trabajo, mi cuñado anda detrás de otro empleo. Serán contratos modestos pero confiamos en que mejoren más adelante. Más vale eso que nada, al paso que aquí llevamos.

Aquella misma noche, en uno de los muchos tomos de la suntuosa enciclopedia Larousse forrada en piel que Jean-Pierre compró en su día y que jamás usamos, busqué dónde estaba exactamente Lyon y así supe de sus anchos ríos y sus inviernos gélidos. Qué demonios iba a hacer en semejante sitio, pensé, un anciano judío medio ciego y lleno de achaques, comerciante de telas y jabones, nacido y curtido entre su gente al igual que sus antepasados y los antepasados de sus antepasados, bajo el sol feroz de Argelia.

Pero ya no había opción de volver atrás y un par de días antes de su partida fui a despedirme a su casa en el viejo quartier juif, jamás se había mudado. De sus propiedades inmuebles, según me comentó Louis en un prudente susurro al abrirme la puerta, iba a encargarse a partir de entonces otro abogado cercano a la familia. Tras saludarme, las hijas dejaron sobre la mesa una bandeja bruñida. Encima, una tetera, dos tazas y un plato con pastas de almendra que al final ninguno de los dos probamos. A la esposa, diminuta y encogida, la sacaron de la sala agarrándola cada una por un brazo y se la llevaron hacia el fondo de un largo pasillo. Louis también desapareció discreto.

Cuando nos dejaron solos, Azoulay habló y habló con una voz baja que yo apenas le conocía: de esto y de aquello, del precio de la tonelada de carbón, de una gaviota que se les coló por la azotea, de los progresos de su nieta al piano. Ni una palabra acerca de las razones que motivaban el paso definitivo que estaba a punto de dar, ni una queja. Era duro, bien recio mi socio a pesar de que yo intuía el esfuerzo que esa falsa frialdad le estaba costando. Si no había marcha atrás, debió de pensar, para qué llorar delante de nadie. Y yo, simplemente, me dediqué a servir el té que nos prepararon. Y a escucharlo.

Hasta que se hartó de soltar naderías, enderezó con esfuerzo su esqueleto maltrecho y se dirigió arrastrando los pies hasta un mueble pegado a la pared, un antiguo secrétaire que supuse heredado de sus mayores, a juzgar por el aspecto ajado de la madera. Tras trastear con manos torpes entre los cajones de espaldas a mí, acabó girándose con algo en la mano. Al acercarse vi que ese algo era un sobre voluminoso, manoseado, protegido por una gruesa banda de goma.

—No tenía intención de dárselo aún, prefería mantenerlo a mi recaudo —dijo extendiendo el brazo en mi dirección, noté que le temblaba—. Por si acaso se enamoraba tontamente de otro despilfarrador y cometía un nuevo disparate.

Fruncí el ceño, intentando descifrar sus palabras. Como no agarré el paquete, lo agitó en el aire, hasta que reaccioné, lo cogí con ambas manos y él regresó a su butaca y se dejó caer a plomo.

—Son unos cuantos miles de francos —aclaró—, un sesenta por ciento de lo único que logré proteger de la mano ávida de su esposo. Lo estaba reservando por si en alguna circunstancia de verdad le hicieran falta. Y ahora, ante mi partida, creo que ha llegado el momento.

No repliqué, no entendía nada, me limité a mantener el sobre cerrado entre las manos. A juzgar por el grosor del sobre, se trataba de una cantidad sustanciosa cuando, según sus propias cuentas, en los últimos tiempos apenas ganábamos lo justo para pagar al personal y el alquiler de la tienda de las arcadas, y cubrir los gastos de electricidad a veces con esfuerzo.

—Ese dinero es suyo, Cecilia —insistió señalando el paquete con su pulgar huesudo, medio deforme por la artrosis—. Lo que le corresponde. No se preocupe, yo también me quedo con mi parte. Y a Catherine le entregué su veinte por ciento la mañana antes de irse. Le hice asimismo prometer que no le diría a usted nada, confío en que disculpe mi exceso de prudencia.

Solo entonces logré por fin aclararme. Así que era eso. A mis espaldas, con sagacidad preventiva, Azoulay había estado guardando dinero de la empresa para protegernos de mi propio marido, quizá incluso de mí misma y otros posibles amores o afectos. Cuando conseguí digerir del todo sus palabras, sentí el impulso de lanzarme hacia él, agarrarlo por los hombros escuálidos y sacudirlo sin consideración hacia su vejez, preguntarle a gritos cómo se había atrevido a actuar así, a ocultarme los números siendo yo dueña mayoritaria de la empresa.

Me costó tragarme la indignación, tuve que respirar hondo varias veces para no chillarle que no tenía derecho a hacer lo que había hecho. Pero él, ajeno, se dedicó igual que Catherine a darme consejos que me entraron por un oído y me salieron por el otro, y mientras me hablaba de cuestiones prácticas que ya apenas tendrían sentido, yo empecé a ver de otra forma su modo de proceder, y me pareció entenderlo. Era un hombre de otro tiempo, un patriarca a la antigua, demasiado arcaico como para desprenderse de ese afán protector que puso en marcha cuando vio peligrar nuestro negocio. Quizá era así como actuaba un cabeza de familia entre los suyos, protegiendo a las mujeres de su estirpe —algo que mi propio padre, ese que tenía casi olvidado, jamás hizo—. Peor aún, seguramente el mío prefirió ofrecerme a un miserable a cambio de unos cachos de queso y unos tragos de vino. Y entonces sospeché que, al apartar ese dinero de las manos de Jean-Pierre, Azoulay, más que como a su socia, me había tratado como a una hija.

Nos despedimos sin sentimentalismos, de la misma forma que con Catherine.

—Que le vaya bien en Lyon. Ojalá se acomode sin problemas, que la vida le traiga suerte.

—Y usted cuídese mucho, Cecilia —me contestó sereno—. Sea prudente, no se arriesgue. Vigile ese dinero. Y si por desgracia ve que llega el momento de cerrar, cierre y escape. Pero déjelo todo tal cual, por si un día volvemos.

Se empeñó en acompañarme hasta la puerta, se lo impedí. Lo obligué a quedarse hundido en su sillón, con la pechera húmeda por el té que se le había derramado al intentar llevarse la taza a la boca con sus manos temblonas.

Anochecía en el exterior. La sala, atiborrada de muebles, cortinones, candelabros de bronce con siete brazos y retratos de parientes muertos, se había quedado medio a oscuras. Aun así, me pareció ver que de los ojos enfermos de Azoulay caían un par de lágrimas.

## CAPÍTULO 90

Seguí adelante con menos personal, sin el apoyo de mis socios. Atrás, muy atrás quedó la ambición de crecer, aquella ilusión por idear jabones originales y buscar nuevos clientes. Ahora me daba por satisfecha si conseguía arreglármelas para cuadrar malamente las cuentas. Y aunque disimulaba y las abrazaba y les decía cuánto las echaría de menos, cada vez que alguna empleada se despedía yo sentía un hondo alivio.

La mayoría eran mujeres que llevaban largos años conmigo. Las contraté jóvenes, conocí a sus novios cuando venían a recogerlas al salir de la fábrica, asistí a sus bodas, a los bautizos de sus hijos y a los entierros de sus mayores. Para ellas yo era su jefa, su patrona, su referencia más respetable, proveedora a menudo de socorro y consejos, prestamista, confidente. Pero cada sueldo que dejaba de pagar por aquellas renuncias voluntarias era un desahogo para la empresa y, a pesar de la tristeza, con cada uno de aquellos adioses yo me sacaba de encima una carga.

Aun así, reduciendo esos gastos, no logramos frenar el declive. El jabón bruto que nació en los días de Gambetta y se multiplicó en los años de la guerra cuando llegaron los americanos con sus uniformes, ese más o menos se continuaba vendiendo para frotar la roña, la grasa, incluso la sangre. Pero para la gama de pastillas perfumadas que con tanto empeño yo misma fui creando y a las que cada temporada añadí una novedad, para ese tipo de jabones de capricho la demanda fue decreciendo, decreciendo, hasta hundirse tanto que empecé a plantearme cerrar la tienda de las arcadas.

Y mientras Savon de l'Oranie vivía sus días más duros, fuera del negocio se insistía en hablar de lo mismo por todas las esquinas, con virulencia y pasión, casi siempre a voz en grito al compartir los anisetes y las kemias en las barras de los bares, en las mesas de las familias a la hora de la cena, en los cuarteles y las oficinas. Tras lo que entendimos como un traicionero cambio de rumbo en las políticas de De Gaulle, se comentaba que desde París estaban haciendo una depuración dentro del ejército, reemplazando a aquellos altos mandos favorables a la permanencia de Francia en Argelia por otros más leales al presidente. Y así, las personalidades controvertidas fueron cayendo. Al general Salan, el más condecorado, lo sacaron de Argelia bajo la excusa de un ascenso para después arrinconarlo con una jubilación fulminante. El general Massu, héroe para muchos tras la batalla de Argel y brutal torturador para los contrarios, acabó destituido por sus críticas en una entrevista a un periódico alemán. Los siguió una cadena de mandos con nombres sonoros que se vieron también obligados a abandonar sus funciones. Otros declararon voluntariamente su insubordinación y pasaron a la resistencia en favor de la Argelia francesa.

Junto con los militares, continuó asimismo la movilización de una parte creciente de la población civil. Los grupos de activistas europeos contrarios a la independencia, esos que antes eran casi espontáneos, la mayoría estudiantes, se hicieron cada vez más numerosos, más radicales y combativos, menos temerosos de la ley. Y la mayoría de los ciudadanos comunes y corrientes de todas las edades y clases sociales, con domicilio lo mismo en el centro próspero de Orán que en los barrios obreros de la periferia, votantes de las izquierdas y las derechas, gentes de cien oficios y profesiones, versos sueltos o miembros de respetables familias, aunque quizá no participaran activamente en las acciones violentas, sí jaleaban y aplaudían a los que habían dado el paso para defender a cualquier coste que Argelia no se desgajase de la metrópoli.

—¿Qué va a ser de nosotros, Rafael?

Musité mi pregunta con la cabeza apoyada sobre su pecho, habíamos pasado la tarde juntos en mi casa y nos quedamos dormidos en uno de los sofás con la radio encendida de fondo; a esas alturas había saltado por los aires cualquier rastro del recato que antes tuvimos. Además, los Bovet, la familia que me insultaba con anónimos y nos atronaba los oídos día y noche con *La Marsellesa,* se había marchado hacía unas semanas dejando como recuerdo tres toallas con los colores de la bandera francesa colgadas en la barandilla de la terraza. En la fachada, a pie de calle, un enorme letrero pintado a brochazos. L'ALGÉRIE RESTERA FRANÇAISE, Argelia seguirá siendo francesa, una de las proclamas que se oían y se leían por todas partes.

Él me pasaba despacio los dedos por la melena. Estábamos los dos vestidos, hasta las ganas de hacer el amor se nos iban quitando. Con el cuello dolorido por la postura, me levanté lentamente y moví la cabeza para desentumecerlo. Rafael también se incorporó apoyándose en los codos, pero se mantuvo sentado, medio despeinado, con fatiga en el rostro y tres botones de la camisa abiertos. Decidí ir a la cocina en busca de algo, cualquier cosa, café, galletas, un plátano, una botella de vino; solo quería despejarme.

En el sofá quedaba mi primer y quizá mi último amor, el más sólido. Mi agarre, mi cómplice, mi compañero aunque tuviera que compartirlo. Si mi presente era agrio, el suyo lo superaba; al fin y al cabo, yo no tenía que velar por nadie más que por mi negocio cada vez más encogido y por mí misma. Bajo su ala, en cambio, había una familia amplia y compleja, dos hijos que volaron tiempo atrás y la pequeña que acababa de irse. Ya no quería ser azafata de Air France, no quería nada, solo abandonar esa agonía con la que nos levantábamos cada mañana. Más su frágil esposa, que apenas mantenía la lucidez y vivía sobremedicada y sobreprotegida por unas hermanas que la trataban como si fuera una muñeca, mientras que a él, sabedoras de su relación infiel conmigo y a pesar de vivir a su costa, esas cuñadas resentidas ni siquiera le dirigían la palabra. Más montones de trabajadores que, al igual que mis empleadas, iban menguando porque empezaban a faltar ladrillos, baldosas, hierro fundido.

Regresé al salón con un paquete de patatas fritas, se lo tendí a Rafael y sacó un pequeño montón, cuatro o cinco entre los dedos. Yo hice lo mismo y los dos comimos en silencio, él sentado todavía y yo de pie, de espaldas, vuelta hacia la terraza. Ninguno tenía hambre, masticábamos únicamente para triturar el desaliento con las muelas.

—¿Cómo va tu torre? —pregunté entonces.

Su torre, la enorme construcción de viviendas que su empresa llevaba tres años levantando en la parte este de Orán, un proyecto que implicaba a varios socios. Casi tan alta como la cité Perret del quartier Miramar, como la cité Jean de la Fontaine con sus más de veinte pisos: edificios destinados a una emergente clase media europea que, a medida que prosperaba económicamente, había empezado a abandonar las casas bajas de los barrios. Él me había repetido a menudo cuánto se arrepentía de haberse metido en ese proyecto mastodóntico que casi con toda seguridad ya no tendría futuro. Cómo pudo ser tan incauto y tan ciego, insistía, como para arriesgar en aquel disparate los esfuerzos y los capitales de una vida. Pero yo sabía que cuando uno venía de lo más bajo, como él, como yo misma, y había llegado hasta la cima a base de tesón, resultaba difícil poner un freno.

—Mal, aunque estamos intentando acabarla por todos los medios —dijo mientras se limpiaba la sal que se le había quedado pegada a la boca—. Sin equipamientos modernos, sin que funcionen los ascensores. Y es probable que sin residentes.

—Pero teníais vendidos casi todos los apartamentos...

—Casi todos, eso es. Pero nadie se ha mudado a pesar de que ya pueden hacerlo los propietarios de las primeras plantas. Unos no se atreven, otros prefieren esperar, otros se fueron o se están yendo.

—Al menos quedan terminados —dije fingiendo un optimismo que no sentía—. Por si dan el paso los que aquí siguen. O por si los que se marcharon algún día vuelven.

Le tendí de nuevo las patatas fritas, oírle hablar de eso también me agobiaba. Cambié la conversación de rumbo.

—Y tus hijos desde Montpellier, ¿qué te cuentan?

Resopló por la nariz, casi se atraganta.

—Lo de siempre. Que nosotros seguimos despertando rechazo —dijo tras carraspear—. Que la independencia recibe cada vez más apoyo.

Se levantó entonces, se acercó a mí. Apretó su cuerpo contra el mío y me rodeó la espalda con los brazos.

—¿Sabes cómo han empezado a llamarnos? —dijo acariciándome la nuca—. Pieds-noirs. Pies negros.

Metí el rostro en el hueco cálido entre su hombro y su cabeza, cerré los ojos. Ahí estábamos, los enamorados de juventud en nuestra plena madurez braceando entre la angustia, convertidos en un marido adúltero y una viuda procaz, ambos prácticamente arruinados, pareja clandestina frente a un porvenir tan sombrío como el de aquel mundo que nos acogió, nos brindó oportunidades y ahora estaba, como nuestros ánimos y nuestros negocios, asomándose al abismo. Tan tenebroso como el sobrenombre que nos habían puesto en la metrópoli. Pieds-noirs. Pies negros.

—No nos quieren allí tampoco, Cecilia —musitó en mi oído—. Dicen que a los que llegan los tratan como apestados. Como si nos hubiéramos convertido en enemigos.

# CAPÍTULO 91

Cerré la tienda de las arcadas de la rue d'Arzew el 20 de abril de 1961. Nunca olvidé la fecha porque fue justo dos días antes del Putsch de los Generales, el intento fallido de mantener la Argelia francesa por parte de unos cuantos sublevados que antes habían recibido la patada de De Gaulle. La noticia se recibió con júbilo en Orán: volvieron las banderas a los balcones, los gritos y las pancartas por las calles, el toque atronador del claxon de los coches con esos cinco pitidos que se habían convertido en una consigna. Pi-pi-pí pa-pá. Al-gé-rie fran-çaise. Pi-pi-pí pa-pá. Al cabo de pocos días, la bravata se desinfló como un globo.

Pese al optimismo inicial, la realidad fue otra. El golpe de entrada triunfó en Argel, la capital, pero apenas se sumaron el resto de las unidades militares. Y cuando De Gaulle se pronunció desde París a través de la televisión, condenó la revuelta de una forma tan tajante que desalentó a los tibios y logró echar a la calle a montones de ciudadanos en la metrópoli para que se manifestaran en contra.

En cuatro o cinco jornadas, las pretensiones del golpe se hicieron humo. Y lo mismo pasó con ese comercio mío que con tanta ilusión abrí, el que me hizo ganar dinero y renombre, posición social, confianza en mí misma. Hamid me ayudó a empapelar con hojas de periódico el interior de los escaparates, no quería que desde la calle pudiera verse la desolación a través de las lunas de cristal, me dolía en el alma aquel derrumbamiento.

—¿Le importa si me llevo unos estantes? —me preguntó mientras pegábamos contra el vidrio las dobles páginas de *L'Écho d'Oran* con cinta de embalaje—. Para la habitación de mis hijas.

Yo misma lo ayudé a arrancar aquellos tablones que una década atrás, cuando en mí bullía el optimismo y la garra, había hecho pintar en tonos brillantes para después llenarlos de jabones igualmente coloridos. Y mientras tiraba de esas malditas tablas ahora vacías con todas mis fuerzas, casi con furia para desclavarlas de la pared; mientras me dejaba las uñas en cada intento y el sudor me asomaba a la frente, no logré evitar que me embistiera la nostalgia de aquellos días luminosos, el local hasta arriba de clientas, las exclamaciones de admiración, las colas de muchachas a la espera de entrar los sábados y las cajas registradoras repletas de billetes.

—¡Cuidado, madame!

Cuando me llegó el grito de Hamid era tarde. Cegada por la rabia, había tirado con tanta cólera de una plancha que me acabé rajando medio brazo con la punta de un clavo.

•

A partir de entonces me dediqué solo al jabón corriente, al del principio. Cada mañana me encomendaba al dios en el que no creía y al diablo en el que empezaba a creer para que los pedidos que salían de la fábrica no se quedaran por el camino porque, a pesar de los esfuerzos de Hamid, a menudo nos los interceptaban o se perdían o nos los robaban. En paralelo, a nuestra ardiente Argelia, por si acaso no teníamos suficiente con la tensión cotidiana, se le sumó otro partícipe. La OAS. Y de este modo, lo que hasta entonces era una cruenta lucha a dos bandas, se convirtió en un triángulo.

Algunos ya sabían de la existencia clandestina de esa organización, pero otros nos enteramos a través de la propaganda que empezó a verse por las calles y que generó montones de conversaciones, a veces entre susurros turbados y a menudo con ostentosas reacciones de apoyo. Aquellas pintadas y cartelones pegados a muros y fachadas, las octavillas que se repartían furtivamente o se lanzaban al aire desde coches en marcha, anticipaban algo que nos incumbía a todos porque, a pesar de querer defendernos, iba a traer más tragedia sobre la tragedia, más sangre sobre la sangre que ya había caído. L'Organisation de l'Armée Secrète acababa de movilizarse, aglutinando un montón de pequeñas iniciativas radicales antes deslavazadas, grupos juveniles exaltados y militares que habían mandado a la jerarquía a tomar viento, incluso simples activistas de barrio e individuos que iban por su cuenta. Se conformaba así una especie de caótico ejército alternativo que anticipó abiertamente su intención de luchar a favor de la Argelia francesa con las armas en la mano, con todas sus fuerzas.

Arrancó a partir de entonces una etapa aún más violenta: cuando no provocaban atentados con explosivos, eran robos o atracos, tiroteos por las esquinas o paquetes bomba que a menudo acababan estallando en las manos, en las casas o en los negocios de inocentes. El objetivo podía ser cualquier simple francés por no mostrarse contrario a la independencia, cualquier familia árabe por el mero hecho de vivir en un sitio concreto, cualquier europeo con ideas comunistas o cualquier sospechoso de cualquier cosa. Incluso las instituciones públicas francesas, oficinas y servicios, quedaron en su punto de mira.

Se decía que al mando estaba Raoul Salan, al que llamaban el Mandarín por su protagonismo en Indochina, uno de los generales promotores del putsch que acabó fracasando. Se decía también que la organización había sido creada en España bajo la protección de Serrano Suñer, cuñado de Franco; que tenía ramificaciones en la Francia metropolitana y que allí, encendidos por un supuesto patriotismo extremo, algunos franceses que nada tenían que ver con Argelia se les estaban uniendo y hasta habían intentado matar a De Gaulle varias veces. Se decían tantas cosas que yo preferí duplicar los esfuerzos en mi fábrica para que la angustia no me siguiera reconcomiendo.

A pesar de mi empeño, sin embargo, no logré mantenerme al margen porque, contra el más insensato de los pronósticos, al cabo de unos meses un activista de aquella OAS que cada vez contaba con más respaldo entre la población y cada vez era más agresiva se me terminó metiendo en mi propia casa.

Como ya no teníamos portero, se las arregló para colarse en el edificio y subió sin permiso de nadie. Solo supe que era él cuando vi su imagen distorsionada a través de la mirilla de la puerta. Al abrirle sentí una especie de ahogo. Con el porte menos desmañado y el flequillo algo más corto, dentro de una chaqueta oscura, un Fabien ya veinteañero recordaba a Jean-Pierre más que nunca.

—Tu padre jamás te habría apoyado.

Llevábamos un rato discutiendo; acababa de contarme con un aplomo inquietante que se había unido a la OAS y venía a Orán para colaborar con ellos. Ambos seguíamos de pie, moviéndonos sin tino por la sala. Yo con los nervios de punta. Él, también agitado, me intentaba convencer de que hacía lo correcto.

—Tu padre, Fabien —insistí a gritos—, era un hombre

noble, pacífico. Nunca habría respaldado que te implicaras en eso que tú llamas defensa, o justicia, o entrega a la patria.

—Súmale también desagravio. Porque a él lo mató el FLN, por si no lo recuerdas.

—Lo recuerdo perfectamente, Fabien, lo recuerdo todos los días, cuando me levanto, cuando me acuesto. Vivo con ese dolor, en ningún instante se me olvida. Pero las acciones de la OAS a la que tú te has sumado no son solo contra el FLN, son contra las instituciones, contra miles de árabes inocentes, contra los propios franceses que piensan distinto. Tu padre jamás...

Dio unos pasos hacia mí y se me encaró con insolencia.

—¿Estás segura?

No, no lo estaba. Ya no podía poner la mano en el fuego por nadie, ni siquiera por mi desgraciado esposo. Había visto y oído tantas cosas, me había llevado tantos desengaños con conocidos, honrados comerciantes, empresarios dignos, vecinos o amigos que habían optado por implicarse activamente con la OAS, que preferí callarme.

—¿Tienes hambre? —dije cambiando de asunto por completo. Malak ya no trabajaba conmigo, su marido no la dejaba venir desde su barrio y yo lo prefería, para que no se expusiese—. En la cocina hay pan, queso, fruta —añadí.

No me contestó, ni siquiera me estaba escuchando. Se había arrodillado y abierto las hebillas de la bolsa de viaje que traía, esta vez no era una maleta. Andaba revolviendo dentro con las dos manos, parecía buscar algo. Al encontrarlo, se lo metió rápido en el bolsillo de la chaqueta, intentando que yo no distinguiese de qué se trataba.

—Voy a salir —dijo al levantarse—. No te preocupes por mí, aún tengo las llaves que me diste.

—Cambié hace meses la cerradura.

—¿Cuando se despidió Malak, por si se te metía en la casa sin que tú estuvieras dentro? —preguntó mordaz.

Intentaba provocarme, pero no le seguí el juego.

—Lo hice cuando el portero se despidió.

Me miró de arriba abajo, con una actitud entre la sorna y el desprecio.

—Así que tú también, Cecilia.

—Yo también ¿qué?

—Tú también, aunque defiendas que la mayoría son gente digna, estás aterrorizada por...

Enmudeció de pronto, no por respeto a mí ni a aquellos a los que pretendía insultar. Lo hizo porque eso que se acababa de guardar apresurado en el bolsillo se le había caído al suelo.

Sobre la alfombra, entre nuestros cuatro pies, quedó una pistola.

## CAPÍTULO 92

—Mira —le dije a Rafael.

Acabábamos de reunirnos en el ambigú de Le Colisée, llevábamos un tiempo haciéndolo así; entrábamos en un cine con la intención aparente de ver cualquier película pero pasábamos la mayor parte del tiempo en el snack bar si lo tenía o, simplemente, en el vestíbulo.

Cuando Fabien se volvió a plantar sin permiso en mi vida, Rafael y yo dejamos otra vez de vernos en mi casa. Recordé entonces mi refugio en Le Century la tarde de la marcha de Catherine, le propuse huir de los sitios públicos en los que todo el mundo discutía a gritos sobre lo mismo y empezamos a encontrarnos en esos espacios silenciosos y anónimos para aislarnos. Por donde antes siempre había montones de espectadores dispuestos a entrar en el patio de butacas para reír, llorar, descubrir ladrones o enamorarse de una femme fatale, ahora únicamente cruzaba de vez en cuando un acomodador mortecino o una taquillera cabizbaja, harta de no vender entradas. El resto del tiempo solo nos acompañaba el retumbar lejano y hueco de las películas.

En las antesalas de aquellos cines asomados a la quiebra, cambiando de uno a otro, rodeados por carteles de artistas extranjeros que sonreían con dentaduras blanquísimas, durante una o dos horas antes del toque de queda

Rafael y yo nos olvidábamos de la desesperanza. L'Escurial, L'Eldorado, Le Rex, Le Régent, cualquiera nos servía para vernos, hablar o compartir silencios. Lo único que queríamos era estar juntos.

—Mira —repetí.

De un bolsillo de la chaqueta saqué una octavilla doblada, se la tendí con prudencia a pesar de que en ese momento no teníamos a nadie cerca. Tan solo, al fondo, un pobre diablo con la cabeza hundida entre los brazos.

—Tiene montones, quince o veinte cajas llenas en su dormitorio —susurré mientras él desdoblaba el papel.

Se trataba de propaganda, pasquines en tinta azul y roja en los que se veían impresos dos guerrilleros armados que corrían alzando una bandera. En la parte superior del dibujo, tres palabras. Aux armes, citoyens. A las armas, ciudadanos. En la inferior, las tres mayúsculas.

Fabien había metido en mi casa miles de octavillas a favor de la OAS, arriesgándose él a ser detenido y poniéndome a mí en riesgo. Todo el mundo sabía que tanto las patrullas de los CRS, miembros de la Compagnie Républicaine de Sécurité, como las de la garde mobile, la implacable guardia móvil, andaban detrás de sus activistas con constantes seguimientos, búsquedas, controles, registros. Acordonaban manzanas enteras y rastreaban uno a uno los inmuebles, aporreaban las puertas a cualquier hora si tenían algún indicio, se metían en las casas, en los apartamentos y los negocios, revisaban coches y se llevaban a los sospechosos a barracones de las afueras, cercados por torres de vigilancia con ametralladoras. Se hablaba de desapariciones y torturas para que los detenidos denunciasen a sus cómplices y revelaran dónde escondían las armas. En uno de esos sitios acabaría mi hijastro más pronto que tarde, estaba convencida. Y, si me descuidaba, quizá también yo misma.

Pero Rafael no dijo nada. Tan solo sacó un encendedor, quemó el papel y dejó que las cenizas cayeran al suelo. Después no alzó la mirada, la mantuvo baja.

—¿Qué te pasa? —musité acariciándole el brazo por encima de la chaqueta.

Sin contestar, aprovechó que tenía el mechero en la mano para encender un pitillo.

—Émilie, ¿verdad? —volví a preguntar.

Asintió mientras soltaba el humo.

—Está al límite. No duerme, no come, no se mueve, no habla. No aguanta más.

Si aquella tensión nos tenía a todos desquiciados, imaginaba el infierno que sería para una mujer tan quebradiza e inestable como su esposa. Los furgones iban y venían el día entero haciendo sonar las sirenas, las explosiones constantes nos sacaban del sueño en las madrugadas, se sucedían manifestaciones atronadoras. Todo el mundo vivía con el volumen de la radio al máximo, por las calles pasaban incesantes coches llenos de gente que apretaba el claxon con brío. Pi-pi-pí pa-pá. Tres pitidos largos, dos cortos y contundentes, una vez y otra y otra. Pi-pi-pí pa-pá. Al-gé-rie fran-çaise. Pi-pi-pí pa-pá. Desde las ventanas y los balcones, por las noches, los vecinos les hacían eco con toques furiosos de cacerolas. Ton-ton-tón tan-tán. Al-gérie fran-çaise. Ton-ton-tón tan-tán. Ton-ton-tón tan-tán. Aquello alteraba los nervios de cualquiera, mucho más los de una enferma.

Rafael me había repetido docenas de veces que Émilie no sabía nada de lo nuestro, que cuando empezamos a vernos de nuevo ella ya se deslizaba cuesta abajo. Y yo sabía también que, a pesar de serle infiel conmigo, él mantenía por ella una preocupación permanente. Jamás pasamos una noche entera juntos, siempre acababa volviendo a su casa, se acostaba a su lado, controlaba que sus hermanas no la perturbaran, estaba pendiente. No obstante, ninguno podíamos librarnos de una agria sensación de culpa.

—Tienes que llevártela, Rafael —dije en voz baja. No era la primera vez que se lo aconsejaba—. A Montpellier con tus hijos, no la dejes aquí.

Con el cigarrillo humeando entre los dedos, se pasó despacio una mano por la frente, por el pelo, hasta la nuca.

—Lo mismo me dicen ellos, que la acompañe y después yo regrese si quiero; saben que debo terminar la obra, ahí están invertidos los ahorros de muchas familias. Pero ella no se encuentra en condiciones, Cecilia. No soportaría una travesía en barco, menos un viaje en avión. Y tú sabes cómo está el puerto, repleto de viajeros, policía, militares. Y el aeropuerto medio colapsado también; no aguantaría.

Entendía su angustia, cómo no entenderla. Y, por la parte que me tocaba, aunque ella ignorase mi regreso a la vida de su marido, me sentía responsable de que él no la acompañara en todo momento. Así que no insistí en el asunto de las octavillas, ya se me pasaría el susto. Comparando un infortunio con otro, tener a un activista de la OAS bajo mi techo quizá era menos grave que una esposa al filo del quebranto.

Para aplacarnos, pensé que podríamos entrar a ver la película. No sabía cuál estaban pasando esa tarde, pero daba lo mismo. Lo único que importaba era que al menos, en la oscuridad de la sala, podríamos agarrarnos de la mano y transmitirnos consuelo.

Iba a proponérselo cuando él se me adelantó con algo distinto.

—Tú eres la que debería marcharse, Cecilia.

En la garganta se me atoró una especie de carcajada seca. ¿Qué estaba diciendo, cómo se le ocurría semejante idea, marcharme adónde, adónde iba a ir yo si todos mis agarres estaban en Orán? Mi negocio, mi casa, él. Mis olores, mis sabores, mis jabones, mis calles por las que podría moverme con los ojos cerrados. Mi sol, mi mar, mi vida entera. Mis empleados, mis conocidos porque amigos ya no me quedaban.

—Puedes cerrar la fábrica —añadió firme—. Parar temporalmente la producción y dejarlo todo tal cual, por si algún día vuelves.

Un viejo acomodador cruzó en ese momento arrastrando los pies, me dirigí a él y mi voz sonó hueca en el gran vestíbulo.

—¿Qué película están poniendo? —pregunté en un medio grito.

—Un musical americano. *West Side Story.*

Pronunció tan mal el título que apenas lo entendimos. Además, no me gustaban los musicales. A Rafael tampoco. Aun así, para evitar darle una respuesta, lo arrastré dentro.

# CAPÍTULO 93

Los Acuerdos de Évian se firmaron el 18 de marzo de 1962. Con ellos se suponía que los conflictos violentos se daban por terminados. Se decretó el alto el fuego, se acuarteló al ejército. Se estableció un poder temporal compartido entre los representantes franceses y un gobierno provisional argelino hasta que, en el mes de julio, llegara formalmente el referéndum para la independencia. Acababa, en definitiva, una larguísima etapa colonial que entremezclaba luces y sombras. Para el FLN resultó un triunfo. Francia asumió una derrota que en realidad suponía un alivio. Y nosotros salimos perdiendo.

Porque el cese de la violencia no llegó: ni al día siguiente, según quedó pactado, ni durante los meses siguientes. El ejército francés sí cumplió, dedicándose casi únicamente a partir de entonces a perseguir a la OAS, dejando de intervenir contra los rebeldes independentistas. El FLN, en cambio, mantuvo las armas sobre todo a través de su brazo militar, el ALN, atacando tanto a la población europea como a sus propios hermanos, los harkis, árabes y bereberes integrados en unidades militares del ejército francés durante los événements, musulmanes como ellos a los que consideraban merecedores de represalias sangrientas por traidores e indignos. Y la OAS, como si su reino no fuera de este mundo, siguió a su aire.

—Vuelve a Marsella, Fabien —le rogué por enésima vez al día siguiente—. Vete de aquí, no sigas metido en esta locura. Vuestra lucha no tiene sentido, ya no vais a lograr nada. Te van a matar cualquier día. Deja de mancharte las manos de sangre.

Apenas lo veía; él entraba y salía cuando le daba la gana, a veces solo, a veces con un par de amigos cargando paquetes siniestros que metía en mis armarios o debajo de las camas. En ocasiones lo hacía agarrado a la cintura de una muchacha de melena larga, que se había convertido en su cómplice o su novia o lo que fuera; preferí no saberlo. Su habitación estaba siempre hecha una zorrera y, sin pedirme permiso, había empezado a usar la ropa de su padre que yo guardaba en maletas dentro de un altillo.

Échalo a la calle, me habría dicho Catherine de haberla tenido cerca. Pero Catherine ya no estaba. Dile que se busque cualquier otro sitio, me insistía Rafael, y que a ti te mantenga al margen, puedo hablar con él si quieres. Pero yo no se lo permitía. Cambie usted otra vez la cerradura, Cecilia, ponga una nueva inmediatamente, me habría aconsejado Azoulay. Y denúncielo sin miramientos. Pero el viejo continuaba con su penosa decadencia, cada vez más apagado en un anónimo apartamento de Lyon, desubicado, ajeno a todo frente a las aguas de un ancho río que lo aterraba, según me contó su yerno Louis en su última carta. Se negaba a salir a la calle, se levantaba a oscuras en mitad de la noche y se daba trompazos contra los muebles. Alguna vez, entre sueños y desvelos, me nombraba.

La mayoría de la población mantenía su apoyo a la OAS, pero yo sabía que todos los hombres y las mujeres que alguna vez pasaron por mi vida y me dejaron algún poso me habrían empujado en una dirección sensata. Mi maestra madame Le Clerc, mi amor republicano y mi amor americano, quizá incluso la Caporala, aquella mala bestia de los lavaderos. Aléjate de tu hijastro, me habrían gritado todos. Apártate. Si él quiere mantenerse en ese sinsentido, ponte a salvo tú al menos.

Pero dentro de mí había algo que no me lo permitía. Una especie de obtusa fidelidad a la memoria de Jean-Pierre, ese hilo interminable de convencimiento de que fui yo quien lo empujó a su asesinato. Y por eso me sentía incapaz de lanzar a su hijo al vacío, lejos de mi protección y de mi casa. Estaba segura de que se había convertido en un terrorista y, aun así, me negaba a soltarlo.

Y mientras yo continuaba soportando a aquel muchacho indomable, a miles de europeos de Orán y de todo el Oranesado, de toda Argelia, tras los Acuerdos de Évian, se les agotó la poca esperanza que les quedaba y optaron por empezar a salir en masse, en masa. Lo que hasta entonces había sido un goteo incesante de marchas con rumbo a Francia se tornó un éxodo imparable. Una siniestra desbandada.

Los contemplaba desde mi noveno piso, veía los muelles llenos de gente que intentaba sacar con ellos sus muebles, baúles, maletas. Montones de coches quedaban en los alrededores, los barcos de pasajeros entraban y salían constantemente durante aquellos días largos y aquellas noches claras de la tardía primavera. A menudo eran familias completas las que se iban, otras veces familias a medias, mujeres con hijos pequeños, ancianos solos, muchachas y muchachos sin acabar el curso. Algunos salían enfurecidos por verse expulsados de su mundo, muchos otros lo hacían con miedo, casi a escondidas. Había hasta quien dejaba el tendedero lleno de ropa colgada al sol para simular que permanecían dentro de sus viviendas, para que no los desvalijaran o se les metieran dentro, por si volvían. Otros, en cambio, conseguían pasajes tan a última hora que salían zumbando con la casa a medio recoger, había quien se dejaba hasta la mesa puesta.

Mientras ellos se marchaban, yo me mantuve buscando aliento en el trabajo. Pero resultaba que cada vez había menos quehacer porque apenas entraban pedidos y la gente se arreglaba con el jabón que tenía, y cada vez era más complicado mover las mercancías por las calles y carreteras. Aun así, yo no claudicaba, y una mañana tras otra sorteaba boulevards y avenidas, alambradas de espinos y parapetos de sacos terreros, y a la hora más o menos de siempre, temprano todos los días, llegaba a mi fábrica. De las empleadas solo quedaban tres porque las demás, aunque no se habían ido prefirieron dejar de trabajar y renunciar al sueldo. De los hombres, solo Hamid seguía a mi lado.

Fue uno de esos mediodías de principios de junio en que ya empezaba a apretar el calor, mientras yo me empeñaba con las mangas arremangadas en arreglar otra máquina sin arreglo, cuando oí su voz a mi espalda en un tono oscuro que me puso en guardia.

—Madame...

Me enderecé, me giré, ahí estaban. Llevaba semanas, meses temiendo que vinieran y por fin los tenía enfrente. Tres soldados árabes. Jóvenes, vestidos de uniforme, con las ametralladoras en bandolera.

—Quieren saber cómo funciona la fábrica. Cuál es su producción, cuánto...

Corté a Hamid antes de que terminase.

—Que me pregunten ellos mismos. Que a ti no te metan.

Me daba igual la lengua en que lo hicieran; aunque mi árabe no era bueno, podría entenderlos. Pero ellos me hablaron en francés, con un tono de entrada hosco que por momentos, de forma involuntaria, se tornó medio deferente y hasta intercaló un madame de vez en cuando. A medida que pasaban los minutos me di cuenta de que eran aún más jóvenes de lo que pensé al principio: diecisiete, dieciocho. Edad de estar aún en el lycée si quizá la Francia de la que se estaban desprendiendo a tiros los hubiera tratado con más afecto.

Se fueron tal cual llegaron, no molestaron más ni se llevaron nada. Pero los dos sabíamos que volverían. Y tanto a Hamid como a mí se nos quedó la inquietud dentro.

No me había desaparecido el malestar cuando regresé a casa esa tarde. Y desde que entré en el portal y vi en el suelo una caja de zapatos vacía, supe que también allí había pasado lo que presentía desde hacía tiempo. Porque esa caja era mía, de unas sandalias blancas que Jean-Pierre me regaló y que yo no había vuelto a ponerme desde su muerte. La recogí y, con ella apretada contra el pecho, subí los nueve pisos por la escalera.

Al llegar con el aliento entrecortado, encontré lo que temía: la evidencia de que alguien, varios, habían estado allí en busca de Fabien, o de armas, propaganda, cualquier rastro de su pertenencia a la OAS. Con las puntas de los dedos, despacio, empujé la puerta a medio abrir. Entré luego lentamente, evitando pisar trastos caídos, fragmentos de cristal, tablones sueltos, para darme de bruces con el caos a medida que avanzaba. Armarios de par en par, cajones desencajados con el contenido volcado en el suelo. Las camas deshechas, los colchones reventados. Los cuadros descolgados de la pared, mi ropa sacada a tirones de las perchas y amontonada por las esquinas, muebles patas arriba y hasta las tapas de las cisternas de los retretes fuera de sitio y el horno abierto en la cocina.

No supe si habían dado con él. Por ningún sitio vi sangre, pero el estado de destrozo me hizo sospechar que seguramente hubo altercados y que quizá lo encontraron y lo sacaron vivo y a rastras. Aunque la desazón me pedía gritar, insultar, llorar, maldecir, reaccioné de un modo contrario: movida por una extraña frialdad, agarré una bolsa de papel tirada en medio de mi dormitorio y, de un revoltijo del suelo, entresaqué unas cuantas prendas de ropa. Añadí un cepillo para el pelo, un cepillo de dientes y la agenda de los teléfonos.

Lo último que hice fue enderezar una silla volcada y subirme de pie en ella para buscar el sobre del dinero que Azoulay me ocultó y que yo, a mi vez, había escondido cautelosa en el fondo del último estante de la librería, detrás de unas cerámicas caras y absurdas que Jean-Pierre compró en uno de sus derroches. Hasta esa altura no habían llegado las manos de la garde mobile, quizá porque lo que buscaban era más voluminoso. A pesar de que mis dedos tantearon ávidos la superficie, no hallé nada, solo un hueco desconcertante. Supuse que hacía tiempo que Fabien se había llevado el último dinero que me quedaba.

Con la bolsa en la mano y el alma encogida, a mitad de pasillo hacia la puerta estuve a punto de pisar un puñado de fotografías. Me agaché para verlas de cerca, sin llegar a tocarlas. En la primera del montón estábamos Jean-Pierre y yo en el casino de Bouisseville, nos la hicieron una noche de verano. Bronceados, atractivos, enamorados; él con su mano en mi cintura diciéndome algo al oído, yo al borde de la carcajada con una mejilla apoyada en su hombro. Dudé unos segundos. Finalmente me incorporé sin recogerla y abandoné mi casa.

Ferdinand Martinez, el propietario del hotel, en vez de darme la habitación individual que le pedí me asignó una doble amplia con ventana a un patio interior, para alejarme de los ruidos del boulevard. Aun así, acostada en aquella cama extraña, seguí oyendo amortiguados los estallidos de explosivos, las sirenas y los pitidos de las bocinas durante una noche de vigilia que se me hizo eterna.

## CAPÍTULO 94

Rafael no contestó al teléfono de su oficina cuando lo llamé temprano para contarle el rastreo de la garde mobile y para que supiera dónde me había refugiado. Tampoco contestó cuando lo hice a mitad de la mañana. Ni a mediodía. Ni por la tarde. Ni por la noche. Al segundo día, cuando yo ya estaba consumida por un miedo atroz sin saber si lo había secuestrado el ALN o lo había reventado una granada de la OAS, si lo habían tiroteado a quemarropa desde un coche sus propios compatriotas o lo habían acuchillado como a Jean-Pierre los radicales árabes y arrojado después a un vertedero, él apareció en la fábrica. A primera hora, con el paso rápido y espanto en el rostro.

—¿Dónde te has metido, Cecilia, por el amor de Dios? —gritó al verme, abalanzándose hacia mí con los brazos abiertos—. Estuve en tu casa, vi que la habían registrado, ¿dónde demonios...?

No aguardé a que terminara, me dio igual que las empleadas estuvieran delante. Sin sombra de pudor, dejé caer al suelo los moldes que tenía entre las manos, me arrojé a él y lo abracé con todas mis fuerzas, nerviosa, feroz, aliviada, posesiva mientras yo misma, sin contestarle, le devolvía las preguntas.

—¿Dónde estabas tú, Rafael, por qué no contestaste mis llamadas, dónde...?

Interrumpiéndonos sin parar, nos relatamos el uno al otro las tétricas desventuras que acabábamos de vivir. Y, al igual que la tarde de las octavillas de la OAS, su drama superó al mío. Émilie, su mujer, había muerto. Acostada junto a él, de madrugada. Había sido una noche tremebunda, se sucedieron las explosiones en cadena, las caceroladas, las sirenas. Al filo del alba, a ella se le paró el corazón. No pudo más. Se fue, incapaz de seguir soportando aquel infierno.

—Cuánto lo siento... —murmuré con la boca seca.

Hablaba con sinceridad; lejos de suponerme un desahogo, esa pérdida me resultó dolorosa como una astilla clavada en la palma de la mano. Por él, por ella, por mí, por todos. Me narró entonces lo tortuosos que resultaron los trámites para darle una sepultura digna, por eso yo no fui capaz de encontrarlo: anduvo de una punta a otra de Orán intentando conseguir un ataúd, buscando un nicho donde enterrarla, un cura dispuesto a desplazarse hasta el cementerio. Los hijos no vinieron, él mismo se negó. Y las cuñadas, en un arrebato entre la rabia y el desconsuelo, volvieron a echarle en cara su infidelidad conmigo para después acabar abrazados los tres, llorando juntos.

Estábamos ahora en mi oficina, con la puerta cerrada, algo más serenos pero aún turbados. Yo ocupaba mi silla de siempre, tras mi mesa en la que solo había facturas que nadie iba a pagarme. Él, con los brazos cruzados, se apoyaba sobre el escritorio de Azoulay cubierto únicamente de vacío y polvo.

Cuando acabó su triste crónica, yo solo tenía una idea en la cabeza.

—Debes irte, Rafael. A Montpellier con tus hijos. A pasar junto a ellos el duelo por su madre.

Dijo no con la cabeza, despacio. Se le veía exhausto,

sin afeitar, con los ojos vidriosos, las ojeras profundas. Yo insistí.

—Aquí ya no puedes continuar trabajando, tu torre no puede avanzar más. Dala por terminada, has cumplido. Es el momento de que te reúnas con tu familia.

Volvió a negarse.

—Los tres son adultos, tienen sus trabajos, sus propios caminos que recorrer; hasta a Marianne, la pequeña, la han contratado en una agencia de viajes. Y en cuanto a Émilie... —Calló unos segundos, todavía le escocía lo vivido en los días previos—. No la olvidarán, seguro; ninguno la olvidaremos. Pero hay que seguir adelante.

Se acercó entonces a mi escritorio, lo rodeó hasta quedar a unos palmos de mí y se inclinó para agarrarme por los hombros. Tenía los ojos enrojecidos por el agotamiento.

—Solo me iré contigo, Cecilia. De avión ya va a ser imposible encontrar pasajes, dicen que las colas en el aeropuerto llegan a tres días y tres noches, lo que haga falta para lograr un billete. En barco, en cambio, posiblemente tengamos más oportunidades. Salen abarrotados, al doble de su capacidad, pero aún podemos conseguir algo.

El giro me desconcertó, tardé unos segundos en reaccionar.

—Yo no puedo abandonar esta fábrica —dije al fin, intentando sonar firme.

Agarrado aún a mis hombros, me sacudió enérgico.

—Tú misma me lo acabas de decir con mi obra: en la Argelia que viene ya no tenemos nada que hacer. La nuestra terminó, ya hemos cumplido.

—Pero este negocio es lo único que... Lo único que he logrado en mi vida. Y, además...

Callé, me desprendí de sus manos y me levanté para no sentir su presencia tan próxima. Me quedé mirando el calendario que colgaba de la pared, la hoja de aquel siniestro mes de junio de 1962 que se nos quedaría grabado eternamente en la memoria.

—Además te niegas a abandonar a tu hijastro, ¿verdad? —le oí decir a mi espalda.

Solo necesité unos instantes para agarrar al vuelo cien pensamientos acerca de mi presente y mi porvenir: lo que quizá era momento de sacrificar con sensatez aun a costa de mi orgullo y lo que me quedaba por cumplir para saldar cuentas conmigo misma y apaciguar mis remordimientos.

—Ayúdame a averiguar qué ha sido de Fabien —le pedí girándome hacia él—. Si lo apresó la guardia móvil o si sigue en las calles haciendo barrabasadas. Si está muerto o está vivo.

Casi noté cómo ponía en marcha el cerebro, sopesando mis palabras. Luego dijo sí con el mentón, un sí breve pero sólido. Un compromiso. Agradecida, me arrimé para acariciarle el rostro rasposo por la barba crecida tras días sin cuchilla y sin sosiego.

—Cuando logremos saberlo, nos iremos juntos. Adonde podamos. Adonde nos lleven.

# CAPÍTULO 95

Nos quedaban pocos recursos para dar con Fabien, se nos había ido mucha gente. Aun así, no desistimos. Yo me volqué en el teléfono desde mi oficina; había decidido parar toda la actividad y mandé a sus casas a las últimas empleadas, incluso a las de Gambetta. Se despidieron conmovidas: qué va a ser de nosotras, madame; qué será de los nuestros.

Solo Hamid siguió a mi lado, arriesgándose. Simulaba rematar obligaciones, recoger lo innecesario, pero yo sabía que escondía otra razón: se negaba a dejarme sola. Mientras él deambulaba entre las calderas apagadas y las máquinas quietas, por los almacenes en los que únicamente quedaban las sombras, yo recorría las páginas de mi listín telefónico y llamaba insistente a unos y otros. Y a medida que lo hacía, iba tachando con una raya a lápiz los nombres de aquellos que no me contestaban: casi todos. Rafael, por su parte, recorría edificios públicos, la prefectura, el ayuntamiento, en busca de funcionarios con los que alguna vez tuvo trato, amigos con contactos, hombres influyentes que quizá pudieran echarle un cable para llegar a alguien con mando entre la guardia móvil. Pero tampoco conseguía nada, solo despachos casi vacíos, oficinas desiertas.

Entre los ciudadanos que aún no habían salido, algunos permanecían de forma voluntaria, a pesar de que en breve Francia renunciaría a su autoridad de un siglo y treinta años sobre el territorio argelino. Los más, no obstante, continuaban con su intento de poner el mar de por medio, y para ello seguían haciendo colas infinitas, días y noches en el aeropuerto de La Sénia o en los muelles tratando de embarcar en alguno de los barcos desbordados que superaban su capacidad hasta el serio riesgo de un percance. Preferían arriesgarse con tal de llegar a Marsella, a Sète, a Port-Vendres, adonde fuese. Las opciones y exigencias se endurecían por momentos, a esas alturas ya solo se permitía una pieza de equipaje por pasajero, ningún vehículo, nada de muebles. Para incrementar el miedo, comenzó a correr el rumor de que los radicales del FLN habían lanzado una frase siniestra: La valise ou le cercueil. La maleta o el ataúd, elijan ustedes.

A medida que el drama proseguía, cuando ya no había forma humana de que en los barcos cupieran más pasajeros y el gobierno francés, sin la menor compasión, había ordenado que no se utilizasen buques de guerra, distintos países empezaron a ofrecer la ayuda de sus navieras. España, Italia, Grecia, hasta los Estados Unidos. Pero desde París se negaron a aceptarla, en un altivo intento por minimizar, de cara a Francia y al mundo, la tragedia humana que en Argelia se estaba viviendo.

Ningún navío de pabellón extranjero podría entrar en el puerto de Orán, decretaron; las aglomeraciones de aquellos desdichados se solventarían con suma facilidad, qué necesidad había de exagerar las cosas. No necesitamos la asistencia de nadie, insistieron; merci, naciones amigas, merci beaucoup, muchas gracias. Pas de panique, nada de pánico, aquí no pasa nada. Ya se las arreglarán por su cuenta esos ruidosos vacanciers para llegar a la metrópoli. Vacanciers, veraneantes; así optaron por denominarnos cínicamente, sin consideración, sin respeto. Ante esa arrogante negativa, los países voluntarios dieron un paso atrás. Excepto uno, pero de eso yo me enteraría unos cuantos días más tarde.

Hubo también audaces que optaron por otras alternativas aun a riesgo de jugarse la vida: montones de pesqueros, veleros, pequeños mercantes, remolcadores y hasta frágiles lanchitas, embarcaciones antes dedicadas a otros menesteres distintos al transporte de pasajeros, empezaron a sacar a gente. Algunos lo hacían en un único viaje de ida, para quedarse en el destino que alcanzaran. Otros, en cambio, con patrones humanitarios que a veces eran simples pescadores, viejos marineros o navegantes de recreo, se dedicaron a hacer tantas travesías de ida y vuelta como les fue posible, trasladando en cada viaje a montones de desesperados. Por cercanía, casi todos acabaron en las costas españolas del sureste, en los puertos de Almería, Cartagena, Torrevieja, Santa Pola, Alicante, Calpe, hasta a Valencia llegaban algunos.

—¿Nada?

—Nada. ¿Y tú?

—Nada tampoco.

Con esa decepción regresábamos Rafael y yo antes del toque de queda a Le Martinez, y nuestra cena transcurría comentando los pasos infructuosos de ambos. Solíamos ocupar la misma mesa en la que retomamos nuestra historia, cuando yo acudí a él para pedirle que me echara una mano con el mismo muchacho al que ahora buscábamos frenéticos. Apenas había locales abiertos por las noches y el comedor del hotel estaba lleno a esas horas, con periodistas desplazados y montones de ciudadanos expulsados de sus hogares.

Consciente de nuestro desánimo, seguramente también por aliviar el suyo propio, a última hora Ferdinand

Martinez, el dueño del hotel, se acercaba con las mangas arremangadas y un par de botellas de Calvados, avisaba a los clientes que quedaban aún dispersos de que invitaba la casa y ponía algún disco. Una noche escuchamos a Juanito Valderrama con *El emigrante* en nuestro honor; otra, Charles Trenet nos cantó *La Mer* y Édith Piaf no se arrepintió de nada en su *Non, je ne regrette rien*, y el corso Tino Rossi también nos acompañó en algún momento con su voz algo pasada de moda. *Marinella...*

Después, agotados, Rafael y yo subíamos a nuestra habitación y mal dormíamos, conscientes de que la esperanza de dar con Fabien se nos escapaba.

# CAPÍTULO 96

Estábamos ya a finales de junio, la ciudad seguía sumida en el caos. Rafael, harto de insistir, había tirado la toalla conmigo. Ya no me repetía cada dos por tres vámonos, Cecilia; sabía que no iba a convencerme. Pero aquella mañana ocurrieron dos cosas y nuestro futuro, ahora sí, hizo un quiebro tajante.

Yo ya no podía continuar con mis llamadas infinitas: la OAS acababa de hacer saltar por los aires la central telefónica. Agotado ese recurso, solo me quedaba la opción de personarme en los escasos sitios que aún me sonaban remotamente útiles. Y así, cercano ya el mediodía, acudí al Consulado de España.

En los tiempos espléndidos de mi empresa alguna vez me invitaron a las recepciones que el 18 de julio se celebraban en la terraza para conmemorar el alzamiento nacional; nunca acudí a ninguna. En cambio, al verme frente a esa extraña fachada en pico, lo que de pronto me vino a la memoria fue mi llegada a Orán hacía más de treinta años, cuando en aquel mismo sitio me subí a un carretón lleno de infelices con destino a Sidi Bel Abbès para emprender las etapas más crudas de mi pasado.

Intentando sacarme aquellos recuerdos de la cabeza, me planté frente a un sobrio funcionario con bigote y chaqueta negra a pesar del calor, y le expliqué a bocajarro mi problema. Intuía que esa visita de poco iba a servirme, pero por si acaso. A modo de réplica, desde el otro lado del mostrador el hombre me lanzó una pregunta:

—¿Tiene su hijastro pasaporte español, señora?

Llamándose Fabien Aubert, no pude mentirle.

—En ese caso, desde aquí no podemos ayudarla. Lo lamento, buena suerte.

Musité unas gracias flojas. Estaba dándome la vuelta para salir cuando oí a mi espalda:

—Disculpe la indiscreción, señora: ¿usted sí es nacional?

Tras mis dos matrimonios, oficialmente yo misma era tan francesa como *La Marsellesa.* Pero aún conservaba alguna evidencia que podría servirme para atestiguar lo contrario, según me interesara. Así que preferí no pillarme los dedos y repliqué tan solo:

—¿Por qué lo pregunta?

El funcionario empezó a hablarme deprisa, como desbocado, como si hubiera repetido esas mismas frases montones de veces. Dos transbordadores. Sin coste ninguno. Puertos de Alicante y Cartagena. Sin límite de equipaje. Única oportunidad oficial para ciudadanos españoles; después, que cada cual apechugara con las consecuencias.

—¿Se ha enterado bien, señora? Le recuerdo las indicaciones. Si quieren embarcar, acudan al muelle del final, cerca ya de le Ravin Blanc, junto a la central térmica. Salida prevista para mañana, hora aún pendiente.

De haber permanecido en mi casa, el día anterior habría visto desde la terraza cómo dos barcos de la Compañía Trasmediterránea se aproximaban a Orán. Uno era el Victoria, desviado de su travesía entre Barcelona y Palma de Mallorca. Otro, el Virgen de África, que por unos días dejaba de cubrir el trayecto de Algeciras a Ceuta para dirigirse a la costa argelina. La iniciativa había partido días atrás del propio Consulado de España: alarmados ante la cantidad de ciudadanos de origen español que aún permanecían en situación de riesgo repartidos por todo el Oranesado, optaron por actuar. Se pidió ayuda a Madrid, donde por intereses políticos o por simple humanidad accedieron a intervenir. Se organizaron caravanas escoltadas por el ejército para sacar a la gente de sus fermas, sus campos, sus pueblos, y trasladarlos protegidos hasta Orán por carretera.

Pero, aun con los transbordadores a la vista y las tripulaciones inquietas, a la espera, las autoridades francesas se seguían negando tajantemente a que cualquier buque extranjero entrase en el puerto, a pesar de la insistencia de los capitanes y de la presión diplomática. Y, a la vez que se producía ese tenso tira y afloja, a los muelles no paraban de llegar en manada aquellas gentes que aún hablaban español o lo hablaron algún día y que, por la razón que fuera, habían preferido mantener la nacionalidad española y no adoptar la francesa: centenares y centenares de mujeres, hombres, niños, jóvenes y ancianos, en su mayoría con aspecto tan turbado como humilde, que iban llegando desde las tierras del interior cargados con sus pobres pertenencias.

Nerviosos, exhaustos tras el fatigoso camino desde su origen, muertos de sed y de calor, hartos de miedo y sangre, en busca de una salida que los sacase de Argelia. En una explanada abrasada por el sol, se iban amontonando aquellos García, Fernández, Segura, Sierra, Castillo, Moreno, López, sentados sobre sus míseros bultos, sobre cajones o en el mismo suelo, con criaturas en brazos, protegiéndose del sol con boinas, pañuelos, sombreros de paja o gorros hechos con hojas de periódicos. Rodeados por sus parcos equipajes, bolsones, fardos, aperos de trabajo, paquetones informes envueltos en trapos, hasta jaulas con canarios llevaban algunos. Asustados como animalillos a la espera de que alguien les dijera pueden subir a bordo.

En las horas siguientes, cuando la noticia de los barcos españoles corrió por la ciudad, otros tantos centenares de familias prepararon a la carrera lo poco que podían llevar con ellos y, desde sus barrios, emprendieron también el camino hacia el puerto.

En esos momentos, yo aún ignoraba que nos acabaríamos sumando a ese pelotón de desventurados.

## CAPÍTULO 97

Estaba de vuelta en la fábrica, dentro de mi oficina con los ojos inútilmente clavados en el teléfono que ya no funcionaba. Seguía dando vueltas a lo que me habían dicho unas horas atrás en el consulado, cuando la puerta se abrió de golpe sin que nadie llamara.

—Antoine —murmuré levantándome brusca—, pero ¿qué haces tú aquí, de dónde sales, qué te ha pasado?

Quien acababa de entrar sin pedir permiso era el hijo menor de Catherine, hecho una piltrafa. Lo conocí de muchacho: supe de sus estudios, sus novias, su rebeldía juvenil, su entrada en la edad adulta. Ahora era un hombre al que hacía dos o tres años que yo no veía: un hombre joven que trabajaba en la radio y se negó a irse con su madre y su hermano a Bretaña porque andaba ya metido en grupos de resistencia, generando en mi amiga una honda incertidumbre. Traía un aspecto desastrado, el pelo sucio y revuelto, una ceja partida, un brazo en cabestrillo.

—Necesito un sitio donde quedarme, Cecilia —dijo únicamente, dejándose caer en la misma silla que tantas veces ocupó su madre.

No le contesté, me limité a mirarlo. Otra vez tenía frente a mí a un maldito patriota, otro temerario defensor de la permanencia de Francia en Argelia a cualquier coste. Otro iluso violento. Otro terrorista, aunque nadie a mi alrededor les colgara ese nombre.

—Aquí no puede ser. —Intenté sonar serena, para que él no notase mi conmoción al ver en qué se había convertido—. Hace unos días vino una patrulla del FLN, estoy segura de que van a volver en cualquier momento. Les interesa esta fábrica, si te quedas sería como entregarte a ellos.

Se tomó unos segundos para procesar lo que yo acababa de decirle, hasta que lo entendió; la cabeza le funcionaba despacio.

—Dinero, entonces —dijo en voz queda. Tenía los labios llenos de grietas.

—Me temo que tampoco. Todo han sido pérdidas en los últimos tiempos. Con lo poco que me quedaba, pagué los sueldos de mis trabajadoras. Y me robaron el resto.

Transcurrieron unos instantes en los que ninguno de los dos dijo nada, solo nos miramos. Hasta que se puso en pie, tambaleándose, y yo intenté que no se me escapara mi pena inmensa, las ganas de abrazarlo por ser el hijo de mi amiga, como si fuera mi propio hijo. Como si se tratara de mi pequeña Marie a la que sepultó el barro, la criatura de todas las madres musulmanas, judías, cristianas que lloraban por sus hijos desgraciados en nuestra desgraciada Argelia.

—Merci, Cecilia. Me marcho entonces —musitó.

Y empezó a andar hacia la puerta.

—Espera, Antoine —dije saliendo rápida de detrás de mi mesa, acercándome a él a zancadas—. Escúchame, escúchame atento. Mañana salen dos barcos para España, acabo de enterarme. Admiten solo a españoles, pero tú tienes el apellido. Puedes intentarlo, puedes decir que has perdido tu pasaporte, inventar cualquier cosa. Yo te conseguiré ropa limpia, te acompañaré hasta el muelle si quieres, te...

Musitó un no con sus labios destrozados, un no que apenas oí, pero supe que era firme. Y a mí, aunque tenía mil razones para convencerlo, solo me salieron unas cuantas palabras con la voz rota.

—Vete con tu madre, Antoine. Ya no hay nada por lo que luchar, tienes que marcharte.

No insistió en su negativa; simplemente, arrastrando los pies, prefirió dejar de oírme y empezó a alejarse. Y yo me quedé mirándolo mientras me invadía un llanto que no me molesté en contener porque el pesar que sentía por él, por Catherine, por sus compañeros y sus enemigos, por todos nosotros, no tenía consuelo.

—Ah, una cosa más, Cecilia, se me estaba olvidando —dijo sin volverse, cuando ya había avanzado unos metros.

No me dio tiempo de preguntarle qué cosa era esa.

—Creo que Fabien era pariente suyo. Fabien, el del flequillo. —Se giró entonces, despacio, para alzar torpemente una mano a modo de adiós y soltar sus últimas frases con una sonrisa triste—. Lo llamábamos el Marsellés. Por si no sabe de él, está muerto. Le estallaron en la cara tres kilos de explosivo plástico.

# CAPÍTULO 98

De todo aquello hablamos Rafael y yo esa noche durante una cena en la que apenas fui capaz de tragar tres bocados. Y decidimos que, ahora sí, había llegado el momento de sumarnos a los centenares de miles de europeos y las decenas de miles de harkis que ya habían emprendido le rapatriement; eso que llamaban repatriación, aunque para la mayoría, en realidad, no se trataba de un retorno a ninguna patria, sino un éxodo, una desbandada trágica e incierta.

—Aún conservo aquel documento falso que tú mismo me conseguiste durante la guerra, ¿recuerdas? Cuando iba a quedarme con l'épicerie y pretendí volver a ser quien fui, sin que constara mi matrimonio con Lagarde. Intentaré usarlo, diré que me han robado el pasaporte o que lo he perdido, cualquier mentira. Supongo que eso me servirá para pasar por española. No creo que, en medio de la urgencia por salir, se paren a hacer averiguaciones.

—Pero yo lo voy a tener más complicado; desde que me naturalicé, creo que no me queda nada que...

—Busca. Y si no encuentras algo, diremos que eres mi marido.

Le agarré una mano, la apreté con fuerza.

—Saldremos, seguro.

Saldríamos. Llevábamos ambos la vida entera sorteando obstáculos, avanzando en contra de la corriente. No iban a ser unos simples papeles los que nos detuvieran.

Pasé media madrugada escribiendo en hojas con el membrete de Le Martinez. Al amanecer, Rafael se dirigió a su casa en busca de cualquier cosa que lo hiciese pasar por el español que ya no era. Y yo, con la mente organizada y el paso presto, me dispuse a cumplir con mis últimas obligaciones.

Ir a mi casa fue la primera, pero no para recoger ropa o enseres, despedirme de mi hermosa propiedad o rescatar una fotografía de Jean-Pierre con su hijo: para llorarlos ya no me quedaban tiempo ni fuerzas. Mi único interés era lo que saqué precipitada, a tirones, de un cajón de mi mesilla de noche que los de la guardia móvil no llegaron a tocar. Se trataba de una carpeta llena de documentos con la que volví a la fábrica caminando deprisa por la ciudad casi desierta, entre negocios cerrados, restos de explosiones y rescoldos de hogueras. Preferí no mirar hacia las alturas de los edificios, para no ver asomados los cañones de las armas.

—Vamos a la oficina, Hamid —le ordené al llegar, sin detenerme.

Se mantuvo a la espera confuso mientras yo, sobre mi mesa, abría la carpeta. En ella guardaba todos los papeles importantes de mi vida desde que compré l'épicerie de los Martin hasta el presente: veintipico años de identificaciones y registros de propiedades, constitución de sociedades, actas y protocolos firmados ante notario. Todo por partida doble, el previsor de Azoulay se encargó de que así fuese. Con dedos veloces separé los documentos que debía llevarme de otro puñado. A esos últimos les añadí las páginas que había redactado durante la noche.

—Aquí tienes las escrituras de la empresa, las de la

tienda de Gambetta y las de mi casa, junto con una declaración mía según la cual lo dejo todo a tu nombre.

Él no acercó la mano para coger lo que le tendía, permaneció sin reaccionar, como si le costara asumir el alcance de mis intenciones. Pero estas eran sólidas, y los barcos zarparían en breve, así que doblé los folios rápidamente por la mitad y los empujé contra su torso. Después saqué un manojo de llaves de mi bolso y lo dejé encima de la mesa.

—Savon de l'Oranie queda en tus manos, Hamid. No sé qué validez tendrá mi firma frente a las nuevas autoridades, pero entre tú y yo es algo totalmente legítimo. Múdate a mi casa con tu familia, contrata a quien tú creas conveniente, dirige la fábrica a tu manera. Si algún día vuelvo, no te voy a pedir cuentas, ya veremos qué hacer. Y si no regreso, intenta que no te la requisen y sigue esforzándote como hasta ahora para sacar adelante el negocio. Eres un hombre magnífico, Hamid. Sabrás hacerlo.

A pesar de mi esfuerzo por no conmoverme, las últimas palabras me salieron de la garganta finas como un hilo, mientras él continuaba mirándome con sus ojos oscuros muy abiertos, sin decir una palabra. Por las mentes de los dos pasaron fogonazos del ayer: la modesta factoría clandestina de mi patio cuando él no era más que un quinceañero y yo una joven mujer que ansiaba salir adelante, las ventas furtivas, la muerte de Casilda y la marcha de Petra, la mudanza tras la guerra, Azoulay y Catherine, los días brillantes en la tienda de las arcadas, las hostilidades, el miedo, la decadencia. Tantas cosas, tantos momentos.

—Que vuestro Dios os proteja —musité al final, pese a mi falta de fe. Y por primera y última vez, sin que él se hubiera recuperado aún de su estupor, le di un abrazo.

Rafael y yo llegamos al muelle mientras los enormes tanques de la British Petroleum que la OAS reventó seguían levantando al cielo limpio del verano una humareda monstruosa. Cargábamos una pequeña maleta cada uno. Nos unimos a la masa, había empezado el embarque en los dos buques. Apelotonados entre desconocidos, a pesar del nerviosismo colectivo, comenzamos a movernos en un orden que brotó espontáneo, llevando como única documentación él un viejo papel de su juventud y yo una certificación más falsa que Judas. Así alcanzamos ambos aquel norte de África décadas atrás, mal identificados, pobres como las ratas frente a un porvenir incierto. Y así lo abandonábamos ahora, arruinados e indocumentados, con el único consuelo de que nos íbamos juntos.

Alejados, sin entrar en el puerto pero alerta, dos destructores de la Armada española aguardaban a ambos transbordadores para escoltarlos. En un principio estaba previsto que el Virgen de África se dirigiera a Cartagena y el Victoria a Alicante. Finalmente, por razones que nadie nos dio, ambos llegarían al segundo de los puertos al filo de la medianoche, uno detrás de otro.

A pesar de la diligencia de las tripulaciones y la urgencia de los pasajeros, los CRS acabaron complicando las cosas con su intención de revisar los equipajes. Buscaban, como hacían en todas partes, a miembros de la OAS. Aunque habría sido una temeridad, quizá hasta un delito, en esos instantes deseé con todas mis fuerzas poder haber llevado conmigo a Fabien y a Antoine, cada muchacho agarrado de una mano, como si fuesen aún dos niños con un futuro luminoso por delante y no un par de terroristas aferrados a una sinrazón con la que no lograron nada, dolor únicamente.

Pero no, a nuestro lado no estaban el hijo de Jean-Pierre y el de Catherine, a uno lo mató una carga de explosivos y al otro era probable que lo esperara un desenlace igual de triste. Junto a nosotros, bajo el sol africano, solo se apelotonaba gente asustada, sudorosa, exhausta, mientras los oficiales de ambos barcos, desde sus respectivas pasarelas, se oponían rotundos a las exigencias de los policías franceses. Soberanía española, aquí ustedes carecen de autoridad. Dejen a esta pobre gente en paz, ya han soportado bastante. Permitan que zarpemos, váyanse.

A las tres y media estábamos todos a bordo. A las cuatro soltaron amarras. Cuando comenzamos a separarnos del muelle, todo el miedo reprimido a lo largo de los terribles días previos, toda la rabia y el desconcierto saltaron por los aires y se convirtieron en ruidosas muestras de alivio. En las cubiertas abarrotadas brotaron aplausos, abrazos, lágrimas. Hubo grupos que lanzaron improperios contra las fuerzas de seguridad que se quedaban en tierra, contra las autoridades que durante jornadas enteras les negaron el permiso para salir del infierno. Oí también gritos de viva España y viva Franco, agradecidos por aquel rescate inesperado.

Enlazados por la cintura, Rafael y yo no nos sumamos al júbilo. Permanecimos en silencio, conmocionados, desgarrados, contemplando cómo nos alejábamos de Orán, cómo se iban achicando las construcciones, los acantilados, el monte de Santa Cruz, la terraza de mi casa, los negocios que levantamos y las calles que pisamos, nuestro ayer, nuestro universo. Ambos conteníamos un nudo en la garganta.

Del destino que nos aguardaba a aquellos miles de pasajeros que en ese momento empezábamos a cruzar el Mediterráneo, aún no sabíamos nada. A partir del día siguiente, para todos comenzaría una vida nueva y cada cual trazaría su propio camino. La mayor parte se acabaría instalando en Francia, donde les aguardaban reunificaciones familiares y compensaciones económicas, quizá se integrarían activamente en el colectivo de los pieds-noirs y vivirían una permanente nostalgérie, manteniendo una melancolía que no se borraría nunca. Otros, los menos, terminarían asentándose en España, en la costa alicantina sobre todo. Rafael y yo aún éramos incapaces de prever qué sería de nosotros.

Entretanto, en la Argelia que abandonábamos, en los días sucesivos tendría lugar un referéndum que daría como resultado un sí clamoroso a la independencia, aunque no supondría el fin tajante de los actos sangrientos. Nacería una nueva nación de destino incierto a pesar del optimismo de las calles. Un joven país al margen de las instituciones francesas, ajeno a aquellos que contribuimos con nuestros aciertos y errores, con nuestros desvelos, empeños e ilusiones, a levantar lo que a partir de entonces cambiaría de alma y de bandera.

—Llévatelo todo en la memoria, Cecilia, que nada se nos olvide —musitó Rafael, cuando la costa de Orán ya se había transformado en una línea borrosa—. Por si un día volvemos.

Pero no fue así.

Jamás volvimos.

# NOTA DE LA AUTORA

*Por si un día volvemos* es una ficción construida sobre pilares de realidad que se levantan asimismo a partir de montones de datos proporcionados tanto por personas vinculadas a la Argelia francesa en primera persona, como por investigadores dedicados al estudio de la presencia española en el viejo Oranesado, a caballo entre el rigor académico y la memoria heredada.

Dentro de los primeros, agradezco enormemente la afectuosa complicidad de Carlos Galiana, descendiente de familia alicantina dedicada en Orán a la destilería de anisados —productores del mítico Super Anís Galiana— y residente durante su juventud en el boulevard Front-de-Mer, como la propia Cecilia. Igualmente, quiero expresar mi gratitud por compartir conmigo sus recuerdos personales y su legado familiar a Pepe Méndez, oranés de nacimiento tras el exilio de los suyos desde Murcia, durante el que se dedicaron a actividades industriales. A Laurent Nocchi, con ascendientes almerienses, murcianos, toscanos y mahoneses, que en julio de 1962, a sus dieciocho años, se hizo a la mar en un frágil barquito de construcción casi casera junto con su padre y un amigo, para acabar desembarcando —como muchos otros durante aquellos días turbios— en el Club de Regatas de Cartagena. A Vicente Jorro, cuyo tatarabuelo cruzó el Mediterráneo desde Calpe a mediados del XIX para abrirse un próspero camino en el negocio tabaquero. A Pascale Morant, de estirpe jijonenca con fábrica de turrón y helados en la rue de la Bastille, una de las escasas herederas de españoles que prefirió permanecer tras la independencia. A Ricardo Martín, cuya madre almeriense, Carmen Morales, repitió toda su vida con orgullo: Yo nací en Orán, provincia de Francia.

Entre los investigadores, mi reconocimiento más sincero a Juan Ramón Roca por facilitarme abundante información y materiales a través de nuestros encuentros y correspondencia, y por medio de sus magníficas obras *Españoles en Argelia. Memoria de una emigración* (2007) y *Españoles en Argelia. Emigración y exilio. Memoria gráfica* (2020). Aunque ya no esté entre nosotros, dejo constancia de mi respeto por el trabajo de mi antiguo colega Juan Bautista Vilar, autor de obras esenciales sobre el universo al que emigraron sus propios mayores, entre las que destacan *Los españoles en la Argelia francesa (1830-1914)*, publicada en 1989 por el CSIC y la Universidad de Murcia. Mi agradecimiento igualmente a Luisa Mora Villarejo, directora de la Biblioteca Islámica de la AECID en Madrid, por ayudarme en el acceso a sus magníficos fondos. A Antonio Bravo Nieto y a Sergio Ramírez González, por maravillarme una vez más con sus estudios sobre el patrimonio español en el norte de África y hacerme saber, entre muchas otras cosas, que en la vieja plaza de armas española de Orán, que durante el periodo francés fue la place de la Perle y hoy es la de Abdelbaki Benziane, hubo un regio monumento dedicado a Carlos III.

Aun sin contacto directo con sus autores, ha habido muchos otros trabajos de investigación que me han arrojado interesantes rayos de luz a lo largo de la escritura de esta novela. El propósito de la presente nota no es desgranar una bibliografía completa, pero sí quiero dejar constancia de dos fuentes de particular relevancia por su versatilidad de enfoques: la *Revista Argelina*, publicada por la Universidad de Alicante con interesantes contribuciones multidisciplinares desde ambas orillas, y el volumen *Las campanas de Orán, 1509-2009. Estudios en homenaje de Fatma Benhamamouche*, publicado en 2012 por la Universidad de Alcalá con numerosos artículos que fluyen entre la topografía de la ciudad, la arquitectura, la literatura, el teatro y la prensa, apuntes de viajeros y cuestiones lingüísticas. Centrados precisamente en la influencia de la lengua española en el habla local, tenemos además otras aportaciones específicas como «El español en Orán: notas históricas, dialectales y sociolingüísticas» (1992), de Francisco Moreno Fernández; «Los españoles en Orán: historia común y herencia lingüística» (2017), de Lahouaria Nourine Elaid, o la muy reciente «El español en Argelia: últimos testimonios de una variedad extinta» (2024), de Víctor Lara Bermejo. En cuanto al influjo del valenciano, hay incluso tesis doctorales como *Presencia del español y del valenciano en el habla cotidiana de Orán: análisis lingüístico del léxico a través del uso oral y escrito*, presentada en 2019 en la Universidad de Alicante por Karima Laraiche Ferrag.

Al otro lado de los Pirineos, y sin traducción lamentablemente, despuntan los sólidos trabajos de Anne Dulphy, *L'Algérie des pieds-noirs: entre l'Espagne et la France* (2014) y de Alfred Salinas, *Oran la Joyeuse: mémoires franco-andalouses d'une ville d'Algérie* (2004) y *Algérie, l'empreinte espagnole: des immigrés d'Al-Andalus aux expatriés du XXIe siècle* (2022).

Desde el ámbito literario, me han resultado fascinantes las obras de tres autores de origen pied-noir, descendientes asimismo de la emigración española y amigos entre ellos, que narran con sus espléndidas voces la dureza y a menudo la pobreza, ignorancia y hasta la sordidez de sus humildes familias y barrios, bien en la capital, Argel, o en el Orán de esta novela. Albert Camus, premio Nobel de Literatura en 1957 y nieto de menorquines —mahoneses, los llamaban—, nos deslumbra y conmueve con sus testimonios de niñez en *Le premier homme*, publicada póstumamente en 1994 por Gallimard y traducida como *El primer hombre* (Tusquets, 1994). Emmanuel Roblès, de origen granadino y miembro de la prestigiosa Académie Goncourt, lo hace igualmente en *Saison violente* (Seuil, 1974), traducida como *Tiempo de violencia* (Euros, 1975), lo mismo que Jean Sénac en su *Ébauche du père* (Gallimard, 1989) y traducida como *Bosquejo del padre* (Ediciones del Oriente y el Mediterráneo, 1995).

Desde la perspectiva argelina, es también reseñable la obra de Mouloud Feraoun *Le fils du pauvre* (Cahiers du nouvel humanisme, 1950), traducida como *El hijo del pobre* (Ediciones del Oriente y el Mediterráneo, 2021) por Malika Embarek, con presentación de la propia traductora junto con Gonzalo Fernández Parrilla. Más reciente y con amplia repercusión global, resulta imprescindible mencionar la célebre novela de Yasmina Khadra *Ce que le jour doit à la nuit* (Julliard, 2008), traducida como *Lo que el día debe a la noche* (Destino, 2009), y a partir de la cual Alexandre Arcady dirigió en 2012 una película con el mismo título. Sobre la guerra de la independencia hay también numerosos filmes franceses, aunque quizá el trabajo más digno de reseñar sea la impresionante y controvertida película italiana *La battaglia di Algeri*, dirigida en 1966 por Gillo Pontecorvo.

Autopublicadas, sin aspiraciones literarias pero con la intención de dejar también constancia del mundo en el que vivieron, hay memorias llenas de detalles, reflexiones y anécdotas cotidianas como las de Jean-Claude Martinez en *Orán. La pequeña España* e *Historias de Argelia: vida de un Pies Negros en el Orán del siglo* XX; *Tiempos sin freno*, de Enrique Ibañes, o *Comme le dernier des mohicans. Memoire d'un oranais*, de Claude Garcia.

Sobre el exilio republicano existe una nutrida documentación que sigue aumentando a medida que avanzan las investigaciones, tanto desde la perspectiva académica o divulgativa como a través de las narrativas personales o heredadas de quienes lo sufrieron. Entre las obras del primer grupo destaca *Alcazaba del olvido. El exilio de los refugiados políticos españoles en Argelia (1939-1962)*, de Miguel Martínez López (Endymion, 2006), y son igualmente interesantes las *Actas del seminario y exposición sobre la memoria del exilio español en Argelia*, celebrado entre Argel y Orán en 2019. Dentro de los segundos, he leído conmovida algunos testimonios personales como los recogidos en *Stanbrook. Vivencias de un exilio* (L'Eixam, 2016), de Isabel Beltrán Alcaraz; *Diario de Gaskin*, de Laura Gassó (L'Eixam, 2014); *Por tierras de moros. El exilio español en el Magreb*, de José Muñoz Congost (Madre Tierra, 1989); *Desde la otra orilla. Recuerdos de un niño exiliado* (Instituto Alicantino de Cultura Juan Gil-Albert, 2009), de José Alonso Sellés, o *De Orán y del regreso* (Atrapasueños, 2016), de Yénia Camacho Samper, hija de Marcelino Camacho. Una mención especial en este apartado merece el escritor Max Aub y su *Diario de Djelfa*, libro de poemas escrito en su mayor parte durante su internamiento en un campo de concentración del Sáhara argelino y publicado en 1944, en su posterior exilio en México. Y por su esfuerzo para que este fragmento de la historia no caiga en el olvido, mi reconocimiento y gratitud por su complicidad a Eliane Ortega Bernabéu, oranesa de Gambetta y descendiente de este exilio, investigadora tenaz y partícipe en múltiples iniciativas.

Respecto a los sangrientos acontecimientos que tuvieron lugar entre 1954 y 1962, y que solo tiempo después empezaron a ser denominados oficialmente en Francia como guerra, se ha escrito muchísimo. Para una revisión rigurosa destaco sobre todo los trabajos del historiador Benjamin Stora, judío pied-noir y seguramente la voz mundial más reconocida en materia de la Argelia francesa. Es asimismo autor de *Le rapport Stora*, un informe encargado en 2020 por el presidente Emmanuel Macron con el objetivo de articular iniciativas a fin de cerrar las heridas provocadas por la colonización y la guerra desde una nueva voluntad reconciliadora. En lo relativo al impacto del conflicto más allá de Argelia y Francia, es también interesante la colección de artículos coordinados por Eloy Martín Corrales y Josep Pitch Mitjana en *La guerra de la independencia de Argelia y sus repercusiones en España* (Bellaterra, 2018).

En cuanto a la OAS, he recurrido tanto a materiales que analizan las actividades terroristas con la necesaria mirada crítica como a otros que lo hacen desde la defensa de una supuesta lucha legítima como *OAS. Soldados de una causa perdida*, de Erik Norling (Fides, 2024), e incluso a testimonios de un implicado a través de trabajos autopublicados, como es el caso de José Torroja en *Sudor y sangre. La traición de un general* (2021) y *De cordero a lobo* (2022).

Al respecto de los barcos enviados por el Estado español a finales de junio de 1962 hay abundante información en las hemerotecas de algunos diarios —*ABC, La Vanguardia, Información*—, y en webs que contienen testimonios de quienes abandonaron Orán en ellos. Agradezco en este apartado las aportaciones en primera persona del propio José Torroja, que hizo la travesía en el Virgen de África, y la amabilidad personal de Carlos Mas, hijo del primer oficial de este transbordador de la Compañía Trasmediterránea. Y para conocer qué fue de aquellos repatriados que al final no siguieron su camino hasta Francia sino que optaron por quedarse en España, Juan David Sempere Souvannavong lo investiga en su estudio *Los pieds-noirs en Alicante. Las migraciones inducidas por la descolonización* (1998).

Aunque las experiencias posteriores al éxodo de europeos y harkis exceden el ámbito de esta novela, hay numerosas obras muy interesantes en caso de que, entre los lectores de *Por si un día volvemos,* alguien quisiera conocer cómo algunos afrontaron aquel desarraigo, desde Francia mayormente. Traducidas al español tenemos, por ejemplo, *El arte de perder,* de Alice Zeniter (Salamandra, 2017), *Tres días en Orán,* de Anne Plantagenet (Siruela, Nuevos Tiempos, 2023) o *El hombre sin título,* de Xavier Le Clerc (Cabaret Voltaire, 2023).

Quiero por último expresar mi gratitud a aquellos que en el propio Orán me han tendido una mano para perseguir a los fantasmas del pasado a través de las calles del presente. A Juan Manuel Cid, director del Instituto Cervantes, por su atenta hospitalidad y favorecer generosamente mil contactos. Al anterior cónsul general de España, Jorge de Lucas y Cadenas, por recibirnos en las dependencias consulares, en un inmueble del barrio que se llamaba por entonces Miramar y que a su vez fue donado al Estado español por Bartolomé Such y Barber, uno de esos emigrantes a los que los vientos les fueron favorables en su aventura argelina a principios del siglo XX.

Mi agradecimiento igualmente a María Eugenia Sánchez Oncena, del Consulado de España, y a Victoria Vila Herrero, bibliotecaria del IC, por el Mauritania, las confidencias y las risas. A Kouider Metair, alma de la Association Bel Horizon dedicada a la conservación del patrimonio histórico, por sus paseos y explicaciones. A Faridou Del Asmo, que trabaja sobre temas españoles desde la orilla argelina. A Rachid Mehadji, por acompañarnos a muchos de los rincones que Cecilia recorre en esta novela y por contarme, con buen humor, que durante su infancia en el barrio de Sidi el Houari, donde antes estuvieron La Marina y La Escalera, cuando él se entretenía en la calle y volvía a casa más tarde de la cuenta, su abuela le reprochaba el retraso en su dariya natal con una vieja expresión oranesa que, traducida, vendría a decir: «Pero ¿adónde has ido, niño? ¿A Cartagena?».

Guarda delantera:

Fotografía del antiguo boulevard Galliéni,
con el Lycée Lamoricière al fondo.

Guarda trasera:

Fotografía del desaparecido hôtel Le Martinez,
en el número 1 del antiguo boulevard
Clemenceau.

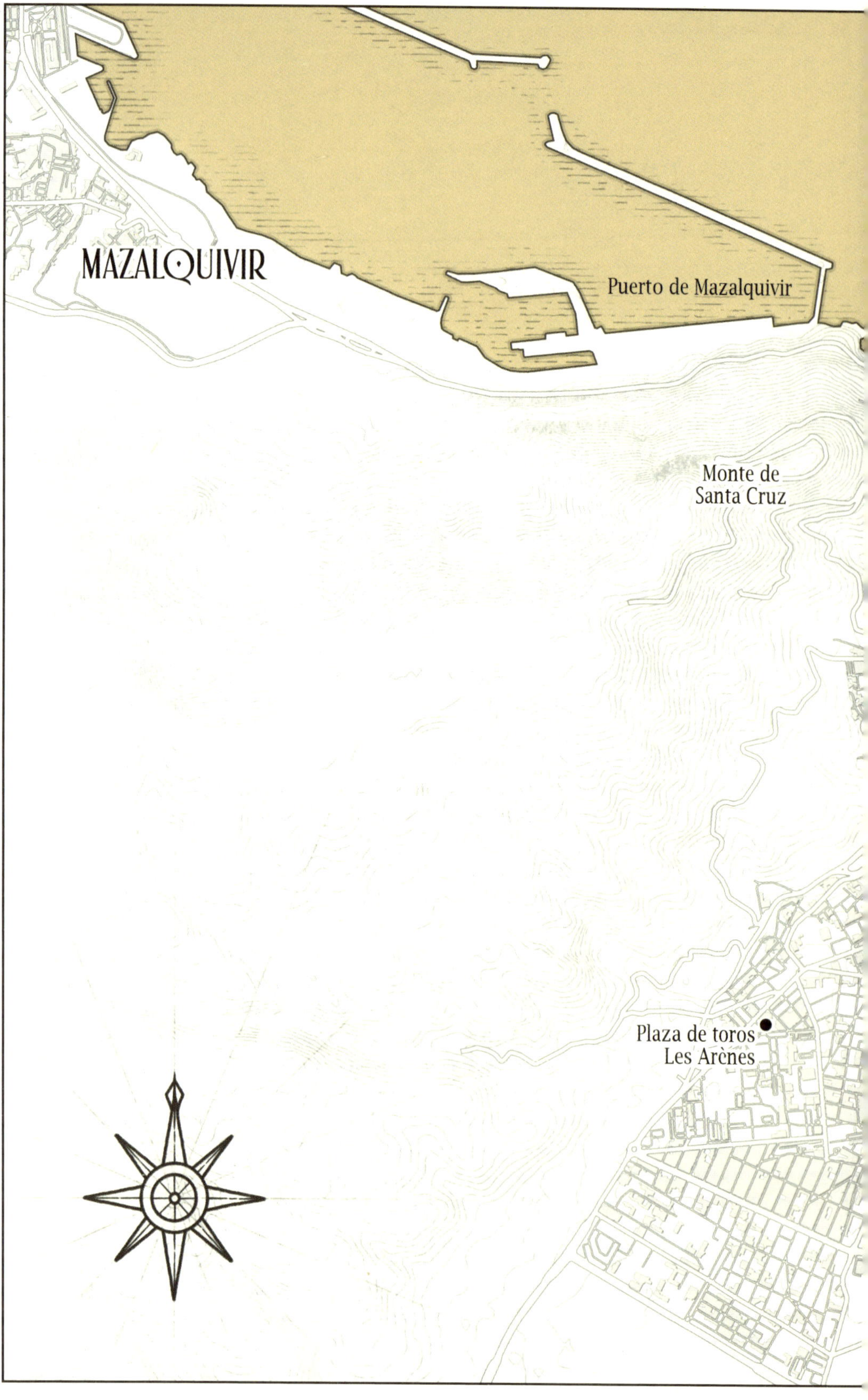

MAZALQUIVIR
Puerto de Mazalquivir
Monte de
Santa Cruz
Plaza de toros
Les Arènes